Splunk 구현 기술

Splunk 구현 기술

보안, 관제, 모니터링을 위한 빅데이터 수집과 분석 솔루션

빈센트 범가너 지음 | 최창배 옮김

BIRMINGHAM - MUMBAI - SEOUL

지은이 소개

빈센트 범가너 Vincent Bumgarner

20년 동안 많은 플랫폼에서 다양한 언어로 소프트웨어를 디자인해왔다. 2007년 처음 스플렁크Splunk를 접한 이후, 몇 년간 스플렁크가 진화하는 모습을 지켜보았다.

스스로도 스플렁크로 작업하면서, 많은 기업과 함께 일하며 각 기업당 수십 명가량의 인원을 교육에 참여시켜 확장성과 유연성이 높은 스플렁크 제품을 도입하고 확장하며 관리할 수 있도록 이끌어왔다. 그와 함께 일한 회사들마다 적어도 한 명 이상은 스플렁크 관련 서적을 집필하기를 요청해왔기에, 자신의 노력이 그들에게 도움이 되기를 희망한다.

아내와 아이들에게 감사합니다. 그들의 지원 없이는 이 책을 만들 수 없었을 것입니다. 또한, 시간과 노력을 아끼지 않고 도움을 준 검토위원들에게도 매우 감사를 드립니다. 그리고 추천해준 스플렁크닌자SplunkNinja에게 특별히 감사 인사를 전합니다.

기술 감수자 소개

마티유 드쉬 Mathieu Dessus

프랑스의 버라이즌 보안 컨설턴트이고 EMEA에 SIEM 리더로 활동하고 있다. 보안 분야에서 12년 이상 일한 경험을 바탕으로 정보 보안 기술의 관리, 설계, 평가, 시스템 통합 분야의 전문가이며, 관련 지식이 깊다. 웹 보안, 유닉스, SIEM, 보안 아키텍처 설계 전문가다.

신디 맥크리리 Cindy McCririe

스플렁크 클라이언트 아키텍처다. 그동안 여러 스플렁크 기업 고객과 함께 일하며 성공적으로 기술을 적용했다. 이러한 고객들의 대부분은 독특한 방법으로 스플렁크를 사용하고 있다. 실전 적용 사례는 PCI 컴플라이언스, 보안, 운영 관리, 비즈니스 인텔리전스, 개발/운영, 트랜잭션 프로파일링이 있다.

닉 밀리 Nick Mealy

스플렁크의 초기 직원이었고, 2005년 3월부터 2010년 9월까지 스플렁크의 수석 사용자 인터페이스 개발자로 근무했다. 파워 스플렁크의 검색과 보고서 인터페이스뿐만 아니라 파워 스플렁크의 설정 뷰와 대시보드의 공통 시스템을 설계하고 개발했다. 2010년 스플렁크를 떠나서 사이드뷰Sideview 회사를 설립했다. 사이드뷰는 새로운 스플렁크 앱과 스플렁크 플랫폼 위에 새로운 제품을 만든다. 이 제품 중에 가장 잘 알려진 것이 사이드뷰 유틸 앱이고, 이 앱은 많은 곳에 배포되어 있다(8장에서 설명한다). 사이드뷰 유틸은 새로운 UI 모듈과 스플렁크 앱 개발자들과 대시보드 개발자에게 더 쉽게 만들 수 있는 새로운 기술을 제공한다.

옮긴이 소개

최창배 cbjazz77@gmail.com

전공 분야는 클라우드와 빅데이터다. 현재는 EMC에서 하둡과 MPP 데이터베이스를 통해 빅데이터를 구현하기 위한 프로젝트를 수행 중이고, 이전에는 국내 공용 클라우드 서비스 개발에 참여했다. 기업 내 PaaS 서비스 환경을 구축하기 위해 노력 중이다.

옮긴이의 말

빅데이터의 유행과 함께 매우 많은 기술이 소개되었고, 이에 맞는 솔루션들이 등장했다. 하지만, 빅데이터를 도입하고자 하는 기업들은 데이터를 수집하고 원하는 데이터를 검색하고 분석하며, 이를 결과로 리포팅하는 하나의 싸이클을 완성하기 위해 수많은 기술과 솔루션을 검토한다. 또한, 이를 서로 엮기 위해 많은 시간을 소비하는데, 이러한 과정을 거치면서 스스로 지치기도 한다.

스플렁크는 이런 빅데이터 구현을 위한 전체 싸이클을 한 번에 제공해줄 수 있는 솔루션이다. 스플렁크는 보안/관제/모니터링을 위해 여러 서버에 있는 비정형 데이터를 수집하고, 이 머신 데이터를 다양한 방법으로 사용할 수 있는 상태로 실시간 인덱싱을 한다. 그리고 내장된 검색 엔진을 통해 데이터를 검색하고 분석해 이를 풍부한 인터페이스로 표현해준다.

스플렁크는 용도에 따라 다양하게 응용하여 사용할 수 있고, 스플렁크 베이스 (https://apps.splunk.com)에서 공유하는 다양한 앱을 통해 힌트를 많이 얻을 수 있다(스플렁크 베이스에서 앱을 다운로드할 때는 자신이 사용하는 스플렁크 버전과 호환이 되는지를 반드시 확인하자).

이 책은 스플렁크 4 버전을 기준으로 한다. 4 버전이 나온 이후 스플렁크는 하둡 지원을 비롯해 클라우드 환경 지원, 모바일 앱으로 사용 가능하도록 발전하고 있다. 또한, 내부적으로 인덱스 속도 개선 및 데이터 분석을 위한 명령어가 추가되었으며, UI도 많은 변화가 있었다(스플렁크의 향상된 자세한 기능은 스플렁크 도큐먼트의 릴리즈 사이트 http://docs.splunk.com/Documentation/Splunk/를 참조하자).

이 책은 기본적인 검색에서 고급 기능까지 스플렁크의 전체 기능에 대해 설명하고, 스플렁크 4.0 이후 버전에서도 쉽게 적용 가능하다. 또한, 이 책의 예제를 처음부터 끝까지 한 번 따라하는 것만으로도 실제 업무에 적용할 수 있는 많은 아이디어를 얻을 수 있다.

최창배

목차

9장 요약 인덱스와 CSV 파일   309

들어가며

스플렁크는 머신 데이터를 모아 저장하고, 알람을 생성하며, 보고서를 만들고 탐구하기 위한 강력한 도구다. 이 머신 데이터는 일반적으로 서버 로그에서 오지만, 다른 여러 소스에서도 데이터를 모을 수 있다. 스플렁크는 이제까지 머신 데이터를 유용하게 만드는 데 생기는 많은 문제를 해결할 수 있는 가장 유연하고 확장 가능한 솔루션이다.

이 책의 목적은 스플렁크 4.3에 대해 조직화되고 기획된 가이드를 제공하는 것이다. 스플렁크는 사용 가능한 문서와 커뮤니티 리소스가 방대하기 때문에 원하는 정보를 바로 찾기가 쉽지는 않다. 따라서 이 책은 가능한 한 간결하고 유용한 방법으로 스플렁크를 효율적으로 구현하는 데 필요한 것을 설명한다.

이 책에서 다루는 내용

1장. 스플렁크 인터페이스에서는 사용자 인터페이스 요소를 살펴본다.

2장. 검색의 이해에서는 검색 언어의 기초를 설명하고 효율적인 질의를 만들기 위해 특별히 주의해야 할 부분을 알아본다.

3장. 테이블, 차트, 필드에서는 보고서를 위해 필드를 사용하는 방법을 살펴보고 자신만의 필드를 만드는 과정을 설명한다.

4장. 단순 XML 대시보드에서는 대시보드를 만들기 위해 스플렁크 웹 인터페이스를 사용한다. 폼을 만드는 방법과 더 효율적인 대시보드를 만드는 방법을 알아본다.

5장. 고급 검색 예제에서는 스플렁크의 강력한 검색 언어를 사용하는 방법을 예제를 통해 살펴본다.

6장. 검색의 확장에서는 이벤트를 분류하고 강력한 방법으로 검색 결과에 따라 행동하는 스플렁크의 수많은 기능을 설명한다.

7장. 앱 작업에서는 앱의 개념에 대해서 설명하고 인기 있는 몇 가지 앱에 대해 어떻게 설치하는지 알아보며 자신만의 앱을 만들어 본다.

8장. 고급 대시보드에서는 고급 XML 대시보드의 개념을 설명하고 단순 XML에서 고급 XML 대시보드로 전환하기 위한 실제적인 방법을 설명한다.

9장. 요약 인덱스와 CSV 파일에서는 요약 인덱스의 개념을 소개하고 성능을 향상시키는 데 어떻게 사용되는지 알아본다. 또한, CSV 파일이 어떻게 흥미로운 방법으로 사용될 수 있는지 살펴본다.

10장. 스플렁크 설정에서는 스플렁크에서 일반적인 설정의 구조와 의미에 대해서 설명한다. 또한, 설정을 합치는 과정을 매우 자세히 설명한다.

11장. 향상된 배포에서는 데이터 입력과 시스템 로그, 설정 관리와 확장하는 방법을 비롯해 여러 머신에 스플렁크를 배포하기 위한 일반적인 방법을 설명한다.

12장. 스플렁크 확장에서는 데이터 입력, 외부 쿼리, 렌더링, 사용자 정의 명령, 사용자 정의 액션을 통해 스플렁크를 확장하기 위해 사용할 수 있는 방법을 코드를 이용해 설명한다.

이 책을 위한 사전 준비

이 책에 있는 예제를 실행하기 위해 비상업용의 스플렁크를 설치해야 한다. 이미 스플렁크를 사용하고 있다면 예제에서 소개하는 개념들을 자신이 가진 데이터에 적용해볼 수 있다.

스플렁크는 http://www.splunk.com/download에서 무료로 다운로드할 수 있다.

예제 코드는 유닉스 시스템에서 개발되었다. 그래서 유닉스 운영체제에 스플렁크를 설치하여 사용하면 더 좋다. 마지막 장에서 예제를 따라하려면 파이썬 관련 지식이 필요할 수 있다.

이 책의 대상 독자

이 책은 새로운 사용자, 경험 많은 사용자, 대시보드 디자이너, 시스템 관리자에게 유용하다. 이 책은 공식적인 스플렁크 문서를 대체하는 용도는 아니지만, 많은 개념을 알아가는 데 지름길을 제공해줄 수 있다.

일부 절에서는 정규 표현식을 이해하거나 파이썬을 아는 것이 도움이 될 수 있다.

이 책의 편집 규약

정보의 종류를 구분하기 위해 여러 가지 텍스트 스타일을 사용했다. 이러한 스타일의 예와 의미는 다음과 같다.

텍스트에서 코드 단어는 다음과 같이 표기한다.

"이벤트의 문장에서 key=value와 같은 필드 값을 보게 되면, 필드의 하나를 사용하기를 원할 것이다."

코드의 블록은 다음처럼 표현된다.

```
index=myapplicationindex
(
    sourcetype=security
    AND
    (
      (bob NOT error)
```

```
    OR
      (mary AND warn)
    )
)
```

코드 블록에서 특별한 주의가 필요할 때 관련 줄이나 항목은 굵게 표시한다.

```
<searchPostProcess>
timechart span=1h sum(count) as "Error count" by network
</searchPostProcess>
<title>Dashboard - Errors - errors by network timechart</title>
```

일부 명령 줄 입력이나 출력은 다음처럼 쓴다.

```
ERROR LogoutClass error, ERROR, Error! [user=mary, ip=3.2.4.5]
WARN AuthClass error, ERROR, Error! [user=mary, ip=1.2.3.3]
```

메뉴 또는 대화상자와 같이 화면에서 보여지는 단어는 다음과 같은 문장처럼
보인다.

"Create(생성) ❯ 대시보드 패널(Dashboard Panel)을 선택해서 우리가 전에 사용했던
마법사 인터페이스를 사용하여 빠르게 간단한 대시보드를 생성할 수 있다."

 경고나 중요한 노트는 박스 안에 이와 같이 표시한다.

 팁과 트릭은 박스 안에 이와 같이 표현한다.

독자 의견

독자로부터의 피드백은 항상 환영이다. 이 책에 대해 무엇이 좋았는지 또는
좋지 않았는지 소감을 알려주기 바란다. 독자 피드백은 독자에게 필요한 주제
를 개발하는 데 매우 중요하다.

일반적인 피드백을 우리에게 보낼 때는 간단하게 feedback@packtpub.com으로 이메일을 보내면 되고, 메시지의 제목에 책 이름을 적으면 된다.

여러분이 전문 지식을 가진 주제가 있고, 책을 내거나 책을 만드는 데 기여하고 싶으면 www.packtpub.com/authors에서 저자 가이드를 참조하기 바란다.

고객 지원

팩트 출판사의 구매자가 된 독자에게 도움이 되는 몇 가지를 제공하고자 한다.

예제 코드 다운로드

구입한 모든 Packt 도서의 예제 코드 파일은 http://www.packtpub.com에서 독자 계정을 통해 다운로드할 수 있다. 이 책을 구입했다면 http://www.packtpub.com/support를 방문한 후 등록하면 직접 이메일로 파일을 받을 수 있다. 에이콘출판사의 도서정보 페이지인 http://www.acornpub.co.kr/book/splunk에서도 예제 코드를 다운로드할 수 있다.

오탈자 처리

내용을 정확하게 전달하려고 최선을 다했지만 실수가 있을 수 있다. 팩트 출판사의 책에서 코드나 글에 문제가 있다고 생각할 때 알려주면 정말 좋겠다. 이런 식으로 참여해주면 다른 독자에게도 도움이 되고, 책의 다음 판에서 보강할 수 있을 것이다. 오자를 발견한다면 http://www.packtpub.com/submit-errata를 방문해 이 책을 선택하면 나오는 정오표 제출 양식에 오류 정보를 기입해 알려주기 바란다. 보내준 내용을 확인한 뒤 웹사이트에 올리거나, 해당 서적의 정오표 부분에 추가하겠다. http://www.packtpub.com/support에서 해당 도서를 선택하면 지금까지의 정오표를 확인할 수 있다. 한국어판은 에이콘출판사의 도서정보 페이지 http://www.acornpub.co.kr/book/splunk에서 찾아볼 수 있다.

저작권 침해

저작권 침해는 모든 인터넷 매체에서 벌어지고 있는 심각한 문제다. 팩트 출판사에서는 저작권과 라이선스 문제를 아주 심각하게 인식하고 있다. 어떤 형태로든 팩트 출판사 서적의 불법 복제물을 인터넷에서 발견했다면 적절한 조치를 취할 수 있게 해당 주소나 사이트 명을 즉시 알려주길 부탁한다. 의심되는 불법 복제물의 링크를 copyright@packtpub.com으로 보내주기 바란다.

저자와 더 좋은 책을 위한 팩트 출판사의 노력을 배려하는 마음에 깊은 감사의 뜻을 전한다.

질문

이 책에 관련된 질문이 있다면 questions@packtpub.com을 통해 문의하기 바란다. 최선을 다해 질문에 답해 드리겠다. 한국어판에 관한 질문은 이 책의 옮긴이나 에이콘출판사 편집팀(editor@acornpub.co.kr)으로 문의해주길 바란다.

1

스플렁크 인터페이스

이번 장은 스플렁크Splunk 인터페이스에서 가장 일반적인 개념을 살펴보고, 2장부터는 각 개념에 대해 자세히 설명한다. 바로 스플렁크의 검색부터 알고싶을 수도 있지만, 사용자 인터페이스 요소들을 먼저 살펴보는 것이 나중에 당황스럽지 않다. 이번 장에서는 다음 내용을 배운다.

- 로그인과 앱 선택
- 검색 인터페이스 위젯의 자세한 설명
- 관리자 인터페이스의 간단할 설명

스플렁크 로그인

스플렁크 인터페이스는 웹 기반으로 이루어져 있기 때문에 빠른 자바스크립트 엔진을 가진 최신의 크롬, 파이어폭스, 사파리 같은 웹 브라우저를 사용하는 것이 좀 더 좋은 작업 환경이 될 수 있다.

스플렁크 버전 4.3부터는 브라우저에 확장 플러그인을 설치할 필요가 없다. 하지만, 스플렁크 4.2 이전 버전을 사용하면 그래프를 표현하기 위해 플래시 플러그인을 설치해야 한다. 플래시는 여전히 오래된 브라우저 또는 명시적으로 플래시를 참조하는 오래된 앱을 위해 여전히 사용될 수 있다.

스플렁크가 사용하는 기본 포트는 8000번이다. 스플렁크에 접속하는 웹 주소는 http://mysplunkserver:8000 또는 http://mysqlunkserver.mycompany.com:8000 형식을 갖는다. 스플렁크를 로컬 머신에 설치했으면, 접속 주소는 http://localhost:8000, http://127.0.0.1:8000 또는 http://machinename:8000, http://machiname.local:8000 같이 다양하다.

주소를 입력하면 다음과 같은 로그인 화면을 볼 수 있다.

로그인을 위한 기본 사용자 이름은 'admin', 패스워드는 'changeme'이다. 처음 로그인을 하면 'admin' 계정에 대한 패스워드를 변경해야 한다. 다른 사용자에 의한 원하지 않는 스플렁크 변경을 막기 위해 패스워드를 반드시 변경할 것을 추천한다.

기본적으로 계정은 스플렁크 안에서 설정되고 저장된다. 인증은 LDAP와 같은 다른 시스템을 사용할 수 있도록 설정할 수 있다.

홈 앱

로그인 후에 기본으로 선택된 앱은 Home이다. 이 앱은 앱과 튜토리얼을 위한 시작 점이다.

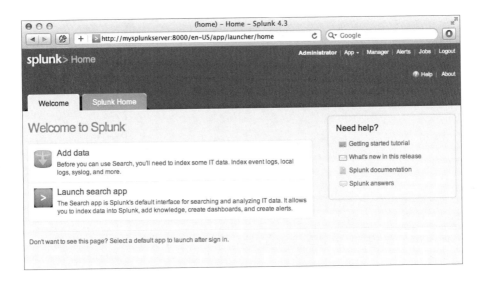

Welcome(환영) 탭은 Add data(데이터 추가)와 Launch search app(검색 앱 실행) 두 개의 중요한 링크를 제공한다. 이 링크는 Splunk Home(스플렁크 홈)의 두 번째 탭에서 다시 볼 수 있다.

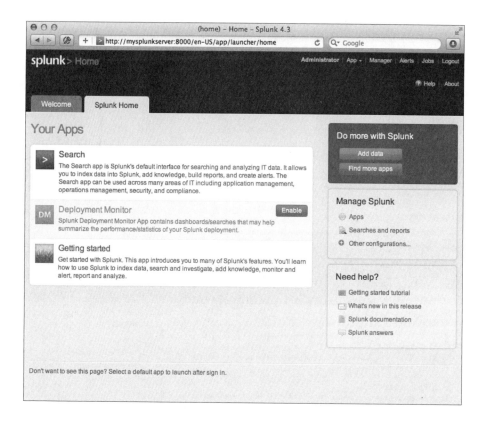

Your Apps(사용 중인 앱) 섹션에는 스플렁크 인스턴스에 대해 GUI 요소로 앱을 보여준다.

 앱(App)은 스플렁크에서 다용도로 사용되는 용어다. 앱은 GUI가 필수가 아니고, 단순히 스플렁크에서 설정의 집합이 어떤 의미를 가진 디렉토리 구조로 포장된 것이다. 7장에서 더 자세히 살펴본다.

Do more with Splunk(스플렁크로 더 많은 작업 수행)에서 다음을 볼 수 있다.

● Add data(데이터 추가): Add Data to Splunk(스플렁크에 데이터 추가) 페이지의 링크다. 이 인터페이스는 스플렁크에 로컬 데이터를 넣기 위한 좋은 출발점이다. 새로운 Preview data(데이터 미리보기) 인터페이스는 복잡한 데이터에서 날짜를 추출하고 라인을 구분할 수 있도록 한다. 여기에서 이러한 인터페이스를 살펴보지

않을 것이다. 10장에서 설정 마법사를 통해 생성한 설정 파일을 살펴본다.

● **Find more apps**(추가 앱 찾기): **스플렁크베이스**Splunkbase에서 더 많은 앱을 찾고 설치할 수 있다. 스플렁크베이스(http://splunk-base.splunk.com/)는 스플렁크 사용자와 스플렁크 직원들이 질문과 답변, 코드 정보, 앱들이 개시하는 매우 유용한 커뮤니티 형태의 정보를 제공한다.

Manage Splunk(스플렁크 관리)는 사용자를 스플렁크의 **Manager**(관리) 섹션으로 데려가 준다. **관리** 섹션에서 스플렁크의 대부분을 설정할 수 있다. 제공되는 옵션은 사용자의 능력에 따라 변경한다. 우리는 다른 새로운 것을 배울 때 이 책 전반에 걸쳐서 **관리** 섹션을 사용할 것이다.

Getting started tutorial(튜토리얼 시작하기)은 스플렁크의 주요한 기능에 대해 빠르고 전체적인 개요를 제공한다.

Splunk documentation(스플렁크 문서)은 공식적인 스플렁크 문서를 볼 수 있다. 이 문서들은 splunk.com에서 서비스되고 매우 방대하다.

 스플렁크 문서에 대한 두 개의 퀵 노트
검색과 보고서 명령에 대한 문서를 얻기 위해 빠른 도움말이 검색하는 동안 제공되고, 그 명령에 대한 문서 링크가 인터페이스를 통해 제공된다.

설정 파일을 통해 직접 작업할 때, 파일에 대한 문서를 가장 빠르게 찾는 것은 선호하는 검색 엔진을 이용해 'splunk name.conf'로 찾는 것이다. 이 문서는 거의 항상 검색의 첫 링크에 존재한다.

Splunk answers(스플렁크 답변)는 앞에서 언급한 스플렁크베이스 사이트로 이동한다. 스플렁크베이스와 스플렁크 답변은 다른 사이트로 운영되었으나 하나로 합쳐졌다.

상단 바

창의 상단 바는 선호하는 퀵 링크뿐만 아니라 다른 앱들 그리고 관리자에 대한 정보를 포함한다.

현재의 앱은 상단 왼쪽에 표시된다.

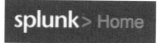

스플렁크 로고나 글씨를 클릭하면 그 앱에 대한 기본 페이지로 옮겨진다. 대부분의 앱에서 로고 옆에 글씨는 간단하게 변경할 수 있으나, 전체적인 블록은 앱의 CSS를 변경함으로써 로고와 다른 글씨로 변경할 수 있다. 이 부분에 대해서는 7장에서 설명한다.

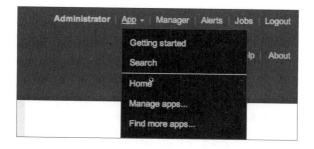

화면의 오른쪽 상단에는 항상 사용할 수 있는 실행 링크들이 포함되어 있다.

- 현재 로그인되어 있는 사용자의 이름이 처음에 표시된다. 현재에는 사용자가 Administrator다. 사용자 이름을 클릭하면 Your account(사용자 계정) 페이지로 이동한다.

- App(앱) 메뉴는 설치된 앱과 앱 관리자에 대한 빠른 링크를 제공한다. 현재 사용자에게 권한이 있고 GUI 요소를 가진 앱들만이 이 메뉴에 나타난다.

- Manager(관리자) 링크는 창의 상단에서 항상 사용 가능하다. Manager(관리자) 페이지에서 사용 가능한 기능들은 사용자의 역할에 따라 달라진다.

- Jobs(작업) 링크는 새로운 Jobs(작업) 창을 띄운다. 작업 창은 스플렁크 인스턴스에서 사용된 현재와 과거 검색 이력을 제공한다. 검색이 어떤 자원을 사용했는지 보는 것뿐만 아니라 과거 결과를 조회하는 데도 유용하다. 더 자세한 내용은 2장에서 알아본다.

- Logout(로그 아웃)은 현재 세션을 끝내고 사용자가 다시 로그인하도록 한다.

다음 스크린 샷은 Your account(사용자 계정) 페이지의 모습이다.

이 폼은 사용자가 변경할 수 있는 전체 환경설정을 포함한다. 사용자에게 영향을 미치는 다른 설정은 객체의 접근 허용과 역할의 설정을 통해 이루어진다.

- **Full name**(이름)과 **Email address**(이메일 주소)는 관리자의 편의를 위해 저장된다.

- **Time zone**(시간대)은 각 사용자에 의해 변경될 수 있다. 스플렁크 4.3 버전부터 새로 생긴 기능이다.

 시간대를 설정하는 것은 데이터를 표현하기 위해 사용되는 시간대에 영향이 있다. 이것은 이벤트가 인덱스될 때 날짜 형식의 데이터를 적절하게 파싱하기 위해 필요하다. 2장에서 자세히 살펴볼 것이다.

- **Default app**(기본 앱)은 로그인 후에 처음으로 볼 페이지를 설정한다. 대부분의 사용자는 **search**(검색)를 선택할 것이다.

- **Restart backgrouded jobs**(백그라운드 작업 재시작)는 스플렁크가 재시작될 때 아직 완료되지 않은 질의에 대해서 다시 시작할지 여부를 설정한다.

- **Set password**(암호 설정)에서는 암호를 변경할 수 있다. 스플렁크가 내부적인 인증을 사용하기 위해 설정할 때만 유용하다. 예를 들면 시스템이 LDAP(매우 일반적인 설정)를 통해 윈도우 액티브 디렉토리Windows Active Directory를 사용하게 설정했다면, 사용자는 윈도우에서 암호를 변경해야 한다.

검색 앱

검색 앱은 스플렁크의 대부분의 액션을 시작하는 곳이다.

데이터 생성

앞으로 설명하는 예제를 따라하기 위해 다음 순서대로 ImplementingSplunk DataGenerator 데모를 설치한다.

1. http://www.packtpub.com/support에서 사용 가능한 코드 번들에서 ImplementingSplunkDataGenerator.tar.gz를 다운로드한다.

2. App(앱) 메뉴에서 Manager apps...(앱 관리...)를 선택한다.

3. Install app from file(파일에서 앱 설치) 버튼을 클릭한다.

4. Choose File(파일 선택)을 클릭하여, 파일 ImplementingSplunkData Generator.tar.gz를 선택한 후 Upload(업로드) 버튼을 클릭한다.

데이터 생성 앱은 매일 16메가바이트 정도의 데이터를 생성한다. 데이터 생성하는 것을 중지하기 위해서는 App(앱) 메뉴 아래의 Manage apps...(앱 관리...)에서 앱을 비활성화할 수 있다.

요약 화면

사용자는 기본적으로 사용자가 검색하는 데이터가 무엇인지에 대한 정보를 포함하고 Summary(요약) 화면을 처음에 볼 수 있다. 이것은 중요한 구분점이다. 스플렁크 설치에 능숙하다면, 모든 사용자가 기본적으로 모든 데이터를 검색할 수 없도록 할 것이다.

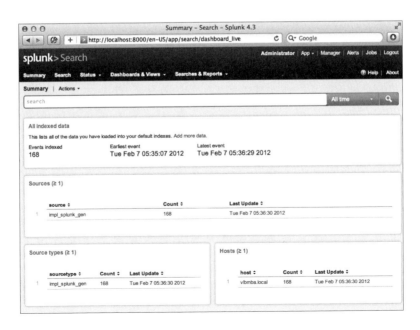

다음 앱 이름을 시작하고 새로운 위젯에 대해 알아보자. 첫 위젯은 내비게이션 바다.

지금부터 설명하는 모든 페이지에서 이 내비게이션 바를 볼 수 있다. 아래 화살표를 가지고 있는 항목은 메뉴 형태 항목이다. 아래 화살표가 없는 항목은 링크다. 내비게이션 바의 형태를 변경하는 방법은 7장에서 설명한다.

다음에 검색 바를 볼 수 있는데, 마법이 시작되는 곳이다. 바로 다음에 매우 자세히 살펴볼 것이다.

All indexed data(인덱스된 모든 데이터) 패널은 모든 인덱스된 데이터의 통계를 보여준다. 이것은 사용자별로 기본적으로 검색하는 인덱스를 반영하다는 점을 기억해라. 스플렁크 인덱스 자체의 이벤트들을 포함하여 스플렁크에 의해 인덱스되는 다른 이벤트들이 있다. 9장에서 인덱스에 대해 살펴본다.

다음 3개의 패널은 3개의 중요한 메터데이터(source, sourcetype, host)를 통해 데이터에 대한 전반적인 상황을 볼 수 있다.

Sources (≥ 2)		
source ⇕	Count ⇕	Last Update ⇕
1 impl_splunk_gen	3,403	Tue Feb 7 06:05:09 2012
2 /var/log/system.log	1,807	Tue Feb 7 06:05:03 2012

Source types (≥ 2)				Hosts (≥ 1)		
sourcetype ⇕	Count ⇕	Last Update ⇕		host ⇕	Count ⇕	Last Update ⇕
1 impl_splunk_gen	3,403	Tue Feb 7 06:05:09 2012		1 vlbmba.local	5,210	Tue Feb 7 06:05:09 2012
2 mac_system	1,807	Tue Feb 7 06:05:03 2012				

스플렁크에서 source(소스)는 유일한 패스 또는 이름이다. 큰 시스템에서는 수천대의 머신에서 데이터가 들어올 수 있다. 그러나 여러 대의 머신을 거쳐서 같은 패스로 오는 모든 데이터는 하나의 소스로 계산된다. 데이터 소스가 파일이 아닌 경우, 소스의 값은 스크립트의 이름 또는 네트워크 포트 같은 임의적인 이름으로 생성된다.

source type(소스 타입)은 이벤트의 임의적인 목록이다. 같은 소스 타입에서 많은 호스트를 통해 많은 소스들이 있을 수 있다. 예를 들면 호스트 fred와 wilma에서 /var/log/access.2012-03-01.log와 /var/log/access.2012-03-02.log 같은 소스가 주어지면, 소스 타입 접근 또는 원하는 어떤 다른 이름을 통해 이러한 로그를 모두 참조할 수 있다.

host(호스트)는 이벤트가 있는 호스트 이름이다. 대부분의 경우 호스트 필드는 데이터가 발생한 머신의 이름으로 설정된다. 이것이 알려지지 않은 경우에는 호스트는 임의적으로 설정될 수 있다.

검색

마침내 검색을 해볼 것이다. 검색은 스플렁크의 실제 힘이 놓여 있는 곳이다.

첫 검색을 위해 'error'라는 단어를 검색해보자. 검색 바를 클릭하여 error를 입력한 후 **엔터키**를 누르거나 바의 오른쪽에 있는 **돋보기** 버튼을 클릭한다.

검색이 시작되면 다음과 같은 검색 결과 내역을 볼 수 있다.

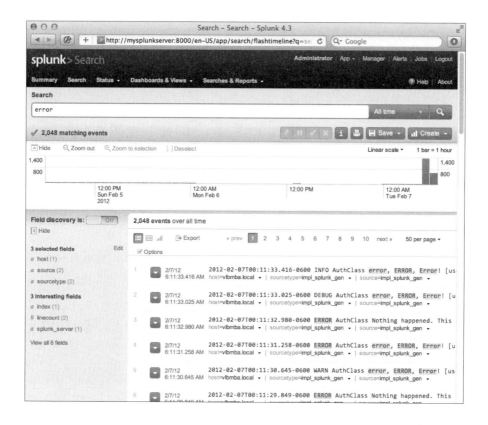

 브라우저의 URL에서 'flashtimeline'이 변경된다는 것을 알아두자. 때때로 플래시 타임 라인으로 참조를 볼 수도 있다. 플래시 타임 라인은 단순히 검색 인터페이스를 위한 다른 이름이다.

검색 조건에서 시간 설정을 변경하는 부분은 이 장의 '시간 선택기time picker' 섹션에서 자세히 설명할 것이다.

액션

이 페이지의 요소들을 살펴보자. 검색 바 아래에서 이벤트 개수, 액션 아이콘 그리고 메뉴들을 볼 수 있다.

바의 왼쪽부터 시작해보자.

- 기본 검색에 의해 일치하는 이벤트의 수. 기술적으로, 검색 조건에 따라서 이 것은 디스크에서 가져온 결과의 수는 아닐 수 있다. 또한, 쿼리가 명령command 을 사용하면, 이 수는 이벤트 목록에서 보여지는 것과 맞지 않을 수 있다.

- Send to background(■ 백그라운드로 보내기)는 현재 진행 중인 검색을 백그라운드 프로세스로 보내서 계속 진행시킨다. 백그라운드로 보내진 작업과 과거에 실 행했던 작업은 Job(작업) 화면에서 복원할 수 있다.

- Pause(■ 정지)는 현재 검색 작업을 현재 위치에서 멈추게 하고, 나중에 다시 작업을 계속 진행할 수 있다. 이것은 긴 시간이 걸리는 검색 작업을 진행해야 할 경우에 현재 결과를 검사한 후 계속 진행할지 여부를 결정하는 용도로 유 용하다.

- Finalize(■ 종료)는 현재 검색 작업을 멈추고 이제까지 만들어진 결과를 유지한 다. 이 명령은 원하는 데이터를 충분히 발견했고 이를 기반으로 검사하고 공 유하기를 원할 때 유용하다.

- Cancel(■ 취소)은 현재 검색 작업을 멈추고 결과를 즉시 삭제한다.

- Job Inspector(■ 작업 검사)는 Search job inspector(검색 작업 검사기) 창을 새로 띄운 다. 이 화면에서는 실행된 쿼리에 대한 매우 자세한 정보를 제공한다.

- Print(■ 인쇄)는 인쇄를 위해 현재 브라우저의 페이지를 형식화하고 그 페이지 를 인쇄할 수 있다.

- Save(저장)는 검색 또는 결과를 저장하기 위한 옵션을 제공한다. 이 장의 뒷부분에서 다시 살펴본다.
- Create(만들기)는 검색에서 다른 객체를 만들기 위한 마법사 형식의 인터페이스를 제공한다. 이 부분은 4장에서 자세히 살펴보자.

타임라인

액션 아이콘 아래에는 타임라인이 존재한다.

타임라인은 시간 구간에 이벤트가 분포한 간단한 개요를 제공함과 함께 시간의 특정 부분을 선택하기 위한 유용한 도구다. 타임라인 위에 마우스 포인터를 올리면 시간의 단위별로 이벤트의 수가 보여진다. 타임라인을 클릭하면 시간의 특정 부분에 대한 이벤트를 선택할 수 있다.

클릭 후 드래그하면 시간을 범위로 선택하게 된다.

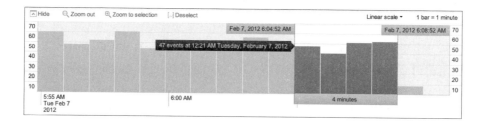

시간 범위를 선택한 후, **zoom to selection**(선택 항목 확대/축소)을 클릭하면 시간 프레임이 변경되고 시간의 특정 시점을 기준으로 검색을 재시작한다. 이 과정을 반복하여 드릴 다운drill down 방식으로 특별한 이벤트에 대해 효과적으로 검색할 수 있다.

Deselect(선택 취소)는 시간 선택기에서 선택된 시간 범위에 대한 모든 이벤트를 보여준다.

Zoom out(축소)은 현재 시간 프레임에 있는 이벤트보다 더 큰 시간 프레임으로 변경한다.

필드 선택기

검색 결과의 왼쪽에서 필드 선택기를 발견할 수 있다. 패턴을 발견하고 검색 결과를 필터링하기 위한 좋은 도구다.

필드

필드 목록은 두 개로 구성된다.

- Selected fileds(선택된 필드)는 검색 결과에서 검색 이벤트 내에 표시된 값들을 갖는다.

- Interesting fileds(관심 필드)는 스플렁크가 사용자를 위해 선택한 다른 필드다.

선택된 필드 옆에 Edit 링크와 필드 선택기 아래의 View all 30 fields(30개 필드 모두 보기) 링크는 모두 필드 윈도우와 연결된다.

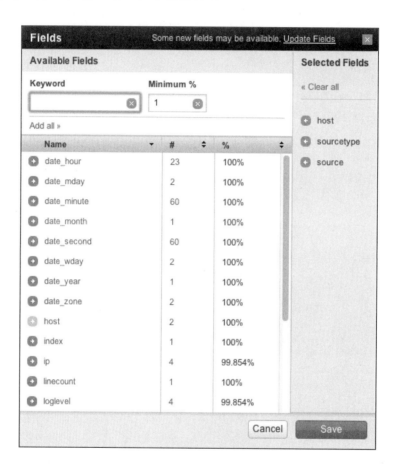

검색 결과

검색 페이지의 거의 모든 위젯을 살펴봤다. 하지만, 여전히 검색 결과 섹션에서 알아둘 항목들이 있다. 다음을 보자.

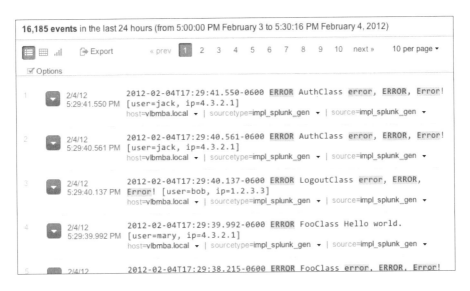

이 섹션의 맨 위에는 표시된 이벤트의 수가 있다. 원시 형태의 모든 결과를 볼 때, 그 수는 타임라인 위의 수와 일치할 것이다. 이 값은 타임라인을 선택하거나 다른 검색 명령을 사용하면 변경된다.

그 아래에는 검색된 결과에 영향을 미치는 액션이 있다. 왼쪽에 있는 버튼부터 알아보자.

● 이벤트 리스트(▤)는 원시 이벤트를 보여준다. 이것은 지금까지 행한 간단한 검색을 실행했을 때 나타나는 기본 뷰다.

● 테이블(▦)은 결과를 테이블 뷰로 보여준다. 이 뷰는 보고서 형태의 명령을 사용했을 때 기본 뷰이다. 원시 이벤트를 볼 때 이 뷰는 이벤트의 시간, 선택된 필드 그리고 원시 이벤트와 함께 테이블로 보여진다.

● 결과 차트(▥)는 가능한 데이터에 대해 차트로 보여줄 것이다. 간단한 검색에 대해서는 차트로 표현할 수 없으나 보고서를 위해서는 매우 유용하다.

● Export(내보내기)는 검색된 결과를 CSV, 원시 이벤트, XML 또는 JSON의 형태로 저장할 수 있다. 스플렁크 4.3에서는 웹 인터페이스에서 무한한 수의 데이터를 파일로 저장할 수 있다.

- **Options**(옵션)는 이벤트 뷰어를 위한 표시 옵션을 나타낸다. 이 옵션에 대해서는 다음 섹션에서 살펴본다.

- 오른쪽에는 페이지당 볼 수 있는 결과의 수를 변경할 수 있다.

옵션

옵션 팝업에 나타난 항목에 대해 간단히 살펴보자.

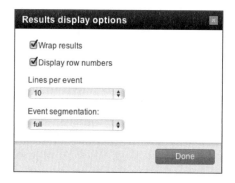

- **Wrap Results**(결과 줄바꿈)는 이벤트가 브라우저의 화면에 오른쪽 가장자리에 놓일지 여부를 설정한다.

- **Display row numbers**(행 번호 표시)는 각 이벤트의 왼쪽에 열의 번호 표시를 나타내고 사라지게 한다.

- **Lines per event**(이벤트당 행 수)는 이벤트당 브라우저에서 표시되는 이벤트의 최대 줄 수를 변경한다. 여기에서 알아둘 내용이 몇 개 있다.

- 이벤트의 모든 줄은 인덱스되고 검색할 수 있다.

- 이 설정에 대한 값이 너무 크고 검색이 매우 많은 메시지를 리턴하면, 표시하기 위해 요청한 데이터를 렌더링하는데, 브라우저에서 문제가 있을 수 있다.

- 많은 라인을 가진 이벤트는 이벤트의 더 많은 라인을 보기 위해 아래에 링크가 있을 수 있다.

● 가장 흥미로운 옵션은 Event Segmentation(이벤트 세그먼트화)이다. 이 설정은 어떤 본문이 하이라이트될지 변경할 수 있다. 이에 대한 내용은 2장에서 알아본다.

이벤트 뷰어

마지막으로 실제 이벤트를 만든다. 이벤트 하나를 살펴보자.

```
1    2/2/12        2012-02-02T19:31:06.352-0600 ERROR FooClass Nothing happened. This is worthless. Don't log this.
     7:31:06.352 PM [user=jack, ip=1.2.3.4]
                   host=vlbmba.local ▾ | sourcetype=impl_splunk_gen ▾ | source=impl_splunk_gen ▾
```

왼쪽부터 다음과 같은 항목을 볼 수 있다.

● **이벤트 번호:** 원시 검색 결과는 항상 가장 최근의 것이 먼저 정렬되어 나타난다.

● **이벤트 옵션 메뉴(▾):** 이 메뉴는 항상 사용 가능한 몇 개의 워크플로우workflow 액션을 포함한다.

 ○ Build Eventtype(이벤트 타입 작성): 이벤트 타입은 특정 질의와 일치하는 이벤트에 이름을 짓는 방법이다. 6장에서 이벤트 타입에 대해 알아본다.

 ○ Extract Fields(필드 추출): 이 옵션은 사용자 정의 필드를 추출 생성을 위한 인터페이스 창을 띄운다. 필드 추출에 대해서는 3장에서 설명한다.

 ○ Show Source(소스 보기): 원본 소스의 시뮬레이션된 뷰를 가진 팝업 윈도우를 보여준다.

○ 다음은 설정된 특정 워크플로우 액션이 보여진다. 워크플로우 액션은 사용자가 새로운 검색을 생성하거나 이벤트에서 데이터를 사용하는 다른 사이트로 링크할 수 있도록 해준다. 워크플로우 액션에 대해서는 6장에서 살펴본다.

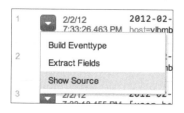

- 다음에 오는 것은 이벤트에서 추출하여 사용자가 선택한 시간대에 맞게 표시된 날짜다. 이 날짜는 중요하고 종종 구별하는 데 혼동된다. 대부분 설치에서 모든 것(서버, 사용자, 이벤트)은 하나의 시간대 안에 놓여진다. 3가지 중 하나가 다른 요소와 같은 시간대에 있지 않으면 혼동이 올 수 있다. 자세한 내용은 2장에서 살펴볼 것이다.

- 다음에는 자체 원시 이벤트를 볼 수 있다. 이것이 스플렁크에서 이벤트라고 부르는 것이다. 아무 설정을 하지 않아도 스플렁크는 날짜와 라인을 나누는 작업을 한다. 나중에 설명하겠지만, 약간의 설정을 통해 이벤트를 더 확실하고 효율적으로 파싱할 수 있다.

- 이벤트 아래에는 필드 선택기에서 선택된 필드가 있다. 필드의 값을 클릭하면 검색에서 필드 값이 추가된다. 각 필드 값은 다음과 같은 메뉴를 갖는다.

  ○ 'Tag fieldname=value(태그 필드이름=값)'는 이벤트를 그룹화할 수 있는 태그를 생성할 수 있다. 태그에 대해서는 6장에서 설명할 것이다.

  ○ **Report on field**(필드에 대한 보고서)는 시간에 따른 필드의 값을 보여주는 보고서 작성기 페이지를 보여준다.

  ○ 워크플로우 액션은 새로운 검색에 대해 링크를 만들거나, 특별한 필드 값을 사용하여 외부 사이트에 링크하는 액션을 생성할 수 있는 필드 메뉴를 볼 수 있다.

시간 선택기

이제 모든 위젯을 살펴봤다. 이제 이 위젯을 사용하여 검색을 변경해보자. 우선 시간 설정을 바꿀 것이다. **All time**(전체 시간)의 기본 설정은 이벤트의 수가 작을 때는 유용하다. 그러나 스플렁크는 수 주에서 몇 달에 걸쳐 이벤트를 수집하기 때문에 전체 시간을 선택하여 검색하는 것은 효율적이지 않다. 검색 기간을 한 시간으로 변경해보자.

검색이 다시 시작되고, 이제 1시간 이전의 결과만 볼 수 있을 것이다. 이제 사용자 정의 시간으로 시도해보자. 첫 번째 옵션 **Date**(날짜)를 선택한다.

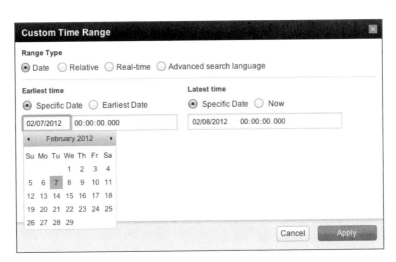

특별히 이벤트가 발생한 시점을 알고 있다면 여기에 원하는 어떤 시간 범위라도 선택할 수 있다. 2장에서 다른 옵션들을 살펴본다.

 Custom Time Range(사용자 지정 시간 범위)에서 사용되는 시간대는 사용자가 앞에서 선택한 시간대다. 그리고 시간대는 기본적으로 스플렁크 서버의 시간대를 사용한다.

필드 선택기

필드 선택기는 데이터를 탐구하고 조사하기에 매우 유용한 도구다. 필드 선택기에서 임의의 필드를 선택하면 그 필드에 대한 다양한 검색 결과 정보를 가진 패널을 옆에 띄어준다.

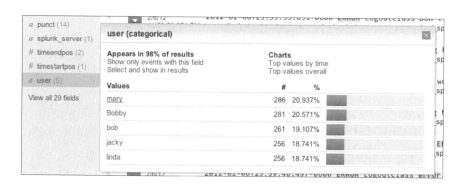

이 정보들을 살펴보자.

- **Appears in X% of result**(결과의 X%로 나타납니다)는 얼마나 많은 이벤트가 필드에 대한 값을 포함하고 있는지 알려준다.

- **Show only events with this field**(이 필드를 포함한 이벤트만 표시)는 정의된 필드를 가지는 이벤트만 보여주도록 쿼리를 변경한다.

- **Select and show in results**(선택하여 결과에 표시)는 선택된 필드에 필드를 추가하는 단축 버튼이다.

- Top values by time(시간별 상위 값)과 Top values overall(전체 상위 값)은 검색된 데이터에 대한 그래프를 보여준다. 이 그래프는 보고서와 그래프로 진입하기에 유용하다. 나중에 런칭 포인트로 이것을 사용할 것이다.

- 링크 아래에 있는 차트는 전체시간 가장 높은 빈도의 값을 표현하고 있다. 값을 클릭하면 검색 조건에 그 값이 추가된다. mary를 클릭해보자.

이 검색 결과는 'mary'라는 사용자가 영향을 준 에러값을 보여줄 것이다. 필드 선택기로 돌아가서 다른 필드들의 값을 클릭하여 더 많은 검색 조건을 추가할 수 있다. 또한, 결과에서 단어를 클릭하거나 이벤트 아래에 있는 필드의 값을 클릭할 수도 있다.

관리자

Manager(관리자) 섹션은 설정 파일을 관리하는 인터페이스다. 실제로 스플렁크의 많은 설정 파일과 옵션은 사용자들을 겁먹게 한다. 그래서 웹 인터페이스는 설정 형태에 따라 가장 일반적으로 사용하는 옵션에 집중하고 있다.

 스플렁크는 평범한 텍스트 설정 파일로 제어된다. 관리자 인터페이스에서 변경한 내용이 어떻게 파일에 적용되는지 부담없이 살펴보자. $SPLUNK_HOME/etc/system/local/과 $SPLUNK_HOME/etc/apps/에서 설정 파일을 발견할 수 있다.

설정 파일을 보면 같은 이름으로된 파일이 서로 다른 곳에 존재하고 있는 것을 볼 수 있다. 이러한 설정 파일의 차이점과 각각의 목적, 그리고 이 설정 파일들이 어떻게 합쳐지는지 10장에서 살펴본다. 이 설정 파일들이 어떻게 합쳐져서 작동되는지 이해하기 전에는 직접적으로 설정 파일을 변경하는 작업은 하지 않는 것이 좋을 것이다.

상단 바에 있는 Manager(관리자)를 클릭하면 관리자 페이지로 이동시켜준다.

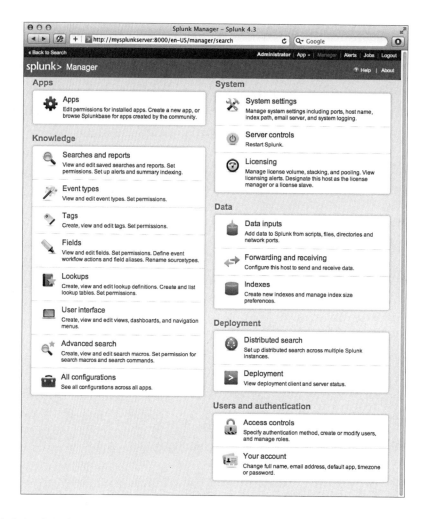

설정은 다음과 같은 논리적인 그룹으로 이루어졌다.

- Apps(앱): 인터페이스는 쉽게 새 앱을 추가하고 현재 설치된 앱을 관리할 수 있다. ImplementingSplunkDataGenerator 앱을 설치했다면, 이미 이 인터페이스를 보았을 것이다.

- Knowledge(지식): 지식 아래에 있는 링크의 각각은 검색 시에 사용되는 많은 객체 유형의 하나를 제어할 수 있다. 다음 스크린샷은 하나의 객체 유형 예제인 워크플로우 액션을 보여준다.

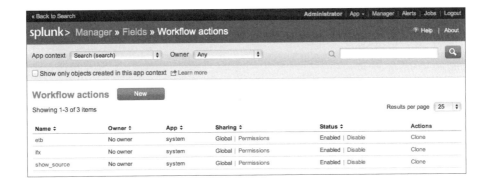

2장부터 살펴보는 각 객체 유형에 대한 관리 페이지를 한 번 살펴보자.

- System(시스템): 이 섹션 아래에 있는 옵션은 시스템 전반의 설정을 제어한다.

  - System setting(시스템 설정)은 네트워크 설정, 인덱스를 저장하는 기본 위치, 외부 이메일 서버 설정 그리고 자체 스플렁크 로그의 데이터 크기를 설정한다.

  - Server controls(서버 컨트롤)는 웹 인터페이스에서 스플렁크를 재시작시킬 수 있는 하나의 페이지를 포함한다.

  - Licensing(라이센싱)은 라이선스 파일을 추가하거나 스플렁크 라이선스 서버에 하부로써 스플렁크를 설정할 수 있도록 한다.

- Data(데이터): 이 섹션은 데이터 흐름을 관리할 수 있는 곳이다.

  - Data Inputs(데이터 입력): 스플렁크는 배치 모드나 실시간 모드로 파일을 읽어서 데이터를 받거나, 네트워크 포트를 통해 또는 스크립트를 실행해서 데이터를 받을 수 있다.

- Forwarding and receiving(전달 및 수신): 스플렁크 객체는 정형적으로 단독적으로 운영되지 않는다. 대부분 설치 환경에서는 적어도 하나의 인덱서indexer와 많은 스플렁크 포워더forwarder로 구성된다. 이 인터페이스를 사용하여 관계를 설정하고 더 복잡한 설정을 할 수 있다(11장에서 이 부분을 더 자세히 다룬다).

○ Indexes(인덱스): 인덱스는 데이터스토어_{datastore}에 필수적이다. 이 곳에서는 스플렁크에서 생성되고 관리되는 간단한 디렉토리의 집합이다. 작은 규모에서는 일반적으로 하나의 인덱스로 가능하다. 더 큰 규모에서는 여러 개의 인덱스를 사용하는 것이 보완과 저장, 성능 튜닝의 유연성과 하드웨어의 사용성 면에서 이점을 갖는다. 10장에서 더 자세히 이 부분을 설명한다.

● Deployment(분산 환경): 여기에 두 가지 옵션은 분산된 배포와 연관이 있다(11장에서 이 옵션을 자세히 다룬다).

○ Distributed Search(분산 검색): 검색을 실행하는 스플렁크 인스턴스는 결과를 추출하기 위해 자신과 다른 스플렁크 인스턴스를 이용할 수 있다. 이 인터페이스는 다른 스플렁크 인스턴스에 접근을 설정할 수 있도록 한다.

○ Deployment(배포): 스플렁크는 분산된 설치에 포함될 수 있는 많은 인스턴스에 분산된 설정을 돕기 위해 배포 서버 요소를 포함하고 있다. 이미 설정을 관리하는 무언가를 가지고 있다면 배포 서버를 사용할 필요가 없다.

● Users and authentication(사용자와 인증): 이 섹션은 인증 제어와 계정에 대한 링크를 제공한다.

○ Access controls(엑세스 제어): 이 섹션은 스플렁크가 사용자를 인증하는 방법과 사용자가 무엇을 하고 볼 수 있는지를 제어한다. 10장에서 더 자세히 설명한다.

○ Your account(사용자 계정): 상단 바에서 현재 로그인된 사용자의 이름을 클릭했을 때 보았다.

정리

이번 장에서 본 것처럼 스플렁크 GUI는 검색 결과를 가지고 여러 작업을 할 수 있도록 풍부한 인터페이스를 제공한다. 실제로 스플렁크의 모든 기능을 약간씩 살펴본 것에 불과하다. 2장에서부터 인터페이스를 사용해서 더 많은 요소들을 살펴볼 것이다.

2장에서는 검색이 어떻게 작동하는지 요점을 살펴본다. 그럼으로써 3장에서 우리가 만들 훌륭한 보고서를 덧붙이기 위한 효율적인 검색을 만들 수 있다.

2
검색의 이해

스플렁크를 성공적으로 사용하기 위해서는 검색 쿼리를 잘 작성하는 것이 생명이다. 효율적으로 인덱스를 사용하는 것은 초기 이벤트의 발견을 빠르게 할 수 있고, 생성할 보고서는 더 빠르게 실행될 것이다. 이번 장에서는 다음 내용을 배운다.

- 효율적인 검색을 작성하는 방법
- 필드를 사용하여 검색하는 방법
- 시간의 이해
- 검색을 저장하고 공유하기

효율적으로 검색

효율적인 검색을 위한 가장 중요한 방법은 인덱스를 이용하는 것이다. 스플렁크의 인덱스는 시간에 의해 나뉜 거대한 단어 인덱스다. 검색 성능의 가장 중요한 단 하나의 요소는 얼마나 많은 이벤트를 디스크에서 가져 오느냐다. 다음 몇 개의 키 포인트를 기억하자.

- **검색어는 대/소문자의 구별이 없다:** error, Error, ERROR 그리고 ErRoR은 모두 같은 검색어다.

- **검색어는 추가적 속성을 갖는다:** mary error라는 검색은 두 단어를 모두 포함하고 있는 이벤트만 찾을 것이다. 이러한 동작을 변경하기 위해서는 불린 연산과 그룹 연산을 사용할 수 있다. 이 장 뒤에서 설명한다.

- **특정 시간 프레임을 선택해서 질의한다:** 너무 뻔한 것처럼 보일 수 있으나 데이터 베이스와는 큰 차이가 있다. 가장 큰 차이는 테이블 안에 있는 모든 이벤트에서 하나의 인덱스를 가진다. 각 인덱스는 시간이 지남에 따라 새로운 버킷으로 나누어지기 때문에 질의에서 시간 프레임을 위한 이벤트를 포함하는 버킷만 질의하는 것이 필요하다.

- **검색어는 하나의 단어이고, 단어의 부분으로 검색할 수 없다:** foo를 찾는 검색은 foobar를 찾지 않을 것이다.

이런 개념을 통해 효율적인 검색을 작성할 수 있다. 좀 더 자세히 살펴보자.

- **하나의 단어는 공백 또는 따옴표로 둘러쌓인 것이다:** 예를 들어 로그에 '2012-02-07T01:03:31.104-0600 INFO AuthClass Hello world. [user=Bobby, ip=1.2.3.3]'으로 주어졌다면, 인덱스된 단어들은 2012, 02, 07T01, 03, 31, 104, 0600, INFO, AuthClass, Hello, world, user, Bobby, ip, 1, 2, 3 그리고 3이다. 이것은 이상하게 보일지 모른다. 그리고 약간은 낭비처럼 보일지도 모른다. 그러나 이 방법은 수많은 이벤트를 통해 거대한 단어를 다루는데, 스플렁크 인덱스는 정말로 잘 동작한다.

- **스플렁크는 인터페이스에서 grep[1]을 실행할 수 없다:** 가장 일상적인 질문의 하나는 스플렁크가 검색에 정규식을 사용할 수 있는지 여부다. 기술적으로 대답은 '아니오(No)'다. 그러나 정규식으로 할 수 있는 대부분의 것을 다른 방법으로 할 수 있다. 잘 설계된 인덱스를 사용하는 것은 빠른 검색을 하기 위한 최고의 방법이다. 정규 표현은 그 이후 결과를 필터링하거나 필드를 추출하기 위해 사용될 수 있다.

---

1 정규 표현식으로 특정 단어를 찾는 일 – 옮긴이

- **숫자는 검색 시에 파싱될 때까지는 숫자가 아니다:** foo>5를 찾는 검색은 검색 시에 이벤트에서 파싱될 때까지는 foo의 값을 알 수 없기 때문에 인덱스로 사용할 수 없다. 대답을 얻기 위한 질문에 따라 이러한 행동을 다루기 위한 여러 다른 방법이 있다.

- **필드 이름은 대/소문자를 구별한다:** host=myhost를 찾을 때 host는 소문자여야 한다. 반면에 추출된 또는 설정된 필드는 필드 이름은 대/소문자 구별되나, 그 값은 대/소문자 구별을 하지 않는다.

  - Host=myhost는 동작하지 않는다.

  - host=myhost는 동작한다.

  - host=MyHost는 동작한다.

- **필드는 데이터를 인덱싱하기 전에 정의될 수 없다:** 인덱스된 필드는 인덱스 시간에 이벤트의 메타데이터에 추가되는 필드다. 인덱스된 필드를 정의하는 적당한 방법들이 있다. 그러나 많은 경우에 이것은 불필요하고 실제로 시간 낭비다. 3장에서 이 내용을 다룬다.

불린과 그룹 연산자

검색을 개선하기 위해 사용하는 몇 개의 연산자가 있다(이 연산자는 반드시 대문자로 써야 하고 검색어로는 사용될 수 없다).

- AND는 검색어 사이에 내포되어 있다. error mary는 error AND mary와 같다.

- OR는 여러 값들을 찾을 수 있다. error or mary는 "각 단어를 포함하고 있는 어떤 이벤트라도 찾아라"를 의미한다.

- NOT은 다음 검색어 또는 그룹에 적용된다. error NOT mary는 error를 포함하고 mary는 포함되지 않는 이벤트를 찾는다.

- ""는 구문을 명시한다. "Out of this world"는 정확하게 단어와 순서가 일치해야 한다. Out of this world로 검색하면 이 단어들을 모두 포함하고 있는 이벤트를 찾는다. 그러나 순서는 중요하지 않다.

- ()는 검색어를 그룹화하기 위해 사용한다. 괄호는 로직의 혼동을 막기 위해 사용할 수 있다. 예를 들면 아래 두 문장은 같다.

  - bob error OR warn NOT debug

  - (bob AND (error OR warn)) AND NOT debug

- =는 필드를 특정화하기 위해 사용한다. 부등호 표시로 검색하는 위해서는 그 연산을 따옴표로 감싸면 된다.

- []는 하부 검색을 실행한다. 이 부분에 대해서는 5장에서 살펴본다.

매우 특정한 검색을 위해 심지어 하나의 질의에서 이벤트의 여러 집합을 찾기 위해서 위의 연산자를 조합하여 정교하게 질의할 수 있다.

- error mary NOT jacky

- error NOT (mary warn) NOT (jacky error)

- index=myapplicatonindex (sourcetype=sourcetype1 AND ((bob NOT error) OR (mary AND warn))) OR (sourcetype=sourcetype2 (jacky info))

또한, 이 연산은 공백을 사용하여 명확하게 표현할 수 있다.

```
index=myapplicatonindex
(
    sourcetype=sourcetype1
    AND
    (
        (bob NOT error)
        OR
        (mary AND warn)
    )
)
```

```
OR
(
    sourcetype=sourcetype2
    (jacky info)
)
```

검색 변경을 위한 클릭

단지 마우스를 움직여서 아무거나 클릭해서 스스로 기능을 파악할 수 있다고 해도, 마우스를 움직여서 클릭했을 때 GUI가 어떤 동작을 하는지 알아볼 가치가 있다.

- 임의의 단어와 필드 값을 클릭하면 검색에 그 단어가 추가된다.
- 이미 질의에 있는 단어와 필드 값을 클릭하면 검색어에서 그 단어를 제거한다.
- Alt키를 누른 상태에서 어떤 단어와 필드 값을 클릭하면 질의에 검색어를 NOT 형태로 추가한다. 이 기능은 쿼리 결과에서 필요 없는 결과를 제거하기 위해서 사용하는 손쉬운 방법이다.

이벤트 분할

1장에서 옵션 대화상자를 설정하는 부분을 간단하게 살펴보았다. 이벤트 세그먼트화Event Segmentation 옵션은 검색 결과의 문자들에 마우스를 올렸을 때 하이라이트되는 것을 변경하고 하이라이트된 부분을 클릭했을 때 질의에 추가되는 문자들도 변경된다. 각 설정과 함께 ip=10.20.30.40 구문에 무슨 일이 생기는지 알아보자.

- inner(내부)는 문장 부호 사이에 각 단어들을 하이라이트한다. 하이라이트된 항목은 ip, 10, 20, 30, 40이 된다.

- outer(외부)는 공백 사이로 구분된 모든 것을 하이라이트한다. 전체적인 구문 ip=10.20.30.40이 하이라이트될 것이다.

- full(전체)은 마우스를 움직임으로써 한 구문 내에서 시작에서 모든 것을 하이라이트시킬 수 있다. 왼쪽에서 오른쪽으로 마우스를 움직일 때마다 ip, ip=10, ip=10.20, ip=10.20.30 그리고 마지막으로 ip=10.20.30.40이 순차적으로 하이라이트된다. '전체'는 기본 설정이고 대부분의 데이터에서 적합하다.

- raw(원시)는 사용자가 직접적으로 선택한 문자들만 사용하도록 하이라이트 기능을 사용하지 않도록 한다. 일부 사용자는 예기치 않는 행동을 하는 것을 예방하기 위해 이 설정을 선호할 것이다. 이 설정은 또한 브라우저가 하는 일의 부담을 덜어서 조금 더 빠르게 작업할 수 있다.

필드 위젯

필드 선택기 또는 이벤트 아래의 필드 값 위젯에 있는 값을 클릭하면 질의에 필드 값이 추가된다. 예를 들어 ip=10.20.30.40이 이벤트 아래에 보이면, 그 값을 클릭해서 ip=10.20.30.40을 검색 조건에 추가할 수 있다.

 이벤트의 문자에서 필드 값이 key=value처럼 보이면 이벤트의 원시 문자에서 클릭하는 것 대신 필드 위젯 중 하나를 사용하기를 원할 것이다. 이벤트 분할 설정에 따라서 단어를 클릭하여 value 또는 key=value가 더해질 수 있다. 전자는 필드 정의의 이점을 취할 수 없지만 간단하게 단어를 검색할 수 있다. 후자는 정확한 등호 텍스트를 포함하고 있는 이벤트에 작동될 것이다. 그러나 다른 방법으로 추출된 같은 필드 값을 실제로 포함하는 다른 이벤트에는 작동하지 않는다.

시간

이벤트 옆에 있는 시간(초 단위)을 클릭하면 오직 그 시간에 발생한 이벤트를 찾도록 변경한다.

 짧은 시간 프레임으로 확대하기 위한 편리한 방법 중 하나는 오직 그 시간(초)을 검색하기 위해 이벤트의 시간 하나를 클릭하는 것이다. 그리고서 적당한 시간 프레임이 될 때까지 그 타임라인 위에 있는 확대 버튼을 클릭한다.

검색에서 필드 사용

1장에서 GUI를 살펴볼 때 어디에서든 필드를 볼 수 있었다. 필드는 왼쪽의 필드 선택기에도 있고, 모든 이벤트의 아래에도 있다. 필드가 실제적으로 생성된 것은 사용자에게는 투명하고 사용자는 단순히 key=value를 검색을 했을 뿐이다. 3장과 10장에서 새로운 필드를 추가하는 방법을 살펴본다.

필드 선택기 사용

필드 선택기는 검색의 결과에서 현재에 정의된 필드에 쉽게 접근할 수 있도록 도와준다. 필드를 선택하면 현재 검색 결과에서 그 필드에 대한 자세한 정보를 보여준다.

a network (2)	**network (categorical)**				☒
	Appears in 9% of results Show only events with this field		**Charts** Top values by time Top values overall		
	Values		**#**	**%**	
	red		12,741	4.474%	▮
	green		12,621	4.432%	▮

이 위젯에서 다음 항목을 관찰하면 다음 정보를 볼 수 있다.

- **Appears in X% of result**(결과의 X%로 나타난다)는 우리가 생각하는 결과를 얻었는지에 대한 좋은 지표다. 결과에 대한 모든 이벤트가 이 필드를 포함하고 있어야 하는데, 검색의 결과가 100퍼센트가 아니면 검색을 더 정교하게 만들거나 필드의 정의를 변경해야 한다.

- **Show only events with this field**(이 필드를 포함한 이벤트만 표시)는 이 필드를 가지고 있는 이벤트만 오직 얻기 위해 현재 검색에 `fieldname="*"`을 추가한다.

 검색하고 있는 이벤트가 항상 필드의 이름을 포함한다면 질의에 또한 필드 이름을 더할 경우 쿼리는 더 효율적이 될 것이다. 예를 들어 network 필드가 항상 포함되면, 이런 경우에 쿼리는 sourcetype="impl_splunk_gen" network="*" network가 된다.

- **Select and show in results**(선택하여 결과에 표시)는 필드 선택기 상단의 selected field(선택된 필드)에 필드를 추가하고 각 이벤트 아래에 필드 값을 보여준다.
- **Charts**(차트)는 다음 링크를 포함한다. 그리고 이것은 3장에 있는 예에서 시작할 때 사용할 것이다.

  1. **Top values by time**(시간별 상위 값)은 검색된 시간 프레임에서 시간별로 가장 빈번하게 발생한 값을 그래프로 보여준다.
  2. **Top values overall**(전체 상위 값)은 검색된 전체 시간 프레임 동안 이 필드를 위해 가장 빈번한 값을 테이블을 보여준다.

- **Values**(값)는 가장 상위 10개의 빈번한 값에 대한 매우 유용한 스냅샷을 보여준다.

와일드카드를 효과적으로 사용

인덱스는 단어에 기반함에도 불구하고, 필요할 때 와일드카드를 사용하는 것이 가능하다. 물론 몇 가지 주의 사항이 있다.

단어의 끝에만 와일드카드를 사용하는 것이 효율적이다

간단하게 시작해서 bob*은 효과적으로 Bobby를 포함하고 있는 이벤트를 찾을 것이다. 그러나 *by 또는 *ob*는 그렇지 못하다. 후자의 경우에는 특별화된 시간 프레임에서 모든 이벤트를 스캔하게 된다.

와일드카드는 마지막에 검사된다

와일드카드는 모든 다른 용어를 검사한 후에 검사된다. authclass *ob* hello world를 검색한다고 하자. *ob*는 그 밖에 모든 검색어들이 먼저 검색된다. 전체 단어를 사용하여 결과를 한정하면 할수록 더 좋은 성능 결과를 얻을 수 있다.

필드 안에서 와일드카드를 보완한다

다음 이벤트가 주어졌을 때 world에 대한 검색은 모든 이벤트를 결과로 출력한다.

```
2012-02-07T01:04:31.102-0600 INFO AuthClass Hello world. [user=Bobby,
ip=1.2.3.3]
2012-02-07T01:23:34.204-0600 INFO BarClass Goodbye. [user=Bobby,
ip=1.2.3.3, message="Out of this world"]
```

두 번째 이벤트만 원하고 이벤트에 message 필드 어딘가에 world를 포함하고 있다는 것이 알고 있는 것의 전부이면 어떻게 해야 할까? message="*world*" 쿼리는 작동은 하겠으나 스플렁크는 *world*에 대한 모든 이벤트를 찾아야만 하고 그 후 world가 message 필드에 있는지 결정해야 하기 때문에 매우 비효율적이다.

와일드카드는 마지막에 검사된다는 것을 기억하면 이에 대한 이점을 취할 수 있다. world message="*world*"로 질의를 작성하면 스플렁크는 world를 가진 모든 레코드를 찾을 수 있다. 그리고 나서 더 특별한 와일드카드 조건을 위해 그 이벤트를 검사한다.

시간에 관한 모든 것

시간은 스플렁크에서 중요하고 혼동스러운 주제다. 이 섹션을 건너뛰고 싶다면 하나의 개념을 기억해라. 시간은 원시 데이터를 다시 인덱싱하는 것 없이는 나중에 변경될 수 없기 때문에 인덱스로 파싱될 때 적절하게 설정해야 한다.

스플렁크가 시간을 파싱하는 방법

11-03-04로 날짜가 주어지면 어떻게 이 날짜를 해석할까? 대답은 아마도 살고 있는 곳에 따라 달라질 것이다. 미국에서는 2004년 11월 3일이라고 읽을 것이다. 유럽에서는 2004년 3월 11로 생각할 것이다. 또한, 2011년 3월 4일로 읽는 것도 생각할 수 있다.

운좋게도 대부분의 날짜는 이러한 혼동을 주지 않고, 스플렁크는 이를 위해 최선의 노력을 한다. 시간 형식에 대한 설정을 통해 스플렁크에게 약간의 도움을 줌으로써 이 어려움을 해결할 수 있다. 10장에서 이와 연관된 설정을 설명한다.

스플렁크가 시간을 저장하는 방법

날짜가 파싱되면, 스플렁크에 저장된 날짜는 항상 GMT 시간으로 저장된다. 기준 시간Epoch Time은 유닉스가 탄생한 1970년 1월 1일 이래로 초로 환산된 숫자다. 하나의 시간대로 모든 이벤트를 저장하기 때문에 다른 시간대에서 발생하는 이벤트와 같이 정렬할 때 문제가 발생하지 않는다. 이것은 물론 시간이 인덱스될 때 이벤트의 시간대가 결정될 수 있는 경우에 적절하게 작동한다. 숫자로 변환된 값은 _time 필드에 저장된다.

스플렁크에서 시간을 표시하는 방법

원본 이벤트의 본문과 이벤트가 포함하고 있는 날짜는 결코 변경되지 않는다. 이것은 항상 받은 그대로 표시된다. 이벤트의 왼쪽에 표시되는 시간은 스플렁크 인터페이스의 시간대에 의해 결정되거나 사용자 계정에 설정한 사용자의 선호도에 따라 결정된다.

시간대가 결정되는 방법과 문제

모든 이벤트는 GMT 시간에 따라 저장되기 때문에 이벤트의 시간대는 파싱될 때 문제가 된다. 그러나 시간을 바르게 얻는 것은 매우 중요하다. 이벤트가 일단 인덱스로 작성되면, 원시 데이터를 다시 인덱싱하지 않고서는 변경할 수 없다.

시간 대는 여러 곳에서 올 수 있고, 아래 순서에 따라 결정된다.

- 로그에 정해진 시간대: 예를 들면 2012-02-07T1:03:23,575,-0600이라는 시간은 시간대가 GMT에서 6시간 늦은 지역임을 의미한다. 다시 말해 중부 시간대CST, Central Standard Time로 2012년 2월 7일 화요일 1시 3분 23초를 표현하다.

- 순서대로 소스, 호스트 소스 형태와 연관된 설정: 이것은 props.conf에서 설정된다. 필요하다면 로그 그 자체에 리스트되는 시간대를 실제로 덮어 쓰기 위해 사용된다. 자세한 내용은 10장을 살펴보자.

- 이벤트를 포워딩하는 스플렁크 인스턴스의 시간대: 시간대가 정해지지 않으면 시간대는 이벤트를 따라 전달된다. 이것은 일반적으로 받아드릴 수 있는 기본이다. 예외는 다른 로그가 시간대 설정 없이 같은 호스트에서 다른 시간대로 작성될 때다. 이러한 경우에는 prop.conf에 설정되어야만 한다.

- 이벤트를 파싱하는 스플렁크 인스턴스의 시간대: 이것은 때때로 받아들일 수 있고, 분산된 환경에서 흥미로운 방법으로 사용될 수 있다.

다시 한 번 강조하지만 중요한 것은 시간대는 이벤트를 인덱스하고 파싱하는 시간에 알려져야만 한다는 것이다.

시간에 대해 검색하는 다른 방법

우리는 적절하게 인덱스된 시간을 가지고 있다. 시간에 대해 어떻게 검색해야 할까?

시간 선택기는 상대적인 시간에 대해 정리된 기본 설정을 제공한다.

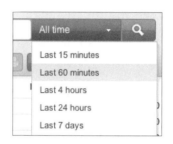

이 선택은 현재에서 상대적으로 지난 시간을 검색하나 때때로는 정확한 시간을 검색하는 것도 필요하다.

마지막 옵션 Custom time(사용자 시간)은 특정 시간을 지정할 수 있도록 도와주는 인터페이스를 제공한다.

● Date(날짜)는 첫 번째 옵션이다.

이벤트가 발생한 시점을 알고 있다면, 여기에서 원하는 시간 어떤 것이든 자세히 설정할 수 있다. 시간대는 사용자 계정 또는 변경하지 않았다면 시스템 기본으로 설정한 시간대가 적용된다. 이것은 찾을 이벤트의 시간대와는 다를 수 있다.

- Relative(상대)는 과거에 시간을 선택할 수 있다.

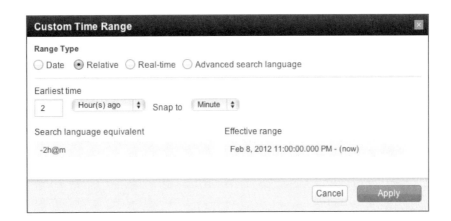

검색의 마지막 시점은 항상 현재 시간이 된다. Snap to(맞추기) 옵션은 버림을 할 단위를 선택할 수 있다. 예를 들어 현재 시간이 4:32분이고 2시간 전 옵션을 선택하고 맞추기 옵션을 Hour(시간)로 선택했다면 검색할 가장 이른 시간은 2:00가 된다. Effective range(유효 범위)는 어떤 시간 범위가 검색될지 알려준다.

Search language equivalent(동등 검색 언어) 아래의 글씨를 주목하자. 이것은 스플렁크에서 상대적인 시간을 표현하는 방법이다. 우리는 앞으로 종종 이 표현을 볼 것이다.

- 상대 시간처럼 Real-time(실시간)은 과거의 시간을 선택하고 동등 검색 언어를 보여준다. 실시간 검색은 상대 시간과는 다르게 계속적으로 실행되고, 질의 결과가 계속 갱신된다. 그러나 정해진 시간 프레임보다 더 최신에 파싱된 날짜를 가진 이벤트만 유지한다.

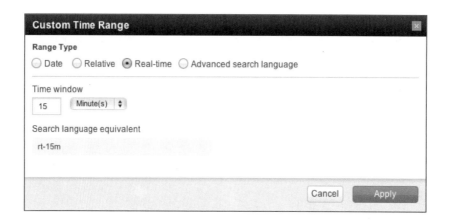

- 마지막으로 Advanced search language(고급 검색 언어)가 있다.

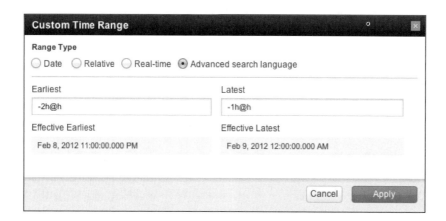

우리는 2시간 전 옵션을 선택했고, Relative(상대) 탭의 Sanp to(맞추기) 옵션에서 분을 선택했었다. 이 섹션에서 동등 검색 언어는 –2h@m이고, 이는 "현재 시점에서 2시간(7200초) 전으로 가서 분 단위 검색을 위해 초 단위는 버려라"라는 것을 의미한다. 그래서 현재 시간이 15:11:23이라면 상대적 시간은 13:11:00이 된다. 이 고급 검색 언어는 매우 강력하고 검색을 설정할 때 자주 사용된다.

검색에서 인라인 시간 설정

또한, 검색 창 내에서 상대 또는 절대 시간을 직접적으로 입력하여 사용할 수 있다. 예를 들어 `bob error` 검색 항목이 주어질 때, 사용하기를 원하는 시간 프레임을 검색에서 **earliest**나 **latest** 필드를 사용하여 직접 설정할 수 있다.

- 60분 전 안에 bob에게 영향이 있는 에러를 찾기 위해서는 `earliest=-60m bob error`가 검색어가 된다.

- 3시간 전에 bob에게 영향을 끼친 에러를 찾고 시간 단위로 맞추기 위해서는 `earliest=3h@h bob error`를 사용할 수 있다.

- 어제 bob에게 영향을 준 에러 이벤트를 검색하는 것은 `earliest=-1d@d latest=-0d@d bob error`로 입력한다.

- 월요일 자정 이래로 bob에게 영향이 있는 에러를 검색하기 위해서는 `earlest=-0@w1 bob error`가 된다.

 같은 질의에는 다른 시간 범위를 사용할 수 없다. 예를 들어 불린 검색에서 (earliest=-1d@d latest=-0d@d bob error) OR (earliest=-2d@d latest=-1d@d mary error)는 잘못된 질의다. 이를 해결하기 위해서 append 명령이 있다.

_indextime과 _time

이벤트는 일반적으로 이벤트가 기술된 시간과 같은 시간에 받아지지 않는다. 대부분 구성에서는 이 시간의 차이가 몇 초 이내다. 그러나 로그가 배치 작업으로 전달된다면 그 차이는 더 커질 수 있다. 이벤트가 실제로 스플렁크 인덱스에 쓰여지는 시간은 `_indextime`이라는 내부 필드에 저장된다. 이벤트를 파싱해서 얻은 시간 정보는 `_time` 필드에 저장된다.

`_indextime`으로 검색할 일은 한 번도 없을 수도 있다. 그러나 지금 찾고 있는 시간은 이벤트가 인덱스된 시간이 아닌 이벤트에서 파싱되어 나온 시간을 검색하고 있다는 것을 이해하고 있어야 한다.

더 빠른 검색 수행

검색을 더 빨리 하기 위해 인덱스를 사용하는 것을 이야기했었다. 새로운 조사를 시작할 때 다음 몇 단계를 따르는 것은 검색 속도를 높이는 데 도움이 될 것이다.

1. 찾고자 하는 이벤트가 있을 걸로 생각하는 최소의 기간으로 시간을 설정해라. 채팅 로그에 대해서 시간 간격은 일분 정도로 작을 수도 있다. 이벤트가 언제 발생했는지 알 수 없다면 더 큰 시간 프레임으로 검사를 실행하고 검색이 실행되는 동안 타임라인을 클릭해서 확대할 수 있다.

2. 여러 인덱스를 가지고 있다면 그 인덱스들을 지정해라. 질의에 인덱스 이름을 가지고 시작하는 것이 좋은 습관이다. 예를 들어 `index=myapplicationindex error bob`처럼 질의를 작성할 수 있다.

3. 연관된 다른 필드를 지정해라. 지정하는 가장 일반적인 필드는 `sourcetype`과 `host`다. 예를 들면 `index=myapplicationindex sourcetype="impl_splunk_gen" error bob`이 될 수 있다.

 일반적인 경우에 source 필드를 지정하게 되면 더 많은 sourcetype을 지정하는 것보다 더 효율적이다. 데이터센터 또는 환경 같은 다른 정보를 찾기 위해 sourcetype 필드를 사용하는 것은 피해라. 이러한 경우에 host를 살펴보거나 또 다른 인덱스를 생성하는 것이 더 좋다.

4. 연관된 메시지에서 더 많은 단어들을 추가해라. 이것은 필드 선택기에서 이벤트 또는 필드를 클릭하여 간단하게 실행할 수 있다. 예를 들어 `index=myapplicationindex sourcetype="impl_splunk_gen" error bob authclass OR fooclass` 같은 질의를 생성할 수 있다.

5. 필요한 이벤트를 발견했으면 시간 범위를 확대하고 검색을 더욱 개선해라.

6. 필드 선택기 상단의 Field Discovery(필드 발견)를 비활성화한다. 이것은 특히 질의에 많은 이벤트가 조회될 때 검색 속도를 많이 향상시킨다. 간단히 이벤트에서 필드 모두를 추출하는 것은 많은 컴퓨팅 시간이 걸리고, 이 설정을 비활성화함으로써 스플렁크가 필요하지 않은 작업을 행하는 것을 예방할 수 있다.

 동작하고 있는 질의가 오랜 시간이 걸리고 정기적으로(아마도 경고나 대시보드 같은 작업) 이 질의를 수행하면, 요약 인덱스를 사용하는 것이 적당할 수 있다. 9장에서 이를 토론한다.

결과 공유

다른 사용자와 특정 결과를 공유하는 것은 종종 유용하다. 결과를 언제나 CSV 파일로 내보내서 공유할 수 있으나 매우 번거롭다. 대신에 URL을 공유를 사용하기 위해 Save(저장) 메뉴에서 Save & share results ...(결과 저장 및 공유)를 선택할 수 있다.

이것은 Save and Share Results(저장과 결과 공유) 패널을 연다.

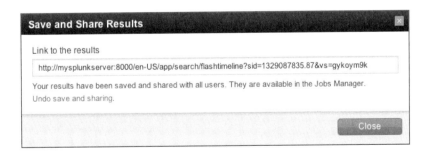

Link to the results(결과에 연결) 아래 URL은 복사해서 다른 사용자한테 보낼 수 있다. 사용자가 URL을 방문하면, 작업이 만료되지 않는 한, 방금 실행했던 결과와 정확하게 같이 보인다.

결과는 Jobs(작업) 화면에서 또한 사용 가능하다. 상단 바에서 Jobs(작업) 링크를 클릭하면 Jobs(작업) 창이 열린다.

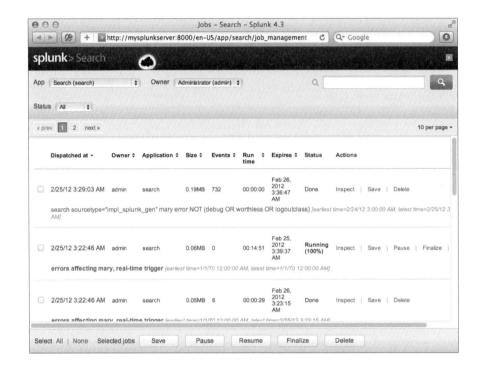

App(앱) 메뉴, Owner(소유자) 메뉴, Status(상태) 메뉴와 검색 바는 작업을 필터링할 수 있다.

테이블은 다음 컬럼으로 구성된다.

● Dispatched at(발송된 위치)은 검색이 시작된 시간이다.

● Owner(소유자)는 작업을 시작한 사용자다. 때때로 저장된 검색이 애플리케이션에서 설정되었으나 특별한 사용자에 의해 소유되지 않았으면 작업은 system 사용자로 보인다.

- Application(애플리케이션)은 검색이 시작된 애플리케이션을 지정한다. 이것은 사용자 검색뿐만 아니라 다른 앱에서 실행된 익숙하지 않은 검색이 위치하는 곳을 찾는 데 유용하다.
- Size(크기)는 이 질의의 결과를 저장하기 위해 사용된 디스크 공간의 양이다.
- Events(이벤트)는 검색과 일치한 이벤트의 수를 보여준다. 복잡한 검색 또는 보고서에서 결과는 이 수와 다를 수 있다.
- Run time(실행 시간)은 검색이 실행된 시간이나 검색이 여전히 실행 중이면 수행되고 있는 시간을 보여준다.
- Expires(만료)는 디스크에서 이 결과가 삭제되는 시간이다.
- Status(상태)는 여전히 실행 중인지에 기반하여 검색한 내용을 보여주거나 정렬한다.

 운영 중인 작업을 찾기 위한 가장 쉬운 방법은 상태 메뉴에서 Running(실행 중)으로 변경하고 돋보기 버튼을 클릭한다.

- Actions(작업)는 검색 또는 결과에 영향을 주는 다음 링크를 제공한다.
  - Inspect(검사)는 질의에 대한 자세한 정보를 보여준다. 이것은 5장에서 검색 작업 검사를 살펴본다.
  - Save(저장)는 명시적으로 검색 결과를 유지한다.
  - Pause(일시 중지)는 작업의 실행을 멈춘다.
  - Finalize(종료)는 작업을 멈추나 지금 시점에서 검색된 결과를 유지한다.
  - Delete(삭제)는 명시적으로 디스크에서 결과를 제거한다. 일반적으로 검색 결과는 스스로 만료되기 때문에 일반적으로는 필요하지 않다.
- 창에 있는 상단의 검색 바는 현재와 과거 작업들을 찾는 데 유용하다.

재사용을 위한 검색 저장

쿼리를 만들어 저장하고 그로부터 경고 알람을 만들어 보자. 처음에 우리에게 가장 중요한 사용자 중 한 명인 메리mary에게 영향이 있는 에러error를 찾는다. 이것은 간단히 marry error라는 질의를 만들 수 있다. 이 질의에 맞는 약간의 샘플 로그 메시지를 보면 우리는 이 이벤트 중 몇 개는 전혀 문제가 되지 않는다는 것을 알 수 있다(날짜는 줄 수를 줄이기 위해 생략했다).

```
ERROR LogoutClass error, ERROR, Error! [user=mary, ip=3.2.4.5]
WARN AuthClass error, ERROR, Error! [user=mary, ip=1.2.3.3]
ERROR BarCLass Hello world. [user=mary, ip=4.3.2.1]
WARN LogoutClass error, ERROR, Error! [user=mary, ip=1.2.3.4]
DEBUG FooClass error, ERROR, Error! [user=mary, ip=3.2.4.5]
ERROR AuthClass Nothing happened. This is worthless. Don't log this.
  [user=mary, ip=1.2.3.3]
```

DEBUG 메시지는 무시해도 될 것이다. LogoutClass 메시지는 해로울 것 같지 않아 보인다. 그리고 마지막 메시지는 로그에서 가치가 없다고 말하고 있다.

mary error NOT debug NOT worthless NOT log outclass라는 질의의 결과는 아래와 같다.

```
WARN AuthClass error, ERROR, Error! [user=mary, ip=1.2.3.3]
ERROR BarCLass Hello world. [user=mary, ip=4.3.2.1]
```

좋은 검색을 위해서 sourcetype 필드를 추가하고 괄호를 사용한다.

```
sourcetype="impl_splunk_gen" (mary AND error) NOT debug NOT worthless NOT
logoutclass
```

다음은 똑같은 검색 결과를 갖는 질의다.

```
sourcetype="impl_splunk_gen" mary error NOT (debug OR worthless OR
logoutclass)
```

우리는 매번 질의를 다시 작성하기를 원하지 않기 때문에 빠른 검색을 위해 다음 질의를 저장한다.

우선 Save(저장) 메뉴에서 Save search...(검색 저장...)를 선택한다.

Save Search(검색 저장) 화면이 나타난다.[2]

Search name(이름)에 적당한 값을 입력한다. 위의 경우에는 errors affecting mary(메리에게 영향이 있는 에러)를 입력했다. 시간 범위는 시간 선택기에서 선택했던 값이 입력된다. Share(공유)는 다른 사용자가 메뉴에서 이 검색을 볼 수 있게 할 것인지를 설정한다. 일반 사용자는 다른 사용자와 검색을 공유할 수 있는 기능이 없을 것이다.

저장한 검색은 Searches & Report(검색 및 보고서)에 있는 Errors(오류)에서 사용할 수 있다.

---

2 Ver 5.0에서는 검색어와 시간 범위가 없다. - 옮긴이

메뉴에서 저장한 검색을 선택하면 사용 가능한 최신의 데이터를 사용하여 검색을 실행한다.

 저장한 질의의 errors affecting mary에 작은 네모 상자가 있는 점을 주목하자. 이것은 검색이 공유되지 않은 상태로 오직 소유자만 볼 수 있다는 것을 의미한다.

검색에서 경고 생성

이미 저장된 질의는 스케쥴 형식으로 실행될 수 있다. 검색을 스케쥴링하여 실행하기 위해서는 경고alert를 생성하면 된다. 이를 위해 Create(만들기) 메뉴에서 Alert...(경고...)를 선택한다.

마법사 인터페이스가 나타나고, 이는 3단계 과정으로 구성된다.

스케쥴

Schedule(스케쥴) 단계는 다음 옵션들이 있다.

- Trigger in real-time whenever a result matches(결과가 일치할 때마다 실시간으로 트리거): 이 옵션은 항상 실행되는 실시간 검색으로 남겨지고 이벤트가 있으면 즉시 경고를 발생시킨다.

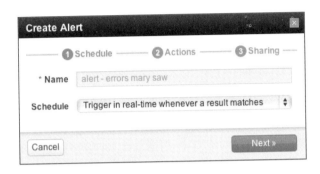

이 옵션은 검색에 맞는 이벤트가 발생하는 매 시간에 경고를 생성한다. 다음 단계에서 중요한 조절 옵션이 있다.

- Run on a schedule once every...(스케줄 한 번 실행 주기...): 새로운 옵션이 화면 아래 나타날 것이다.

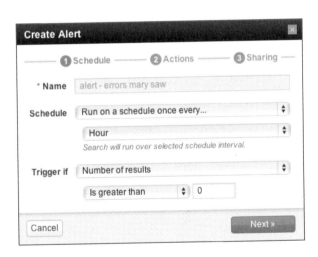

○ Schedule(스케줄): 검색이 선택한 스케줄 간격에 따라 실행될지 크론cron 스케줄에 따라 실행할지를 선택할 수 있다. 시간 선택기에서 선택한 시간 프레임이 매 번 질의가 실행될 때 적용된다는 것을 잊지 말아라. 아마도

분 단위 데이터를 24시간 간격으로 보기 위해 질의를 실행하고 싶지는 않을 것이다.

○ Trigger if(트리거 조건)는 경고가 발생하기 위한 조건을 설정한다.

● Number of results(결과의 수)는 숫자에 기반한 규칙을 생성한다. Is greater than 0 은 가장 일반적으로 사용되는 옵션이다.

● A custom condition is met(사용자 지정 조건이 충족되는 경우)는 경고를 발생할지 여부 를 결정하기 위해 약간의 검색어를 사용할 수 있도록 해준다. 어떤 이벤트가 검색어 검사에서 통과한다면 그 규칙을 통과하고 경고가 발생한다. 예를 들어 search authclass라고 설정하면 모든 이벤트는 authclass라는 단어가 있는지 검 사한다. 앞에서 우리가 사용한 예제를 보면 하나의 이벤트가 이 검사를 통과 할 것이다. 대부분의 경우에 임계값을 사용한다. 이 목적은 정해진 액션에 따 라 전달된 검색 결과에 영향 없이 검색 결과를 검사하기 위한 것이다.

● Monitor in real-time over a rolling window of...(롤링 창에서 실시간으로 모니터링): 어떤 임계치 값이 지날 때마다 경고를 발생시키는 데 매우 유용한 옵션이다. 예를 들어 웹 서버의 접근 로그에서 지난 1분 동안 이벤트의 수가 100 아래로 떨어 지면 경고를 보낼 수 있다.

앞의 예제 데이터를 가지고 지난 5분 동안 메리mary 사용자에게 영향을 준 에 러가 5개 이상이 되는 시점에 경고를 발생하도록 설정해보자.

액션

스케줄의 모든 옵션을 설정했으면 Next>>를 클릭하여 Action(액션)을 진행하자.

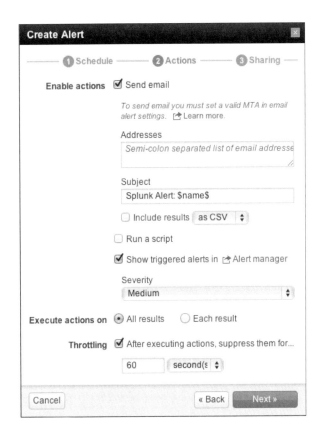

액션 창은 경고의 결과로 무엇을 하기를 원하는지 결정하는 곳이다. Enable actions(작업 활성화)에는 다음처럼 몇 가지 옵션이 있다.

- Send email(이메일 보내기): 가장 일반적인 옵션이다. 간단히 이메일 주소 목록을 입력하면 된다. 결과로 전달되는 이메일은 스플렁크 서버로 돌아가는 링크가 항상 포함될 것이다. Subject(제목)를 알맞게 편집할 수 있고 선택적으로 이메일에 검색 결과를 포함시킬 수 있다.

- **Run a script**(스크립트 실행): 검색의 결과를 가지고 스크립트를 실행할 수 있도록 해준다. 어떤 스크립트든 `$SPLUNK_HOME/bin/scripts/`에 관리자에 의해 설치되어 있어야만 한다. 이것은 12장에서 살펴본다.

- **Show triggered alerts in Alert manager**(경고 관리자에 트리거된 경고를 표시합니다.): 경고 관리자는 저장된 검색에 의해 발생된 경고의 목록들이다. 이 경고 화면은 사용자의 메일박스를 가득 채우는 일 없이 모든 경고를 그룹화하는 편리한 기능이다. 화면 상단에서 **Alerts**(경고) 링크에서 확인할 수 있다.

다음 두 개의 옵션은 얼마나 많은 경고들을 발생시킬지 결정한다.

- **Execute actions on**(작업 실행): 여기에서 옵션은 **All results**(모든 결과) 그리고 **Each result**(개별 결과) 두 가지가 있다. 대부분의 경우에 검색당 하나의 경고(모든 결과)를 원할 것이다. 그러나 특별한 경우에 각 이벤트에 의해 개별적으로 처리해줘야 한다면 각 이벤트별로 경고를 알릴 수 있다. 개별 결과를 사용할 때는 보고서 명령을 사용하여 받는 결과의 수가 제한되어 있는 것이 확실할 경우에만 주의 깊게 사용해야 한다.

- **Throttling**(경보 조절): 같은 경고에 대해서는 얼마만큼의 간격으로 발생시킬지 설정할 수 있다. 특별한 이벤트에 대한 검색에 대해서는 매 분 알람을 받고 싶을 수 있으나 아마 그렇게 매 분 이메일을 받기를 원하지는 않을 것이다. 경보 조절을 통해 에러가 매 분 계속해서 발생한다면 이메일을 30분에 한 번씩만 보내달라고 스플렁크에 설정할 수 있다.

Execute actions on each result(각 결과에 따라 작업 실행)를 선택했다면 특별한 필드로 제한하기 위한 입력 상자가 추가되는 것을 볼 수 있다. 예를 들어 호스트 A가 에러가 하나 있다는 경고를 받았다면 30분 동안은 호스트 A에서 다른 에러가 발생했다는 사실은 알고 싶지 않다. 그러나 호스트 B에서 그 30분 동안 에러가 발생했다면 이 사실은 즉시 경고를 받고 싶을 수 있다. 간단히 이 필드에 host를 입력하면 host 필드의 값이 비교될 것이다.

세 번째 화면은 이 검색 결과를 다른 사용자도 사용할 수 있게 할 것인지를 선택한다. 모든 사용자가 검색을 다른 사람에게 허용하도록 만들 수 있는 권한을 가지고 있지는 않다.

정리

이번 장에서 우리는 스플렁크에서 검색하는 방법을 알아보았고 이 검색 결과를 가지고 몇 가지 유용한 작업을 실행해보았다. 우리가 앞으로 해야 할 더 많은 기능들이 있다.

3장에서는 검색 이상의 것을 위해 필드를 사용하는 일을 시작할 것이다. 테이블과 그래프를 만들고 스스로 새로운 필드를 만드는 작업을 할 것이다.

3

테이블, 차트, 필드

이번 장에서는 검색하고 원시 이벤트를 조회하는 방법을 배운다. 그러나 가장
흥미로운 부분은 유용한 패턴을 추출하기 위해 테이블과 차트를 생성하는 부
분일 것이다. 고맙게도 스플렁크에서 보고서를 만드는 대부분의 작업은 보고
서 명령을 통해 간단하게 만들어진다. 이번 장에서 몇 개의 사용 예를 통해 이
방법을 배울 것이다.이 장 마지막에는 사용자 정의 보고서를 만들기 위해 사
용자 정의 필드를 생성하는 방법을 알아본다.

파이프 기호

명령어를 살펴보기 전에 스플렁크에서 사용하는 파이프 기호(|)를 알아보는 것
이 필요하다. 커맨드 라인에서 파이프 기호는 하나의 프로세서에서 다른 프로
세서로 데이터 전송을 표현하기 위해 사용된다. 예를 들어 유닉스 형태의 운
영체제에서는 다음처럼 작성할 수 있다.

```
grep foo access.log | grep bar
```

처음 명령은 access.log 파일에서 foo가 포함된 줄을 찾는다. 그 명령의 결과는 다음 grep 명령의 입력으로 전달pipe된다. 그리고 다음 명령에서 bar가 포함된 줄을 찾는다. 마지막 출력은 시스템에서 정의하는 어디론가 가게 된다. 보통의 경우에는 터미널 창이 될 것이다.

스플렁크의 파이프 기호는 몇 가지 면에서 다른 점이 있다.

1. 커맨드 라인과 달리, 이벤트는 단순한 텍스트라기보다는 키/값key/value의 쌍으로 이루어진 집합이다. 각 이벤트는 데이터베이스의 열, 파이썬의 디렉토리, 자바스크립트의 객체, 자바의 맵 또는 펄의 연상 배열associative array과 같은 것으로 생각할 수 있다. 어떤 필드는 사용자에게 보이지는 않으나 사용하는 것은 가능하다. 이러한 감춰진 필드의 대부분은 앞에 밑줄(_)을 가지고 시작한다. 예를 들어 _raw는 원본 이벤트 문장을 가지고 있는 숨은 필드이고, _time은 UTC 시간 형태로 파싱된 시간을 가지고 있다. 데이터베이스와 달리 이벤트는 스키마를 정의하지 않고, 필드는 동적으로 생성된다.

2. 명령은 전달된 이벤트에 모든 작업을 실행할 수 있다. 일상적으로 명령은 다음 중에 하나를 행한다.

   ○ 필드 생성 또는 변경: 예) eval, rex

   ○ 이벤트 필터: 예) head, where

   ○ 보고서로 이벤트 대체: 예) top, stats

3. 일부 명령은 이벤트 생성기처럼 동작할 수 있다. 그리고 이 생성기는 |metadata와 |inputstr처럼 "합성" 이벤트라 불리는 것을 생성한다.

예를 통해 파이프 기호를 더 잘 이해할 수 있도록 할 것이다.

필드 값 순위를 위한 top 명령

가장 빈번한 질문은 "어떤 값이 가장 많이 나오나요?"다. 에러를 찾을 때 대부분의 에러가 어떤 코드에서 나오는지 궁금할 수 있다. top 명령은 이 질문에 답을 주는 매우 간단한 방법을 제공한다. 몇 개의 예제를 살펴보면서 배워보자.

먼저, 에러를 검색한다.

```
sourcetype="impl_splunk_gen" error
```

예제 데이터에서 error 단어를 포함하고 있는 이벤트를 발견할 수 있다. 여기 몇 개의 샘플 목록을 보자.

```
2012-03-03T19:36:23.138-0600 ERROR Don't worry, be happy.
[logger=AuthClass, user=mary, ip=1.2.3.4]
2012-03-03T19:36:22.244-0600 ERROR error, ERROR, Error!
[logger=LogoutClass, user=mary, ip=3.2.4.5, network=green]
2012-03-03T19:36:21.158-0600 WARN error, ERROR, Error!
[logger=LogoutClass, user=bob, ip=3.2.4.5, network=red]
2012-03-03T19:36:21.103-0600 ERROR Hello world. [logger=AuthClass,
user=jacky, ip=4.3.2.1]
2012-03-03T19:36:19.832-0600 ERROR Nothing happened. This is worthless.
Don't log this. [logger=AuthClass, user=bob, ip=4.3.2.1]
2012-03-03T19:36:18.933-0600 ERROR Hello world. [logger=FooClass,
user=Bobby, ip=1.2.3.4]
2012-03-03T19:36:16.631-0600 ERROR error, ERROR, Error!
[logger=LogoutClass, user=bob, ip=1.2.3.3]
2012-03-03T19:36:13.380-0600 WARN error, ERROR, Error! [logger=FooClass,
user=jacky, ip=4.3.2.1, network=red]
2012-03-03T19:36:12.399-0600 ERROR error, ERROR, Error!
[logger=LogoutClass, user=linda, ip=3.2.4.5, network=green]
Page55
2012-03-03T19:36:11.615-0600 WARN error, ERROR, Error! [logger=FooClass,
user=mary, ip=1.2.3.4]
2012-03-03T19:36:10.860-0600 ERROR Don't worry, be happy.
[logger=BarCLass, user=linda, ip=4.3.2.1, network=green]
```

Logger의 가장 빈번한 값을 찾기 위해 검색에 |top logger를 추가한다.

```
sourcetype="impl_splunk_gen" error | top logger
```

결과는 다음처럼 top 명령에 의해 테이블 형태로 변경된다.

	logger ⇕	count ⇕	percent ⇕
1	BarClass	242	63.185379
2	FooClass	49	12.793734
3	AuthClass	47	12.271540
4	LogoutClass	45	11.749347

이 결과에서 BarClass가 어떤 다른 값보다 확실히 많은 에러가 있다는 것을 볼 수 있다. 우리는 개발자에게 이 사실을 알려야 할 것이다.

다음에는 그 에러들이 누구에게서 발생했는지 알아보자. 명령의 끝에 다른 필드 명을 추가하는 것은 데이터를 다시 구분하도록 top에 지시한다. 앞에서 실행한 질의 끝에 user를 추가한다.

sourcetype="impl_splunk_gen" error | top logger user

결과는 다음 화면과 같다.

	logger ⇕	user ⇕	count ⇕	percent ⇕
1	BarClass	mary	114	14.709677
2	BarClass	Bobby	101	13.032258
3	BarClass	linda	98	12.645161
4	BarClass	jacky	89	11.483871
5	BarClass	bob	83	10.709677
6	FooClass	mary	28	3.612903
7	FooClass	jacky	25	3.225806
8	FooClass	linda	24	3.096774
9	LogoutClass	Bobby	23	2.967742
10	LogoutClass	bob	22	2.838710

이 결과를 보면 BarClass 로그에서 mary라는 사용자에게서 가장 많은 에러가 기록되었음을 확인할 수 있다. 사용자에 따른 분포를 알고 싶다면 user 필드만 넣으면 된다.

```
sourcetype="impl_splunk_gen" error | top user
```

top의 출력제어

top의 기본 행동은 가장 많은 10개의 리스트를 보여주는 것이다. 가능한 목록 개수는 선정한 모든 필드의 곱이다. 위의 예제에는 logger와 user를 선택했었다. 이 경우에는 25개의 가능한 조합이 있다. 10개 이상의 목록을 보고 싶으면 limit 아규먼트argument를 추가한다.

```
sourcetype="impl_splunk_gen" error | top limit=100 logger user
```

 아규먼트는 명령의 행동을 바꾼다. 아규먼트는 '이름=값'의 형태를 취한다. 많은 명령은 명령 이름 바로 뒤에 아규먼트를 필요로 한다. 그래서 항상 이 구조를 따르는 것이 좋다.

각 명령은 다른 아규먼트를 갖는다. 검색 바에 명령을 입력할 때, 검색 입력의 마지막 입력 명령에 대해 드랍다운 박스로 도움말이 표시된다. 도움말은 아래와 같다.

```
top  |  Help  |  More »
Displays the most common values of a field.

Examples

Return the 20 most common values of the "url" field.
       ...  | top limit=20 url

Return top "user" values for each "host".
       ...  | top user by host

Return top URL values.
       ...  | top url
```

Help(도움말)는 splunk.com에서 명령에 대한 문서 페이지로 이동한다. More>>(더보기)는 자세한 사용법을 온라인으로 제공한다.

더 짧은 목록을 만들고 목록 외의 결과에 대해서는 한 데 모아서 다른 줄로 볼
수 있게 몇 개의 아규먼트를 추가해보자.

```
sourcetype="impl_splunk_gen" error
    | top
    limit=5
      useother=true
      otherstr="everything else"
    logger user
```

생성된 결과는 다음 화면에서 보는 것과 비슷할 것이다.

	logger ⇕	user ⇕	count ⇕	percent ⇕
1	BarClass	mary	162	19.565217
2	BarClass	linda	102	12.318841
3	BarClass	jacky	97	11.714976
4	BarClass	Bobby	89	10.748792
5	BarClass	bob	72	8.695652
6	everything else	everything else	306	36.956522

마지막 줄은 5위 안에 들지 않은 모든 것들의 합을 표현한다. useother는 마
지막 줄을 생성하게 하고, otherstr은 기본으로 "other"라고 표시되는 문자를
대신해서 화면에 출력할 값을 지정한다.

top 명령의 반대 명령으로 rare 명령이 있다.

값을 종합하는 stats 명령

top 명령은 매우 편리한 반면에 stats 명령은 매우 다재다능하다. stats 문의
기본 구조는 다음과 같다.

```
stats functions by fields
```

stats에서 사용할 수 있는 많은 함수들은 SQL 또는 엑셀의 함수들과 비슷하다.

그러나 스플렁크만이 가지고 있는 함수들도 있다. 가장 간단한 stats 함수는 count다. 다음 질의가 주어질 때, 결과는 count 필드에 대한 값을 가진 정확하게 하나의 열이 출력된다.

```
sourcetype="impl_splunk_gen" error | stats count
```

stats는 by 절을 사용하여 목록의 각 필드의 유일한 값에 대해 하나의 열을 생성하게 된다. 그리고 이것은 top과 비슷한 결과를 얻는다. 다음 질의를 실행해보자.

```
sourcetype="impl_splunk_gen" error | stats count by logger user
```

앞의 질의는 다음 화면과 같은 테이블을 생성한다.

	logger ⬍	user ⬍	count ⬍
1	AuthClass	Bobby	877
2	AuthClass	bob	939
3	AuthClass	jacky	851
4	AuthClass	linda	890
5	AuthClass	mary	1809
6	BarClass	Bobby	4470
7	BarClass	bob	4340
8	BarClass	jacky	4558
9	BarClass	linda	4513
10	BarClass	mary	8799
11	FooClass	Bobby	933
12	FooClass	bob	877
13	FooClass	jacky	934
14	FooClass	linda	940
15	FooClass	mary	1737
16	LogoutClass	Bobby	885
17	LogoutClass	bob	834
18	LogoutClass	jacky	944
19	LogoutClass	linda	860
20	LogoutClass	mary	1720

이 결과에서 몇 가지 알아야 할 점이 있다.

1. 결과는 by 필드의 값에 따라 정렬된다. 앞의 경우에는 logger 필드의 값으로 정렬된 후 다시 user 필드로 정렬된다. top 명령과는 달리 가장 큰 값이 목록의 상단에 존재하지 않는다. 대신에 테이블 필드 상단의 이름을 클릭하여 간단하게 GUI에서 목록을 정렬하여 볼 수 있다. 또한, sort 명령을 사용해서도 정렬을 할 수 있다.

2. 생성되는 열의 수는 제한이 없다. 열의 수는 필드 값의 조합 가능한 모든 수가 된다.

3. 함수에 대한 결과 값은 마지막 행에 포함된다. 다음 예에서 우리는 몇 가지 함수를 추가하여 더 명확하게 알아볼 것이다.

stats에서 하나의 문장에 원하는 만큼 많은 by 필드와 함수를 추가할 수 있다. 다음 질의를 실행해보자.

```
sourcetype="impl_splunk_gen" error
    | stats
      count avg(req_time) max(req_time) as "Slowest time"
      by logger user
```

결과는 다음 화면과 같다.

logger ⬍	user ⬍	count ⬍	avg(req_time) ⬍	Slowest time ⬍
1	AuthClass	Bobby	9	7568.000000	10875
2	AuthClass	bob	15	6799.600000	11749
3	AuthClass	jacky	17	4726.714286	9051
4	AuthClass	linda	13	5927.142857	10764
5	AuthClass	mary	39	6029.200000	12108
6	BarClass	Bobby	79	6462.081081	11969
7	BarClass	bob	86	5579.666667	11163
8	BarClass	jacky	99	5647.111111	11688
9	BarClass	linda	100	7122.333333	12071
10	BarClass	mary	142	6100.516667	12187
11	FooClass	Bobby	16	6468.200000	12164
12	FooClass	bob	15	3890.125000	9388
13	FooClass	jacky	20	4502.444444	12128
14	FooClass	linda	19	7087.200000	12151
15	FooClass	mary	36	6375.166667	11421
16	LogoutClass	Bobby	19	6110.666667	11170
17	LogoutClass	bob	25	5784.100000	12169
18	LogoutClass	jacky	17	4448.428571	10820
19	LogoutClass	linda	14	5731.428571	10709
20	LogoutClass	mary	28	5938.600000	10957

이 질의를 이행하기 위해 각 부분을 단계별로 살펴보자.

- sourcetype="impl_splunk_gen" error는 이 자체로 하나의 질의다.
- | stats는 stats 명령의 시작이다.
- count는 이벤트의 수를 리턴한다.
- avg(req_time)은 req_time 필드의 평균 값을 구한다.
- max(req_time) as "Slowest time"은 req_time 필드의 최대 값을 찾고 필드의 값을 Slowest time이라고 정한다. 여기서 따옴표는 공백이 포함된 필드 이름을 표현하기 위해서 반드시 필요하다.

- by는 리스트되는 기능을 행하고 있으면 표시된 필드에 의해 데이터들을 그룹화되도록 원한다는 것을 나타낸다. 데이터가 나누어질 필요가 없다면 by와 그 뒤의 필드들은 생략할 수 있다.

- logger와 user는 데이터를 나누기 위한 필드다. 모든 기능은 실제로 logger와 user의 가능한 조합들에 대해 각 데이터 집합이 생성되게 된다.

 하나의 이벤트가 stats 명령에서 참조하는 필드를 가지고 있지 않다면, 원하는 결과를 볼 수 없을 수 있다. 예를 들어 평균을 계산할 때 이벤트가 평균에서 0으로 계산되는 필드를 무시하기를 바랄 수 있다. 또한, by의 필드에서 리스트된 필드를 포함하고 있지 않은 이벤트에 대해 그 이벤트는 단순히 무시될 수 있을 것이다.

이러한 경우를 처리하기 위해 존재하기를 원하는 필드를 지정하기 위한 명령으로 fillnull을 사용할 수 있다. 5장에서 배운다.

시간에 기초한 함수와 약간의 트릭을 사용하는 또 다른 예를 살펴보자. 가장 최근에 각 사용자가 어떤 특별한 에러가 있는지 알고자 한다.

```
sourcetype="impl_splunk_gen" error logger="FooClass"
   | stats count first(ip) max(_time) as _time by user
```

이 질의는 다음과 같은 테이블이 만들어진다.

	_time ⬍	user ⬍	count ⬍	first(ip) ⬍
1	3/20/12 5:50:00.335 PM	Bobby	115	1.2.3.4
2	3/20/12 5:47:50.467 PM	bob	116	1.2.3.
3	3/20/12 5:48:29.899 PM	extrauser	56	1.2.3.
4	3/20/12 5:49:10.541 PM	jacky	113	1.2.3.4
5	3/20/12 5:44:20.408 PM	linda	120	1.2.3.4
6	3/20/12 5:49:36.602 PM	mary	221	3.2.4.5

단계별로 이 예제를 살펴보자.

- sourcetype="impl_splunk_gen" error logger="FooClass"는 FooClass라는 클래스에 로깅된 모든 에러를 찾는 질의다.

- | stats는 주 명령이다.

- count는 각 사용자가 이 에러를 얼마만큼 보았는지 보여준다.

- first(ip)는 사용자에게 가장 최신에 로깅된 IP 주소를 보여준다. 결과는 가장 최신의 데이터가 먼저 오도록 정렬되기 때문에 가장 최신의 이벤트가 될 것이다.

- max(_time) as _time은 각 사용자가 가장 최근에 이 에러를 보게 된 시간을 리턴한다. 이것은 스플렁크에서 시간은 3가지 면에서 장점을 갖는다.

  ○ _time은 항상 원시 이벤트에서 나타난다. 2장에서 설명한 것처럼, 그 값은 UTC, 즉 1970년 기준으로 해서 초로 환산한 값이다.

  ○ _time은 숫자로 저장되고 숫자로 다룰 수 있다.

  ○ 결과에 _time 필드가 있으면 스플렁크는 항상 사용자에게서 선택된 시간대에서 테이블의 첫 번째 컬럼으로써 값을 표현한다.

- by user는 결과를 사용자별로 나누기 위한 필드다.

stats에서 단지 몇 가지 기능만 보았다. 스플렁크에는 수십 개의 함수와 4장에서 다루어야 할 몇 가지 고급 문법이 있다. 전체 목록을 찾기 위한 가장 간단한 방법은 splunk stats functions를 위해 선호하는 검색 엔진을 가지고 검색하는 것이다.

데이터 전환을 위한 차트

chart 명령은 이 차원의 데이터를 만드는 데 사용한다. 테이블과 차트 모두에 매우 유용하다. chart에 대한 예제로 시작해보자.

sourcetype="impl_splunk_gen" error | chart count over logger by user

이 결과는 다음 그림과 같다.

	logger ⇕	Bobby ⇕	NULL ⇕	bob ⇕	extrauser ⇕	jacky ⇕	linda ⇕	mary ⇕
1	AuthClass	106	197	114	49	116	119	254
2	BarClass	615	1027	597	238	592	605	1235
3	FooClass	126	164	119	57	131	132	226
4	LogoutClass	123	200	119	49	119	127	261

stats의 결과를 회상해보면, 데이터는 조합당 하나의 열로 표시된다. 조합당 하나의 열 대신에 chart는 두 필드의 공통된 부분을 생성한다. 여러 개의 기능을 설정할 수 있으나 over와 by에 대해서 각 하나의 필드만 설정하는 것이 좋다.

필드를 바꾸면 데이터는 다른 방법으로 적용된다.

	user ⇕	AuthClass ⇕	BarClass ⇕	FooClass ⇕	LogoutClass ⇕	NULL ⇕
1	Bobby	106	615	126	123	298
2	bob	114	597	119	119	316
3	extrauser	49	238	57	49	0
4	jacky	116	592	131	119	315
5	linda	119	605	132	127	295
6	mary	254	1235	226	261	638

간단히 테이블 위에 차트 아이콘을 클릭하면 결과를 차트로 볼 수 있다.

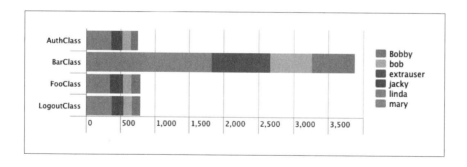

이것은 스택 형태의 막대 차트이고, usenull은 false로 설정한다. 이는 다음과 같다.

```
sourcetype="impl_splunk_gen" error
    | chart usenull=false count over logger by user
```

chart는 데이터가 숫자가 아니더라도 간단히 데이터를 적용하기 위해 사용할 수 있다. 예를 들어 다음 질의를 실행해보자.

```
sourcetype="impl_splunk_gen" error
    | chart usenull=false values(network) over logger by user
```

위 질의는 다음 테이블을 생성한다.

	logger ⬍	Bobby ⬍	bob ⬍	jacky ⬍	linda ⬍	mary ⬍
1	AuthClass		red	red	red	green
2	BarClass	red	green red	green	green red	green red
3	FooClass			green red	red	
4	LogoutClass		red			green red

숫자가 없기 때문에 이는 직접적으로 이미지로 만들어질 수 없으나, 이것은 여전히 데이터의 매우 유용한 형태의 표현이다.

시간 경과에 따라 값의 변화를 보여주는 타임 차트

timechart는 시간의 경과에 따른 숫자 값의 변화를 보여준다. 타임 차트는 X축에 항상 시간이 놓여진다는 것을 제외하면 일반 차트 명령과 비슷하다. 여기에 두 가지 주의할 점이 있다.

● 이벤트는 반드시 _time 필드를 가지고 있어야만 한다. 검색 결과를 단순히 timechart에 보내면, 이것은 타임 차트에 항상 유효한 이벤트가 된다. 하지만, 중간에 명령을 사용할 경우에는 이 주의사항을 잘 기억해야 한다.

- 시간은 항상 묶음 단위다. 이것은 이벤트당 하나의 포인트를 그릴 수 있는 방법이 없다는 것을 의미한다.

아래 질의를 통해 얼마나 많은 에러가 발생하고 있는지 살펴보자.

```
sourcetype="impl_splunk_gen" error | timechart count
```

차트는 다음과 비슷한 형태로 나타날 것이다.

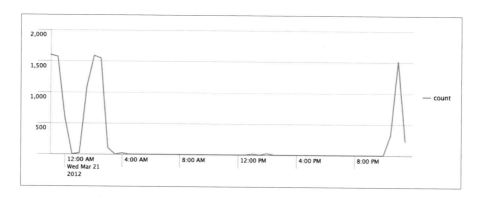

자 이제 같은 시간 동안 사용자당 얼마나 많은 에러가 발생하는지 살펴보자.

```
sourcetype="impl_splunk_gen" error | timechart count by user
```

이 결과로 다음과 같은 차트가 나타난다.

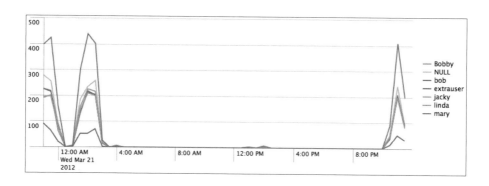

앞에서 설명했던 것처럼 X축은 항상 시간이다. Y축은 아래의 항목 중에 하나가 될 수 있다.

- 한 개 이상의 함수
- by 절을 가진 하나의 함수
- by 절을 가진 여러 개의 함수(스플렁크 4.3 버전부터 추가된 기능)

여러 함수를 가진 timechart의 예를 살펴보자.

```
sourcetype="impl_splunk_gen" error
    | timechart
    count as "Error count"
    max(req_time) as "Max request time"
```

이 질의로 다음과 같은 그래프가 생성된다.

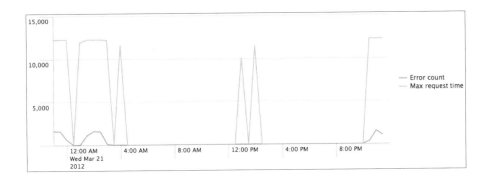

타임 차트 옵션

타임 차트는 많은 아규먼트와 표시 형식 옵션을 가지고 있다. 표시 형식을 위한 몇 가지 예를 살펴보자. 하지만, 자세한 내용은 너무 방대하기 때문에 여기서 모두 다루지는 않는다. 다음 장에서 다른 차트 형태를 살펴볼 것이다. 자 이제 몇 개의 옵션을 실행해보고, 이들이 무슨 일을 하는지 알아보자.

```
timechart bins=100 limit=3 useother=false usenull=false
    count as "Error count" by user
```

각 아규먼트를 살펴보자.

- bins는 검색된 시간을 얼마나 많은 조각으로 나눌지 정의한다. 시간은 논리적 단위로 나누어지기 때문에 정확하게 100이 아닐 수도 있다. 우리의 예제에서는 하나의 조각bin당 10분이 된다. 더 정확하게 1시간 단위로 나누기 위해 span을 사용할 수 있다(예로 span=1h). 그러나 시간을 너무 많은 조각으로 나누면 차트가 잘리게 된다는 것을 기억하자.

- limit는 리턴되는 값의 수를 변경한다. top 명령처럼 가장 큰 값을 가진 순으로 리턴하게 된다. 이 경우에 user 값 중에 가장 빈번한 값이 나타나게 될 것이다.

- useother는 limit에서 제한된 모든 다른 조합을 "other" 그룹으로 만들도록 한다. 기본 값은 true다.

- usenull은 by 절에서 필드에 대한 값을 가지고 있는 않는 이벤트를 NULL 그룹으로 만들지 여부를 타임 차트에 지시한다. 기본 값은 true다.

이 아규먼트의 조합은 다음과 같은 그래프를 만든다.

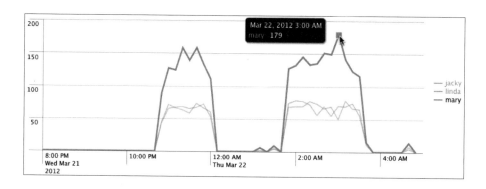

그래프 위의 Formatting options(형식 지정 옵션)를 클릭하면 작업할 수 있는 몇 가지 옵션이 보인다.

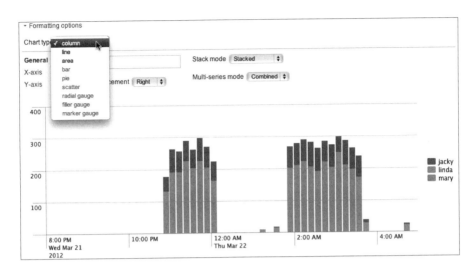

위 그래프는 개인적으로 가장 좋아하는 차트 스타일 중 하나인 스택형 세로막대 차트다. 이 그래프는 특정 종류의 이벤트가 얼마나 많이 발생했는지 보는데 유용할 뿐만 아니라 색깔을 통해 분포에 대한 정보도 얻을 수 있다. splunk.com에서는 사용할 수 있는 모든 차트의 예들이 있고, 다음 장들에서 더 많은 스타일의 차트를 다룰 것이다.

필드 작업

이제까지 우리가 사용했던 모든 필드는 인덱스된 필드(호스트, 소스 타입, 시간)이거나 키=값 쌍에서 자동적으로 추출된 필드였다. 불행히도 대부분의 로그는 이러한 형태를 따르지 않는다. 필드는 인라인 또는 명령에 의해 또는 설정을 통하여 새롭게 생성될 수 있다.

정규 표현식 입문

스플렁크에서 새로운 필드를 생성하는 방법은 대부분 정규 표현식을 포함한다. 정규 표현식에 대해서 설명하는 많은 책들과 웹 사이트들이 있다. 그래서 여기에서는 단지 주제에 맞는 부분만 설명할 것이다.

ip=1.2.3.4라고 주어진 로그 한 조각에서 subnet이라는 새로운 필드 서브넷 (1.2.3)를 만들어보자. 가장 간단한 형식은 문자열을 그대로 사용하는 것이다.

```
ip = (?P<subnet>1.2.3).4
```

이것은 오직 하나의 IP 주소에 대해서만 서브넷을 발견할 수 있기 때문에 유용하지 않다. 이제 조금 더 복잡한 예를 들어보자.

```
ip=(?P<subnet>\d+\.\d+\.\d+)\.\d+
```

이 형식을 단계별로 살펴보자.

- ip=는 단순히 원본 로그에서 ip=라는 문자를 찾는다.
- (는 캡처 버퍼capture buffer를 시작한다. 닫는 괄호가 나올 때까지 모든 것은 이 캡처 버퍼에 해당한다.
- 괄호 안에 바로 나타나는 ?P<subnet> "이 캡처 버퍼의 결과에서 서브넷이라는 필드를 생성해라"라고 지시한다.
- \d는 0에서 9까지 하나의 숫자와 짝을 이룬다.
- +는 바로 전 항목이 하나 이상이 나타난다는 것을 의미한다.
- \.은 문자 그래프의 마침표와 짝을 이룬다. 역슬래시 없는 마침표는 임의의 하나의 문자를 의미한다.
- \d\.\d+는 IP 주소의 다음 두 부분과 쌍이다.
-)는 캡처 버퍼의 끝을 나타낸다.
- \.\d+는 IP 주소의 마지막 부분과 짝이다. 이것은 캡처 버퍼의 외부에 있기 때문에 이 부분은 버려지게 된다.

이제 좀 더 많은 개념을 설명하기 위해 더 복잡한 형식을 단계별로 살펴보자.

```
ip=(?P<subnet>\d+.\d*\.[01234-9]+)\.\d+
```

이 형식을 하나씩 살펴보자.

- ip=는 단순히 원본 로그에서 ip=라는 문자를 찾는다.

- (?P<subnet>은 캡처 버퍼를 시작하고 필드 이름을 정의한다.

- \d는 숫자를 의미한다. 이것은 데이터의 성격을 표현하기 위한 많은 역슬래시 문자 조합 중 하나다.

- +는 "전에 나온 항목의 하나 이상"을 의미하고, 위 경우에는 \d가 된다.

- .는 하나의 문자와 짝을 이룬다. 비록 마침표는 어떤 하나의 문자와 짝을 이룰 수 있지만, 지금은 숫자열 다음에 마침표와 맞추게 된다.

- \d*는 0개 이상의 숫자를 의미한다.

- \.은 문자 그대로 마침표다. 여기에서 역슬래시는 어떤 구두점이 가지는 특별한 의미를 부정한다. 모든 구두점이 특별한 의미를 가지고 있는 것은 아니지만, 기호를 문자 그대도 해석하고자 한다면 기호 앞에 역슬래시를 더하는 것이 아무런 영향을 주지 않기 때문에 많은 경우에 기호 앞에 역슬래시를 사용한다.

- [는 문자 집합의 시작이다. 이 위치에 오는 문자는 대괄호 안의 문자 집합 중 하나의 문자와 같아야 한다.

- 01234-9는 문자 0, 1, 2, 3과 4~9까지 범위를 의미한다.

-]는 문자 집합을 닫는다.

- +는 "앞의 항목이 하나 이상"이라는 것을 의미한다. 이 경우는 문자 집합이다.

-)는 캡처 버퍼의 끝이다.

- \.\d+는 IP 주소의 마지막 부분으로 이 부분은 무시된다. 실제로는 이 부분이 포함될 필요가 없지만, 숫자가 네 개의 집합으로 구성되어 있는 경우에만 찾는 것을 보장할 수 있다.

이와 같은 결과를 얻을 수 있는 수 많은 다른 방법들이 있다. 여기에서 몇 개의 예를 들어보자.

```
ip=(?P<subnet>\d+\.\d+\.\d+)\.\d+
ip=(?P<subnet>(\d+\.){2}\d+)\.\d+
ip=(?P<subnet>[\d\.]+)\.\d
ip=(?P<subnet>.*?\..*?\..*?)\.
ip=(?P<subnet>\S+)\.
```

정규 표현식에 대해 더 자세히 알고 싶으면 Perl Compatible Regular
Expressions_{PCRE}의 man 페이지를 참조할 수 있다. 이것은 http://www.pcre.
org/pcre.txt에서 찾을 수 있고 또는 이 주제를 다루고 있는 많은 정규 표현식
책들과 웹사이트를 통해 배울 수 있다.

우리는 설정과 검색을 통해 더 많은 표현을 만들 것이다. 그래서 정규 표현식
에 대해 참조할 만한 것을 가지고 있는 것이 확실히 좋을 것이다.

필드 생성 명령

새로운 필드를 생성하는 여러 가지 명령이 있다. 그 중에서도 가장 일반적으
로 사용되는 명령이 eval과 rex이다.

eval

eval은 엑셀에서 공식을 가진 컬럼을 만드는 것처럼 함수를 사용하여 새로운
필드를 만들 수 있다.

```
sourcetype="impl_splunk_gen"
    | eval req_time_seconds=req_time/1000
    | stats avg(req_time_seconds)
```

이것은 모든 이벤트의 req_time이라는 값을 가지고 req_time_second라는 새
로운 필드를 생성한다. 이 구문 이후에 명령들은 마치 그것이 원래 이벤트의
일부분인 것처럼 그 필드를 사용한다. stats는 새롭게 생성된 필드의 값에 대
한 평균을 구하는 테이블을 만든다.

	avg(req_time_seconds) ⇕
1	6.175161

eval과 함께 사용할 수 있는 수많은 함수들이 존재한다. 사용 가능한 모든 함수를 찾는 가장 간단한 방법은 google.com에서 `splunk eval functions`로 검색하는 것이다. 검색한 이 페이지를 즐겨찾기에 등록해 놓고 종종 참조하기를 추천한다.

rex

rex는 필드를 생성하기 위해 정규 표현식을 사용한다. 이것은 임의의 존재하는 필드에 대해 작업을 수행하지만 기본적으로는 _raw 필드를 사용할 것이다. 앞에서 작성한 정규 표현식 하나를 사용해보자.

```
sourcetype="impl_splunk_gen"
    | rex "ip=(?P<subnet>\d+\.\d+\.\d+)\.\d+"
    | chart values(subnet) by user network
```

결과 테이블이 다음과 같이 생성된다.

	user ⇕	green ⇕	red ⇕
1	bob	1.2.3 3.2.4	1.2.3
2	jacky	1.2.3 3.2.4	1.2.3
3	linda	1.2.3	1.2.3 3.2.4
4	mary	1.2.3 4.3.2	1.2.3

필드 아규먼트를 통해서 이벤트에서 이름=값 쌍으로 이미 자동적으로 생성된 ip 필드에 대하여 다음처럼 할 수도 있다.

```
sourcetype="impl_splunk_gen"
    | rex field=ip "(?P<subnet>.*)\."
    | chart values(subnet) by user network
```

이 질의는 앞의 예제와 정확하게 같은 결과를 생성할 것이다.

로그레벨 추출

예제에서 우리는 error라는 순수한 단어를 찾았다. 하지만 검색된 이벤트 중 많은 부분이 실제로 에러가 아니고 단순히 메시지 어딘가에 에러라는 단어가 포함되어 있는 것일 수도 있다는 것을 알아챘을지도 모른다. 예를 들어 다음 이벤트가 있을 때 우리는 단지 두 번째 이벤트에만 관심을 가지게 될 것이다.

```
2012-03-21T18:59:55.472-0500 INFO This is not an error
2012-03-21T18:59:42.907-0500 ERROR Something bad happened
```

우리는 이벤트의 특정 위치에 있는 값을 찾기 위해, 추출된 필드를 사용하여 다시 인덱싱하는 일 없이, 데이터 안에서 쉽게 필드를 생성할 수 있다.

Extract Field 인터페이스 사용

필드를 정의하는 여러 가지 방법이 있다. 필드 추출 인터페이스를 사용하여 시작해보자. 이 인터페이스를 사용하기 위해 이벤트 옆에 있는 이벤트 옵션 메뉴에서 Extract Field(필드 추출)를 선택한다.

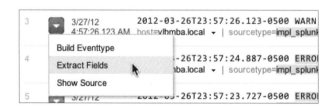

이 메뉴는 Extract fields(필드 추출) 화면을 띄운다.

위 화면에서 사용자는 단순히 예제 값을 선택하면, 스플렁크는 그에 맞는 정규 표현식을 생성하기를 시도할 것이다. 위 경우에 ERROR, WARN, INFO를 입력하였다.

Sample extractions(샘플 추출) 아래에서 DEBUG, WARN, INFO, ERROR와 일치하는 값을 볼 수 있다. 패턴은 입력한 예제 값을 찾는 것이 아니고 위치를 찾기 때문에, 우리가 입력했던 것보다 더 많은 값들이 있다는 것을 알 수 있을 것이다.

Sample events(샘플 이벤트) 아래에는 문맥에서 무슨 데이터가 일치되는지 미리보기 형식을 볼 수 있다.

마지막으로 Generated pattern(생성된 패턴) 아래에서 스플렁크가 생성한 다음과 같은 정규 표현식을 볼 수 있다.

```
(?i)^[^ ]* (?P<FIELDNAME>[^ ]+)
```

이 패턴을 단계별로 살펴보자.

- (?i)는 대소문자 구별을 하지 않는다는 것을 의미한다. 기본적으로 정규 표현식은 대소문자를 구별한다.
- ^는 이 패턴이 줄의 시작에 일치해야 한다는 것을 말한다.
- [^]*는 "공백을 제외한 임의의 문자가 0번 이상"이라는 것을 의미한다.
- 공백은 문자 그대로다.
- (?P<FIELDNAME>[^]+)는 공백을 제외한 임의의 것과 일치시키고, 일치된 값은 FIELDNAME이라는 필드에 저장된다. Save를 클릭할 때 필드의 이름을 정할 수 있는 기회가 있다.

Edit(편집) 버튼을 클릭하면 이 패턴을 직접 변경할 수 있는 대화창이 나타난다.

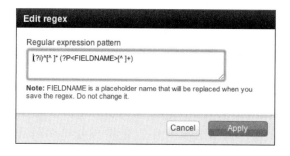

Test(테스트)는 작성한 패턴을 가진 검색 창을 띄운다. 이 창은 패턴을 통해 추출된 가장 빈도가 높은 값을 보여주는 매우 유용한 질의가 실행된다. 위 경우에는 다음과 같은 질의다.

```
index=main sourcetype="impl_splunk_gen"
    | head 10000
    | rex "(?i)^[^ ]* (?P<FIELDNAME>[^ ]+)"
    | top 50 FIELDNAME
```

Save는 새로운 필드에 대한 이름을 입력한다. 이 필드 이름을 loglevel이라고 이름을 짓고 저장한다.

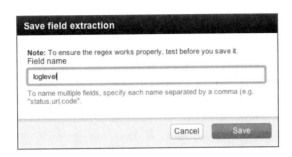

자 이제 새로운 필드를 정의했고, 다음과 같이 다양한 방법으로 이 필드를 사용할 수 있다.

- 필드 이름을 사용해 다음처럼 값을 찾을 수 있다.

```
leglevel = error
```

 필드 이름으로 값을 찾을 때 필드 이름은 대소문자를 구별하지만 값은 대소문자를 구별하지 않는다. 위 경우에 loglevel=Error는 정상적으로 동작하지만 LogLevel=error는 그렇지 않다.

- 검색으로 필드를 사용하는지 여부에 상관없이 새로운 필드에 대한 보고서를 만들 수 있다.

```
sourcetype='impl_splunk_gen' user=mary | top loglevel
```

- 생성한 필드를 포함하고 있는 이벤트만 검색할 수 있다.

```
sourcetype ="impl_splunk_gen" user=mary loglevel="*"
```

필드 프로토타입을 위한 rex

필드를 정의할 때 질의에서 직접적으로 패턴을 만들고, 그 패턴을 설정에 복사하여 사용하는 것이 편리할 때가 종종 있다. 필드 추출 워크플로우에서 테스트할 때 rex를 사용했던 것을 기억하고 있을 것이다. 전에 만들었던 서브넷 패턴을 다시 살펴보자. 먼저 rex 절을 사용하여 질의를 만든다.

```
sourcetype="impl_splunk_gen" ip="*"
    | rex "ip=(?P<subnet>\d\.\d\.\d+)\.\d+"
    | table ip subnet
```

우리가 관심 있는 이벤트에는 ip 필드가 있다는 것을 알기 때문에, 그 필드에 값을 가지고 있는 이벤트로 제한하기 위해 ip="*"를 사용했다.

table 구문은 이벤트당 하나의 열을 가진 필드의 목록을 테이블 형식으로 표현한다.

	ip ⬍	subnet ⬍
1	1.2.3.4	1.2.3
2	1.2.3.4	1.2.3
3	4.31.2.1	
4	4.31.2.1	
5	4.31.2.1	
6	4.31.2.1	
7	1.22.3.3	
8	1.2.3.4	1.2.3
9	1.22.3.3	
10	1.22.3.3	
11	1.22.3.3	

위에서처럼 rex 절이 항상 잘 작동하지는 않는다. 다시 패턴을 살펴보면, 앞에 두 \d 구문은 뒤에 + 기호를 포함하지 않고 있다. + 기호가 없으면 첫 번째와 두 번째 구문에는 하나의 숫자만 가진 주소와 일치한다. 패턴에 + 기호를 더하게 되면 모든 열에 서브넷이 표시될 것이다. rex 절을 이용해 패턴을 만들고 설정에서 이 패턴을 사용할 수 있다.

필드 생성 관리자 인터페이스

앞의 예제의 패턴을 이용해, 이 추출을 연결하기 위한 설정을 만들 수 있다. 먼저 상단 오른쪽 구석에 있는 Manager(관리자)를 클릭한다. Fields(필드) 섹션에는 필드에 대한 모든 것이 포함되 있다.

Fields
View and edit fields. Set permissions. Define event workflow actions and field aliases. Rename sourcetypes.

설정에는 필드를 가지고 할 수 있는 많은 일이 있다. 그러나 지금은 Field extractions(필드 추출)에만 관심을 갖도록 하자.

Field extractions
View and edit all field extractions. Add new field extractions and update permissions.

Field extractions(필드 추출) 오른쪽에 Add new(새로 추가)를 클릭하거나 Field extractions(필드 추출)를 클릭한 후 New(새로 만들기) 버튼을 클릭하면 새로운 필드를 만들 수 있는 인터페이스가 나타난다.

각 항목에 대해 차례로 살펴보자.

- Destination app(대상 앱)은 추출이 실행되는 곳과 영향을 받는 앱을 선택할 수 있다. 10장에서 설정의 범위에 대해 알아볼 것이다.

- Name(이름)은 단순히 추출하는 필드에 대한 화면에 보여주는 이름이다. 이름 란에 원하는 내용을 넣으면 된다.

- Apply to(적용 대상)는 추출 대상이 어떤 것과 연결할지 선택한다. sourcetype, source 그리고 host 중 하나를 선택할 수 있다. 일반적인 소스 타입을 선택한다.

- named(명명됨)는 추출을 연결할 항목의 이름이다.

- Type(유형)은 Inline(인라인)과 Uses transform(변환 사용) 중에 선택한다. 인라인은 여기에 입력한 정규 표현식을 의미한다. 그리고 변환 사용은 설정에서 이미 만들어 놓은 변환을 선택한다는 것을 말한다.

- Extraction(추출)/Transform(변환)은 인라인 유형을 선택했다면 우리가 작성했던 패턴을 입력하고 변환 유형을 선택했다면 미리 만들어 놓은 명명된 변환을 선택한다.

Save를 클릭하면 추출하는 목록을 볼 수 있다. 기본적으로 방금 생성한 추출은 개인용으로 설정되고, 오직 설정한 애플리케이션에서만 동작한다. 적당한 권한을 가지고 있다면, 생성한 추출을 다른 사람과 공유할 수 있고, 운영되는 범위도 변경할 수 있다.권한 페이지를 보기 위해 목록에서 Permission(권한) 클릭한다. 이 권한 페이지는 스플렁크의 대부분 객체에서 사용한다.

Object should appear in
◉ Keep private ○ This app only (search) ○ All apps

Permissions

Roles	Read	Write
Everyone	☐	☐
admin	☐	☐
can_delete	☐	☐
power	☐	☐
user	☐	☐

상단 섹션에서는 이 추출이 운영되는 범위를 설정한다. 이 필드가 유용할 때를 생각하고 그에 따라 추출을 제한해야 한다. 추출의 수가 너무 많으면 성능에 영향을 미칠 수 있다. 그래서 적당할 때 특정 앱에 대해서 추출을 사용할 수 있도록 제한하는 것이 좋다. 7장에서 앱을 생성하는 것에 대해 더 설명할 것이다.

두 번째 섹션은 이 설정을 읽고 쓸 수 있는 사용자 권한을 설정한다. 많이 사용하는 방법은 Everyone(모든 사용자)에 Read(읽기) 권한을 admin(관리자)에게는 Write(쓰기) 권한을 주는 것이다. 앞으로 설명할 객체 생성하는 과정을 통해 이 대화창은 매우 친숙해질 것이다.

인덱스 필드와 추출된 필드

이벤트가 인덱스로 쓰여질 때 이벤트의 원시 텍스트는 인덱스 필드와 함께 저장된다. 기본 인덱스 필드는 host, sourcetype, source 그리고 시간(_time)을 포함한다. 인덱스 필드를 사용하는 데는 여러 이점이 있는 반면에 심각한 단점도 있다.

먼저 인덱스 필드의 장점을 살펴보자(실제로 10장에서 인덱스 필드를 설정하는 것을 알아볼 것이다).

- 인덱스 필드는 그 자체로 이벤트와 함께 인덱스 안에 저장됨으로써 오직 인덱스 시간에만 실행되고, 실제 인덱스 시간은 단지 한 번이다.

- 인덱스 필드는 자주 사용하는 용어에 대해서 특정 인스턴스를 효율적으로 찾을 수 있게 해준다. 예시로 다음 섹션에 사용법 1을 보아라.

- 원시 텍스트에 존재하지 않거나 단어 내부에 포함되어 있는 단어에 대해서 검색에서 새로운 단어를 생성할 수 있다. 예시로 사용법 2~4의 경우다.

- 다른 인덱스 필드에서 단어를 효율적으로 검색할 수 있다. 예로 '인덱스 필드 사용 3 - 소스에서 애플리케이션'을 보라.

인덱스 필드의 단점은 다음과 같다.

- 소급 적용되지 않는다. 과거와 현재의 모든 이벤트에서 패턴이 같다면 새롭게 정의된 필드를 얻을 수 있는 추출 필드와 다르다. 이것은 인덱스 필드의 가장 큰 단점이고 이것은 몇 가지 의미하는 바가 있다.

  ○ 새롭게 인덱스된 이벤트는 오직 새롭게 정의된 인덱스 필드를 얻을 것이다.
  ○ 패턴이 특정 경우에 틀리면 이미 인덱스된 이벤트에 필드를 적용할 방법이 없다.
  ○ 반면에 로그 형태가 변경되면 인덱스 필드는 생성되지 않을 수도 있다(혹은 틀리게 생성될 수도 있다).

- 인덱스의 크기만큼 디스크의 사용 공간이 늘어난다.
- 라이선스에 따라 제약이 있다.
- 설정 변경에 따라서 적용하기 위해 재시작이 필요하다.
- 대부분의 경우에 필드의 값은 이미 인덱스된 단어다. 특정 경우에는 인덱스 필드를 생성하는 것이 어떤 이익도 되지 않을 수 있고, 매우 드문 경우를 제외하면 그 값은 매우 일반적이다.

이러한 단점과 함께, 인덱스 필드가 검색 성능을 향상시키는 몇 가지 경우와 아무런 차이도 없는 하나의 경우를 살펴보자.

인덱스 필드 사용 1 – 일반 용어에 대한 희귀 인스턴스

종료 코드를 처리하는 로그를 찾아보자. '1'이 실패를 의미한다면, 아마도 이것을 효율적으로 검색할 수 있기를 원할 수 있다. 로그가 다음처럼 표시된다고 가정해보자.

```
4/1/12 6:35:50.000 PM process=important_process.sh, exitcode=1
```

exitcode=1을 사용하여 이 로그를 검색하는 것은 쉽다. 하지만, 추출 필드로 작업할 때 효율적으로 검색 작업을 줄일 수 있다.

```
1 | search exitcode="1"
```

날짜는 1을 포함하고 있기 때문에 이 검색은 전체적으로 하루에 대해서 모든 이벤트를 찾은 후, 우리가 찾고자 하는 몇 개를 위해 이벤트를 필터링한다. 반대로 exitcode가 인덱스 필드에 정의되어 있다면, 이 질의는 디스크에서 적당한 이벤트만 검색하여 바로 이벤트를 찾게 된다.

인덱스 필드 사용 2 – 단어 나누기

어떤 로그 형식에서는 정보의 여러 부분이, 정보의 유용한 부분을 구별하기 위한 공백이나 구분자 없이, 하나의 단어로 이루어졌을 수도 있다. 예를 들면 다음과 같은 로그 메시지를 생각해보자.

```
4/2/12 6:35:50.000 PM kernel: abc5s2: 0xc014 (UNDEFINED).
```

5s2가 효율적으로 검색하는 데 필요한 정보의 중요한 조각이라고 가정하자. *5s2라고 질의하는 것은 이벤트를 찾을 수 있으나 매우 비효율적의 질의가 된다(이는 필수적으로 전체 스캔을 실시한다). 인덱스 필드를 정의하면, 이벤트의 메타데이터에서 새로운 단어를 필수적으로 생성하기 때문에, 5s2 문자를 포함한 이벤트를 효율적으로 검색할 수 있다.

 인덱스하기 전에 로그의 형태를 미리 알고, 정말로 필드가 더 효율적인 질의를 만들 수 있다고 믿을 수 있고 (앞의 섹션을 참조), 그 필드에 대한 값을 검색하고자 할 때, 인덱스 필드를 정의하는 것이 좋다. 단지 그 필드에 대한 값을 리포팅하기 위한 경우라면 최상의 성능이 필요한 경우를 제외하고는 추출 필드로 충분하다.

인덱스 필드 사용 3 – 소스에서 애플리케이션

자주 있는 요구는 특별한 웹 애플리케이션에서 이벤트를 검색할 수 있게 하는 것이다. 종종 로그에서 생성한 애플리케이션을 결정하기 위한 유일한 쉬운 방법은 로그의 경로를 조사하는 것이다. 그리고 스플렁크는 소스$_{source}$ 인덱스 필드에 이를 저장한다. 예를 들어 다음 경로가 주어졌을 때 애플리케이션의 이름은 app_one이다.

```
/opt/instance19/apps/app_one/logs/important.log
```

source="*/app_one/&" 질의로 이 인스턴스에 대한 검색을 할 수 있으나, 이것은 결과적으로 전체 테이블을 스캔한다. 이러한 경우 추출 필드를 사용하여 app="app_one"으로 검색할 수 있다. 그러나 이러한 접근은 우리가 찾고자 하는 단어가 _raw 필드에 포함하고 있지 않기 때문에 효율적이지는 못하다. 이 필드를 인덱스 필드로 정의하면 app="app_one"은 효율적인 검색이 될 것이다.

다시 말하지만 리포팅을 위해 필요하다면 추출 필드가 더 적합하다.

인덱스 필드 사용 4 – 늦은 응답

마이크로 초 단위로 요청 시간을 추적하는 웹 접근 로그를 생각해보자.

```
[31/Jan/2012:18:18:07 +0000] "GET / HTTP/1.1" 200 7918 ""
"Mozilla/5.0..." 11/11033255
```

우리는 10초 이상의 걸린 모든 요청을 찾기를 원한다. 아마도 request_ms 필드에서 쉽게 값을 추출할 수 있다. 또한, request_ms>10000000 검색을 실행할 수 있다. 이 질의는 잘 작동할 것이다. 그러나 주어진 시간 프레임 안에서 모든 이벤트를 스캔하게 된다. 추출 필드이거나 인덱스 필드에 상관없이 스플렁크는 값을 테스트하기 전에 필드 값을 숫자 형태로 전환해야만 하는 문제에 직면한다.

우리가 필드를 정의할 수 있고 대신에 slow_request=1로 검색하면 무슨 일이 일어날까? 이를 하기 위해 인덱스 필드를 정의할 때 값은 고정된 값이 될 수 있다라는 장점을 사용할 수 있다. 이것은 다음처럼 변환을 통해 성취할 수 있다.

```
REGEX = .*/(\d{7,})$
FORMAT = slow_request::1
```

10장에서 설정을 포함해서 변환하는 방법을 살펴볼 것이다.

다시 강조하지만 이러한 이벤트에 대해 효율적으로 검색할 필요가 있고 이것이 request_ms의 값을 단순히 리포팅하기 위한 용도가 아닌 경우라면 문제를 해결하는 데 가치가 있다.

인덱스 필드 사용 5 – 필요 없는 작업

인덱스 필드를 만드는 방법을 배우면 중요한 필드 모두를 인덱스 필드로 바꾸기 위한 시도를 할지도 모른다. 대부분의 경우에 그것은 헛수고이고 결국에 추가적인 디스크와 라이선스를 소비하고 어떠한 성능상의 이점을 얻지 못한 상태로 끝날 것이다.

예를 들어 다음 로그 메시지를 살펴보자.

```
4/2/12 6:35:50.000 PM [vincentbumgarner] [893783] sudo bash
```

이 메시지가 다음과 같은 형태라고 가정하면 우리는 쉽게 userid와 pid를 인덱스 필드로 만들기를 시도할 것이다.

```
date [userid] [pid] action
```

이 값들이 자주 발생하지 않고, 재수없이 위와 다른 위치를 가지는 일이 발생한다면, 이 필드를 인덱스 필드로 정의하는 것은 거의 소용없는 일이 될 것이다. 이러한 필드는 추출 필드로 정의하는 것이 훨씬 더 간단하고 인덱스 필드의 단점에서 우리를 보호해줄 수 있다.

정리

이번 장은 매우 깊이 있는 장이었다. 그러나 실제로 수많은 중요한 주제 중에 단지 표면만 살펴본 것이다. 후속 장에서는 여러 가지 명령들을 사용하고 더욱 흥미로운 방법의 테크닉을 사용할 것이다. 약간은 어려울 수도 있다. 따라서 가능한 많은 시나리오를 설명하기 위해 다양한 예제를 단계별로 살펴볼 것이다.

4 단순 XML 대시보드

대시보드는 유용한 정보를 추출, 그룹화하고 이를 테이블이나 차트로 자동으로 생성해주는 방법이다. 스플렁크 4.3 버전 이후 제공하는 마법사 화면을 빠르게 살펴보고, 내부에서 작동하는 XML을 깊이 있게 살펴볼 것이다. XML을 통해 쉽게 상호 작용하는 폼을 만들 수 있고, 더 나아가 패널을 사용자에 맞게 수정하고, 여러 패널에서 같은 질의를 사용할 수 있다. 또한, 사용자가 대기하는 시간과 서버에서 데이터를 로드하는 시간을 줄이기 위해 스케줄을 통해 대시보드를 생성하는 방법과 시간을 지정하는 과정을 알아본다.

대시보드의 목적

검색, 테이블, 차트는 저장될 수 있고, 다른 사용자들이 볼 수 있도록 메뉴에 노출시킬 수 있다. 이러한 기능이 있음에도 왜 우리는 대시보드를 생성하는 귀찮은 일을 해야 하는가? 여기에 몇 가지 이유가 있다.

- 대시보드는 여러 패널을 포함할 수 있고, 각 패널은 다른 질의를 실행할 수 있다.
- 모든 대시보드는 유일한 URL을 가지고 있어서 공유가 쉽다.
- 대시보드는 개별 질의보다 더 많은 사용자 정의가 있다.
- 많은 사용자에게 친숙하게 사용할 수 있도록 검색 바가 제거된다.
- 폼은 오직 필요한 값만 요구하는 사용자에 적합한 검색 인터페이스를 통해 사용자에게 노출될 수 있도록 한다.
- 대시보드는 화면이 훌륭하다. 많은 조직은 자신의 환경에 대해 한 눈에 정보를 볼 수 있도록 대시보드를 프로젝터와 모니터를 통해 실행해 놓는다.
- 대시보드는 이메일을 통해 PDF 형태로 전달될 수 있도록 스케줄링할 수 있다. 이 기능은 많이 사용되지는 않지만 어떤 경우에는 효율적으로 사용될 수 있다.

위에서 말한 모든 것이 저장된 검색을 통해 제공하는 게 가능하면 대시보드를 만들어야 할 이유는 없을 것이다.

대시보드 생성 마법사

앞 장에서 만든 몇 개의 질의를 사용하여 우리의 인프라에서 발생하는 에러에 대한 운영 대시보드를 만들어보자. 질의를 만들어보자(이 질의는 3장에서 생성했던 loglevel 필드를 사용한다).

```
sourcetype="impl_splunk_gen" loglevel=error | timechart count as
"Error count" by network
```

이는 다음과 같은 그래프를 그려준다.

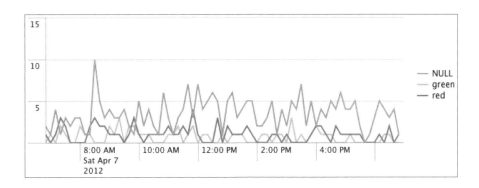

이것을 대시보드에 추가하기 위해 다음 단계를 실행한다.

1. Create(만들기) > Dashboard Panel(대시보드 패널)을 선택한다.

2. 마법사 인터페이스가 열리면, 질의를 저장하고, 대시보드에 이 질의를 추가하고, 검색을 스케줄링으로 등록하도록 가이드한다. 먼저 검색에 대한 이름을 입력한다.

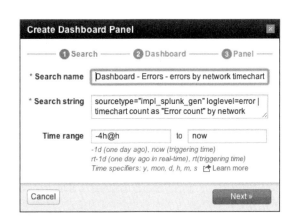

대시보드를 많이 만들수록 더 많은 검색을 생성하게 된다. 이름을 짓는 규칙을 정하면 검색이 무슨 대시보드에서 사용되고 있는지 추적하기가 쉬어진다. 여기에서 한 가지 유용한 방법을 소개한다(대시보드-[대시보드 이름]-[검색 이름과 패널 형태]). 대시보드와 검색의 수가 많아질 때, 자원을 조직화하고 공유하는 다른 방법이 있다면, 앱이 대시보드와 검색을 함께 그룹화하는 데 사용할 수 있다.

3. 다음 단계에서는 대시보드를 새로 생성하거나 기존의 대시보드를 선택한다.

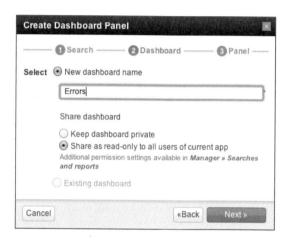

4. Errors라는 이름으로 새로운 대시보드를 생성하자. 다음으로 새로운 패널에서 새로운 대시보드에 저장된 검색을 추가한다.

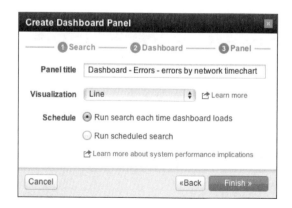

5. **Panel title**(패널 제목)은 대시보드의 새로운 패널 위에 보이게 될 제목이다. **Visualization**(시각화)은 차트의 형태를 선택할 수 있고 기본적으로는 대시보드를 생성하기 전에 사용했던 차트의 형태로 선택되어 있을 것이다. 다음 섹션에서 **Schedule**(스케줄)에 대해 설명할 것이다.

6. **Finish**(마침)를 클릭해 대시보드를 저장한 후에 **Dashboard & Views**(대시보드 & 뷰) 메뉴에서 방금 생성한 대시보드를 사용할 수 있다.

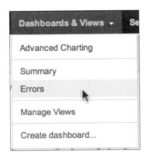

7. 우리가 만든 첫 번째 패널을 포함하고 있는 대시보드는 다음처럼 보일 것이다.

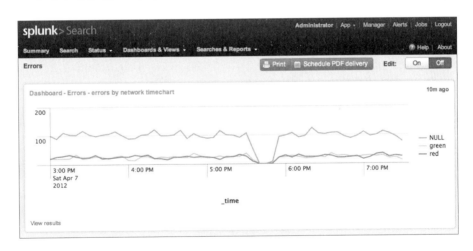

같은 단계를 따라서 몇 가지 방법으로 세분화된 정보를 보여주는 파이 차트를 추가해보자.

```
sourcetype="impl_splunk_gen" loglevel=error | stats count by user
```

이 질의는 다음 차트를 만들어낸다.

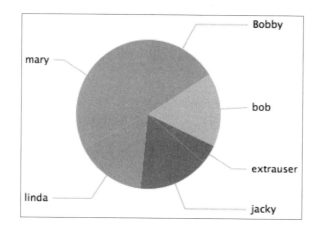

우리는 사용자에 따른 에러의 양을 얻었다. 다음에는 로거logger에 따라 에러를
구분해보자.

```
sourcetype="impl_splunk_gen" loglevel=error | stats count by logger
```

이 질의는 다음 차트를 만들어낸다.

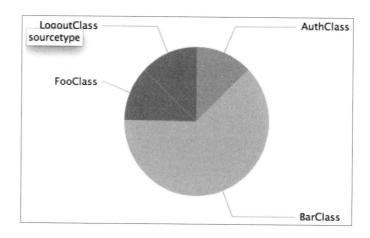

이 구분을 통해 BarClass 로거에서 가장 많은 에러가 발생했음을 알 수 있다.

이제 bucket 명령을 배워보자. bucket 명령은 숫자 값을 그룹화하는 데 사용되고 _time 필드와 함께 특별한 능력을 가진다. 이번 예제는 10개의 공평하게 분배된 조각에서 req_time 필드의 값을 그룹화할 것이다. bucket은 다른 훌륭한 기능을 가지고 있는데 이에 대해서는 다음에 설명할 것이다. 다음 질의는 req_time을 그룹화한다.

```
sourcetype="impl_splunk_gen" loglevel=error
    | bucket bins=10 req_time | stats count by req_time
```

결과는 다음 파이 차트와 같다.

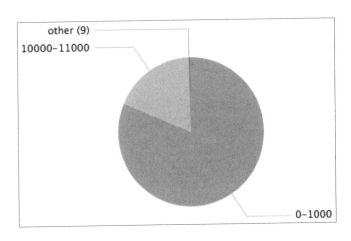

마법사 인터페이스를 사용해서 대시보드에 이 파이 차트를 추가하는 일을 단계별로 실행해보자. 이번에는 2번째 단계에서 Exising dashboard(기존 대시보드)를 선택한다.

기본적으로 새로운 패널은 대시보드의 끝에 추가된다. 대시보드는 가로로 3개의 패널까지 구성될 수 있다. 그리고 이것은 파이 차트의 경우에 훌륭하게 구성할 수 있다.

대시보드 상단의 Edit(편집)에서 On(켜기) 버튼을 클릭한 후에 다음처럼 드래그해서 페이지에서 패널을 옮길 수 있다.

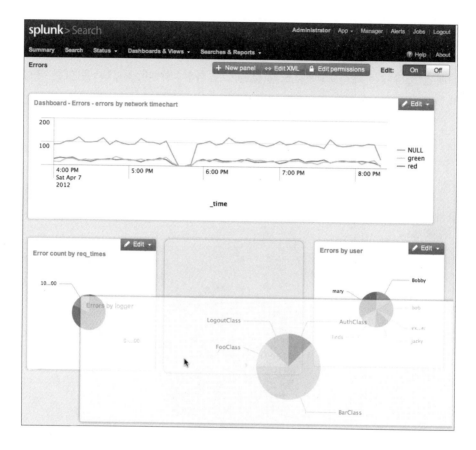

On(켜기) 버튼을 클릭하면 대시보드 상단에 세개의 새로운 버튼이 나타나는 것을 볼 수 있다.

- Edit XML(XML 편집)은 대시보드를 구성하는 XML을 직접 편집할 수 있도록 한다. 이 기능은 5장에서 사용할 것이다.
- Edit permissions(편집 권한)는 우리가 전에 보았던 표준 권한 페이지로 이동한다.
- New panel(새 패널)은 직접 새로운 패널을 추가할 수 있도록 다음의 대화상자가 열린다.

Saved search(저장된 검색)는 미리 저장된 검색을 선택할 수 있다. 이것은 다른 대시보드에서의 질의를 재사용하거나 염두해 둔 대시보드 없이 질의를 만들 수 있도록 한다.

Inline search string(인라인 검색)은 대시보드에 직접 질의를 만들 수 있게 한다. 많은 검색들이 단지 특정 대시보드를 위해서만 요구되어서 메뉴에서 보여야 할 필요가 없을 때 이 방법은 종종 편리하다. 인라인 검색은 또한 외부적인 의존성을 줄임으로써 대시보드를 다른 앱으로 옮기는 게 더 쉬워진다. Earliest time(시작 시간) 값을 설정하거나 질의에 | head를 추가하여 결과의 수를 제한해야만 한다. 그렇지 않으면 질의는 All time(모든 시간)에 대해서 실행된다.

이 경우에 이벤트를 목록으로 생성하기를 원한다. Save를 클릭하면, 이 패널은 대시보드에 추가된다.

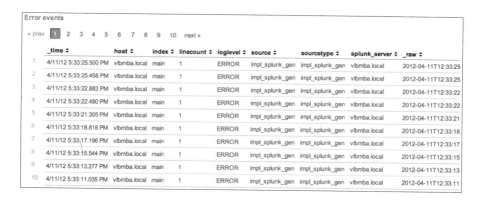

기본 시각화 형태는 테이블인데 우리는 이것을 원하지 않는다. 변경하기 위해 패널에서 Edit visualization(시각화 편집)을 선택한다.

이제 시각화 형태를 변경할 수 있는 편집 창을 볼 수 있다.

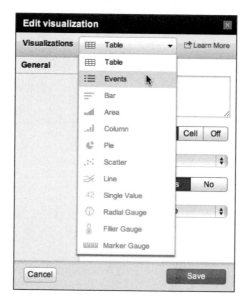

저장하고 Edit(편집) 모드를 끄면 이벤트 목록을 볼 수 있다.

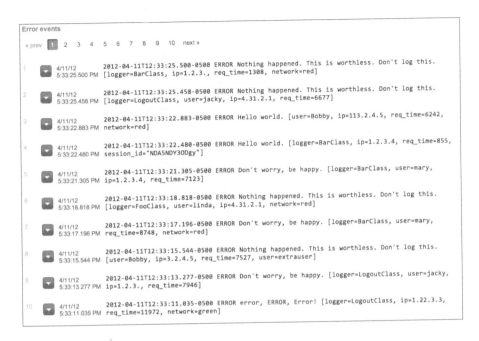

이 패널은 대시보드의 맨 밑에 추가되고, 현재 이 패널의 위치를 옮길 필요가
없다.

대시보드에서 스케줄 생성

패널을 생성하는 마법사 인터페이스를 단계별로 실행할 때 기본으로 선택된
Run search each time dashboard loads(대시보드 로드 시마다 검색 실행)를 사용하였다.
대신에 Run scheduled search(예약된 검색 실행)를 선택하면, 시간 선택기를 볼 수
있다.

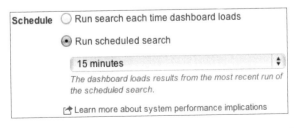

대시보드가 로드될 때, 스케줄에서 마지막으로 실행한 검색 결과가 사용된다. 대시보드는 브라우저가 패널을 그리는 속도만큼 빠르게 그려질 것이다. 이것은 아마도 같은 운영 그룹에서 여러 사용자가 대시보드를 사용할 때 특별히 유용하다. 사용 가능한 저장된 결과가 없다면, 질의는 정상적으로 실행될 것이다.

대시보드의 데이터가 얼마만에 갱신되어야 하는지는 스스로가 결정해야만 한다. 데이터를 1주일에 한 번 본다면, 한 시간 전 데이터까지 받아들일 수 있는가? 4시간 전의 데이터 또는 24시간 전 데이터는 어떤가? 검색을 덜 자주 실행할수록, 더 적은 리소스를 사용할 것이고, 결국에는 더 많은 사람들이 시스템을 사용 가능할 것이다. 데이터의 크기가 증가할수록, 검색이 끝나는 데 더 많은 시간이 걸린다. 현재 설치된 스플렁크의 응답 속도가 늦어진다면, 검색 앱에서 Jobs(작업) 또는 Status(상태)에서 스케줄된 검색 작업의 성능을 검사해보라.

계속 모니터링되는 대시보드에 대해 특별히 여러 사람이 대시보드를 사용한다면, 실시간 질의를 하는 것이 아마도 더 효과적일 것이다. 스플렁크 4.3에서 실시간 질의는 초기 데이터를 채우는 기능이 추가되었다. 예를 들어, 24시간 감시하는 실시간 질의는 전 24시간에 대해서 처음에 질의를 실행하고, 새로운 것이 나타났을 때 결과에 새로운 이벤트를 추가한다. 이 기능의 추가로 매우 오랜 기간에 걸치는 실시간 질의가 실용적이고 유용하게 되었다.

XML 직접 편집

스플렁크 4.3에서 새로운 대시보드 편집기를 만들어준 스플렁크에게 진심으로 고마움을 느꼈던 순간이 있었다. 그러나 여전히 단순 XML 대시보드를 편집하는 것이 필요한 두 가지 이유가 있다. 폼forms과 후 처리 데이터post-processing data가 그 이유다. 더 많은 기능이 대시보드 편집기에 추가되면 미래에는 이 이유들도 사라질 것이라 기대한다.

단순 XML 패널에 대한 문서는 splunk.com의 'Panel reference for simple XML' 문서에서 찾을 수 있다.[1]

UI 예제 앱

대시보드를 구성하는 XML을 살펴보기 전에 'Splunk UI example app for 4.1+' 앱을 설치해보자.[2] 이 앱은 Splunkbase에서 찾을 수 있다(Splunkbase에 대한 정보는 7장을 참고하자). 이 앱은 간단한 XML과 고급 XML 대시보드 모두 사용 가능한 기능들에 대한 좋은 예제를 제공한다.

이 앱을 찾는 가장 쉬운 방법은 App(앱) ＞ Find more apps...(추가 앱 찾기)에서 examples로 검색하는 것이다.

폼 생성

폼에서 한 개 이상의 정보가 필요한 템플릿을 만들 수 있다. 폼은 원시 XML을 사용하여 직접 만들 수 있으나, 간단한 대시보드를 만들고나서 XML을 변경하여 만드는 것이 더 간단하다. 다른 방법은 UI 예제 앱에서 찾아 예제를 복사하는 방법이다(바로 앞의의 'UI 예제 앱 '섹션을 참조). 다음 섹션에서 각 방법에 대해 간단하게 사용 방법을 살펴볼 것이다.

대시보드에서 폼 생성

먼저 폼을 사용하는 경우를 생각해보자. 특정 사용자에 대한 에러를 알려주는 폼을 만드는 것은 어떨까? 우리의 친구 메리mary를 특별한 사용자라고 생각하고 메리mary에 대한 보고서로 시작하자.

---

1 문서 URL은 http://docs.splunk.com/Documentation/Splunk/5.0.2/Viz/PanelreferenceforSimplifiedXML이다. – 옮긴이
2 Splunk 5.x 사용자는 Splunk Dashboard Example을 다운로드한다. – 옮긴이

```
sourcetype="impl_splunk_gen" error user="mary" | stats count by logger
```

이 질의를 사용하는 간단한 대시보드를 생성해보자.

1. Create(만들기) > Dashboard Panel(대시보드 패널)을 선택한 후 앞에서 사용했던 마법사 인터페이스를 사용해 간단한 대시보드를 재빨리 생성한다.

2. 새로운 패널을 어디에 넣을지 선택한다. 우리는 새로운 대시보드에 만들 것이다.

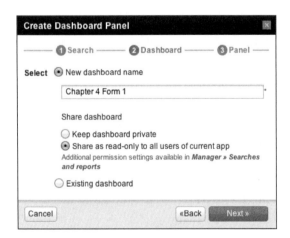

3. Table(테이블)을 선택하고, 패널의 제목을 입력한다.

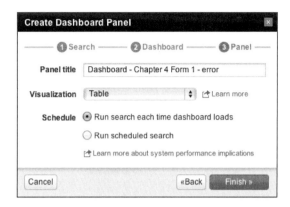

4. 마지막 화면에서 View dashboard(대시보드 보기) 다음의 제목을 클릭한다.

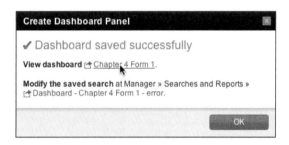

새롭게 만들어진 대시보드의 XML을 살펴보자. **Edit**(편집)에서 **On**(켜기) 버튼을 클릭하고, **Edit XML**(XML 편집)을 클릭한다. 대시보드에 대한 XML은 다음처럼 보일 것이다.

```
<?xml version='1.0' encoding='utf-8'?>
<dashboard>
    <label>Chater 4 Form 1</label>
    <row>
        <table>
            <searchName>Dashboard-Chater 4 Form 1 - error</searchName>
            <title>Dashboard-Chater 4 Form 1 - error</title>
        </table>
    </row>
</dashboard>
```

XML은 매우 간단하다. 이 대시보드를 폼으로 바꾸기 위해 다음 단계를 진행해야 한다.

1. 우리는 검색에 변수를 추가하기 위해, 검색을 XML에서 직접 정의하는 것이 필요하다. 우리가 필요한 XML을 변경하기 위해 자체의 편집기를 사용할 수 있다. 테이블 패널에 Edit(편집) 메뉴에서 Edit search(검색 편집)를 선택한다.

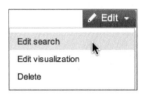

2. Edit as an inline search(인라인 검색으로 편집)를 클릭하고, 다음에 Save 버튼을 누른다. 이 것은 질의를 정의한 XML을 변경할 것이다. 변경된 내용은 볼드로 되어 있는 부분이다.

```
<?xml version='1.0' encoding='utf-8'?>
<dashboard>
    <label>Chater 4 Form 1</label>
    <row>
        <table>
            <searchString>
            sourcetype="impl_splunk_gen" error user="mary"
            | stats count by logger</searchString>
            <title>Dashboard-Chater 4 Form 1 - error</title>
            <earliestTime>-60m@m</earliestTime>
            <latestTime>now</latestTime>
        </table>
    </row>
</dashboard>
```

3. <dashboard>를 <form>으로 변경한다. 짝을 이루는 태그도 변경하는 것을 잊지 말아라.

```
<form>
    <label>Chater 4 Form 1</label>
```

```
...
    </row>
</form>
```

4. 폼에 <fieldset> 요소를 생성한다.

```
<form>
    <label>Chapter 4 Form 1</label>
    <fieldset>
        <input type="text" token="user">
            <label>User</label>
        </input>
    </fieldset>
<row>
```

5. 폼 변수를 반영할 수 있는 <searchString>에 적당한 변수를 추가한다.

```
<searchString>
    sourcetype="impl_splunk_gen" error user="$user$"
    | stats count by logger
</searchString>
```

변경된 XML의 최종 결과는 다음과 같다.

```
<?xml version='1.0' encoding='utf-8'?>
<form>
    <label>Chapter 4 Form 1</label>
    <fieldset>
        <input type="text" token="user">
            <label>User</label>
        </input>
    </fieldset>

    <row>
        <table>
            <searchString>
                sourcetype="impl_splunk_gen" error user="$user$"
                | stats count by logger</searchString>
```

```
        <title>Dashboard - Chapter 4 Form 1 - error</title>
        <earliestTime>-60m@m</earliestTime>
        <latestTime>now</latestTime>
      </table>
    </row>

</form>
```

Save를 클릭하고 bobby로 검색해보자.

우리는 이제 로거에서 특정 사용자의 에러를 보기 위한 유용한 폼을 가지게 되었다.

하나의 폼에서 여러 패널 사용

하나의 폼에서 바로 여러 개의 패널을 만들어 사용할 수 있다. 앞에서 생성한 Errors 대시보드의 복사본을 이용해 폼으로 변경해보자.

1. Dashboards & Views(대시보드 & 뷰)에서 Manage Views(뷰 관리)를 선택한다. 또는 Manager(관리자) ➤ User interface(사용자 인터페이스) ➤ Views(뷰)를 선택한다.

2. 복사본을 만들기 위해 errors와 같은 열에 있는 Clone(복제)을 클릭한다.

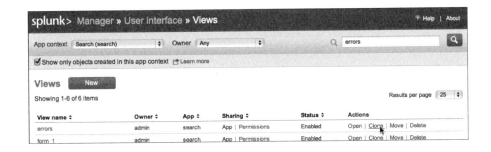

3. 다음과 같은 편집기에서 View name(뷰 이름)의 값은 실제로 파일 이름과 URL 을 위해서 사용된다. 그렇기 때문에 빈 공백 문자나 특수문자가 포함되어서 는 안 된다. 이름을 errors_user_form이라고 하자.

4. 메뉴에서 이름은 대시보드의 XML 내의 `label` 태그에서 정의된다. 이름을 `Errors User Form`으로 변경해보자.

   `<label>Errors User Form</label>`

5. 새로운 대시보드를 저장하고 대시보드 다음의 Open(열기)을 클릭한다.

6. 다음으로는 Edit(편집) ➤ Edit search(검색 편집) ➤ Edit as inline search(인라인 검색으 로 편집)를 사용하여 앞의 예제에서 했던 방법으로 인라인 검색으로 모두 변 경한다.

7. 앞에서 했던 것처럼 `<dashboard>`를 `<form>`으로 변경하고 `<fieldset>` 블록 을 추가한다.

8. `<searchString>` 태그에서 적절하게 `user=$user$`를 삽입한다.

최종 XML은 전에 보았던 것보다 훨씬 길지만 여전히 이해할 수 있기를 희망한
다. 변경된 라인은 볼드로 표시하였다.

```xml
<?xml version='1.0' encoding='utf-8'?>
<form>
    <label>Errors User Form</label>
    <fieldset>
        <input type="text" token="user">

        <label>User</label>
        </input>

        </fieldset>
    <row>
        <chart>
            <searchString>
                sourcetype="impl_splunk_gen" loglevel=error user="$user$"
                | timechart count as "Error count" by network
            </searchString>
            <title>Dashboard - Errors - errors by network timechart</title>
            <earliestTime>-4h@h</earliestTime>
            <latestTime>now</latestTime>
            <option name="charting.chart">line</option>

        </chart>
    </row>

    <row>
        <chart>
            <searchString>
                sourcetype="impl_splunk_gen" loglevel=error user="$user$"
                | bucket bins=10 req_time | stats count by req_time
            </searchString>
            <title>Error count by req_times</title>
            <earliestTime>-4h@h</earliestTime>
            <latestTime>now</latestTime>
            <option name="charting.chart">pie</option>
```

```
    </chart>

    <chart>
      <searchString>
        sourcetype="impl_splunk_gen" loglevel=error user="$user$"
        | stats count by logger
      </searchString>
      <title>Errors by logger</title>
      <earliestTime>-4h@h</earliestTime>
      <latestTime>now</latestTime>
      <option name="charting.chart">pie</option>
    </chart>

    <chart>
      <searchString>
        sourcetype="impl_splunk_gen" loglevel=error user="$user$"
        | stats count by user
      </searchString>
      <title>Errors by user</title>
      <earliestTime>-4h@h</earliestTime>
      <latestTime>now</latestTime>
      <option name="charting.chart">pie</option>
    </chart>
  </row>

  <row>
    <event>
      <searchString>
        sourcetype="impl_splunk_gen" loglevel=error user="$user$"
      </searchString>
      <title>Error events</title>
      <earliestTime>-4h@h</earliestTime>
      <latestTime>now</latestTime>
      <option name="count">10</option>
      <option name="displayRowNumbers">true</option>
      <option name="maxLines">10</option>
      <option name="segmentation">outer</option>
```

```
        <option name="softWrap">true</option>
    </event>
  </row>
```

</form>

Save를 클릭한 후, 대시보드로 돌아가면 이제 폼으로 변경되어 있을 것이다.
bobby로 검색된 결과는 다음과 같다.

이제 좀 더 많은 부분을 변경해보자.

1. 파이 차트에서 **Errors by user**를 제거한다.

2. \<fieldset\>에 시간을 입력받도록 추가한다.

3. 질의에서 **earliest**와 **latest**를 제거한다. 패널이 특정 시간을 가지면, 그것은 항상 \<fieldset\>에 지정한 시간 필드를 먼저 취할 것이다.

이제 XML은 다음처럼 변경되었다.

```xml
<?xml version='1.0' encoding='utf-8'?>
<form>
    <label>Errors User Form</label>
    <fieldset>
        <input type="text" token="user">
            <label>User</label>
        </input>
        <input type="time" />
    </fieldset>

    <row>
        <chart>
            <searchString>
                sourcetype="impl_splunk_gen" loglevel=error user="$user$"
                | timechart count as "Error count" by network
            </searchString>
            <title>Dashboard - Errors - errors by network timechart</title>
            <!-- 시간 정의를 제거한다. -->
            <option name="charting.chart">line</option>
        </chart>
    </row>

    <row>
        <chart>
            <searchString>
                sourcetype="impl_splunk_gen" loglevel=error user="$user$"
                | bucket bins=10 req_time | stats count by req_time
```

```
        </searchString>
        <title>Error count by req_times</title>
        <!-- 시간 정의를 제거한다. -->
        <option name="charting.chart">pie</option>
      </chart>

      <chart>
        <searchString>
          sourcetype="impl_splunk_gen" loglevel=error user="$user$"
          | stats count by logger
        </searchString>
        <title>Errors by logger</title>
        <!--시간 정의를 제거한다.  -->
        <option name="charting.chart">pie</option>
      </chart>
      <!-- 사용자에 대한 에러를 제거한다. -->
    </row>
    <row>
      <event>
        <searchString>
          sourcetype="impl_splunk_gen" loglevel=error user="$user$"
        </searchString>
        <title>Error events</title>
        <!-- 시간 정의를 제거한다. -->
        <option name="count">10</option>
        <option name="displayRowNumbers">true</option>
        <option name="maxLines">10</option>
        <option name="segmentation">outer</option>
        <option name="softWrap">true</option>
      </event>
    </row>
</form>
```

대시보드는 이제 다음처럼 보일 것이다.

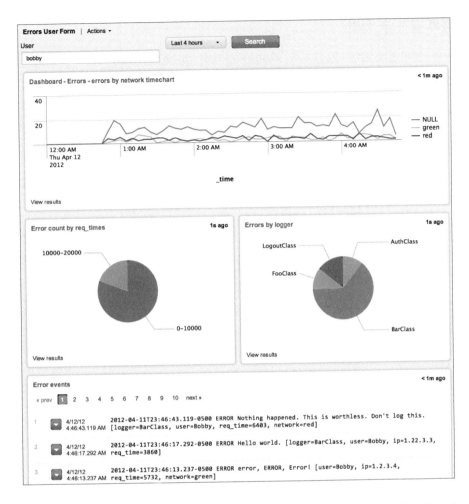

사용할 수 있는 다양한 폼 요소들이 있고 요소들의 행동을 정의할 수 있는 많은 옵션이 존재한다. 공식적인 문서를 찾기 위해 splunk.com에서 'Build and edit forms with simple XML'로 검색하자.

또한, 이 문서와 UI 예제 앱에는 많은 유용한 예제들이 있다(UI 예제 앱은 이번 장의 앞에서 설명하였다).

검색 결과 후 처리

이미 눈치챘을 수도 있겠지만, 우리가 실행한 전 예제 질의는 모두 아래의 실제 질의로 시작된다.

```
sourcetype ="impl_splunk_gen" loglevel=error user="$user$"
```

물론 같은 질의를 4개로 실행하는 것은 낭비다. <searchPostProcess>를 사용하여 우리는 한 번의 질의를 실행하여 각 패널에 결과를 출력하도록 실행할 수 있다.

첫 단계로 XML의 최상단에 패널을 위한 초기 질의를 옮긴다. <searchTemplate>의 결과는 패널에 소속된 질의가 없다면 그 결과가 사용되거나 <searchPostProcess>의 원본 데이터로 사용될 수 있다.

추가적인 정보가 필요한데, 패널에서 필요한 필드들이다. 필드는 table을 사용하여 아래처럼 정의할 수 있다.

```
<?xml version='1.0' encoding='utf-8'?>
<form>
    <sourceTemplate>
        sourcetype="impl_splunk_gen" loglevel=error user="$user$"
        | table _time _raw network req_time logger
    </sourceTemplate>
```

위의 질의에서 table을 사용하여 필드를 정의하는 것은 필수다. _time은 timechart 명령을 위해 필요하고, _raw는 하단의 이벤트의 목록에 대한 패널에서 사용된다. _network, _req_time과 logger는 각 패널의 조건절에서 사용된다.

이제 대시보드를 위한 XML을 편집해보자.

```
<?xml version='1.0' encoding='utf-8'?>
<form>
    <label>Errors User Form PostProcess</label>

    <searchTemplate>
```

```
      sourcetype="impl_splunk_gen" loglevel=error user="$user$"
      | table _time _raw network req_time logger
  </searchTemplate>

<fieldset>
    <input type="text" token="user">
        <label>User</label>
    </input>
    <input type="time" />
</fieldset>

<row>
    <chart>
        <searchPostProcess>
            timechart count as "Error count" by network
        </searchPostProcess>
        <title>Dashboard - Errors - errors by network timechart</title>
        <option name="charting.chart">line</option>
    </chart>
</row>

<row>
    <chart>
        <searchPostProcess>
            bucket bins=10 req_time | stats count by req_time
        </searchPostProcess>
        <title>Error count by req_times</title>
        <option name="charting.chart">pie</option>
    </chart>

    <chart>
        <searchPostProcess>
            stats count by logger
        </searchPostProcess>
        <title>Errors by logger</title>
        <option name="charting.chart">pie</option>
    </chart>
```

```
      </row>

   <row>
      <event>
         <!-- searchString 을 제거하고 searchTemplate 에서 이벤트를 사용한다.-->
         <title>Error events</title>
         <option name="count">10</option>
         <option name="displayRowNumbers">true</option>
         <option name="maxLines">10</option>
         <option name="segmentation">outer</option>
         <option name="softWrap">true</option>
      </event>
   </row>
</form>
```

위 XML은 우리가 앞에서 했던 것과 정확하게 같은 결과를 보여주지만 질의는
단 한차례 실행되기 때문에 더 빠르고, 사용자들이 많은 경우 자원을 절약할
수 있다.

후 처리의 제한

<searchPostProcessing>을 사용할 때 중요한 한 가지의 제한과 종종 여러 곳
에서 추가적인 작업이 필요로 필요할 수 있다.

1. 원본 질의에서는 단지 만 건의 결과만이 검색된다. 이를 극복하기 위해서
   는 stats, timechart 또는 table을 통해 이벤트를 실행하는 것이 필요하다.
   stats 같은 명령으로 전환하는 것은 원본 질의에서 생성되는 결과의 수를 줄
   이고, 성능을 증가시킨다.

2. 지정된 필드들만 원본 이벤트에서 전달된다. 이는 기본적으로 table을 사
   용하거나(이미 앞의 예제에서 봤었다), stats처럼 더 작은 열의 수로 결과를 합쳐
   서 처리할 수 있다.

3. `<searchPostProcess>` 요소는 폼의 값으로 사용할 수 없다. 폼 요소의 값이 필요하다면, 초기 질의에서 그 결과를 약간 수정할 필요가 있다.

4. 패널이 상단의 `<searchTemplate>` 요소를 참조한다면 `<searchString>` 요소에서 폼의 값을 사용할 수 없다. 이것은 고급 XMLadvanced XML에서는 할 수 있고, 방법은 8장에서 설명한다.

첫 항목이 사용자들에게 가장 영향을 많이 미치는 제약이다. 일반적인 해결책은 패널에서 필요한 부분에 대해 이벤트를 미리 종합한 상위 집합을 사용하는 것이다. 이를 위해 처음에 해야 할 일은 질의들을 살펴보고 모든 질의들이 잘 작동하기 위해 필요한 필드들을 알아내는 일이다.

패널 1

첫 번째 차트는 후 처리를 적용한다.

```
timechart count as "Error count" by network
```

이 질의가 작동하기 위해서 _time, count 그리고 network 필드가 필요하다. _time은 이벤트의 실제 시간이기 때문에 stats를 사용해 생성되는 결과의 수를 줄이기 위한 시간의 그룹화가 필요하다. 우리는 이 목적을 위해 bucket을 사용할 수 있다. 이제 초기 질의는 다음처럼 변경된다.

```
sourcetype="impl_splunk_gen" loglevel=error user="$user$"
    | bucket span=1h _time
    | stats count by network _time
```

이 질의는 다음과 같은 결과를 생성한다.

	_time ⇕	network ⇕	count ⇕
1	4/16/12 2:00:00.000 AM	green	68
2	4/16/12 3:00:00.000 AM	green	55
3	4/16/12 4:00:00.000 AM	green	60
4	4/16/12 5:00:00.000 AM	green	77
5	4/16/12 6:00:00.000 AM	green	54
6	4/16/12 7:00:00.000 AM	green	72
7	4/16/12 8:00:00.000 AM	green	70
8	4/16/12 9:00:00.000 AM	green	69
9	4/16/12 10:00:00.000 AM	green	62
10	4/16/12 11:00:00.000 AM	green	69

패널에 이 결과를 실제로 적용하기 위해 <searchPostProcess>를 약간 변경해야 한다. count는 원시 이벤트에 대한 값을 기대하기 때문에 여기에서 개수는 우리가 기대하는 것이 아니다. 우리는 대신에 count 필드에 대한 합이 적용되어야 한다. 또한 초기 질의에서 사용된 간격과 같은 span 값을 설정한다.

```
timechart span=1h sum(count) as "Error count" by network
```

패널 2

다음 패널은 현재 다음과 같다.

```
bucket bins=10 req_time | stats count by req_time
```

bucket 명령은 원시 이벤트에서 실행되야 하기 때문에 원본 질의에 이 명령을 추가하고 또한 stats에 req_time을 추가한다.

```
sourcetype="impl_splunk_gen" loglevel=error user="$user$"
    | bucket span=1h _time
    | bucket bins=10 req_time
    | stats count by network _time req_time
```

결과는 다음과 같다.

	_time ⬍	network ⬍	req_time ⬍	count ⬍
1	4/16/12 3:00:00.000 AM	green	0-10000	29
2	4/16/12 3:00:00.000 AM	green	10000-20000	8
3	4/16/12 4:00:00.000 AM	green	0-10000	32
4	4/16/12 4:00:00.000 AM	green	10000-20000	7
5	4/16/12 5:00:00.000 AM	green	0-10000	50
6	4/16/12 5:00:00.000 AM	green	10000-20000	6
7	4/16/12 6:00:00.000 AM	green	0-10000	26
8	4/16/12 6:00:00.000 AM	green	10000-20000	5
9	4/16/12 7:00:00.000 AM	green	0-10000	34
10	4/16/12 7:00:00.000 AM	green	10000-20000	10

패널의 질의는 다음처럼 된다.

```
stats sum(count) by req_time
```

패널 3

우리가 추가한 마지막 패널은 가장 간단하다.

```
stats count by logger
```

이는 초기 쿼리의 끝에 단순하게 logger를 추가한다.

```
sourcetype="impl_splunk_gen" loglevel=error user="$user$"
    | bucket span=1h _time
    | bucket bins=10 req_time
    | stats count by network _time req_time logger
```

그리고 count를 sum(count)로 바꿔준다.

```
stats sum(count) by logger
```

최종 XML

필드의 모든 조합에 대한 결과를 생성하는 질의를 만들었다. table을 사용하여 이 작업을 피할 수 있으나, 초기 질의의 결과를 줄이는 추가적인 작업을 하는 것이 상대적으로 성능을 향상시킬 수 있다.

다음은 이러한 변경을 모두 한 최종 XML이다. 볼드로 되어 있는 부분이 변경된 부분이다.

```xml
<?xml version='1.0' encoding='utf-8'?>
<form>
<label>Errors User Form PostProcess</label>
    <searchTemplate>
        sourcetype="impl_splunk_gen" loglevel=error user="$user$"
        | bucket span=1h _time
        | bucket bins=10 req_time
        | stats count by network _time req_time logger
    </searchTemplate>

    <fieldset>
        <input type="text" token="user">
            <label>User</label>
        </input>
        <input type="time" />
    </fieldset>

    <row>
        <chart>
            <searchPostProcess>
                timechart span=1h sum(count) as "Error count" by network
            </searchPostProcess>
            <title>Dashboard - Errors - errors by network timechart</title>
            <option name="charting.chart">line</option>
        </chart>
    </row>

    <row>
        <chart>
```

```
<searchPostProcess>
    stats sum(count) by req_time
</searchPostProcess>
<title>Error count by req_times</title>
<option name="charting.chart">pie</option>
</chart>

<chart>
    <searchPostProcess>
        stats sum(count) by logger
    </searchPostProcess>
    <title>Errors by logger</title>
    <option name="charting.chart">pie</option>
</chart>
</row>
<!-- #4 제한함으로써 이벤트 목록을 제거한다. -->
</form>
```

정리

단순 XML 대시보드를 사용한 작업은 단지 스플렁크에서 가능한 것들 중 다시한 번 표면의 약간을 살펴본 정도이다. UI 예제 앱(이번 장의 'UI 예제 앱'에서 설명했다)의 예제들을 통해 더 많은 부분을 살펴보기를 추천한다.

추가적인 변경 작입이 가능하거나, 스플렁크 또는 커뮤니티에서 제공하는 좋은 모듈들을 사용할 수 있는 준비가 될 때, 8장에서 살펴볼 고급 XML 기능들을 사용할 수 있을 것이다.

5장에서 고급 검색 예제를 살펴볼 것이고, 재미있는 것들이 많이 있다. 실제로 검색어의 강력한 기능을 설명하고, 몇 년에 걸쳐 익힌 트릭들을 소개할 것이다.

5

고급 검색 예제

이 장에서는 몇 개의 고급 검색 예제에 대해 매우 자세히 알아본다. 예제와 데이터는 가상이지만 실제 자신의 데이터에 적용할 수 있는 생각이 떠올릴 수 있기를 바란다. http://answers.splnuk.com의 스플렁크 답변을 살펴보면 많은 양의 예제와 도움이 되는 주제들을 발견할 수 있다.

느슨하게 연결된 이벤트를 찾기 위한 서브 검색

실 환경에서 서브 검색을 사용하는 경우는 많지 않을 수도 있다. 그러나 서브 검색이 적용되는 상황에서는 서브 검색이 특효약이 될 수 있다. 예제를 살펴보고 몇 가지 규칙에 대해 알아보자.

서브 검색

다음과 같은 이벤트가 있다.

```
2012-04-20 13:07:03 msgid=123456 from=mary@companyx.com
2012-04-20 13:07:04 msgid=654321 from=bobby@companyx.com
2012-04-20 13:07:05 msgid=123456 to=bob@vendor1.co.uk
2012-04-20 13:07:06 msgid=234567 from=mary@companyx.com
2012-04-20 13:07:07 msgid=234567 to=larry@vender3.org
2012-04-20 13:07:08 msgid=654321 to=bob@vendor2.co.uk
```

이 이벤트에서 메리mary가 보낸 메시를 찾아보자. 이벤트를 보면 from과 to가 다른 항목으로 들어가 있는 것을 알 수 있다. 우리는 stats를 이용해 이 이벤트를 함께 가져와서, 결과에 대해 다시 필터링할 수 있다. 질의는 다음과 같다.

```
sourcetype=mail to OR from
    | stats values(from) as from values(to) as to by msgid
    | search from=mary@companyx.com
```

문제는 메일 서버가 많은 작업을 하고 있는 중이면, 이 검색은 수백만의 이벤트를 추출하고 작업의 대부분을 이 일에 낭비하게 될 것이다. 우리는 실제로 인덱스를 효율적으로 사용하기를 원한다. 이를 위해 서브 검색이 도움을 줄 수 있다.

다음은 서브 검색을 포함한 질의다.

```
[search sourcetype=mail from=mary@companyx.com | fields msgid]
    sourcetype=mail to
```

이 질의가 어떤 일을 하는지 단계별로 알아보자.

1. 대괄호 안의 검색이 실행된다.

    ```
    sourcetype=mail from=mary@companyx.com
    ```

    예제의 이벤트 중에 아래 두 개의 이벤트가 나타날 것이다.

    ```
    2012-04-20 13:07:03 msgid=123456 from=mary@companyx.com
    2012-04-20 13:07:06 msgid=234567 from=mary@companyx.com
    ```

2. | fields msgid는 서브 검색이 단지 msgid 필드만 추출하도록 한다. 이 시점의 뒤에서는 서브 검색의 결과가 필수적으로 바깥의 검색에 OR 구문으로 더해져서 아래와 같은 검색을 만들어낸다.

```
( (msgid=123456) OR (msgid=234567) ) sourcetype=mail to
```

이것은 훨씬 더 효율적인 검색이 된다.

3. 이 새로운 검색은 우리가 원하는 결과를 보여준다.

```
2012-04-20 13:07:05 msgid=123456 to=bob@vendor1.co.uk
2012-04-20 13:07:07 msgid=234567 to=larry@vender3.org
```

서브 검색 절차

서브 검색이 너무 많은 비용이 드는 것을 막기 위해 시간과 이벤트 수가 제한된다.

- 서브 검색의 기본 시간 제한은 60초다. 서브 검색이 60초 이상 걸린다면, 서브 검색은 끝나고, 이 지점까지 검색된 이벤트의 결과가 바깥의 검색에 추가된다.

- 또한 서브 검색에 대한 기본 이벤트 수 제한은 1,000개다. 이 이벤트보다 더 많은 이벤트는 버려지게 된다.

두 개의 제한 중 어떤 것에 도달하게 된다면, 손쉽게 목적을 이룰 수 있는 더 좋은 방법이 있을 것이다.

또 다른 고려 사항은 서브 검색에서 나온 필드는 검색 가능해야만 한다는 것이다. 원시 검색어로 질의에 추가될 search라는 마법의 필드가 있으나, 이는 약간의 더 많은 작업이 필요하다. 이 장의 뒤에서 예를 통해 search context를 살펴볼 것이다.

중첩 서브 검색

서브 검색은 필요하다면 중첩될 수 있다. 메일 서버 로그에서 특별한 메시지에 연관된 모든 이벤트를 찾기 위해서 때때로 필요하다. 몇 개의 가상 로그 항목이 다음과 같이 주어졌다.

```
... in=123 msgid=123456 from=mary@companyx.com
... msgid=123456 out=987 subject=Important
... out=987 to=bob@vendor1.co.uk
```

첫 이벤트는 from 값을 가지고 있으나, to 필드를 포함하는 이벤트와는 어떤 공통점이 없다는 것을 볼 수 있다. 운좋게도 중간 이벤트에서 같은 out 필드를 포함하고 있고, msgid는 첫 번째 이벤트에서도 가지고 있는 필드다.

우리는 이 이벤트를 찾기 위해 아래처럼 질의를 작성할 수 있다.

```
[search sourcetype=mail out
   [search sourcetype=mail from=mary@companyx.com | fields msgid]
   | fields out]
   sourcetype=mail to
```

위의 검색을 부분별로 나누고, 실행되는 순서에 따라 번호를 매겨보자.

1. [search sourcetype=mail from=mary@companyx.com | fields msgid]

2. [search sourcetype=mail out | fields out]

3. sourcetype=mail to

위 예제를 단계별로 살펴보자.

1. 가장 내부에 있는 검색 (1)이 실행된다.

```
sourcetype=mail from=mary@companyx.com | fields msgid
```

2. 검색 결과는 다음 가장 내부의 검색 (2)에 다음처럼 붙는다.

```
sourcetype=mail out
   (msgid=123456)
     | fields out
```

3. 이 검색의 결과는 가장 외부의 검색 (3)에 다음처럼 추가된다.

```
(out=987)
    sourcetype=mail to
```

이것이 최종 질의이고, 이는 우리가 찾고자 하는 결과를 보여준다..

```
... out=987 to=bob@vendor1.co.uk
```

트랜잭션 사용

transaction 명령은 여러 이벤트들의 근접도proximity에 따라서 이벤트를 그룹화할 수 있도록 한다. 근접도는 트랜잭션 내에서 시간의 범위, 또는 처음 그리고 마지막 이벤트에 포함된 구문을 지정함으로써 결정된다. 이것은 리소스가 꽤 많이 필요한 과정이지만, 때때로 어떤 이벤트를 그룹화하는 데 좋은 기능이다. 다른 전환 명령transforming command과 달리 트랜잭션 명령을 사용할 때는 원본 이벤트는 유지되고 대신 여러 값을 가지는 이벤트로 함께 모아진다.

트랜잭션을 사용하기 위한 몇 가지 중요한 규칙이 있다.

- 원하는 결과가 stats 명령을 사용해 해결할 수 있다면 거의 항상 stats를 사용하는 것이 효율적이다.

- 트랜잭션에서 필요한 모든 이벤트는 하나의 검색으로 찾을 수 있어야 한다.

- 그룹이 필드의 값을 바탕으로 이루어질 때, 모든 이벤트는 적어도 하나의 공통된 필드가 필요하고, 그래야만 트랜잭션의 부분으로 간주될 수 있다. 이것은 모든 이벤트가 같은 필드를 가져야만 하는 것을 의미하는 것이 아니라, 모든 이벤트가 필드의 목록에서 특정 몇 개의 필드를 공통으로 가져야만 하는 것을 의미한다.

- startswith 또는 endswith를 통해서만 그룹화할 때, 트랜잭션은 검색 결과 안에 끼워 넣지 않는다는 점을 알아두어야 한다.

- 비효율적인 질의는 많은 리소스를 사용할 수 있기 때문에, 열려 있는 트랜잭션의 수를 줄일 수 있도록 모든 노력을 해야한다. 이는 maxspan과 maxpause 같은 시간 범위 제한을 통해 그리고 startswith와 endswith를 사용해서 제어할 수 있다.

이제 transaction 명령을 사용할 수 있는 몇 가지 예제를 살펴보자.

세션 길이를 결정하기 위한 트랜잭션

어떤 가상의 이벤트가 다음처럼 주어졌다. 지금 현재 서버가 매우 바쁜 상태의 서버로 가정하면, 특별한 세션에서 요청들 사이에 발생하는 거대한huge 양의 이벤트들이 있을 것이다.

```
2012-04-27T03:14:31 user=mary GET /foo?q=1 uid=abcdefg
...수 백 개의 이벤트...
2012-04-27T03:14:46 user=mary GET /bar?q=2 uid=abcdefg
...수 십만개의 이벤트...
2012-04-27T06:40:45 user=mary GET /foo?q=3 uid=abcdefg
...수 백 개의 이벤트...
2012-04-27T06:41:49 user=mary GET /bar?q=4 uid=abcdefg
```

 "거대한(huge)"의 정의는 스플렁크를 운영하는 인프라의 크기에 달려 있다. 설치하는 인프라의 규모를 정하는 방법에 대해서는 11장을 보거나 스플렁크 지원센터에 문의하자.

mary를 포함하고 있는 트랜잭션을 보기 위한 질의를 만들어 보자. 우리는 5분 동안 어떤 요청도 없을 때 세션이 끝나는 것으로 가정할 것이다.

```
sourcetype="impl_splunk_web" user=mary
    | transaction maxpause=5m user
```

위의 질의에서 무슨 일이 발생하는지 차례대로 살펴보자.

1. 첫 번째 질의가 먼저 실행되고, 이는 단순히 mary라는 사용자의 모든 이벤트를 보여주는 것이다.

```
sourcetype="impl_splunk_web" user=mary
```

2. | transaction은 트랜잭션 명령의 시작점이다.

3. maxpause=5m은 이벤트가 5분 동안 보이지 않으면, 그 트랜잭션은 종료된다는 것을 나타낸다. 커다란 데이터 규모에서는 시간 필드를 사용하게 되면 필요한 것보다 더 오랫동안 트랜잭션이 열려 있는 상태로 남아 있을 수 있기 때문에 많은 비용이 들 수 있다.

4. user는 이벤트를 함께 묶기 위해 사용하는 필드다. 이벤트의 사용자 필드에 다른 값을 가지고 있다면 새로운 트랜잭션이 새로운 사용자 이름으로 시작된다.

주어진 이벤트에서 두 개로 나뉘어진 그룹을 얻었다.

이제 각 그룹은 하나의 이벤트로 처리된다.

트랜잭션 명령은 다음과 같은 재미있는 속성이 있다.

- _time 필드는 트랜잭션의 첫 이벤트가 가지고 있는 _time 값으로 할당된다.

- duration 필드는 첫 이벤트와 마지막 이벤트 사이의 시간을 기록한다.

- eventcount는 트랜잭션에 포함되어 있는 이벤트 수를 포함한다.

- 모든 필드는 합쳐져서 고유의 집합 형태를 갖는다. 이 경우에 user 필드는 단지 mary만 포함하고 있다. 그러나 q 필드는 각 [1,2]와 [3,4]의 값을 포함한다.

이러한 추가적인 필드를 사용하여 아래처럼 mary가 포함된 멋진 트랜잭션 테이블을 만들 수 있다.

```
sourcetype="impl_splunk_web" user=mary
    | transaction maxpause=5m user
    | table _time duration eventcount q
```

위 질의는 다음과 같은 테이블을 만들어 낼 것이다.

	_time ‡	duration ‡	eventcount ‡	q ‡
1	4/30/12 5:39:49.000 PM	58	2	3 4
2	4/30/12 2:13:43.000 PM	2	2	1 2

stats 또는 timechart와 함께 transaction을 사용하면, 자체적으로 트랜잭션에 관한 통계 데이터를 생성할 수 있다.

```
sourcetype="impl_splunk_web" user=mary
    | transaction maxpause=5m user
    | stats avg(duration) avg(eventcount)
```

이 질의는 아래 화면과 같은 테이블을 보여준다.

	avg(duration) ‡	avg(eventcount) ‡
1	30.000000	2.000000

트랜잭션 통계 계산

트랜잭션에서 추가된 값을 사용해 사용자가 사이트에서 얼마나 오랫동안 머물렀는지, 그리고 세션당 얼마나 많은 페이지들을 보았는지에 대한 질문에 대답해줄 수 있다.

모든 이벤트에 대해 uid 필드에 기초한 세션을 생성해보자. stats를 사용해 평균 duration 값과 평균 eventcount 값 그리고 사이트에 있는 동안에 같이 있었던 구별되는 사용자 수와 세션의 개수를 계산할 수 있다.

```
sourcetype="impl_splunk_web"
   | transaction maxpause=5m uid
   | stats avg(duration) avg(eventcount) dc(user) dc(uid)
```

이 결과는 다음과 같은 테이블이 보여진다.

avg(duration) ⬍	avg(eventcount) ⬍	dc(user) ⬍	dc(uid) ⬍
892.857143	227.553571	5	55

트랜잭션은 평균 892초, 227개의 이벤트를 가진다.

 막대한 양의 웹 트래픽에 대해서 작은 단위의 시간에 대한 트랜잭션을 요약 인덱스 (summary index)로 계산하기를 원할 수 있다. 9장에서 요약 인덱스를 살펴본다.

트랜잭션과 서브 검색

트랜잭션과 앞에서 배운 서브 검색을 함께 사용해보자. 우리의 웹 사이트에서 q=1로 표현된 것을 특별한 진입점이라고 가정해보자. 가령 광고의 링크를 통해 진입하는 것이 될 수 있다. 광고를 클릭하여 진입한 사용자를 찾기 위해 서브 검색을 사용할 수 있다. 그리고 이 사용자가 얼마나 오랫동안 사이트에 머물러 있었는지 알아보기 위해 트랜잭션을 사용한다.

이 일을 위해 광고 링크에서 시작된 세션을 찾는 것이 필요하다. 이 검색은 다음처럼 실행할 수 있다.

```
sourcetype="impl_splunk_web" q=1
```

이 질의는 다음과 같은 이벤트가 추출된다.

2012-04-27T07:13:19 user=user1 GET /foo?q=1 uid=NDQ5NjIzNw

우리의 가상의 로그에서 uid 필드는 세션 아이디를 나타낸다. uid당 하나의 열만 나타나도록 stats를 사용한다.

```
sourcetype="impl_splunk_web" q=1
   | stats count by uid
```

이 결과는 다음과 같은 테이블을 만들어 준다(첫 10 줄만 보여진다).

uid ⇕	count ⇕
1 MTA4NDI5Nw	2
2 MTAxNzE4NA	10
3 MTE3MDE0NQ	3
4 MTExMjM5NQ	1
5 MTI4OTc0Ng	1
6 MTM3NTIyNg	2
7 MTM3NjA1Ng	2
8 MTQ4MTEzNQ	3
9 MTY4NzYwMQ	3
10 MTcwNzlyNw	1

우리는 하나의 명령을 더 추가해야 한다. fields는 서브 검색에서 나타나는 필드를 제한한다.

```
sourcetype="impl_splunk_web" q=1
   | stats count by uid
     | fields uid
```

자 이제 바깥쪽의 검색에 이 결과를 넣어준다.

```
[search
   sourcetype="impl_splunk_web" q=1
   | stats count by uid
   | fields uid
   ]
     sourcetype="impl_splunk_web"
```

서브 검색이 실행된 후에는 다음과 같이 합쳐진 질의가 된다.

```
( (uid=MTAyMjQ2OA) OR (uid=MTI2NzEzNg) OR (uid=MTM0MjQ3NA) )
   sourcetype="impl_splunk_web"
```

이 합쳐진 질의에서, 우리는 이제 일정 시간 안에 q=1이 포함된 링크를 클릭한 모든 uid에서 발생한 모든 이벤트를 가지게 된다. 이제 앞에서 보았던 것처럼 transaction을 추가해 이 세션들을 그룹으로 묶을 수 있다.

```
[search sourcetype="impl_splunk_web" q=1
  | stats count by uid
  | fields uid]
    sourcetype="impl_splunk_web"
   | transaction maxpause=5m uid
```

이것은 다음과 같은 트랜잭션의 결과를 보여준다.

여기에서 트랜잭션의 모두가 q=1을 가지고 시작하지는 않는다. 해당 트랜잭션 은 사용자가 광고를 클릭해서 시작하지 않았다는 것을 의미한다. 우리의 트랜 잭션이 q=1의 진입점에서 시작했다는 것을 확신할 수 있도록 만들어 보자.

```
[search sourcetype="impl_splunk_web" q=1
  | stats count by uid
  | fields uid]
```

```
sourcetype="impl_splunk_web"
| transaction maxpause=5m
  startswith="q=1"
  uid
```

startswith는 새로운 트랜잭션이 q=1이라는 이벤트가 발견된 시간에 시작해야만 한다는 것을 나타낸다.

 starstwith는 단지 _raw 필드(실제 이벤트 문장)에서만 동작한다. 이런 경우에 startswith="q=1"은 q 필드에서 찾는 것이 아니라 q=1의 실제 구문을 찾는다.

이것은 q=1의 발생이 새로운 트랜잭션을 시작하도록 야기했다. 우리는 여전히 q=1이 포함되지 않은 몇 개의 트랜잭션을 가지고 있고, 다음에 이 요소를 제거할 것이다.

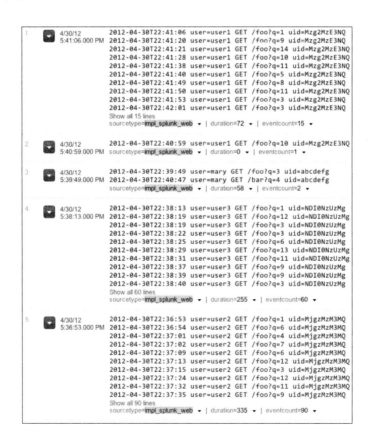

q=1이 포함되지 않은 트랜잭션을 없애기 위해 search 명령을 추가한다.

```
[search sourcetype="impl_splunk_web" q=1
    | stats count by uid
    | fields uid]
      sourcetype="impl_splunk_web"
      | transaction maxpause=5m startswith="q=1" uid
      | search q=1
```

마지막으로 stats를 추가하여 트랜잭션의 수와 uid로 구별되는 값, 트랜잭션 당 머문 평균 시간, 그리고 트랜잭션당 평균 클릭 수를 계산한다.

```
[search sourcetype="impl_splunk_web" q=1
    | stats count by uid
    | fields uid]
      sourcetype="impl_splunk_web"
      | transaction maxpause=5m startswith="q=1" uid
      | search q=1
      | stats count dc(uid) avg(duration) avg(eventcount)
```

이것은 최종적으로 다음 결과를 보여준다.

count ‡	dc(uid) ‡	avg(duration) ‡	avg(eventcount) ‡
118	54	409.254237	103.440678

stats를 가지고 timechart로 바꿔서 시작에 따른 통계 값의 변화를 살펴보자.

```
[search sourcetype="impl_splunk_web" q=1
    | stats count by uid
    | fields uid]
      sourcetype="impl_splunk_web"
      | transaction maxpause=5m startswith="q=1" uid
      | search q=1
      | timechart bins=500 avg(duration) avg(eventcount)
```

이 결과는 다음과 같은 그래프가 보여질 것이다.

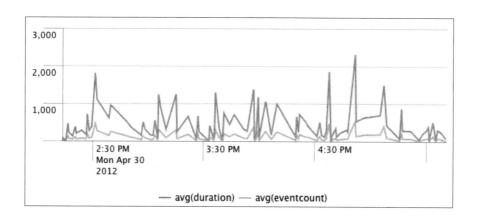

동시성 결정

특별히 로그가 트랜잭션의 시작과 끝 모두를 이벤트로 포함하고 있지 않으면 현재 시스템을 사용하고 있는 사용자 수를 확인하는 것은 어려운 일이다. 특히 웹 서버 로그는 사용자가 언제 웹 사이트를 떠났는지 아는 것이 대부분 가능하지 않는다. 이 물음에 대답하기 위한 두 개의 전략을 알아보자.

동시성을 가진 트랜잭션

찾고자 하는 대답이 "얼마나 많은 트랜잭션이 동시에 발생했는가?"라는 질문이라면, 연관된 이벤트를 서로 묶고 각 트랜잭션의 기간을 계산하기 위해 transaction 명령을 사용할 수 있다. 그리고 나서 concurrency 명령을 사용하여 이벤트가 시작했을 때 카운터를 증가시키고 각 트랜잭션의 시간이 만료되는 시간이 을 때 카운터를 줄인다. 앞 섹션에서 사용했던 검색을 가지고 시작하자.

```
sourcetype="impl_splunk_web"
    | transaction maxpause=5m uid
```

이 질의는 5분동안 어떤 요청도 없었다면 이 세션은 완료되었다고 가정하고 모든 uid에 대한 트랜잭션의 결과를 보여준다. 질의는 다음과 같은 화면을 보여준다.

단순히 concurrency 명령을 추가해서 트랜잭션이 겹쳐지는 시간을 결정할 수 있고, 동시에 얼마나 많은 트랜잭션이 있었는지 알아낼 수 있다. 또한, table 과 sort 명령을 추가해 테이블로 만들어 보자.

```
sourcetype="impl_splunk_web"
    | transaction maxpause=5m uid
    | concurrency duration=duration
    | table _time concurrency duration eventcount
    | sort _time
```

이 질의는 다음과 같은 테이블을 생성한다.

	_time ⇕	concurrency ⇕	duration ⇕	eventcount ⇕
1	11/11/12 10:00:24.000 AM	1	1524	360
2	11/11/12 10:00:24.000 AM	2	130	60
3	11/11/12 10:00:24.000 AM	3	507	148
4	11/11/12 10:00:25.000 AM	4	690	187
5	11/11/12 10:00:25.000 AM	5	2033	439
6	11/11/12 10:00:27.000 AM	6	0	2
7	11/11/12 10:02:33.000 AM	6	966	194
8	11/11/12 10:08:56.000 AM	5	1768	365
9	11/11/12 10:11:54.000 AM	6	649	140
10	11/11/12 10:18:38.000 AM	6	1229	243
11	11/11/12 10:22:52.000 AM	5	163	39

이 결과에서 우리는 트랜잭션이 시작할 때 세션의 증가하고 트랜잭션이 종료될 때 세션이 감소하는 상태를 볼 수 있다. 예제 데이터에서는 동시에 가장 많이 접속한 값은 6이라는 것을 알 수 있다.

서버 부하를 추정하기 위한 동시성

앞의 예제에서 각 트랜잭션이 하나의 이벤트로 카운트되었기 때문에 동시에 접속한 세션의 수는 많지 않았다. 이는 트랜잭션에서 얼마나 많은 이벤트가 발생했는지에 대해서는 문제 삼지 않았다. 동시 트랜잭션의 수에 대한 명확한 그림을 제공하는 반면에 서버 부하에 대한 확실한 그림을 제공해주지 못하고 있다.

이벤트의 타임라인을 살펴보면 로그의 시작 부분에 꽤 많은 이벤트가 있다는 것을 볼 수 있다. 이러한 이벤트의 대부분은 하나의 사용자 세션이 소유하고 있기 때문에 앞의 예제에 영향을 주지 않는다.

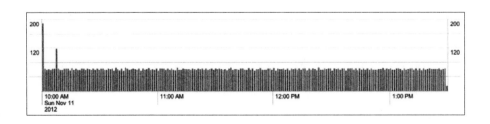

어떤 웹 로그는 요청을 응답하는 데 걸린 시간을 제공한다. 우리의 로그는 이 시간을 가지지 않고 있기 때문에 요청당 걸린 시간에 대한 값을 추정하기 위해 eval을 사용할 것이다.

```
sourcetype="impl_splunk_web"
    | eval duration=2
    | concurrency duration=duration
    | timechart max(concurrency)
```

여기에서는 각 요청당 시간을 2초로 설정했다. 각 이벤트를 마치 2초 동안의 트랜잭션이 있었던 것처럼 concurrency에 duration의 값을 사용할 것이다. 타임 차트는 다음과 같다.

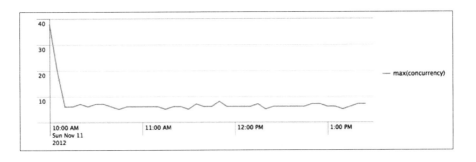

그림에서 보는 것처럼 예제 데이터는 로그의 시작점에 높은 동시성을 가진 많은 요청이 있었다는 것을 볼 수 있다.

이 장의 뒤에서 우리는 특정 기간동안 발생한 이벤트의 수를 계산할 것이다. 이는 더 효율적으로 매우 비슷한 결과를 보여줄 것이다. 그러나 그 수는 계속 진행 중인 상태에서의 이벤트 수가 아닌 고정된 시간 간격에서 발생한 건수이기 때문에 정확히 같은 답은 아니다.

by 절로 동시성 계산

concurrency 명령의 한계는 여러 데이터 집합에 대해서는 동시성을 계산할 수 있는 방법이 없다. 예를 들면 전체 환경에 대해서 동시성을 확인하는 것이 아니라 호스트당 동시성을 알기를 원한다면 어떻게 할까?

우리의 예제 데이터 집합에서 오직 하나의 호스트만 가지고 있으나, network 필드에 대해서는 여러 개의 값을 갖는다. 예제를 통해 그 필드를 사용해보자. 앞에 예제에서 가짜의 동시성 예제는 아래와 같다.

```
sourcety4rt max(concurrency)
```

먼저 streamstats 명령을 사용해 이 검색을 다시 구성해보자. 이 명령은 롤링 통계를 계산하고 그 자체로 이벤트에 대한 계산된 값을 붙인다.

streamstats를 활용하기 위해 각 트랜잭션의 시작과 끝을 표현하는 이벤트가 필요할 것이다. 필수적으로 배열로 구성된 여러 값을 가지는 필드를 생성해 이를 성취할 수 있고, 그 후 필드 안의 값에 기반하여 이벤트를 복사한다.

처음에 끝나는 시간을 만들어보자. _time은 이벤트가 발생한 당시의 UTC 시간이라는 것을 기억하고 있을 것이다. 그래서 우리는 이것을 숫자 형태로 처리할 수 있다.

```
sourcetype=impl_splunk_gen network="*"
    | eval endtime=_time+2
```

table _time network endtime을 통해 파이프되어 있는 테이블은 다음과 같다.

	_time ‡	network ‡	endtime ‡
1	11/30/12 1:23:28.046 PM	qa	1354303410.046
2	11/30/12 1:23:25.869 PM	qa	1354303407.869
3	11/30/12 1:23:25.057 PM	qa	1354303407.057
4	11/30/12 1:23:22.736 PM	qa	1354303404.736
5	11/30/12 1:23:20.944 PM	prod	1354303402.944
6	11/30/12 1:23:19.729 PM	prod	1354303401.729
7	11/30/12 1:23:16.351 PM	qa	1354303398.351
8	11/30/12 1:23:15.544 PM	qa	1354303397.544
9	11/30/12 1:23:13.553 PM	prod	1354303395.553
10	11/30/12 1:23:11.155 PM	prod	1354303393.155

다음으로는 _time과 endtime을 여러 값을 가지는 필드로 합치는 일을 실행한다. 그리고 우리는 이것을 t라고 부를 것이다.

```
sourcetype=impl_splunk_gen network="*"
  | eval endtime=_time+2
  | eval t=mvappend(_time,endtime)
```

table _time network t에 대해 파이프된 결과는 다음과 같다.

	_time ⇕	network ⇕	t ⇕
1	11/30/12 1:23:28.046 PM	qa	1354303408.046 1354303410.046
2	11/30/12 1:23:25.869 PM	qa	1354303405.869 1354303407.869
3	11/30/12 1:23:25.057 PM	qa	1354303405.057 1354303407.057
4	11/30/12 1:23:22.736 PM	qa	1354303402.736 1354303404.736
5	11/30/12 1:23:20.944 PM	prod	1354303400.944 1354303402.944
6	11/30/12 1:23:19.729 PM	prod	1354303399.729 1354303401.729
7	11/30/12 1:23:16.351 PM	qa	1354303396.351 1354303398.351
8	11/30/12 1:23:15.544 PM	qa	1354303395.544 1354303397.544
9	11/30/12 1:23:13.553 PM	prod	1354303393.553 1354303395.553
10	11/30/12 1:23:11.155 PM	prod	1354303391.155 1354303393.155

그림에서 보는 것처럼 실제 _time과 network 값 그리고 mvappend를 사용해 만들어진 두 개의 값을 가진 t 필드를 가진다. 이제 우리는 시작과 끝 이벤트를 갖기 위해 각 이벤트를 두 개의 이벤트로 확장할 수 있다.

```
sourcetype=impl_splunk_gen network="*"
  | eval endtime=_time+2
  | eval t=mvappend(_time,endtime)
  | mvexpand t
```

mvexpand는 지정한 필드의 각 값에 대해서 별도의 이벤트로 복사한다. 우리의 경우에는 t가 항상 두 개의 값을 갖기 때문에, 각 이벤트는 두 개의 이벤트를 생성한다. `table _time network t`를 추가하면 이벤트는 아래 그림과 같이 보인다.

	_time ‡	network ‡	t ‡
1	11/30/12 1:23:28.046 PM	qa	1354303408.046
2	11/30/12 1:23:28.046 PM	qa	303410.046
3	11/30/12 1:23:25.869 PM	qa	303405.869
4	11/30/12 1:23:25.869 PM	qa	303407.869
5	11/30/12 1:23:25.057 PM	qa	303405.057
6	11/30/12 1:23:25.057 PM	qa	303407.057
7	11/30/12 1:23:22.736 PM	qa	303402.736
8	11/30/12 1:23:22.736 PM	qa	303404.736
9	11/30/12 1:23:20.944 PM	prod	303400.944
10	11/30/12 1:23:20.944 PM	prod	303402.944

자 이제 시작과 끝나는 이벤트를 획득했다. 이 이벤트들은 각각 마크를 하는 것이 필요하다. 우리는 동시에 운영되는 총 합을 구하기 원하기 때문에 increment라는 필드를 생성한다. 이벤트가 시작되는 점은 양수positive이고, 반면에 끝나는 이벤트는 음수negative로 정한다. stremastat를 통한 이벤트 스트림은 양수 값은 카운터를 증가시키고 음수는 카운터를 줄인다.

시작 이벤트는 t에서 복제된 _time의 값을 가진다. 그리고 끝나는 이벤트는 미래에 발생하는 것처럼 보인다.

```
sourcetype=impl_splunk_gen network="*"
   | eval endtime=_time+2
   | eval t=mvappend(_time,endtime)
   | mvexpand t
   | eval increment=if(_time=t,1,-1)
   | eval _time=t
```

`table _time network increment`를 통해 나타나는 결과는 다음과 같다.

	_time ⇕	network ⇕	increment ⇕
1	11/30/12 1:23:28.046 PM	qa	1
2	11/30/12 1:23:30.046 PM	qa	-1
3	11/30/12 1:23:25.869 PM	qa	1
4	11/30/12 1:23:27.869 PM	qa	-1
5	11/30/12 1:23:25.057 PM	qa	1
6	11/30/12 1:23:27.057 PM	qa	-1
7	11/30/12 1:23:22.736 PM	qa	1
8	11/30/12 1:23:24.736 PM	qa	-1
9	11/30/12 1:23:20.944 PM	prod	1
10	11/30/12 1:23:22.944 PM	prod	-1

streamstats는 이벤트가 통계를 계산하기를 원하는 순서대로 정렬되기를 기대한다. 현재 우리의 가상 끝 이벤트는 시작한 이벤트 바로 다음에 놓이지만 우리는 _time 순서에 기반해 실행 중인 increment의 총합을 계산하기를 원하다. sort 명령은 우리가 주의 깊게 봐야 할 것이다. 필드 목록 앞에 0 값은 10,000개 열의 기본 제한을 없앤다.

```
sourcetype=impl_splunk_gen network="*"
    | eval endtime=_time+2
    | eval t=mvappend(_time,endtime)
    | mvexpand t
    | eval increment=if(_time=t,1,-1)
    | eval _time=t
    | sort 0 _time network increment
```

 이 시점에서 기록해야 할 것은 우리는 명령을 사용해 질의에서 몇 가지 값들을 재설정했다는 것이다. 우리는 _time을 바꿨고 지금 increment를 변경했다. 필드는 필요에 따라 여러 차례 바뀔 수 있다. 그리고 체인 안에서 마지막 할당을 얻을 수 있다.

지금 이벤트는 _time으로 정렬이고, streamstats를 위한 준비가 끝났다. increment 필드의 조합에서 이 명령은 concurrency와 비슷하게 작동한다. 그러나 by 뒤에 적힌 각 필드로 구별되는 진행 중인 숫자를 유지할 것이다.

```
sourcetype=impl_splunk_gen network="*"
    | eval endtime=_time+2
    | eval t=mvappend(_time,endtime)
    | mvexpand t
    | eval increment=if(_time=t,1,-1)
    | eval _time=t
    | sort 0 _time network increment
    | streamstats sum(increment) as concurrency by network
    | search increment="1"
```

마지막 search 명령은 합성된 최종 이벤트를 제거한다.

table _time network increment concurrency를 통한 결과는 다음과 같다.

	_time ⇕	network ⇕	increment ⇕	concurrency ⇕
1	11/29/12 12:00:00.788 AM	qa	1	1
2	11/29/12 12:00:01.005 AM	prod	1	1
3	11/29/12 12:00:03.551 AM	qa	1	1
4	11/29/12 12:00:03.981 AM	qa	1	2
5	11/29/12 12:00:04.671 AM	qa	1	3
6	11/29/12 12:00:05.573 AM	qa	1	3
7	11/29/12 12:00:06.013 AM	qa	1	3
8	11/29/12 12:00:07.694 AM	qa	1	2
9	11/29/12 12:00:08.212 AM	qa	1	2
10	11/29/12 12:00:10.714 AM	prod	1	1

timechart max(concurrency) by network를 추가하면 다음과 같다.

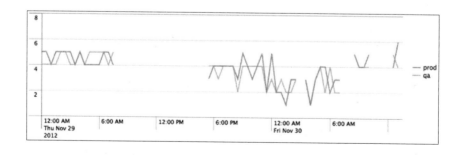

이 예제가 흥미롭기는 하지만, 실제로 이러한 방법으로는 웹 서버 사용율을 계산할 수 없을 것이다. 이벤트의 수는 종종 너무 많고, 각 이벤트가 걸리는 시간은 일반적으로 무시할 수 있을 정도로 짧기 때문이다. 이 접근법은 배치 작업이나 데이터베이스 작업 같이 오래 걸리는 프로세스에서 더 적합하다.

웹 로그에 대한 더 일반적인 방법은 단순히 시간에 따른 이벤트의 개수를 세는 것이다. 다음에 이를 실행하는 몇 가지 방법을 살펴볼 것이다.

시간 간격에 따른 이벤트 계산

일정 기간 동안 이벤트를 계산하는 몇 가지 방법이 있다. 이 기술들 모두는 _time 필드를 일정 간격으로 시간을 나누고, 그 시간의 버킷buckets에 의해 결과를 그룹화하는 방법을 사용한다.

타임 차트 사용

시간 경과에 따른 이벤트를 세는 가장 간단한 방법은 아래처럼 timechart를 사용하는 것이다.

```
sourcetype=impl_splunk_gen
    | timechart span=1m count
```

테이블로 보는 화면은 다음과 같다.

_time ⬧	count ⬧
1	5/3/12 12:00:00.000 AM	109
2	5/3/12 12:01:00.000 AM	122
3	5/3/12 12:02:00.000 AM	122
4	5/3/12 12:03:00.000 AM	119
5	5/3/12 12:04:00.000 AM	125
6	5/3/12 12:05:00.000 AM	126
7	5/3/12 12:06:00.000 AM	119
8	5/3/12 12:07:00.000 AM	126
9	5/3/12 12:08:00.000 AM	120
10	5/3/12 12:09:00.000 AM	129
11	5/3/12 12:10:00.000 AM	114
12	5/3/12 12:11:00.000 AM	126
13	5/3/12 12:12:00.000 AM	120

24시간 동안에 1분당 하나씩 총 1,440개의 열로 표현된다.

 스플렁크에서 차트는 화면에 보여지는 픽셀보다 더 많은 점들을 보여주려고 노력하지 않는다. 대신 사용자는 bins 또는 span 속성을 사용해 그래프의 점의 수를 바꿀 수 있다. '분당 또는 시간당 평균 이벤트 계산'에서 이 부분을 다루는 방법을 보여줄 것이다.

하루의 매 분마다 보는 것 대신에 실제 이벤트가 실행된 시간에 대해서만 알기를 원하면 bucket과 stats를 다음처럼 사용할 수 있다.

```
sourcetype=impl_splunk_gen
    | bucket span=1m _time
    | stats count by _time
```

bucket은 이벤트가 발생했던 분 간격의 _time 필드로 모으고, 이것은 내부적으로 timechart가 하는 것과 똑같다. 이 데이터는 똑같이 보일 것이다. 그러나 이벤트가 발생하지 않은 분은 포함되지 않는다. 또 다른 방법은 다음처럼 하는 것이다.

```
sourcetype=impl_splunk_gen
    | timechart span=1m count
    | where count>0
```

분당 평균 요청 수 계단

앞에서 사용한 질의의 결과를 stats를 통해 보내면, 우리는 분당 평균 이벤트
를 아래처럼 계산할 수 있다.

```
sourcetype=impl_splunk_gen
    | timechart span=1m count
    | stats avg(count) as "Average events per minute"
```

우리는 정확하게 하나의 결과를 얻을 수 있다.

Average events per minute ⬍
61.240972

다른 방법으로 우리는 분당 이벤트를 그룹화하기 위해 bucket을 사용할 수 있
다. 그리고 분 당 이벤트의 수를 세기 위해 stats을 사용한다. 다음 질의를 보
자.

```
sourcetype=impl_splunk_gen
    | bucket span=1m _time
    | stats count by _time
    | stats avg(count) as "Average events per minute"
```

우리는 이제 훨씬 더 큰 수가 나타났다.

Average events per minute ⬍
118.690444

왜 이런 결과가 나타날까? 이 경우에 우리의 가상 서버는 약 10시간 동안 실
행되었다. 두 번째 예제에서는 timechart에서 하는 것과는 달리 stats는 모든

시간 간격 동안 이벤트를 발생시키지 않고, 실제로 이벤트가 있는 결과에 대해서만 포함된다. 이 차이를 설명하기 위해 두 질의 결과를 살펴보자.

```
sourcetype=impl_splunk_gen
    | timechart span=1h count
```

이 질의는 다음 테이블을 생성한다.

	_time ⬍	count ⬍
1	5/8/12 7:00:00.000 AM	3362
2	5/8/12 8:00:00.000 AM	498
3	5/8/12 9:00:00.000 AM	0
4	5/8/12 10:00:00.000 AM	38

bucket과 stats를 사용할 때의 결과를 보자.

```
sourcetype=impl_splunk_gen
    | bucket span=1h _time
    | stats count by _time
```

이 테이블은 다음과 같다.

	_time ⬍	count ⬍
1	5/8/12 7:00:00.000 AM	3362
2	5/8/12 8:00:00.000 AM	498
3	5/8/12 10:00:00.000 AM	38

이 경우에 오전 9시와 오전 10시 시간 슬롯은 결과에 나타나지 않았다.

분당/시간당 평균 이벤트 수 계산

스플렁크 그래프의 한계는 그릴 수 있는 픽셀의 수가 있기 때문에 단지 특정 이벤트의 수만큼만 그려질 수 있다는 것이다. 시간 간격을 변경하면서 값을 세거나 더할 때, 그래프의 하나의 값에 대한 시간 크기가 얼만큼인지 알기 힘들다.

다음 예를 살펴보자.

```
earliest=-1h sourcetype=impl_splunk_gen
    | timechart count
```

스플렁크는 다음 그래프를 그릴 것이다.

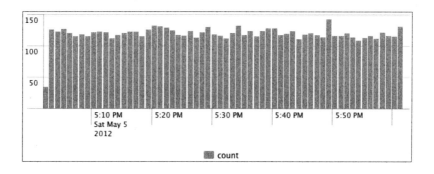

각 막대 하나는 1분을 표시한다. 시간 크기를 24시간으로 바꿔보자.

```
earliest=-24h sourcetype=impl_splunk_gen
    | timechart count
```

이 그래프는 아래처럼 표시될 것이다.

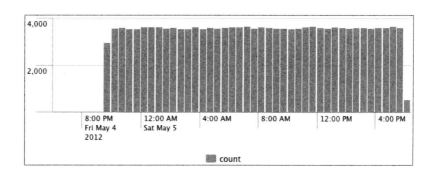

차트를 스크롤하지 않으면 각 막대가 표현하는 시간의 기간을 알 수 없다. 이 경우에 각 막대는 30분을 표현하고 있다. 이 것은 y축의 값이 얼마나 중요한지 판단하기 어렵게 만든다. 모두의 경우에서 우리는 timechart에 span=1m을 추가할 수 있다. 그리고 이 경우에는 하나의 막대는 1분을 표현한다. 이 방법은

1시간 동안의 데이터를 표현하기에는 좋으나 24시간의 질의의 경우에는 너무 많은 점들을 만들어서 잘려진 차트를 봐야만 한다.

또 다른 방법은 분당 평균 이벤트를 계산하게 될 것이고, 그리고 나서 우리가 찾고자 하는 시간 크기가 무엇이든지 분당 평균 이벤트 값을 통해 계산한다. timechart는 이를 위해 편리한 방법을 제공하지만 추가적인 작업이 필요하다.

```
earliest=-24h sourcetype=impl_splunk_gen
    | eval eventcount=1
    | timechart span=1h per_minute(eventcount)
```

per_minute은 분당 eventcount의 합을 계산한다. 그리고 각 막대를 표현하기 위한 시간 간격에 대한 평균 값을 찾는다. 이 경우에는 시간당 평균 이벤트의 수를 볼 것이다.

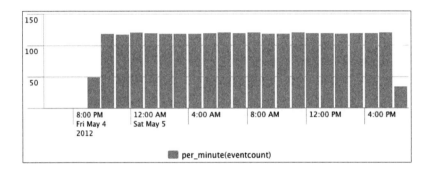

우리는 분당 이벤트 개수를 찾는 것처럼, 한 시간당 질의를 같은 형태로 볼 수 있다.

분당 평균 요청 계산에서처럼 특정 시간에 데이터가 없는 경우 데이터를 무시할 수 있다. 아래 코드를 통해 이를 성취할 수 있다.

```
earliest=-24h sourcetype=impl_splunk_gen
    | bucket span=1m _time
    | stats count by _time
    | timechart span=1h avg(count)
```

이 방법은 예를 들어 현재 시간처럼 완전히 종료되지 않은 시간 범위는 포함하지 않는다. 그래프는 다음과 같다.

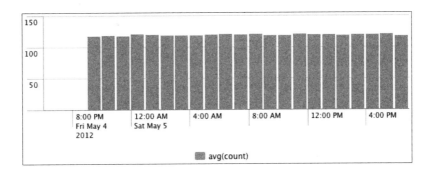

이것은 현재 시간에 대한 이벤트에 대해 이해하기가 좀 더 좋다. 그러나 그래프에서 첫 한 시간에 대해서는 완전히 신뢰하기가 어렵다.

top 재구성

top 명령은 사용하기 매우 간단하고 꽤 많은 흥미로운 작업을 할 수 있다. 저자는 처음에는 top 명령을 사용해 시작했다가, 나중에 stats count로 전환하지만 top은 자동적으로 제공하는 것에 대해 기대한다. 이 예제는 요소의 모든 것을 어떻게 재 생성하는지 보여줄 것이다. 그래서 이 중에서 필요한 것을 골라서 선택해야 할 것이다.

다른 명령을 사용하여 top 명령을 재생성해보자.

여기 우리가 전환할 질의가 있다.

```
sourcetype="impl_splunk_gen" error
    | top useother=t limit=5 logger user
```

결과는 다음과 같다.

	logger ⬍	user ⬍	count ⬍	percent ⬍
1	BarClass	mary	773	18.812363
2	BarClass	jacky	422	10.270139
3	BarClass	bob	394	9.588708
4	BarClass	linda	391	9.515697
5	BarClass	Bobby	381	9.272329
6	OTHER	OTHER	1748	42.540764

count를 만들기 위해 아래처럼 stats를 사용할 수 있다.

```
sourcetype="impl_splunk_gen" error
    | stats count by logger user
```

이는 우리의 최종 목적을 위한 대부분의 방법을 얻는다.

	logger ⬍	user ⬍	count ⬍
1	AuthClass	Bobby	103
2	AuthClass	bob	68
3	AuthClass	extrauser	33
4	AuthClass	jacky	81
5	AuthClass	linda	79
6	AuthClass	mary	148
7	BarClass	Bobby	381
8	BarClass	bob	394
9	BarClass	extrauser	162
10	BarClass	jacky	422
11	BarClass	linda	391
12	BarClass	mary	773
13	FooClass	Bobby	104
14	FooClass	bob	87
15	FooClass	extrauser	43
16	FooClass	jacky	90
17	FooClass	linda	81
18	FooClass	mary	146
19	LogoutClass	Bobby	88
20	LogoutClass	bob	74
21	LogoutClass	extrauser	28
22	LogoutClass	jacky	82
23	LogoutClass	linda	80
24	LogoutClass	mary	171

top이 포함된 확률을 계산하기 위해 우리는 먼저 이벤트의 전체 수가 필요하다. eventstats 명령은 열을 대체할 필요 없이 모든 열의 통계를 더하도록 한다.

```
sourcetype="impl_splunk_gen" error
  | stats count by logger user
  | eventstats sum(count) as totalcount
```

이것은 결과에 totalcount 컬럼을 추가한다.

	logger ⬍	user ⬍	count ⬍	totalcount ⬍
1	AuthClass	Bobby	103	4109
2	AuthClass	bob	68	4109
3	AuthClass	extrauser	33	4109
4	AuthClass	jacky	81	4109
5	AuthClass	linda	79	4109
6	AuthClass	mary	148	4109
7	BarClass	Bobby	381	4109
8	BarClass	bob	394	4109
9	BarClass	extrauser	162	4109
10	BarClass	jacky	422	4109
11	BarClass	linda	391	4109
12	BarClass	mary	773	4109
13	FooClass	Bobby	104	4109
14	FooClass	bob	87	4109
15	FooClass	extrauser	43	4109
16	FooClass	jacky	90	4109
17	FooClass	linda	81	4109
18	FooClass	mary	146	4109
19	LogoutClass	Bobby	88	4109
20	LogoutClass	bob	74	4109
21	LogoutClass	extrauser	28	4109
22	LogoutClass	jacky	82	4109
23	LogoutClass	linda	80	4109
24	LogoutClass	mary	171	4109

자 이제 우리는 전체 개수를 얻었고, 각 열에 비율을 계산할 수 있다. 이와 함께 count를 기준으로 내림차순으로 결과를 정렬하도록 하자.

```
sourcetype="impl_splunk_gen" error
  | stats count by logger user
  | eventstats sum(count) as totalcount
  | eval percent=count/totalcount*100
  | sort -count
```

결과는 다음 테이블과 같다.

	logger ⇕	user ⇕	count ⇕	percent ⇕	totalcount ⇕
1	BarClass	mary	773	18.812363	4109
2	BarClass	jacky	422	10.270139	4109
3	BarClass	bob	394	9.588708	4109
4	BarClass	linda	391	9.515697	4109
5	BarClass	Bobby	381	9.272329	4109
6	LogoutClass	mary	171	4.161596	4109
7	BarClass	extrauser	162	3.942565	4109
8	AuthClass	mary	148	3.601850	4109
9	FooClass	mary	146	3.553176	4109
10	FooClass	Bobby	104	2.531029	4109
11	AuthClass	Bobby	103	2.506693	4109
12	FooClass	jacky	90	2.190314	4109
13	LogoutClass	Bobby	88	2.141640	4109
14	FooClass	bob	87	2.117303	4109
15	LogoutClass	jacky	82	1.995619	4109
16	AuthClass	jacky	81	1.971283	4109
17	FooClass	linda	81	1.971283	4109
18	LogoutClass	linda	80	1.946946	4109
19	AuthClass	linda	79	1.922609	4109
20	LogoutClass	bob	74	1.800925	4109
21	AuthClass	bob	68	1.654904	4109
22	FooClass	extrauser	43	1.046483	4109
23	AuthClass	extrauser	33	0.803115	4109
24	LogoutClass	extrauser	28	0.681431	4109

useother=t의 결과를 얻기 위한 것이 아니면, head 5를 추가해 상위 5개의 열만 나타나도록 해 질의의 결과를 간단하게 끝낼 수 있다. other 열을 만들기

위해 5개의 열 이외의 모든 이벤트를 포함하는 라벨을 가져야만 하고, stats 를 사용해 그 열들을 없앤다. 이는 몇 개의 단계를 거친다.

처음으로 우리는 rownum을 사용해 열의 숫자를 세는 필드를 생성하는 것이 필요하다.

```
sourcetype="impl_splunk_gen" error
    | stats count by logger user
    | eventstats sum(count) as totalcount
    | eval percent=count/totalcount*100
    | sort -count
    | eval rownum=1
```

아래 테이블이 생성된다(10개의 열만 보여주었다).

	logger ⇕	user ⇕	count ⇕	percent ⇕	rownum ⇕	totalcount ⇕
1	BarClass	mary	773	18.812363	1	4109
2	BarClass	jacky	422	10.270139	1	4109
3	BarClass	bob	394	9.588708	1	4109
4	BarClass	linda	391	9.515697	1	4109
5	BarClass	Bobby	381	9.272329	1	4109
6	LogoutClass	mary	171	4.161596	1	4109
7	BarClass	extrauser	162	3.942565	1	4109
8	AuthClass	mary	148	3.601850	1	4109
9	FooClass	mary	146	3.553176	1	4109
10	FooClass	Bobby	104	2.531029	1	4109

다음에는 accum을 사용하여 rownum의 값을 증가시킬 것이다.

```
sourcetype="impl_splunk_gen" error
    | stats count by logger user
    | eventstats sum(count) as totalcount
    | eval percent=count/totalcount*100
    | sort -count
    | eval rownum=1
    | accum rownum
```

이 결과는 아래와 같다(10개의 열만 보여주었다).

	logger ⬍	user ⬍	count ⬍	percent ⬍	rownum ⬍	totalcount ⬍
1	BarClass	mary	773	18.812363	1	4109
2	BarClass	jacky	422	10.270139	2	4109
3	BarClass	bob	394	9.588708	3	4109
4	BarClass	linda	391	9.515697	4	4109
5	BarClass	Bobby	381	9.272329	5	4109
6	LogoutClass	mary	171	4.161596	6	4109
7	BarClass	extrauser	162	3.942565	7	4109
8	AuthClass	mary	148	3.601850	8	4109
9	FooClass	mary	146	3.553176	9	4109
10	FooClass	Bobby	104	2.531029	10	4109

이제 eval을 사용해 다섯 개 열 이외는 열들은 OTHER로 이름을 지어주고, 다섯 개 열 이외에는 rownum을 같은 값으로 넣어준다.

```
sourcetype="impl_splunk_gen" error
    | stats count by logger user
    | eventstats sum(count) as totalcount
    | eval percent=count/totalcount*100
    | sort -count
    | eval rownum=1
    | accum rownum
    | eval logger=if(rownum>5,"OTHER",logger)
    | eval user=if(rownum>5,"OTHER",user)
    | eval rownum=if(rownum>5,6,rownum)
```

결과는 다음과 같다(10개의 열만 보여주었다).

	logger ⬍	user ⬍	count ⬍	percent ⬍	rownum ⬍	totalcount ⬍
1	BarClass	mary	773	18.812363	1	4109
2	BarClass	jacky	422	10.270139	2	4109
3	BarClass	bob	394	9.588708	3	4109
4	BarClass	linda	391	9.515697	4	4109
5	BarClass	Bobby	381	9.272329	5	4109
6	OTHER	OTHER	171	4.161596	6	4109
7	OTHER	OTHER	162	3.942565	6	4109
8	OTHER	OTHER	148	3.601850	6	4109
9	OTHER	OTHER	146	3.553176	6	4109
10	OTHER	OTHER	104	2.531029	6	4109

다음으로 stats를 사용해 값들을 합칠 것이다. 이벤트는 by절 이후에 나열된 필드로 정렬되고, 결과는 원래의 순서를 유지할 것이다.

```
sourcetype="impl_splunk_gen" error
    | stats count by logger user
    | eventstats sum(count) as totalcount
    | eval percent=count/totalcount*100
    | sort -count
    | eval rownum=1
    | accum rownum
    | eval logger=if(rownum>5,"OTHER",logger)
    | eval user=if(rownum>5,"OTHER",user)
    | eval rownum=if(rownum>5,6,rownum)
    | stats
        sum(count) as count
        sum(percent) as percent
        by rownum logger user
```

다음 테이블은 질의의 결과다.

	rownum ⇕	logger ⇕	user ⇕	count ⇕	percent ⇕
1	1	BarClass	mary	773	18.812363
2	2	BarClass	jacky	422	10.270139
3	3	BarClass	bob	394	9.588708
4	4	BarClass	linda	391	9.515697
5	5	BarClass	Bobby	381	9.272329
6	6	OTHER	OTHER	1748	42.540764

이제 거의 끝나간다. 남아 있는 일은 rownum 컬럼을 숨기는 일이다. fields를
사용해 이 일을 실행한다.

```
sourcetype="impl_splunk_gen" error
    | stats count by logger user
    | eventstats sum(count) as totalcount
    | eval percent=count/totalcount*100
    | sort -count
    | eval rownum=1
    | accum rownum
    | eval logger-if(rownum>5,"OTHER",logger)
    | eval user=if(rownum>5,"OTHER",user)
    | eval rownum=if(rownum>5,6,rownum)
    | stats
        sum(count) as count
        sum(percent) as percent
        by rownum logger user
    | fields - rownum
```

최종 결과는 다음과 같다.

	logger ⇕	user ⇕	count ⇕	percent ⇕
1	BarClass	mary	773	18.812363
2	BarClass	jacky	422	10.270139
3	BarClass	bob	394	9.588708
4	BarClass	linda	391	9.515697
5	BarClass	Bobby	381	9.272329
6	OTHER	OTHER	1748	42.540764

이제 모든 것이 끝났다. 우리가 바꾸고자 했던 것을 기억해보자.

```
top useother=t limit=5 logger user
```

꽤 긴 질의를 단 한 줄로 대체할 수 있다. top 명령을 완벽하게 재생성하는 데 특별히 필요한 것은 없다. 바라건데 이 예제는 여러 가지 방법으로 명령을 섞는 방법에 대한 약간의 실마리를 제공한다고 생각하자.

정리

이 장을 이해해 본인이 가지고 있는 데이터에 어떻게 적용할지에 대한 생각들이 떠올랐기를 기대한다. 서문에서 설명한 것처럼 Splunk Answers(http://answers.splunk.com) 사이트는 예제를 찾고 도움을 받을 수 있는 환상적인 장소다. 여기에 질문을 올릴 수 있고 질문에 답변을 해주면서 커뮤니티에 공헌할 수 있다.

6장에서는 검색 능력을 확장하는 데 도움을 주는 스플렁크의 고급 기능들을 사용하고, 검색 시 데이터를 풍부하게 만들어주는 방법을 배운다.

6

검색의 확장

이 장에서는 스플렁크의 이미 존재하는 강력한 검색 언어를 넘어서 스플렁크를 확장할 수 있는 기능을 살펴본다. 예제를 통해 다음 같은 사항들을 배운다.

- 검색과 보고서에서 이벤트를 분류할 수 있는 태그tag와 이벤트 타입event type

- 원본 데이터의 일부분처럼 이벤트에 외부 필드를 추가할 수 있는 룩업lookup

- 강력한 방법으로 검색의 일부분을 재사용할 수 있는 매크로macro

- 이벤트의 필드 값을 통해 검색과 링크를 만들 수 있는 워크플로우 액션 workflow action

- 검색 결과를 가지고 파이썬python 언어로 작업 할 수 있는 외부 명령external command

이번 장에서 우리는 스플렁크에 포함된 많은 명령어들 중 몇 가지를 배울 것이다. 12장에서는 나만의 명령을 만드는 방법을 배운다.

검색을 간단하게 하는 태그

태그는 스플렁크에서 필드와 이벤트 타입에 표식을 붙일 수 있도록 한다. 이 태그를 통해 나중에 검색과 보고서를 만들 수 있다. 사용자 중 두 명에게 관리자의 태그를 붙여 보자. 우선 검색부터 시작한다.

```
sourcetype="impl_splunk_gen"
   | top user
```

이 검색은 mary, linda, Bobby, jacky, bob과 그 밖의 사용자extrauser에 대한 사용자 목록을 보여준다.

	user ⇕	count ⇕	percent ⇕
1	mary	39044	31.695417
2	linda	19641	15.944311
3	Bobby	19593	15.905346
4	jacky	19503	15.832285
5	bob	19460	15.797378
6	extrauser	5944	4.825263

위의 그룹에서 linda와 jacky를 관리자라고 하자. 일반 검색을 사용해 아래처럼 이 두 사용자에 대해 간단하게 검색할 수 있다.

```
sourcetype="impl_splunk_gen" (user=linda OR user=jacky)
```

이 두 사용자에 대한 검색은 앞으로도 여전히 잘 작동할 것이다. 그러나 대신에 태그 값을 가지고 검색하면 미래에 여러 저장된 질의들을 강제로 업데이트하는 것을 피할 수 있다.

태그를 만들기 위해 처음에 그 필드가 위치한 곳이 필요하다.

user 필드가 보이지 않으면 필드 선택기에서 해당 필드를 클릭하고 **Select and show in results**(결과 선택하고 보여주기)를 클릭한다.

지금 그 메뉴가 보이면, 우리는 user 필드의 값을 태그할 수 있다.

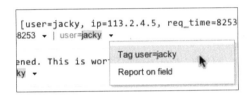

다음 화면에서처럼 Tag This Field(필드 태그) 대화상자가 보여진다. user=jacky를 admin이라는 이름으로 태그하자.

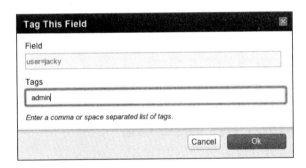

이제 필드 옆에 태그를 볼 수 있다.

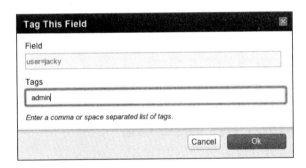

이 일을 끝났으면, user=jacky에서 한 것처럼 user=linda에 대해서도 같은 작업을 실행하자.

이 두 사용자가 태그되면 사용자 이름 대신에 태그 값에 대해 검색을 할 수 있다.

```
sourcetype="impl_splunk_gen" tag::user="admin"
```

내부적으로는 앞에서 실행했던 질의와 정확히 같은 질의로 펼쳐진다. 태그의 장점은 태그에 새로운 값을 추가하고 삭제할 수 있어서, 질의를 업데이트할 필요가 없다는 것이다.

태그의 다른 흥미로운 기능은 다음과 같다.

- 태그는 tag=admin의 경우처럼 전역적으로 tag=tag_name을 사용해 간단하게 검색할 수 있다. 이 능력을 사용해 어떤 필드 또는 어떤 이벤트 타입에 임의의 태그를 적용할 수 있다. 이는 일반적으로 보안 애플리케이션에서 특별한 모니터링이 필요한 호스트, 사용자 그리고 이벤트 형태를 태그하기 위해 사용한다.

- 어떤 필드 또는 이벤트 타입은 여러 개의 태그를 가질 수 있다. 단순히 태그 에디터를 선택하고 공백으로 구별해 태그 값들을 입력한다.

- 태그를 제거하기 위해서는 다시 태그를 편집하고 지우고자 하는 값들을 지운다.

- 태그는 또한 Manager의 Manager > Tags에서 편집할 수 있다.

결과를 정형화하기 위한 이벤트 타입

이벤트 타입은 어떤 파이프 또는 명령이 없는 단순한 검색 정의다. 이벤트 타입을 정의하기 위해 먼저 검색을 만든다. 다음 검색을 살펴보자.

```
sourcetype="impl_splunk_gen" logger="AuthClass"
```

이 이벤트를 로그인 이벤트라고 하자. 이벤트 타입을 만들기 위해 다음처럼 Create 메뉴에서 Event type...(이벤트 타입...)을 선택한다.

이는 다음과 같은 대화상자가 나타나고, 여기에서 이벤트 타입의 Name을 입력
하고 선택적으로 Tags를 할당할 수 있다.

이벤트 타입의 이름에는 login을 입력한다.

이제 우리는 이벤트 타입을 사용하여 같은 이벤트를 검색할 수 있다.

```
eventtype=login
```

이벤트 타입은 다음처럼 다른 검색의 부분으로 사용될 수 있다.

```
eventtype=login loglevel=error
```

이벤트 타입 정의는 다른 이벤트 타입의에 참조가 될 수 있다. 예를 들어 로그 레벨loglevel에 에러ERROR 값을 가진 모른 로그인 이벤트는 실제 실패한 로그인이다.

이제 앞에서 설명한 방법으로 다른 이벤트 타입으로 저장할 수 있다. 이 이벤트 타입은 failed_login이라고 이름을 짓자. 우리는 다음처럼 이 이벤트에 대해 검색할 수 있다.

```
eventtype="failed_login"
```

자, 이제 앞에서 admin으로 태그된 사용자와 이벤트 타입을 합쳐보자.

```
eventtype="failed_login" tag::user="admin"
```

이것은 관리자로 로그인하는 데 실패한 모든 이벤트를 찾는다. 자 이것을 또 다른 이벤트 타입 failed_admin_login으로 저장을 하자. 이 이벤트를 이제 다음처럼 검색할 수 있다.

```
eventtype="failed_admin_login"
```

마지막 단계로 이 이벤트 타입을 태그로 만든다. 처음에 이벤트 타입 필드가 보이도록 설정해야만 한다. 이벤트는 아래처럼 보일 것이다.

이 경우에 이벤트 타입에 세 가지 값이 있다는 것을 확인한다. 단지 eventtype=failed_admin_login에 대해서 검색했지만, 이 이벤트는 또한 eventtype=failed_login과 eventtype=login의 정의에도 맞는다. 우리는 admin 태그에 대해서 검색하지 않았으나 jacky는 tag::user=admins에 맞기 때문에 그 값이 또한 태그되었다.

앞 섹션의 단계를 따라 actionable 값으로 eventtype=failed_admin_login을 태깅한다.

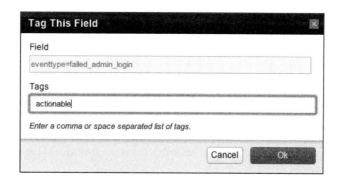

다음 질의로 이 이벤트를 검색할 수 있다.

```
tag::eventtype="actionable"
```

이 방법은 경고 또는 보고서에 보여져야 하는 이벤트를 정의하는 데 매우 유용하다. 예제로 다음 질의를 보자.

```
tag::eventtype="actionable"
    | table _time eventtype user
```

이는 다음처럼 매우 유용한 보고서를 보여준다.

	_time ⬦	eventtype ⬦	user ⬦
1	5/14/12 12:43:02.202 PM	failed_admin_login failed_login login	jacky
2	5/14/12 12:42:16.394 PM	failed_admin_login failed_login login	jacky
3	5/14/12 12:40:17.947 PM	failed_admin_login failed_login	jacky
4	5/14/12 12:39:30.712 PM	failed_admin_login failed_login login	linda
5	5/14/12 12:39:17.054 PM	failed_admin_login failed_login login	linda

이벤트 타입이 간단한 질의에서 사용되는 방법을 생각해보자.

- **검색:** 이벤트 타입 정의는 검색처럼 정의되어, 그것은 이벤트 타입 정의와 맞는 이벤트를 검색할 수 있는 자연스러운 방법처럼 보인다.

- **분류:** 이벤트를 조회함으로써, 이벤트가 어떤 이벤트 타입의 정의와 맞다면 이 이벤트의 타입 이름은 eventtype 필드에 추가된다.

- **태깅:** 이벤트 타입은 태그될 수 있기 때문에, 어떤 이벤트 타입에 할당된 태그 값은 검색과 분류 모두에 사용될 수 있다. 이것은 결과의 다양한 집합에 공통의 태그를 할당하기 위한 매우 강력한 기능이다. 예를 들어 보고서에 포함되어야 하거나 경고를 발생시켜야 하는 이벤트들에 사용될 수 있다.

스플렁크 내부에서 확실히 어떻게 실행되는지 보기 위해 이 질의를 다시 풀어 보자. 이 질의는 태그와 이벤트 타입 정의에서 다음처럼 펼쳐진다.

- `tag::eventtype="actionable"`

- `eventtype="failed_admin_login"`

- `eventtype="failed login" tag::user="admin"`

- `(eventtype=login loglevel=error) tag::user="admin"`

- `((sourcetype="impl_splunk_gen" logger="AuthClass") loglevel=error) tag::user="admin"`

- `((sourcetype="impl_splunk_gen" logger="AuthClass") loglevel=error) (user=linda OR user=jacky)`

각 단계에서 어떤 일이 있는지 살펴보자.

1. 초기 검색어

2. actionable로 태그된 모든 이벤트 타입이 대체되었다. 이 경우에 우리는 단지 하나의 이벤트 타입을 가지고 있으나 여러 개의 이벤트 타입을 가지고 있으면 각각은 OR로 연결될 것이다.

3. 이벤트 타입 failed_admin_login의 정의가 펼쳐진다.

4. failed_login의 정의가 펼쳐진다.

5. login의 의미가 펼쳐진다.

6. admin 태그는 user의 모든 값으로 대체되고, 각각은 OR로 연결된다.

보고서 또는 검색에서 사용된 태그 값들 또는 이벤트 타입 정의가 변경되었을 때는 그 보고서 또는 검색이 다음에 사용되었을 때 반영될 것이다.

데이터를 풍부하게 하는 룩업

때때로 보고서 또는 검색에 유용한 정보가 같은 로그에 위치하지 않고, 사용 가능한 다른 위치에 있을 수 있다. 룩업lookup은 데이터를 풍부하게 만들어 주고 마치 필드들이 원본 이벤트의 일부분인 것처럼 룩업 안에 있는 필드들을 검색할 수 있다.

쉼표로 분리된 파일CSV, Comma Seperated Values 또는 스크립트도 룩업의 데이터 소스로 사용될 수 있다. 다음 섹션에서 CSV 룩업에 대한 가장 일반적인 사용법을 설명할 것이다. 스크립트에 대해서는 12장에서 설명한다.

룩업을 완전히 정의하기 위해서는 1) 파일을 생성하기, 2) 룩업을 정의하기, 그리고 3) 선택적으로 자동으로 실행하는 룩업을 작성하기의 3단계 과정이 필요하다.

룩업 테이블 파일 정의

룩업 테이블 파일은 간단한 CSV 파일이다. 첫 줄은 다른 줄을 위한 필드 이름을 정의하는 줄로 처리된다.

룩업 테이블 파일은 **Manager ❯ Lookups**(룩업) **❯ Lookup table files**(룩업 테이블 파일)에서 관리된다. 간단히 새로운 파일을 업로드한다. 파일은 가능한 .csv 확장자를 가지도록 한다.

users.csv 룩업 파일은 ImplementingSplunkDataGenerator에 포함되있다.

```
user,city,department,state
mary,Dallas,HR,TX
jacky,Dallas,IT,TX
linda,Houston,HR,TX
Bobby,Houston,IT,TX
bob,Chicago,HR,IL
```

이 파일이 업로드됨과 함께 즉시 lookup 명령에서 사용할 수 있다. 가장 간단한 경우 lookup 명령의 형식은 다음과 같다.

```
lookup [룩업 정의 또는 파일 이름] [매칭 필드]
```

사용 예제는 다음과 같다.

```
sourcetype="impl_splunk_gen"
  | lookup users.csv user
```

우리는 이제 룩업 파일에 있는 모든 필드들을 마치 이벤트인 것처럼 볼 수 있다.

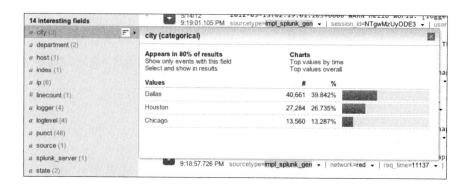

이 필드를 사용하여 보고서를 만들 수 있다.

```
sourcetype="impl_splunk_gen"
  | lookup users.csv user
  | stats count by user city state department
```

이 질의는 다음 화면 같은 결과를 보여준다.

	user ⇕	city ⇕	state ⇕	department ⇕	count ⇕
1	Bobby	Houston	TX	IT	13632
2	bob	Chicago	IL	HR	13560
3	jacky	Dallas	TX	IT	13411
4	linda	Houston	TX	HR	13652
5	mary	Dallas	TX	HR	27250

이것이 데이터를 풍부하게 하기 위해 CSV 룩업을 사용하는 데 필요한 모든 것이다. 그러나 설정 작업을 통해 우리는 더 유용하게 룩업을 사용할 수 있다.

룩업 정의

파일 이름으로 바로 룩업을 사용할 수 있음에도 불구하고, 룩업 정의를 통해 다른 옵션을 설정하고, 같은 파일을 재사용하고, 나중에 자동으로 룩업을 운용할 수 있도록 한다. 정의를 생성하면 또한 파일 이름을 사용할 때 나타나는 경고 메시지를 제거할 수 있다.

Manager ➤ Lookups ➤ Lookup definitions 화면에서 New 버튼을 클릭한다.

Add new

Destination app
`search`

Name *
`userlookup`

Type
`File-based`

Lookup file
`users.csv`
Create and manage lookup table files.

☐ Configure time-based lookup

☑ Advanced options

Minimum matches
`1`
The minimum number of matches for each input lookup value. Default is 0

Maximum matches
The maximum number of matches for each input lookup value. If time-based, default is 1; otherwise, default is 100.

Default matches
`unknown`
If fewer than the minimum number of matches are present for any given input, write out this value one or more times such that the minimum is reached

각 항목에 대해 살펴보자.

- **Destination app**(목적 앱): 룩업 정의가 저장될 위치다. 성능적인 이유로 특별한 애플리케이션에 룩업의 범위를 제한하기를 원할 때 사용할 수 있다.

- **Name**(이름): 검색 문에서 사용할 이름이다.

- **Type**(타입): 여기에 선택할 수 있는 항목은 **File-based**(파일) 또는 **External**(외부)이다. 12장에서 외부 스크립트를 설명한다.

- **Lookup file**(룩업 파일): 여기에서 users.csv 파일을 선택한다.

- **Configure time-based lookup**(시간 기반 룩업 설정): 시간 기반 룩업을 사용하면 진행 중인 동안 특정 시간에 변화된 값을 가질 수 있다. 예를 들어 특정 시간에 특정 호스트에 여러 버전의 소프트웨어가 배포되어 있는 룩업을 만들었다면, 소프트웨어 버전에 따라 에러와 응답시간에 대한 보고서를 받아볼 수 있다.

- **Advanced option**(고급 옵션): 단순히 남아 있는 설정들을 보여준다.

- **Minimum matches**(최소 매치): 룩업이 반드시 매치되어야 하는 항목의 수를 정의한다.

- **Maximum matches**(최대 매치): 정지하기 전에 매치되어야 하는 최대 개수를 정의한다. 이 값을 생략하면 기본 값인 1로 설정된다.

- **Default matches**(기본 매치): 이 값은 아무 매치도 발견되지 않고, 최소 매치가 0보다 클때 룩업에 덧붙일 필드 값을 위해 사용한다.

Save를 클릭하고 아래 방법으로 우리가 만든 새로운 룩업을 사용할 수 있다.

```
sourcetype="impl_splunk_gen"
    | lookup userslookup user
    | stats count by user city state department
```

이 결과는 아래 화면과 같다.

	user ⇕	city ⇕	state ⇕	department ⇕	count ⇕
1	Bobby	Houston	TX	IT	13436
2	bob	Chicago	IL	HR	13315
3	extrauser	unknown	unknown	unknown	4171
4	jacky	Dallas	TX	IT	13184
5	linda	Houston	TX	HR	13443
6	mary	Dallas	TX	HR	26819

이제 city, state와 department에 대한 값을 가지고 있기 때문에 테이블에 extrauser는 다음처럼 보인다.

룩업 테이블은 와일드카드 룩업, CIDR 룩업 그리고 임시 룩업같은 다른 기능을 가지고 있다. 7장에서 이러한 기능을 사용한다.

자동 룩업 정의

저자 개인적인 생각으로는 자동 룩업은 스플렁크에서 가장 획기적인 기능 중 하나다. 룩업의 내용이 원래 항상 있었던 것처럼 이벤트에 추가되고, 또한 그 내용들이 원본 이벤트의 부분인 것처럼 룩업 파일 안에서 필드로 검색이 된다.

자동 룩업을 정의하기 위해 Manager ❯ Lookups ❯ Automatic lookups(자동 룩업)으로 들어가서 New 버튼을 클릭한다.

정의 필드를 살펴보자.

- **Destination app**(목적 앱): 정의가 존재하는 애플리케이션이다. 7장에서 이 선택의 의미를 설명한다.

- **Name**(이름): 이름은 설정에서 사용된다. 이름에는 공백 또는 특수 문자가 포함될 수 없다. 10장에서 이 필드의 중요성을 다룬다.

- **Lookup table**(룩업 테이블): 룩업 정의의 이름이다.

- **Apply to**(적용 대상): 어떤 이벤트에 동작될지 선택한다. 일반적인 경우 **sourcetype**(소스 타입)이고, 정확하게 소스타입 이름과 같아야 한다. 다른 대상으로는 선택적으로 와일드카드를 포함하는 **source**(소스) 또는 **host**(호스트)를 선택할 수 있다.

- Lookup input fields(룩업 입력 필드): 룩업 파일에서 질의될 필드를 정의한다. 적어도 하나의 필드는 선택되어야 하고, 여러 필드 또한 선택될 수 있다. 데이터베이스의 조인join이라고 생각하면 된다. 왼쪽에는 룩업 파일의 필드의 이름이 있고 오른쪽에는 이벤트에 존재하는 필드의 이름이 있다.

- Lookup output fields(룩업 출력 필드): 어떤 컬럼이 룩업 파일에서 포함될지 결정하고 선택적으로 그러한 필드의 이름을 덮어쓸 수 있도록 한다. 왼쪽에는 룩업 파일에 있는 필드의 이름이, 오른쪽에는 이벤트에서 생성되는 필드의 이름을 입력한다. 왼편이 빈 공간이면 기본 동작은 룩업 파일에서 정의된 이름을 사용해 룩업에 모든 필드를 포함하도록 한다.

- Overwrite field values(필드 값 덮어쓰기): 이 옵션이 선택되면, 이벤트에 있는 필드 값이 룩업 파일에 같은 이름을 가진 필드의 값으로 덮어써진다.

Save를 클릭하면 Automatic lookups(자동 룩업)의 목록을 볼 수 있다. 초기에 Sharing(공유) 옵션이 Private(개인)이기 때문에, 다른 사람과 검색 결과를 공유하고자 한다면 문제가 될 수 있다. 룩업을 공유하기 위해서는 Permission(권한)을 클릭한다.

Permission 페이지가 나타날 것이다. Object should appear in(객체 보여주기) 값을 All apps(모든 앱) 값으로 변경한다. 10장에서 권한에 대해 더 자세하게 알아본다.

우리는 이제 완전한 자동 룩업을 가지게 되었고, 각 이벤트에서 user의 값을 기초로 소스 타입 impl_splunk_gen의 소스를 풍부하게 만들었다. 이 룩업의 힘을 맛보기 위해서 마치 이벤트에 있는 것처럼 룩업 파일에 있는 필드로 검색해보자.

```
source="impl_splunk_gen" department="HR" | top user
```

department는 원래 이벤트에 없는 필드임에도 불구하고, 스플렁크는 룩업을 사용하여 department에 있는 user의 값을 찾아서 그 사용자에 대한 검색을 실행한다. 결과는 다음과 같다.

	user ⇕	count ⇕	percent ⇕
1	mary	6376	49.894358
2	bob	3206	25.088035
3	linda	3197	25.017607

앞에서 정의했던 이벤트 타입과 함께 이 검색을 합쳐보자. HR에 있는 직원 중에 가장 최근에 실패한 로그인을 찾기 위한 질의는 다음과 같다.

```
source="impl_splunk_gen" department="HR" eventtype="failed_login"
    | dedup user
    | table _time user department city state
```

결과는 다음과 같다.

	_time ⇕	user ⇕	department ⇕	city ⇕	state ⇕
1	5/14/12 11:07:48.570 PM	bob	HR	Chicago	IL
2	5/14/12 11:04:53.993 PM	linda	HR	Houston	TX
3	5/14/12 11:04:49.755 PM	mary	HR	Dallas	TX

dedup 명령은 user의 각 값에 대해서 단지 하나의 이벤트만 가져오는 명령이
다. 이벤트는 "가장 최신의 것이 먼저" 나오기 때문에 앞의 질의는 각 사용자
에 대한 가장 최근 로그인 기록이 리턴될 것이다.

7장의 고급 룩업에서 더 많은 설정을 살펴볼 것이다.

룩업 트러블슈팅

룩업을 사용하면서 가장 빈번하게 발생하는 문제는 권한에 대한 문제다. 아래
경로를 통해서 권한을 확인해 보아야 한다.

- Manager ➤ Lookups ➤ Lookup table files(룩업 테이블 파일)

- Manager ➤ Lookups ➤ Lookup definitions(룩업 정의)

- Manager ➤ Lookups ➤ Automatic lookups(자동 룩업)

권한 문제가 해결되고 나면, 다음 항목들을 염두해 두어야 한다.

- 필드 명이 정확하게 입력되었는지 확인해본다.

- 기본적으로 룩업은 대/소문자를 구별한다.

- 복수개의 인덱서를 설치하여 사용하고 있다면, 모든 인덱서로 룩업 파일과 정
  의가 배포되는 데 시간이 걸릴 수 있다. 특히 룩업 파일이 크거나 룩업을 참
  조하는 많은 앱들이 설치되어 있다면 배포에 시간이 걸린다.

- 룩업 파일에 대한 중요한 원칙은 이백만 줄 이상이 되어서는 안 된다는 것이
  다. 룩업 파일이 너무 크다면 외부 룩업 스크립트가 필요할 수 있다.

로직 재사용을 위한 매크로

매크로macro는 확장된 구문을 가진 검색 언어의 일부를 대체하는 목적으로 사용된다. 매크로를 사용하는 것은 로직을 재사용하고 질의의 길이를 줄이는 데 많은 도움을 줄 수 있다.

5장에서 예제로 사용된 질의를 다시 살펴보자.

```
sourcetype="impl_splunk_web" user=mary
    | transaction maxpause=5m user
    | stats avg(duration) avg(eventcount)
```

간단한 매크로 생성

질의의 마지막 두 줄을 매크로를 사용하여 만들어 보자. 먼저, Manager ➤ Advanced search(고급 검색) ➤ Advanced search ➤ Search Macro(검색 매크로)를 따라 들어가서 New 버튼을 클릭한다.

206

각 필드의 옵션은 다음과 같다.

- **Destination app**(목적 앱): 매크로가 작동할 위치다.
- **Name**(이름): 검색에서 사용할 이름을 입력한다.
- **Definition**(정의): 대체할 검색 문장을 넣는다.
- **Use eval-based definition?**(eval 정의 사용 여부): 이 곳에 체크하면, 정의 문자열이 원시 명령 대신 eval 문으로 처리된다. 우리는 이 옵션을 나중에 사용한다.
- 남아 있는 필드는 아규먼트가 필요하다면 사용된다. 이 부분은 다음 예제에서 사용한다.

Save를 클릭하면 매크로는 이제 사용 가능한 상태가 된다. 이제 다음처럼 검색할 수 있다.

```
sourcetype="impl_splunk_web" user=mary 'webtransactions'
```

webtransactions는 역 따옴표를 사용하여 묶는다. 이것은 유닉스 명령어에서 역따옴표를 사용하는 것과 비슷하고, 프로그램은 아규먼트와 함께 실행될 수 있다. 이 경우에는 `webtransactions`는 단순히 매크로에서 정의한 문자열을 대체하고, 우리가 처음 시작했던 질의로 재생산된다.

아규먼트를 가진 매크로 생성

user와 maxpause에 대한 두 개의 아규먼트를 가진 매크로로 전체 검색을 바꾸어 보자.

Add new

Destination app

| search | ⇕ |

Name *

Enter the name of the macro. If the search macro takes an argument, indicate this by appending the number of arguments to the

| webtransactions_user_maxpause(2) |

Definition *

Enter the string the search macro expands to when it is referenced in another search. If arguments are included, enclose them in

```
sourcetype="impl_splunk_web" user=$user$
  | transaction maxpause=$maxpause$ user
  | stats avg(duration) avg(eventcount)
```

☐ Use eval-based definition?

Arguments

Enter a comma-delimited string of argument names. Argument names may only contain alphanumeric, '_' and '-' characters.

| user,maxpause |

Validation Expression

Enter an eval or boolean expression that runs over macro arguments.

| |

Validation Error Message

Enter a message to display when the validation expression returns 'false'.

| |

| Cancel | | Save |

 검색 정의에서 줄 바꿈은 제거한다. 매크로는 내부에 포함된 줄 바꿈과 함께 작동하도록 나타나지 않는다.

이제 필드를 살펴보자.

- **Name**(이름): 검색에 사용할 이름을 입력한다. 괄호와 숫자(2)는 매크로에 얼마나 많은 아규먼트가 필요한지 결정한다.

- **Definition**(정의): 이 경우에는 전체 질의를 입력한다. 변수는 $user$와 $maxpause$처럼 정의한다. 아규먼트 아래의 변수를 정의하기 위해 이 이름을 사용한다.

- **Arguments**(아규먼트): 이 목록은 매크로에서 다루는 값에 변수 이름을 할당한다.

Save를 클릭하면 매크로는 사용 가능한 상태가 된다. 다음처럼 매크로를 사용할 수 있다.

```
`webtransactions_user_maxpause("mary","5m")`
```

매크로 생성 시 eval 사용

뒤에서 워크플로우 액션과 함께 사용할때 이 기능을 사용한다. 이 장 뒤에 있는 '필드 문맥을 보여주는 워크플로우 액션'을 참조하자.

워크플로우 액션 생성

워크플로우 액션은 검색 결과된 값에 기초해 사용자 정의 액션을 만들 수 있도록 한다. '검색 실행'과 'URL로 링크' 두 가지 액션이 지원된다.

이벤트에서 값을 사용하여 새로운 검색 실행

워크플로우 액션을 만들기 위해 Manager > Fields(필드) > Workflow actions(워크플로우 액션)을 따라 들어가서 New 버튼을 클릭하면 다음과 같은 화면이 나타난다.

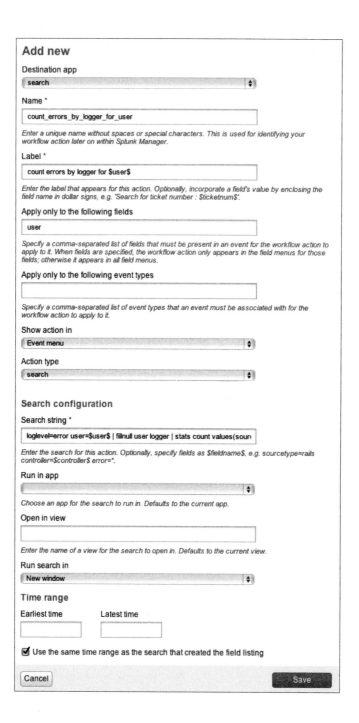

다음 필드들을 살펴보자.

- Destination app(목적 앱): 워크플로우 액션 정의가 적용되는 앱을 선택한다.

- Name(이름): 설정 파일에서 사용되는 이름이다. 이 이름은 공백을 포함할 수 없으나, 밑줄 문자(_)는 사용할 수 있다.

- Label(레이블): 메뉴에서 보여질 이름이다. 변수를 포함할 수 있다. 예제에서는 $user$를 포함했고, 이는 이벤트에서 user 필드의 값으로 대체된다.

- Apply only to the following fields (다음 필드에만 적용): 이 목록에 포함된 모든 필드가 값을 가지고 있을 경우에만 워크플로우 액션이 그 이벤트를 보이게 할 것이다. Show action in(액션이 보여질 곳)은 워크플로우 액션을 메뉴에 포함할지를 결정한다.

- Apply only to the following event types(다음 이벤트 타입에만 적용): 정의된 이벤트 타입과 같은 이벤트에 대해서 워크플로우 액션을 보여준다. 예를 들면, 이벤트 타입을 login이라고 정의하면 지난 주에 특별한 사용자에 대해서 모든 로그인 기록을 찾을 수 있는 사용자 정의 워크플로우 액션을 만들 수 있다.

- Show action in(액션이 보여질 곳): 여기에는 Event menu(이벤트 메뉴), Fields menus(필드 메뉴) 그리고 Both(모두)의 3가지 옵션이 있다.

  - Event menu(이벤트 메뉴)는 이벤트의 왼쪽에 있다. Apply only to the following fields(다음 필드에만 적용)가 비어 있다면, 워크플로우 액션은 정해진 필드를 모두 가진 이벤트만 보여지게 될 것이다.

  - Fields menus(필드 메뉴)는 이벤트 아래 각 필드의 오른쪽에 있다. Apply only to the following field(다음 필드에만 적용)가 비어 있다면, 목록화된 필드들만 워크 플로우 액션을 포함할 것이다.

  - Both(모두)는 앞에서 설명한 규칙이 적용되어 양쪽에 워크플로우 액션을 보여지게 한다.

- Action type(액션 종류): 여기에서 선택할 수 있는 것은 search(검색)와 link(링크)다. search를 선택한다. link는 다음 섹션에서 시도해볼 것이다.

- **Search string**(검색문): 실행할 검색 템플릿을 입력한다. 아마도 여기에 필드 값을 사용하겠지만, 필수 사항은 아니다.

- **Run in app**(실행 앱): 입력하지 않으면, 현재 앱에서 사용된다. 특정 앱을 선택하면 그 앱에서 실행된다. 일반적으로 빈 상태로 놔둔다.

- **Open in view**(뷰에서 실행): 빈 상태로 두면, 현재 뷰에서 사용된다. 대시보드의 이벤트 목록 패널에서 사용하고자 하면 이것을 flashtimeline으로 설정할 수도 있다.

- **Run search in**(실행 검색): 선택할 수 있는 옵션은 New window(새로운 윈도우)와 Current window(현재 윈도우)다.

- **Time range**(시간 범위): 실행 시간 또는 상대 시간으로 특정 시간을 입력할 수 있다. Latest time(최근 시간)을 비어둔다면 사용 가능한 최신의 데이터로 검색할 것이다.

- **Use the same time range as the search that created the field listing**(필드들을 리스트를 생성하는 검색과 같은 시간 범위를 사용): 대부분의 경우에 이 체크박스를 선택하고, 적어도 Earliest time(시작 시간)에 값을 입력한다. 그렇지 않으면 질의는 항상 모든 시간에 대해서 실행된다. 그리고 이러한 것은 일반적으로 원하는 바가 아닐 것이다. 또한 질의 내에서 시간 간격을 정하는 것도 가능하다.

Save를 클릭하면 아래처럼 이벤트 워크플로우 액션 메뉴에서 우리가 만든 액션을 볼수 있다.

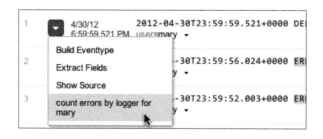

이 옵션을 선택하면 새로운 윈도우에 결과를 보여준다.

	user ⇕	logger ⇕	count ⇕	values(sourcetype) ⇕
1	mary	0	131	impl_splunk_gen
2	mary	AuthClass	64	impl_splunk_gen
3	mary	BarClass	251	impl_splunk_gen
4	mary	FooClass	46	impl_splunk_gen
5	mary	LogoutClass	55	impl_splunk_gen

외부 사이트 링크

워크플로우 액션은 또한 이벤트에 있는 정보를 이용하여 외부 사이트에 링크를 할 수 있다. 우리의 조직이 어떤 다른 웹 기반 툴을 가지고 있다고 가정해보자. 그 툴이 GET 또는 POST 요청으로 아규먼트를 받을 수 있다면 우리는 스플렁크 결과를 웹 사이트와 바로 링크를 걸 수 있다.

앞의 예제에서 했던 것처럼 새로운 워크플로우 액션을 만들자. 그러나 Action type(액션 종류)에서 link를 선택한다. 옵션이 다음 화면에서 보여지는 것처럼 변경된다.

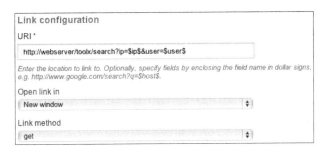

스플렁크는 특수 기호를 사용하여 특정 변수를 URL로 인코딩할 것이다. 하지만, 그 특수기호를 포함한 변수가 인코딩되지 않아야 한다면, 예를 들어 그 값이 URL의 실제 부분이 되어야 한다면, 변수 이름 앞에 느낌표를 추가한다.

$!user$

Link method(링크 방법)을 post 방법으로 설정하면, 더 많은 입력 필드가 나타나고, 여기에 포스트 아규먼트를 입력할 수 있도록 한다.

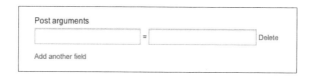

이 워크플로우 액션을 선택하면 우리가 작성한 URL을 통해 **Open link in**(링크 오픈)에서 정한 방법에 따라 현재 창에서 또는 새로운 창에서 링크된 페이지가 열린다.

 워크플로우 액션에서 사용된 필드는 자동 룩업에서 만들어진 필드일 수 있다. 이것은 외부 툴이 현재 이벤트에 존재하지 않은 정보가 필요할 때 유용하다.

필드 문맥을 보여주는 워크플로우 액션

Show Source(소스 보기)는 모든 이벤트의 워크플로우 액션에서 사용 가능하다. 선택했을때 같은 소스와 호스트에 대해서 현재 이벤트와 같은 이벤트를 찾는 질의를 실행한다. 이것은 매우 유용하기는 하지만 때로는 소스 이외의 공통적인 어떤 것을 보고 싶거나, 타임라인이나 필드 선택기 같은 일반적인 검색 인터페이스에서 해당 이벤트를 보는 것을 좋을 때가 있다.

이러한 목적을 위해 우리는 워크플로우 액션과 적당한 쿼리를 만들어서 순서대로 작동하는 매크로를 만들 것이다. 이 예는 고급 기능이어서 많은 부분이 확실히 이해가 되지 않더라도 놀라지 않길 바란다.

문맥 워크플로우 생성

먼저, 워크플로우 액션을 만들어보자. 앞에서 했던 것처럼, **Action type**(액션 종류)이 **search**(검색)인 워크플로우 액션을 만든다.

Name *

```
context_1m_5m
```

*Enter a unique name without spaces or special characters. This is used for identifying your
workflow action later on within Splunk Manager.*

Label *

```
Context for $@field_name$=$@field_value$, -1m thru 5m
```

*Enter the label that appears for this action. Optionally, incorporate a field's value by enclosing the
field name in dollar signs, e.g. 'Search for ticket number : $ticketnum$'.*

Apply only to the following fields

```
*
```

*Specify a comma-separated list of fields that must be present in an event for the workflow action
to apply to it. When fields are specified, the workflow action only appears in the field menus for
those fields; otherwise it appears in all field menus.*

Apply only to the following event types

```

```

*Specify a comma-separated list of event types that an event must be associated with for the
workflow action to apply to it.*

Show action in

```
Fields menus                                    ▲▼
```

Action type

```
search                                          ▲▼
```

Search configuration

Search string *

```
`context("$@field_name$", "$@field_value$", "$_time$", "-1m", "+5m")`
```

*Enter the search for this action. Optionally, specify fields as $fieldname$, e.g. sourcetype=rails
controller=$controller$ error=*.*

Run in app

```
                                                ▲▼
```

Choose an app for the search to run in. Defaults to the current app.

Open in view

```
flashtimeline
```

Enter the name of a view for the search to open in. Defaults to the current view.

Run search in

```
New window                                      ▲▼
```

Time range

Earliest time   Latest time

```
                      
```

☐ Use the same time range as the search that created the field listing

그림에서 설정한 값을 살펴보자.

● **Name**(이름): 이름은 어떤 것을 입력해도 된다. 우리는 시간 구간을 이름 뒤에
  붙이자.

● **Label**(레이블): 메뉴에서 보여질 이름이다. @field_name과 @field_value 두 개
  의 특별한 필드를 알아챌 수 있을 것이다. 이 두 필드는 단지 **Show action in**(액
  션 보기)에서 **Field menus**(필드 메뉴)로 선택했을 때만 유효하다.

워크플로우 액션에 사용 가능한 수많은 @variables(변수)가 있다. http://docs.splunk. com에서 Create workflow actions in Splunk(스플렁크에서 워크플로우 액션 생성)에 사용 가능한 변수를 모아 놓은 문서가 있다.

- **Apply only to the following fields**(다음 필드에만 적용): 모든 필드를 선택하기 위해 빈 칸 또는 *을 입력한다.

- **Show action in**(액션이 보여질 곳): **Fields menus**(필드 메뉴)를 선택한다.

- **Action type**(액션 종류): 검색을 선택한다. 매크로를 사용하는 매우 이상한 검색 이지만 기술적으로 여전히 검색이다.

- **Search string**(검색문): 질의가 매크로라는 사실이 워크플로우 액션 'context ("$@field_name$", "$@field_value$", "$_time$", "-1m", "+5m")'에 어떤 문제도 되지 않는다. context 매크로는 나중에 생성할 것이다.

- **Run in app**(실행 앱): 어떤 것도 선택하지 않으면 이 매크로는 현재 앱에서 실행 될 것이다.

- **Open in view**(뷰에서 실행): 우리는 flashtimeline에서 질의를 실행하도록 만들기를 원한다. 그래서 명시적으로 이 이름을 설정한다.

- **Run search in**(실행 검색): **New window**(새로운 창)를 선택한다.

- **Time**(시간): 앞에서 설명한 것과 반대로 시간 간격을 정하지 않은 상태로 남겨 둘 것이다. 검색 자체에 검색 시간을 작성한다. 여기에 지정한 어떤 것도 대체 될 것이다.

Save를 클릭한 후에 워크플로우 액션은 필드 메뉴 모두에서 사용 가능하다.

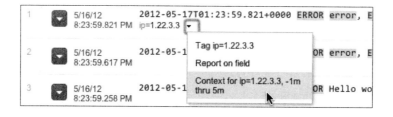

메뉴를 선택하면 아래 검색이 생성된다.

```
'context("ip", "1.22.3.3", "2012-05-16T20:23:59-0500", "-1m", "+5m")'
```

이제 우리의 질의 정의와 비교해보자.

```
'context("$@field_name$", "$@field_value$", "$_time$", "-1m", "+5m")'
```

변수들은 값으로 대체되었고, 질의의 나머지는 그대로 남아 있는 것을 볼 수 있다. _time은 기대했던 형태(우리는 발생한 시간이 되기를 기대했다)가 아니지만 잘 작동한다.

문맥 매크로 생성

검색할 때 쿼리 내부에 시간 간격을 포함시킬 수 있다. 시간을 설정할 수 있는 몇 개의 필드가 있다.

- Earliest(시작 시간): 구간의 시작하는 시간이다. 이 값은 초 단위 이상의 상대적인 시간이나 특정 시간을 정할 수 있다.

- Latest(종료 시간): 구간의 시작하는 마지막 시간이다. 이 시간 앞에 있는 이벤트만이 포함된다. 이 값은 초 단위 이상의 상대적인 시간이나 특정 시간을 정할 수 있다.

- Now(현재 시간): 이 필드를 사용하면 earliest(시작 시간)과 latest(종료 시간)에 있는 상대적인 값들이 다시 계산되어 재정의 될 수 있다. 이 값은 초 단위 이상의 특정 시간을 정의해야만 한다.

우리의 입력에서 변수의 이름들을 정의해보자.

- field_name = ip

- field_value = 1.22.3.3

- event_time = 2012-05-16T20:23:59-0500

- earliest_relative=-1m

- latest_relative=+5m

질의가 다음처럼 실행되기를 실행되기를 원한다.

```
earliest=-1m latest=+5m now=[epoch event time] ip=1.22.3.3
```

우리가 정하지 않은 유일한 값은 now다. 이를 계산하기 위해 strptime을 eval에 사용하는 것이 가능하다. 이 기능을 사용하기 위해 이벤트를 생성하기 위해 stats를 사용하여 event_time 필드를 만들고, 그 값을 파싱한다. 다음 코드를 보자.

```
|stats count
  | eval event_time="2012-05-16T20:23:59-0500"
  | eval now=strptime(event_time,"%Y-%m-%dT%H:%M:%S%z")
```

다음과 같은 결과가 나타난다.

count ⇕	event_time ⇕	now ⇕
0	2012-05-16T20:23:59-0500	1337217839.000000

 strptime에 대한 자세한 참조는 리눅스 시스템에서 man strptime 또는 man date를 실행하거나 google.com에서 검색을 통해 찾을 수 있다. 스플렁크는 strptime에 대한 몇 가지 특별히 확장된 기능을 가지고 있는데, http://docs.splunk.com에서 Enhanced strptime() support를 검색을 통해 찾을 수 있다.

이제 now에 대한 시간 값을 가지게 되었다. 이처럼 질의를 만들고 테스트할 수 있다.

```
earliest=-1m latest=+5m now=1337217839 ip=1.22.3.3
```

이는 선택한 이벤트에서 1분에서 5분 후까지 기간에서 ip 필드를 가지고 있는 이벤트 목록을 결과로 보여준다.

218

1	5/19/12 3:32:59.872 PM	ip=1.22.3.3 ▾	2012-05-19T20:32:59.872+0000 DEBUG Hello world. [logger=LogoutClass, user=Bobby, ip=1.22.3
2	5/19/12 3:32:58.715 PM	ip=1.22.3.3 ▾	2012-05-19T20:32:58.715+0000 INFO Nothing happened. This is worthless. Don't log this. [lc
3	5/19/12 3:32:55.201 PM	ip=1.22.3.3 ▾	2012-05-19T20:32:55.201+0000 INFO Nothing happened. This is worthless. Don't log this. [lc
4	5/19/12 3:32:54.444 PM	ip=1.22.3.3 ▾	2012-05-19T20:32:54.444+0000 ERROR error, ERROR, Error! [user=jacky, ip=1.22.3.3, req_time

now에 대한 값을 전환하기 위한 eval 문을 포함한 검색 질의를 가지게 되었고, 이제 우리는 Macro(매크로) ❯ Advanced search(고급 검색) ❯ Search macros(검색 매크로) ❯ Add new(새로 추가)에서 실제로 우리의 매크로를 만들 수 있다.

Name *

Enter the name of the macro. If the search macro takes an argument, indicate this by appending the number of arguments to the name. For example: mymacro(2)

> context(5)

Definition *

Enter the string the search macro expands to when it is referenced in another search. If arguments are included, enclose them in dollar signs. For example: $arg1$

> "now=" + strptime("$event_time$","%Y-%m-%dT%H:%M:%S%Z") + "
> earliest=$earliest_relative$ latest=$latest_relative$ $field_name$=\"$field_value$\""

☑ Use eval-based definition?

Arguments

Enter a comma-delimited string of argument names. Argument names may only contain alphanumeric, '_' and '-' characters.

> field_name,field_value,event_time,earliest_relative,latest_relative

매크로는 다음과 같은 몇 개의 흥미로운 기능을 사용하고 있다.

- 매크로는 아규먼트를 가질 수 있다. 아규먼트의 수는 매크로의 이름에 [아규먼트 개수]를 추가해서 매크로의 이름에 설정할 수 있다. 지금 우리는 5개의 아규먼트가 필요하다.

- 매크로 정의가 실제로 eval 구문이 될 수 있다. 이는 매크로에 다루어지는 몇 개의 값을 기반으로 질의를 만들기 위해 eval 기능을 사용할 수 있다는 것을 의미한다. 이 예제에서는 strptime을 사용했다. 이 기능을 사용할 때는 다음과 같은 주의가 필요하다.

- eval 구문은 문자열이 리턴하기를 기대한다. 구문이 여러 가지 이유로 문자열을 리턴하는 것을 실패하면, 에러를 보게 될 것이다.
- 설정한 변수 이름은 eval 구문이 실행되기 전에 값으로 대체된다. 이는 변수들에서 값들을 추출하는데 문제가 있을 수 있다는 것을 의미한다. 그래서 기대했던 것과 다른 결과가 나오면 값이 따옴표 안에 있는지 확인해보는 것이 필요하다.

- **Use eval-based definition?**(eval 정의 사용)은 이 매크로가 eval 구문으로 해석된다는 것을 알리기 위해 체크한다.
- **Arguments**(아규먼트) 필드에 직접 아규먼트 이름을 입력한다. **Definition**(정의) 필드 안에서 참조하는 이름이 있다.

Save를 클릭하면 작동하는 매크로를 가지게 된다. 이제 필요한 더 적합한 매크로를 워크플로우 액션에 적용할 수 있다. 시간을 올림 차수로 이벤트를 정렬하고 다른 인덱스로 검색하는 것을 것을 막기 위해 정의를 바꾸어 보자. 워크플로우 액션 징의 **Search string**(검색문)에 정의를 다음처럼 수정한다.

```
'context("$@field_name$", "$@field_value$", "$_time$", "-1m", "+5m")'
    index=$index$ | reverse
```

이 부분을 명확하게 다음처럼 확장해보자.

```
'context("$@field_name$", "$@field_value$", "$_time$", "-1m", "+5m")'
    index=$index$ | reverse
'context("ip", "1.22.3.3", "2012-05-16T20:23:59-0500", "-1m", "+5m")'
    index=implsplunk | reverse
earliest=-1m latest=+5m now=1337217839 ip=1.22.3.3
    index=implsplunk | reverse
```

다른 시간 범위로 지정한 여러 워크플로우 액션을 생성할 수 있고, 또는 호스트 같은 다른 필드를 추가할 수 있다.

외부 명령 사용

스플렁크 검색 언어는 매우 강력하다. 하지만, 때때로 단지 검색어만을 사용해서는 로직의 어떤 부분을 성취하기에 어렵거나 또는 불가능할 수 있다. 이런 문제를 해결하기 위해 스플렁크는 파이썬Python으로 작성된 외부 명령을 실행할 수 있다. 많은 명령들이 제품으로 판매되기도 하고, http://splunk-base.com/에 앱에서 사용 가능한 수많은 명령이 있다.

몇 개의 내부 명령을 살펴보자. 명령어에 대한 문서는 http://docs.splunk.com/에 다른 검색 명령과 함께 포함되어 있다. 여기에서 **All Search Command**(모든 검색 명령)로 검색하면 내부 또는 외부 명령을 포함한 모든 명령 목록을 찾을 수 있다. 12장에서 우리만의 명령을 작성해볼 것이다.

XML에서 값 추출

컴퓨터의 데이터는 자주 XML 형식으로 쓰여진다. 스플렁크는 아무 문제없이 이러한 데이터를 인덱스하지만 XML에 대한 자체의 지원은 없다. XML은 이상적인 로그 형식은 아니지만 일반적으로 간단하게 파싱할 수 있다. XML에서 필드를 추출하는 일을 도와주기 위해 두 개의 명령이 검색 앱에 포함되어 있다.

xmlkv

xmlkv는 태그 이름에서 필드를 생성하기 위한 정규 표현식을 사용한다. 예를 들어 다음 XML이 주어져 있다고 하자.

```
<doc><a>foo</a><b>bar</b></doc>
```

xmlkv는 a=foo와 b=bar 필드를 만들어낼 것이다. 테스트를 위해 이와 같이 작성해보자.

```
|stats count
  | eval _raw="<doc><a>foo</a><b>bar</b></doc>"
  | xmlkv
```

이는 아래 화면과 같은 테이블을 보여준다.

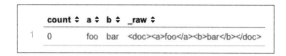

count ⬍	a ⬍	b ⬍	_raw ⬍
1	0	foo	bar	<doc><a>foo</a>bar</doc>

이 명령이 정규 표현식을 사용하는 장점은 잘못 작성되었거나 완전치 않는
XML 문장 또한 여전히 결과를 만들어 낼 수 있다는 것이다.

외부 명령을 사용하는 것은 내부 검색 언어를 사용하는 것보다 확실히 더 느리다. 특별히
커다란 데이터를 다루는 작업인 경우는 더하다. rex 또는 eval을 사용해 필요한 필드를
만드는 것이 가능하면 더 빨리 실행되고 스플렁크 서버에 더 적은 부담을 준다. 예를 들
어 앞의 예제에서 필드는 다음처럼 추출될 수 있다.

```
| rex "<a.*?>(?<a>.*?)<" | rex "<b.*?>(?<b>.*?)<"
```

XPath

XPath는 XML 문서에서 값을 선택하기 위한 강력한 언어다. 정규 표현식을 사
용하는 xmlkv와 달리 XPath는 XML 파서를 사용한다. 이는 이벤트가 실제로
유효한 XML 문서를 포함해야만 한다는 것을 의미한다.

예를 들어 다음 XML 문서를 생각해보자.

```
<d>
    <a x="1">foo</a>
    <a x="2">foo2</a>
    <b>bar</b>
</d>
```

x 속성이 2인 태그에 대한 값을 원한다면, XPath 코드는 아래와 같다.

```
//d/a[@x='2']
```

이를 테스트하기 위해 하나의 이벤트를 생성하는 |stats를 사용해 xpath 문을 실행해보자.

```
|stats count
  | eval _raw="<d><a x='1'>foo</a><a x='2'>foo2</a><b>bar</b></d>"
  | xpath outfield=a "//d/a[@x='2']"
```

이는 아래 화면처럼 결과를 생성한다.

count ⇕	a ⇕	_raw ⇕
1 0	foo2	<d><a x='1'>foo</a><a x='2'>foo2</a>bar</d>

xpath는 또한 여러 필드를 조회할 것이다. 예를 들어 이 xpath 문은 단순히 a 필드를 찾는다.

```
|stats count
  | eval _raw="<d><a x='1'>foo</a><a x='2'>foo2</a><b>bar</b></d>"
  | xpath outfield=a "//a"
```

이 질의에 대한 결과는 다음과 같다.

count ⇕	a ⇕	_raw ⇕
1 0	foo foo2	<d><a x='1'>foo</a><a x='2'>foo2</a>bar</d>

온라인에는 사용 가능한 수많은 XPath 예제가 있다. 내가 가장 좋아하는 예제는 http://mulberrytech.com/quickref/xpath2.pdf의 뮐베리 테크놀리지 웹사이트다.

구글 결과 생성

테스트 이벤트를 만들기 위해 사용했던 stats 명령과 비슷하게 외부 명령도 데이터 생성기로써 작동할 수 있다. 이러한 작업을 하는 많은 명령들 중에서 구글을 통한 재미있는 예제를 살펴보자. 이 명령은 검색어에 하나의 아규먼트를 가지고 이벤트의 집합으로 결과를 출력한다. splunk에 대한 검색을 실행해 보자.

```
|google "splunk"
```

이는 다음 화면과 같은 테이블을 생성한다.

	_time ⇵	url ⇵	title ⇵	description ⇵
1	5/19/12 10:42:37.000 PM	http://www.splunk.com/	Splunk	Splunk indexes and m
2	5/19/12 10:42:37.000 PM	http://www.splunk.com/download	Download Splunk for free on your operating system	Index up to 500/mb a
3	5/19/12 10:42:37.000 PM	http://www.splunk.com/view/careers/SP-CAAAAGG	Splunk	Jobs at Splunk	Careers. We're
4	5/19/12 10:42:37.000 PM	http://en.wikipedia.org/wiki/Splunk	Splunk - Wikipedia, the free encyclopedia	Splunk is a software t
5	5/19/12 10:42:37.000 PM	http://www.splunk.com/company	Splunk	A Different Kind of Software Company	Every Company is a D

이 예제는 그다지 유용하지 않을 수 있다. 그러나 질의하고자 하는 외부 소스로 고려한 시작점으로써, 심지어 다른 스플렁크 질의를 위한 하부 검색으로 대체할 수 있다. 12장에서 데이터 생성 예제를 작성한다.

정리

이번 장에서는 빠르게 태그tag, 이벤트 타입eventtype, 룩업lookup, 매크로macro, 워크플로우 액션workflow action, 외부 명령을 살펴보았다. 여기 예제들과 설명들은 자신만의 앱을 만들 때 출발점으로 사용할 수 있길 바란다. 더 많은 예제는 http://docs.splunk.com과 http://splunk-base.splunk.com의 공식 스플렁크 문서에서 찾을 수 있다.

7장에서는 나만의 앱을 만들고 수정하는 방법을 알아본다.

7
앱 작업

이번 장에서는 스플렁크 앱을 구성하는 방법을 배울 것이다. 다음과 같은 내용을 배운다.

- 내부에 포함된 앱에 대한 조사
- 스플렁크베이스에서 앱 설치
- 나만의 앱 생성
- 앱 내비게이션 수정
- 앱 룩앤필look and feel 수정

앱의 정의

가장 직접적인 단어로 앱은 설정과 때때로 코드를 가지고 있는 디렉토리다. 내부 디렉토리와 파일들은 특별한 이름 형식과 구조를 가진다. 모든 설정은 평범한 문서 형식이고 문서 편집기를 통해 편집할 수 있다.

앱은 일반적으로 아래의 목적으로 사용된다.

1. **검색, 대시보드 그리고 연관된 설정을 위한 컨테이너**: 대부분의 사용자가 앱을 사용하는 목적이다. 이것은 논리적인 그룹을 위해 유용할 뿐만 아니라, 설정이 적용되는 곳과 시간을 제한하는 데도 유용한다. 이러한 앱은 일반적으로 다른 앱에는 영향을 주지 않는다.

2. **추가 기능을 제공**: 많은 객체들이 다른 앱에서도 사용할 수 있도록 앱으로 제공할 수 있다. 이것은 필드 추출, 룩업, 외부 명령, 저장된 검색, 워크플로우 액션 그리고 대시보드를 포함한다. 종종 이 앱은 전혀 사용자 인터페이스를 가지고 있지 않다. 대신에 그것들은 다른 앱의 기능을 추가한다.

3. **특별한 목적을 위한 스플렁크 설치 설정**: 분산된 배포에서 복수 설치된 스플렁크가 제공하는 여러 개의 다른 목적이 있다. 각 설치의 행동은 개별 설정에 의해 제어되고, 그것은 하나 이상의 앱으로 그러한 설정을 만들기에 편리하다. 이러한 앱은 완벽하게 특정 설치된 스플렁크의 행동을 바꾼다.

내부에 포함된 앱

기존의 앱이 없다면 스플렁크에는 특별한 사용자 인터페이스를 가지고 있지 않아서 무용지물이 될 수 있다. 다행히 스플렁크는 우리가 시작할 수 있는 몇 개의 앱이 함께 있다. 이러한 앱 몇 개를 살펴보자.

- **gettingstarted**: 이 앱은 런처에서 접근할 수 있는 도움말 화면을 제공한다. 여기에는 어떤 검색도 없고, 단지 HTML 페이지를 포함하고 있는 하나의 대시보드가 있다.

- **search**: 이 앱은 사용자가 가장 많은 시간을 소비하는 앱이다. 여기에는 어떤 앱에서나 사용될 수 있는 메인 검색 대시보드, 외부 검색 명령, 관리자 대시보드, 사용자 설정 내비게이션, 사용자 설정 CSS, 사용자 설정 앱 아이콘, 사용자 설정 앱 로고, 그리고 많은 유용한 요소를 포함하고 있다.

- splunk_datapreview: 이 앱은 관리자 인터페이스에서 데이타 미리보기 기능을 제공한다. 이것은 전체적으로 자바스크립트와 사용자 설정 REST 엔드포인트 endpoint를 사용하여 만들어졌다.

- SplunkDeploymentMonitor: 이 앱은 사용자 데이터 사용을 추적하고 배포된 스플렁크의 건강 상태를 확인할 수 있는 검색과 대시보드를 제공한다. 이것은 또한 인덱스, 저장된 검색, 그리고 요약 인덱스를 정의한다. 이는 더 고급 검색 예제를 위한 좋은 소스다.

- SplunkForwarder와 SplunkLightForwarder: 기본적으로 비활성화되어 있는 이 앱은 스플렁크 설치 시 더 가볍게 하기 위해 스플렁크의 기능들을 간단하게 비활성화할 수 있다. 11장에서 더 자세히 살펴볼 것이다.

앱 설치

앱은 스플렁크베이스Splunkbase 또는 관리자 인터페이스를 통해 업로드할 수 있다. 시작하기 위해 Manager ➤ Apps를 통해 들어가거나 아래 스크린샷처럼 App 메뉴에서 Manage app...(앱 관리)을 선택한다.

스플렁크베이스에서 앱 설치

스플렁크 서버는 인터넷에 직접 접근할 수 있다면 단지 몇 번의 클릭으로 스플렁크에서 앱을 설치할 수 있다. Manager ➤ Apps를 통해 들어가 Find more apps online(온라인에서 추가 앱 찾기)을 클릭한다. 가장 인기 있는 앱이 다음과 같이 보여진다.

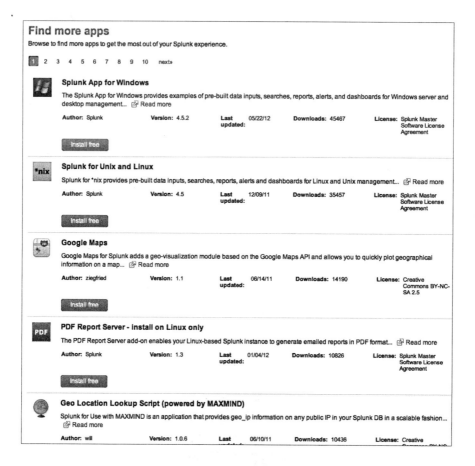

약간의 앱을 설치하고 그 앱을 가지고 즐겨보자. 먼저, Geo Location Lookup Script(powered by MAXMIND)를 Install free(무료 설치) 버튼을 눌러서 설치해보자. spunk.com에 로그인하라는 창이 나타날 것이다. 이것은 처음에 스플렁크를 다운로드했을 때 만들었던 계정으로 로그인한다. 계정을 가지고 있지 않다면 새롭게 계정을 만들어야 한다.

Google Maps 앱을 설치하자. 이 앱은 스플렁크 사용자가 만들어서 스플렁크 커뮤니티에 기부하였다. 이 앱은 스플렁크를 재시작을 요구한다.

스플렁크를 재시작하고 로그인하여 App(앱) 메뉴를 체크해보자.

Google Maps는 보이는데, Geo Location Lookup Script는 어디에 있는 걸까?

모든 앱이 대시보드에 있지는 않다는 것을 기억하자. 그리고 눈에 보이는 어떤 컴포넌트도 포함되지 않을 수 도 있다.

Geo Location Lookup Script 사용

Geo Location Lookup Script는 IP 주소 정보를 기반으로 위치 서비스를 제공한다. 사용 방법 문서를 보면 예제를 볼 수 있다.

```
eventtype=firewall_event | lookup geoip clientip as src_ip
```

 스플렁크베이스 앱들은 splunkbase.com의 검색을 통해서 또는 Manager ≯ Apps ≯ Browse more apps(더 많은 앱 보기)에서 설치된 앱 옆에 Read more(자세히 보기)를 클릭함으로써 사용 문서를 찾을 수 있다.

lookup 명령의 아규먼트를 살펴보자.

● geoip: 이 값은 Geo Location Lookup Script에서 제공하는 룩업의 이름이다.

 Manager ≯ Lookups ≯ Lookup definitions(룩업 정의)에서 사용 가능한 룩업을 볼 수 있다.

- clientip: 이것은 우리가 매칭할 룩업 안의 필드 이름이다.

- as src_ip: 이것은 앞에 있는 필드를 덧붙이기 위한 src_ip의 값을 사용한다고 말한다. 이 경우에는 clientip이다. 개인적으로 이것이 혼동스러웠다. 속으로 as 대신에 using으로 이해했다.

ImplementingSplunkDataGenerator(http://packpub.com/에서 다운로드할 수 있다) 앱에 포함된 impl_splunk_ips라는 소스 타입 인스턴스에는 아래와 같은 형식의 이벤트가 있다.

```
2012-05-26T18:23:44 ip=64.134.155.137
```

이 가상의 로그 안에 있는 IP 주소는 저자의 웹사이트의 하나에서 나온 것이다. 이 주소에서 몇 가지 정보를 살펴보자.

```
sourcetype="impl_splunk_ips"
    | lookup geoip clientip AS ip
    | top client_country
```

이것은 다음 스크린샷과 유사한 결과의 테이블을 보여준다.

	client_country ⇕	count ⇕	percent ⇕
1	United States	447	71.634615
2	China	90	14.423077
3	Russian Federation	39	6.250000
4	Slovenia	15	2.403846
5	United Kingdom	14	2.243590
6	Ukraine	9	1.442308
7	South Africa	3	0.480769
8	Germany	2	0.320513
9	United Arab Emirates	1	0.160256
10	Turkey	1	0.160256

흥미로운 결과다. 슬로베니아에서 저자의 사이트에 방문한 사람이 궁금해진다.

구글 맵 사용

구글 맵 앱을 통해 비슷한 결과를 만들 수 있다. App(앱) 메뉴에서 Google Maps
를 선택하자. 인터페이스는 표준 검색 인터페이스처럼 보인다. 그러나 이벤트
가 목록으로 나오는 대신에 맵을 가지고 표현된다. 구글 맵 앱에서 제공하는
룩업을 사용해 비슷한 질의를 실행해보자.

```
sourcetype="impl_splunk_ips"
    | lookup geo ip
```

이 맵은 다음과 같은 화면을 생성한다.

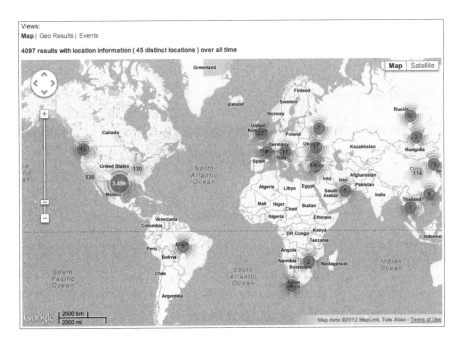

당연히 내 사이트에 접속한 트래픽의 대부분은 텍사스의 오스틴에 있는 내 집
에서 왔다. 8장에서 구글 맵 앱을 사용해 더 흥미로운 작업을 할 것이다.

파일로 앱 설치

인터넷에 접속할 수 없는 서버에서 스플렁크를 사용하는 것이 드문 일은 아니다. 특별히 데이터센터 내에서는 이런 일이 자주 발생할 수 있다. 이러한 경우에는 다음 단계를 통해 앱을 설치한다.

1. splunkbase.com에서 앱을 다운로드한다. 파일은 .apl 또는 .tgz 확장자를 가진다.

2. Manager > Apps로 접속한다.

3. Install app from file(파일에서 앱 설치)을 클릭한다.

4. 제공된 폼을 사용해 다운로드된 파일을 스플렁크에 업로드한다.

5. 필요하면 스플렁크를 재시작한다.

6. 필요한 경우에 앱의 환경을 설정한다.

이것이 끝이다. 어떤 앱들은 설정 폼을 가지고 있다. 이러한 경우에는 Manager > Apps에서 앱 옆에 있는 setup(속성 편집) 버튼을 볼 수 있을 것이다. 문제가 있다면 앱의 제작자와 연락을 취한다.

 분산된 환경에서 작업을 한다면, 대부분의 경우 앱을 검색의 헤드에만 설치하면 될 것이다. 인덱서에 필요한 컴포넌트는 검색 헤드에서 자동으로 분배될 것이다. 자세한 내용은 앱에 있는 문서를 참조한다.

첫 번째 앱 제작

첫 번째 앱을 만들기 위해 스플렁크가 제공하는 템플릿 중의 하나를 사용한다. 시작하기 위해 Manager > Apps에서 Create App(앱 생성)을 클릭한다. 다음과 같은 페이지가 열릴 것이다.

Add new

Name

Give your app a friendly name for display in Splunk Web.

Folder name *

This name maps to the app's directory in $SPLUNK_HOME/etc/apps/.

Visible

○ No ● Yes

Only apps with views should be made visible.

Author

Name of the app's owner.

Description

Enter a description for your app.

Template

barebones

This template contains example views and searches.

필드들은 다음과 같다.

- Name(이름)에는 Implementing Splunk App One으로 설정했다. 이 이름은 메인 화면의 앱 메뉴와 윈도우의 왼쪽 상단에 앱 배너에서 보여지게 된다.

- Folder name(폴더 이름)은 is_app_one이라고 했다. 이 값은 파일 시스템에서 앱 디렉토리의 이름이 될 것이다. 그래서 문자와 숫자 그리고 밑줄 표시로만 이름을 작성한다.

- Visible(표시 여부)은 Yes(예)로 설정한다. 앱이 단순히 다른 앱에서 사용하기 위한 자원을 제공하는 것이라면, 그 앱이 표시되어야 할 이유가 없을 수 있다.

- Template(템플릿)은 barebone(베어본)으로 설정한다. 베어본 템플릿은 앱에서 필요한 예제 내비게이션과 최소의 설정을 포함하고 있다. sample_app 템플릿은 많은 예제 대시보드와 설정들을 포함하고 있다.

Save를 클릭한 후에 우리는 App > Manager > Apps에서 그리고 Home 앱에서 우리가 만든 앱을 볼 수 있다.

Google Maps
Google Maps for Splunk adds a geo-visualization module based on the Google Maps API
and allows you to quickly plot geographical information on a map. Furthermore maps can
be embedded in advanced dashboards.

Implementing Splunk App One
No description has been provided for this app. Please update app.conf for your app.

이제 우리의 앱을 가지게 되었고, 우리는 검색과 대시보드를 만들어서 우리의 앱에 생성할 수 있다. 객체가 앱으로 결국 끝난다는 것을 보장하기 위한 가장 간단한 방법은 객체를 생성하기 전에 또는 스플렁크 관리자에 들어가기 전에 앱 배너가 맞는지 확인하는 것이다. 우리의 앱 배너는 아래처럼 보일 것이다.

splunk> Implementing Splunk App One

다음 검색을 사용해 'Errors'를 호출하는 대시보드를 생성하자(자세한 설명을 보기 위해서는 4장으로 돌아가서 확인하자).

```
error sourcetype="impl_splunk_gen" | timechart count by user
error sourcetype="impl_splunk_gen" | top user
error sourcetype="impl_splunk_gen" | top logger
```

이 질의는 다음 결과가 나온다.

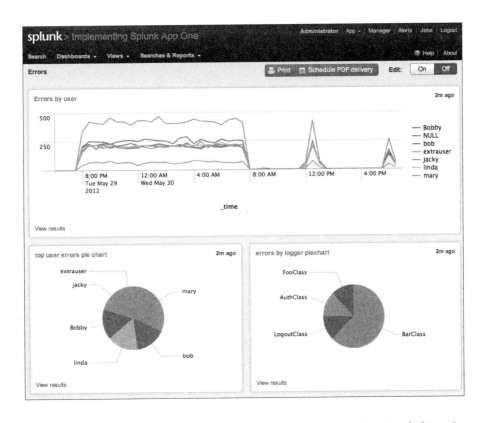

검색은 Search & Reports(검색 & 보고서) 아래에 나타나고, 새로운 대시보드는
Views(뷰) 아래의 메뉴에서 볼 수 있다.

내비게이션 편집

내비게이션은 Manager > User interface(사용자 인터페이스) > Navigation menus(탐색
메뉴)에서 XML 파일로 설정된다.

Nav name ⇕	Owner ⇕	App ⇕	Sharing ⇕	Status ⇕
default	No owner	is_app_one	App | Permissions	Enabled

앱당 하나의 활성화된 내비게이션 파일이 있을 수 있고, 그것은 항상 'default' 라고 한다. 이름을 클릭한 후에 우리는 베어본 템플릿에 의해 제공하는 XML을 볼 수 있다

```
<nav>
   <view name="flashtimeline" default='true' />
   <collection label="Dashboards">
      <view source="unclassified" match="dashboard"/>
      <divider />
   </collection>
   <collection label="Views">
      <view source="unclassified" />
      <divider />
   </collection>
   <collection label="Searches &amp; Reports">
      <collection label="Reports">
         <saved source="unclassified" match="report" />
      </collection>
      <divider />
      <saved source="unclassified" />
   </collection>
</nav>
```

XML의 구조는 일반적으로 다음과 같은 구조를 가진다.

```
nav
   view
   saved
   collection
      view
      a href
      saved
      divider
      collection
      ...
```

내비게이션 로직을 편집하고 무슨 일이 생기는지 보게 되면 아마도 빠르게 습득할 수 있을 것이다. XML은 잘못 작성할 우려가 있고 스플렁크는 변경된 내용에 대한 버전 컨트롤을 하지 않기 때문에 항상 백업을 해둬야 하는 것을 염두해둬야 한다. nav에 대해 자세히 알아보자.

- nav의 하위 항목이 내비게이션 바에서 나타난다.
- collection: collection 태그 하위에는 메뉴 또는 서브 메뉴가 나타난다. 하위 태그에 어떤 내용도 포함하지 않으면 메뉴는 나타나지 않을 것이다. divider 태그는 항상 결과물을 생성하기 때문에 메뉴가 나오는 것을 보장할 수 있다.
- view: view 태그는 대시보드를 나타내고 다음 속성을 가진다.

  ○ name은 대시보드의 파일 이름에서 확장자 .xml을 뺀 이름이다.

  ○ default=ture 속성을 가지는 첫 번째 있는 view 요소는 앱이 선택될 때 자동적으로 로드될 것이다.

  ○ 각 view의 라벨은 대시보드 파일 이름의 이름이 아니고 대시보드 XML에서 label 태그의 내용에 기초한다.

  ○ match="dashboard"는 파일 이름이 dashboard를 포함하고 있는 모든 대시보드를 선택한다. 대시보드를 그룹으로 만들기를 원한다면 더 예측 가능한 그룹을 만들기 위해 이름을 규칙적으로 만들어서 사용할 수 있다.

  ○ source="unclassified"는 "앞에서 메뉴에 연관되지 않은 모든 뷰"를 의미한다. 다시 말해서 이것은 name에 의해 명시적으로 참조되지 않거나 match 속성 또는 다른 view 태그에서 포함되지 않은 대시보드를 포함할 것이다.

- a href: <a href="http://a.b/c">와 같은 표준 HTML 링크를 포함할 수 있다. 링크는 가공되는 것 없이 쓰여진 대로 나타난다.
- saved: 이 태그는 저장된 검색을 나타내고 다음 속성을 가질 수 있다.

- name은 저장된 검색의 이름과 같다.
- match="report"는 이름 안에 report를 가지고 저장된 검색 모두를 선택한다.
- source="unclassified"는 "앞의 메뉴에서 포함되지 않은 모든 검색"을 의미한다. 다시 말해 이것은 name에 의해 명시적으로 참조되지 않거나 match 속성 또는 다른 view 태그에서 포함되지 않은 검색을 포함할 것이다.

이제 내비게이션을 변경해보자. 아래와 같은 몇 개의 변화를 줄 것이다.

- errors 대시보드를 위한 특별한 항목을 생성하자.
- 기본 설정으로 이 대시보드가 실행되게 하기 위해 default='true'를 추가하자.
- Views와 Searches 모음을 만들자.

이 변화는 다음과 같은 코드를 통해 반영된다.

```
<nav>
    <view name="errors" default='true' />
    <view name="flashtimeline" />
    <collection label="Views">
        <view source="unclassified" />
    </collection>
    <collection label="Searches">
        <saved source="unclassified" />
    </collection>
</nav>
```

이제 우리가 만든 내비게이션은 다음과 같이 나타날 것이다.

이 내비게이션을 통해 모든 새로운 대시보드가 Views(뷰) 아래에 나타나고, 모든 저장된 검색이 Searches(검색) 아래에 나타날 것이다.

Advanced Charting(고급 챠팅)과 Google Map(구글 맵)은 Views(뷰) 아래에 보여진다. 이러한 대시보드의 일부는 앱의 일부분이지만 다른 앱에서는 권한 때문에 보이지 않는다. 이 장 뒷부분의 '객체 권한' 섹션에서 더 자세히 권한에 대해 살펴본다.

앱의 외형 수정

앱이 현재 실행 가능한 것을 확인했다면, 이제 애플리케이션의 외관을 좀 더 수정해보자.

실행 아이콘 수정

앱을 공유하기로 결정했다면, 실행 아이콘은 홈 앱과 스플렁크베이스 모두에서 보여진다. 아이콘은 36x36 PNG 파일로 appIcon.png를 이름으로 한다. 샘플 앱을 위해 간단한 아이콘을 만들었다(나의 예술 실력을 평가하지는 말자).

다음 단계를 통해 아이콘을 사용할 수 있다.

1. Manager > Apps로 들어간다.

2. Implementing Splunk App One 앱 옆에 있는 Edit propertis(속성 편집)를 클릭한다.

3. Upload asset(자산 업로드)을 클릭하고 파일을 선택한다.

4. Save 버튼을 클릭한다.

이제 새로 등록한 아이콘이 다음 그림처럼 실행 화면에 나타난다.

Getting started

Get started with Splunk. This app introduces yo
how to use Splunk to index data, search and in
alert, report and analyze.

Implementing Splunk App One

No description has been provided for this app.

사용자 정의 CSS 사용

스플렁크 애플리케이션의 외형은 CSS를 통해 설정된다. 애플리케이션에서 가장 쉽게 변경할 수 있는 부분이 애플리케이션 바에 있는 아이콘이다. 다음 과정을 통해 아이콘을 변경해보자.

1. 먼저 application.css라는 이름의 파일을 만든다. 이 파일을 포함하고 있는 애플리케이션의 모든 대시보드에서 적용된다. CSS는 이번 섹션의 뒷부분에서 보여줄 것이다.

> 스플렁크 4.3.2 버전에서 application.css가 처음 앱에 추가될 때 이 파일을 적용하기 위해 재시작이 필요했다. 몇 번의 업데이트를 통해서 이제는 재시작을 할 필요가 없어졌다.

2. 다음에 appLogo.png 라는 파일을 생성한다. 이 파일은 CSS 파일 안에서 명시적으로 이름을 지정할 것이므로 다른 이름으로 만들어도 상관없다. 검색 앱에서 CSS 파일을 내용을 통해 이 로고 파일을 155x43픽셀로 만들것이다.

IS > app one

3. 각 파일에 대해 다음 단계로 실행 아이콘을 업로드한다.

   1. Manager ＞ Apps로 들어간다.

   2. Implement Splunk App One 앱에 들어가서 **Edit properties**(속성 편집)를 클릭한다.

3. Upload asset (자산 업로드)을 클릭하고 파일을 선택한다.

4. Save를 클릭한다.

애플리케이션 상단 바는 CSS의 몇 가지 클래스를 사용한다.

```
.appHeaderWrapper h1 {
    display: none;
}
.appLogo {
    height: 43px;
    width: 155px;
    padding-right: 5px;
    float: left;
    background: url(appLogo.png) no-repeat 0 0;
}
.appHeaderWrapper {
    background: #612f00;
}
```

이 클래스 내부를 살펴보자.

- .appHeaderWrapper h1: 상단 왼쪽에 기본적으로 앱의 이름이 나타나는 곳에 대한 설정이다. 이것은 이름이 감추어지도록 설정한다.
- .appLogo: 이것은 사용자가 설정한 파일의 상단 왼쪽 부분에 배경을 설정한 다. 높이와 폭은 로고의 면적에 맞추어진다.
- .appHeaderWrapper: 상단 바의 배경 색을 설정한다.

이렇게 설정된 파일을 적용하면, 상단바가 아래처럼 보이게 된다.

사용자 설정 HTML

몇 앱에서는 HTML 블럭을 볼 수 있을 것이다. 이것은 간단한 대시보드나 복잡한 대시보드 모든 곳에서 사용할 수 있다.

간단한 대시보드의 사용자 설정 HTML

간단한 대시보드에서 간단한게 <html> 요소를 <row> 요소 안에 삽입할 수 있다. 그리고 고정된 HTML을 입력할 수 있다. 예를 들어 graph.png 이름으로 이미지를 업로드 한 후에 다음 블록을 어떤 대시보드에 추가할 수 있다.

```
<row>
    <html>
      <table>
        <tr>
          <td><img src="/static/app/is_app_one/graph.png" /></td>
          <td>
           <p>Lorem ipsum ...</p>
           <p>Nulla ut congue ...</p>
           <p>Etiam pharetra ...</p>
          </td>
        </tr>
      </table>
    </html>
</row>
```

이 XML은 다음 패널을 만든다.

242

이 방법은 어떤 다른 파일들도 필요하지 않은 장점이 있다. 하지만, 단점은 외부 프로그램으로 HTML 도큐먼트를 만들어서 그것을 업로드할 수 있는 방법이 없다는 것이다.

application.css에 클래스를 추가하는 방법으로 사용자가 만든 CSS 파일을 추가하고 HTML 블럭에서 그러한 클래스를 참조할 수 있다.

복잡한 대시보드에서 ServerSideInclude 사용

같은 디렉토리에 다른 파일을 참조함으로써, HTML 도큐먼트 같은 고정 페이지도 만들 수 있다. graph.png와 application.css에서 스타일을 사용하여 더 복잡한 페이지를 만들어 보자.

1. graph.png와 application.css를 같은 디렉토리에 놓는다.

2. 새로운 HTML 파일을 생성하고, 이름을 intro.html이라고 이름을 짓자.

3. applicaton.css에 이 페이지를 위한 스타일을 추가한다.

4. HTML파일과 변경된 CSS 파일을 업로드한다.

5. HTML 파일을 참조하는 대시보드를 만든다.

앞의 예제에 있는 HTML로 시작해서 그것을 완벽한 도큐먼트를 만들어 보자. CSS 스타일에 이미지를 옮기고 파일에 다음처럼 구문에 추가한다.

```
<html>
  <head>
    <link rel="stylesheet" type="text/css"
      href="application.css" />
  </head>
  <body>
    <table>
      <tr>
        <td class="graph_image"></td>
        <td>
          <p class="lorem">Lorem ipsum ...</p>
          <p class="lorem">Nulla ut congue ...</p>
```

```
        <p class="lorem">Etiam pharetra ...</p>
      </td>
    </tr>
  </table>
</body>
</html>
```

내비게이션 바를 위한 클래스를 유지하기 위해 application.css에 다음처럼 페이지 클래스를 추가한다.

```
.appHeaderWrapper h1 {
  display: none;
}

.appLogo {
  height: 43px;
  width: 155px;
  padding-right: 5px;
  float: left;
  background: url(appLogo.png) no-repeat 0 0;
}

.appHeaderWrapper {
  background: #612f00;
}

.lorem {
  font-style:italic;
  background: #CCCCCC;
  padding: 5px;
}

.graph_image {
  height: 306px;
  width: 235px;
  background: url(graph.png) no-repeat 0 0;
}
```

브라우저에서 이 파일을 열어보자. 간단히 보면 페이지는 다음과 같이 보일 것이다.

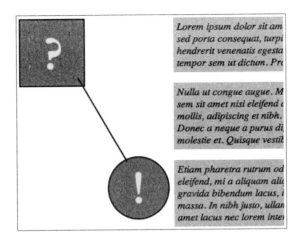

외부 HTML 도큐먼트를 포함하기 위해 고급 XML을 사용한다. 8장에서 고급 XML에 대해 더 자세히 다룰 것이다.

먼저 아래처럼 최소한의 대시보드를 만들자.

```
<view template="dashboard.html">
   <label>Included</label>
   <!-- chrome here -->
   <module
      name="ServerSideInclude"
      layoutPanel="panel_row1_col1">
      <param name="src">intro.html</param>
   </module>
</view>
```

 모든 단순 XML 대시보드는 이후로 고급 XML로 변경될 것이다. 이 과정을 거치면 이러한 장점을 가질 수 있다.

이제 앞부분의 '실행 아이콘 수정'에서 했던 것처럼 파일을 업로드한다. 페이지는 페널 주변에 경계가 더해져서 파일이 브라우저에서 했던 것처럼 거의 동등하게 보여진다.

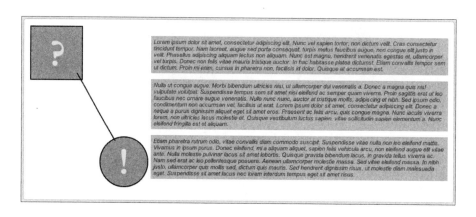

전체적으로 단순화한 예제에서 주의해야 할 점을 살펴보자.

1. CSS 클래스는 기대하지 않았던 형태로 스플링크에 포함된 다른 스타일과 합쳐질지도 모른다. 최신 브라우저의 개발자 툴을 사용하는 것이 매우 도움이 된다.

2. 내비게이션과 대시보드 제목은 단순화를 위해 배제되었다. 일반적으로 그 내용들은 `<!- chrome here ->`에서 볼 수 있다. 이 내용은 내비게이션에서 배제하고자 하는 경우에 단순 XML에서는 실행할 수 없기 때문에 흥미로운 부분이다.

3. application.css 같은 고정 파일은 파일 시스템에서 직접적으로 편집할 수 있고, 그 변경 내용을 즉시 확인해볼 수 있다. 대시보드 XML 파일은 여기에 포함되지 않는다. 우리는 앱 디렉토리 구조 섹션에서 이 위치를 살펴볼 것이다.

객체 권한

스플렁크의 거의 모든 객체는 그것들과 연관된 권한을 가지고 있다. 이 권한은 필수적으로 아래 세 가지 옵션을 가지고 있다.

- Private(비공개): 검색을 생성한 사용자, 그리고 생성된 앱 안에서만 오직 이 객체를 보고 사용할 수 있다.
- App(앱): 객체를 읽을 수 있는 권한을 가진 모든 사용자는 그 객체를 포함하고 있는 앱의 내부에서 객체를 사용할 수 있다.
- Global(전역): 객체를 읽을 수 있는 권한을 가진 모든 사용자가 어떤 앱에서든 이 객체를 사용할 수 있다.

권한에 의한 내비게이션의 영향

액션에서 보기 권한이 있는 인스턴스를 보기 위해 내비게이션을 살펴보자. 우리 애플리케이션 Implementing Splunk App One에서 내비게이션은 다음처럼 보인다.

앞에서 만든 내비게이션 XML을 생각해보면, 이 메뉴는 다음 XML에 의해 제어된다.

```
<collection label="Views">
   <view source="unclassified" />
</collection>
```

다른 항목들은 이 대시보드에는 어떤 언급도 없다. 다른 내용은 다음 사항에서 온다.

- Advanced Charting(고급 챠팅)은 검색 앱에서 상속되었다. 권한은 Global(전역)로 설정되었다.

- Included는 이 앱에서 온다. 권한은 App으로 설정되있다.

- Google Maps(구글 맵)는 Goople Maps(구글 맵) 앱에서 상속되었다. 이 권한은 Global(전역)로 설정되어 있다.

 대시보드 또는 검색의 권한이 Private(비공개)로 설정되면, 내비게이션의 이름 옆에 녹색 점이 나타난다.

다른 앱에서 공유되는 대시보드 또는 검색은 이름에 의해서 참조될 수 있다. 예를 들면, 우리가 만든 것을 포함해서 대부분의 앱은 flashtimeline의 링크를 포함할 것이다. 그리고 그것은 대시보드의 XML에 있는 Search(검색)처럼 보인다.

```
<view name="flashtimeline" />
```

앱의 범위에 있는 다른 객체의 모두가 사용할 수 있기 위해 이는 우리의 앱의 문맥에서 이 대시보드를 사용할 수 있도록 한다.

권한에 의한 다른 객체의 영향

스플렁크에서 생성한 거의 모든 것은 권한을 가진다. 모든 객체를 보기 위해 Manager > All configuration(모든 설정)으로 들어가자.

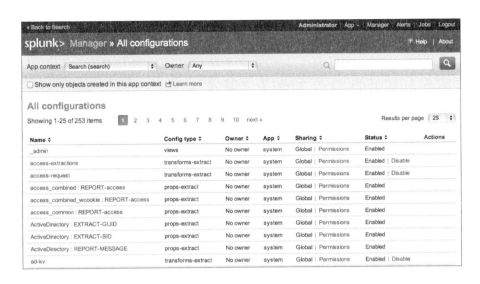

앱 컬럼에서 system(시스템) 값을 가진 모든 것은 스플렁크와 함께 실행된다. 이 항목들은 $SPLUNK_HOME/etc/system 안에 있다. 10장에서 다른 설정 형태에 대해서 알아본다. 그러나 중요하게 생각해야 하는 것은 공유 설정은 거의 모든 것에 영향을 미친다는 것이다.

새로운 객체와 설정을 생성할 때 모든 연관된 객체들을 공유해야 하는 점이 중요하다. 예를 들어 6장에서는 룩업을 생성했었다. 룩업의 세 부분 모두 명확하게 공유되어야 한다. 그렇지 않으면 사용자는 에러 메시지를 보게 될 것이다.

권한 문제 수정

권한에 대한 에러를 보게 되면, 어떤 객체는 Sharing(공유)이 Private(비공개)로 설정되어 있거나 또는 App(앱) 레벨에서 공유되어있으나 Global(전역)로 되는 것이 필요한 경우가 대부분일 것이다. 오류 객체를 찾기 위해 다음 단계를 따라해보자.

1. Manager ＞ All configuration(모든 설정)으로 들어간다.

2. App context(앱 컨텍스트)를 All(모두)로 바꾼다.

3. Sharing(공유) 상태로 정렬한다. 두 번 클릭하여 Private(비공개) 객체를 상단에 오게 한다.

4. 항목이 너무 많아서 볼 수 없다면, 상단 오른쪽에 있는 검색 필드에 단어를 입력해 항목을 필터링하거나 App context(앱 컨텍스트) 값을 바꾸어라.

5. 권한을 적당하게 고친다. 대부분의 경우에 원하는 권한은 다음과 같이 보이게 하면 될 것이다.

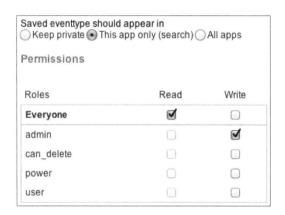

 All apps(모든 앱)은 주의깊게 선태해야 한다. 예를 들어 룩업을 만들 때 모든 앱에 룩업 테이블 파일과 룩업 정의를 공유하는 것은 일반적이다. 이것은 룩업이 다른 앱의 검색에서 사용되도록 한다. 하지만, 자동 룩업을 공유하는 것은 일반적인 사용법이 아니다. 이것은 기대하지 않은 방법으로 다른 앱의 행동에 영향을 줄 수 있다.

앱 디렉토리 구조

검색과 대시보드를 만드는 것 이상을 하게 된다면, 조만간에 파일시스템에서 직접 파일을 편집하는 것이 필요하게 될 것이다. 모든 앱은 $SPLUNK_HOME/etc/apps/에 존재한다. 유닉스 시스템에서 기본 설치 디렉토리는 /opt/splunk다. 윈도우에서는 기본 설치 디렉토리는 c:\Program Files\Splunk다. 이 위치가 $SPLUNK_HOME이 시작 시에 상속되는 값이다.

가장 일반적인 디렉토리를 살펴보자.

- appserver: 이 디렉토리는 스플렁크 웹 앱에 의해 서비스되는 파일들을 포함한다. 앞에서 업로드했던 파일들은 appserver/static에 저장된다.

- bin: 여기에는 명령 스크립트가 위치한 곳이다. 이 스크립트는 command.conf에서 참조된다. 이곳은 또한 스크립트 입력이 어디에 존재하더라도 이것들이 존재하는 공통 위치다.

- default와 local: 이 두 디렉토리는 앱을 구성하고 있는 막대한 양의 설정을 포함한다. 10장에서 이들의 설정과 어떻게 합쳐지게 되는지 알아본다. 여기에서는 간단하게 살펴보자.

  - 새롭게 생성되고 공유되지 않은 객체는 $SPLUNK_HOME/etc/users/USERNAME/APPNAME/local에 존재한다.

  - 객체가 앱 또는 전역으로 공유되면 객체는 $SPLUNK_HOME/etc/APPNAME/local로 옮겨진다.

  - local에 있는 파일들은 default에 있는 동등한 값보다 우선 적용된다.

  - 대시보드는 (default|local)/data/ui/views에 존재한다.

  - 내비게이션은 (default|local)/data/ui/nav에 존재한다.

  - 파일을 직접 수정할 때 으뜸 원칙은 앱이 재분배되지 않을 것이라면 local에 설정을 놓는 것이다. 뒷 페이지의 '스플렁크베이스에 앱 추가' 섹션에서 더 자세히 토론한다.

- lookups(룩업): 룩업 파일들이 이 디렉토리에 존재한다. 그 파일들은 (default|local)/transform.conf에서 참조된다.

- metadata: 이 디렉토리의 default.meta와 local.meta 파일은 앱에 있는 설정이 어떻게 공유되어야 하는지 스플렁크에 알려준다. 일반적으로 Manager(관리자) 인터페이스를 통해 이 설정을 편집하는 것이 훨씬 더 쉽다.

우라가 앞에서 만들었던 is_app_one 앱의 내용을 살펴보자.

```
appserver/static/appIcon.png
appserver/static/application.css
appserver/static/appLogo.png
appserver/static/graph.png
appserver/static/intro.html
bin/README
default/app.conf
default/data/ui/nav/default.xml
default/data/ui/views/README
local/app.conf
local/data/ui/nav/default.xml
local/data/ui/views/errors.xml
local/data/ui/views/included.xml
local/savedsearches.conf
local/viewstates.conf
metadata/default.meta
metadata/local.meta
```

metadata/default.meta 파일과 default/ 안에 모든 파일은 템플릿 앱에서 제공된다. 다른 파일의 모두를 생성했다. png 파일들을 제외하고 모든 파일은 텍스트 문서로 되어 있다.

스플렁크베이스에 앱 추가

스플렁크베이스(splunkbase.com)는 스플렁크가 사용자와 스플렁크 직원들이 스플렁크 앱을 공유하고 일을 함께 할 수 있는 훌륭한 커뮤니티 지원 사이트다. 스플렁크베이스에 있는 앱은 완벽하게 구현된 앱, 다양한 종류의 애드온_{add-on} 그리고 단순한 예제 코드가 합쳐져 있다. 스플렁크는 다음 URL에 앱을 공유하기 위한 좋은 문서를 가지고 있다.

http://docs.splunk.com/Documentation/Splunk/latest/Developer/ShareYourWork

앱 준비

앱을 업로드하기 전에 우리가 만든 모든 객체가 적절히 공유되는지 확인하는 것이 필요하다. 파일들은 default로 옮기고 app.conf를 설정해야 한다.

공유 설정 확인

모든 객체에 대해 공유 설정을 보기 위해 Manager ➤ All configuration(모든 설정)에 들어가서 App Context(앱 컨텍스트) 옵션을 설정한다.

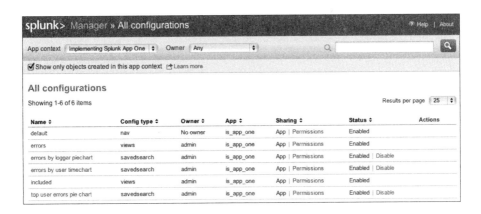

우리처럼 자체 실행 앱의 경우에 모든 객체는 Sharing(공유) 필드에 App(앱)으로 설정해야 한다. 룩업 또는 명령이 공유되어야 하는 앱을 만들 경우에는 그 값은 global(전역)로 설정해야 한다.

디렉토리 정리

앱을 업로드할 때 local에 있는 모든 것을 default 내부로 옮겨야만 한다. 이것은 사용자가 만드는 모든 변경 내용이 local에 저장될 것이기 때문에 중요하다. 앱이 업그레이될 때, 앱에 있는 모든 파일들이 대체될 것이고 사용자의 변경 사항은 잃어버릴 것이다. 다음 유닉스 명령은 무엇을 실행해야 하는지 설명한다.

1. 먼저 다른 위치에 우리의 앱을 복사한다. 아마도 /tmp가 좋을 것이다.

```
cp -r $SPLUNK_HOME/etc/apps/is_app_one /tmp/
```

2. 다음에 local에서 default로 모든 것을 옮기자. .xml 파일인 경우에 단순히 파일들을 옮길 수 있다. 그러나 .conf 파일은 약간 더 복잡하고, 그것들을 수동으로 합치는 것이 필요하다. 다음 코드가 이 일을 한다.

```
cd /tmp/is_app_one
mv local/data/ui/nav/*.xml default/data/ui/nav/
mv local/data/ui/views/*.xml default/data/ui/views/
#move conf files, but don't replace conf files in default
mv -n local/*conf default/
```

3. 자, 우리는 local에 남아 있는 .conf 파일을 합치는 것이 필요하다. 남아 있는 유일한 설정은 app.conf다.

local/app.conf	default/app.conf
[ui] [launcher] [package] check_for_updates = 1	[install] is_configured = 0 [ui] is_visible = 1 label = Implementing Splunk App One [launcher] author = description = version = 1.0

설정을 합치는 일은 local에서 어떤 값들을 default에 있는 값에 추가하여 덧붙이는 것이다. 이 경우에 합쳐진 설정은 다음과 같다.

```
[install]
is_configured = 0

[ui]
is_visible = 1
label = Implementing Splunk App One

[launcher]
author =
description =
version = 1.0
```

[package]
check_for_updates = 1

4. 합쳐진 설정은 default/app.conf에 놓고 local/app.conf 파일은 삭제한다.

10장에서 확장해서 설정을 합치는 것을 살펴본다.

앱 패키지

앱 패키징은 default/app.conf의 몇 가지 값이 있는지 확인하는 것이 필요하다. 그리고 나서 이를 묶는다.

먼저, default/app.conf는 다음처럼 편집한다.

```
[install]
is_configured = 0
```
build = 1
```

[ui]
is_visible = 1
label = Implementing Splunk App One

[launcher]
```
author = My name
description = My great app!

```
version = 1.0

[package]
check_for_updates = 1
id = is_app_one
```

build는 모든 URL에서 사용된다. 그래서 그것은 브라우저 캐싱을 무효로 하기 위해 증가되어야 한다. id는 스플렁크베이스에 유일한 값이어야 한다. 이 값이 유일하지 않다면 경고가 출력된다.

다음으로 gzip으로 압축된 tar 파일을 만드는 게 필요하다. tar의 최신 버전을 사용하면 명령은 다음처럼 간단하다.

```
cd /tmp
tar -czvf is_app_one.tgz is_app_one
#optionally rename as spl
mv is_app_one.tgz is_app_one.spl
```

스플렁크 문서(http://docs.splunk.com/Documentation/Splunk/latest/AdvancedDev/PackageApp)는 이 부분을 맥과 윈도우 환경으로 확장하여 설명하고 있다.

앱 업로드

이제 압축된 파일을 가지게 되었고, 우리가 해야 하는 남은 일은 스플렁크베이스에 이 패키지를 보내는 것이다. 먼저 upload an app(앱 업로드) 버튼을 클릭한다.

그리고 다음 화면과 같은 형식을 입력한다.

Upload Your App or Add-on to Splunkbase

Name

Description

Tags (separated by spaces, e.g. 'windows ad performance')

Splunk Compatibility
Which version of Splunk is your app compatible with?
☑ 4.x
   ☑ 4.3
   ☑ 4.2
   ☑ 4.1
   ☑ 4.0
☑ 3.x

Type
App

- **Apps** package together Splunk features like saved searches, dashboards and inputs into their own GUI.
- **Add-ons** are smaller components that don't have their own GUI and may need some extra configuration.
- **Suites** are robust collections of apps built to provide comprehensive IT solutions on top of Splunk. Suites may require professional services to support and install and are usually built by Splunk or our Partners.

Continue

지금 버전에서 만든 앱의 대부분은 스플렁크 3.x와 호환이 되지 않는다. 그래서 3.x에는 체크하지 않는다.

스플렁크 인원이 앱 등록을 승인해주면, 스플렁크베이스에 보이게 되고 다른 사람들이 다운로드할 수 있는 준비가 된다.

정리

이번 장에서는 앱을 설치하고, 만들고, 사용자 설정을 통해 변경하고 공유하는 방법을 배웠다. 앱은 스플렁크에서 포괄적인 개념으로, 파일들의 간단한 디렉토리에 의해 서비스되고 다양한 목적을 가지고 있다. 나 자신만의 훌륭한 앱 만들기를 시작할 수 있을 만큼 충분한 기초가 되었기를 희망한다. 이후의 장에서 우리는 훨씬 더 복잡한 객체 형태를 만들 뿐만 아니라, 독특한 방법으로 스플렁크를 확장하기 위한 사용자 정의 코드를 추가할 것이다.

8장에서는 고급 대시보드에 대해 탐구해본다. 스플렁크 혼자 가지고 행해질 수 있는 것과 몇 개의 유명한 앱의 도움을 받아서 실행할 수 있는 것들 모두에 대해 알아본다.

8
고급 대시보드

4장에서 간단한 XML을 사용해 대시보드를 만드는 방법을 살펴보았다. 우리는 먼저 스플렁크에서 제공하는 마법사를 사용했고, 그 결과로 나온 XML을 편집해서 사용했다. 단순 XML을 사용해서 만들 수 있는 것에 한계에 다다를 때, 한 가지 선택은 스플렁크의 고급 XML을 사용하는 것이다.

고급 XML을 사용하는 이유

다음은 고급 XML을 사용하는 이유다.

1. **레이아웃 이상의 제어**: 고급 XML을 통해 폼 요소와 크롬이 표시되는 위치를 더 잘 제어할 수 있고, 결과가 놓여지는 위치에 대한 향상된 제어를 할 수 있다.

2. **사용자 정의 드릴다운**: 고급 XML을 사용해서 만이 테이블과 차트에서 사용자 정의 드릴다운을 생성할 수 있다.

3. **더 많은 파라미터에 접근**: 단순 XML 모듈은 실제로 고급 XML 모듈을 사용한다. 그러나 많은 파라미터가 노출되어 있지 않다. 때때로 사용할 수 없는 기능들을 바랄 때가 있는데, 고급 XML을 사용해서만 가능하다.

4. **더 많은 모듈에 접근**: 단순 XML을 사용할 때 많은 모듈을 사용할 수 없다. 예를 들면 검색 바가 그렇다. 구글 맵 같은 경우처럼 스플렁크베이스에 앱에 의해 제공되는 모든 다른 모듈은 고급 XML을 사용하고 있다.

고급 XML을 사용하지 않는 이유

다음처럼 고급 XML을 사용하지 않는 이유도 있다.

1. **급격한 런닝 커브**Learning curve: 본인이 편안하게 작업할 수 기술이 있는지에 따라 또는 이번 장이 얼마나 잘 쓰여졌는지에 따라 고급 XML에 대한 런닝 커브가 급격할 수 있다.

2. **HTML에 대한 직접적인 컨트롤 부재**: 검색 결과에서 생성하기를 원하는 특별한 HTML이 있다면, 이것은 생각처럼 간단하지 않다. 자신이 직접 모듈을 작성하지 않는 한 존재하는 모듈에서 제공하는 옵션 안에서만 작업해야 하고 application.css의 CSS를 변경할 수 있고, 자바스크립트를 사용하여 HTML을 변경할 수 있다.

3. **로직에 대한 직접 컨트롤 부재**: 테이블의 특별한 셀을 클릭할 때 같은 열의 다른 값에 기반으로 하는 특별한 이벤트를 발생하게 하고자 한다면, 이것은 자바스크립트를 사용해 문서를 변경해야만 오직 성취할 수 있다. 이것은 가능하지만, 문서가 잘 되어 있지 않다. http://splunkbase.com의 질문과 답변 또는 예제 애플리케이션 컬럼에서 예제를 발견할 수 있다. 대안으로 Sideview Utils라는 서드 파티에서 customBehaviors를 받을 수 있다.

 특별한 레이아웃 또는 로직의 요구를 가지고 있다면, http://dev.splunk.com에서 받을 수 있는 스플렁크 API 중 하나를 사용해 좋아하는 프로그래밍 언어로 애플리케이션을 만드는 것이 더 좋을 수 있다.

개발 과정

대시보드를 만들 때, 나는 다음과 같은 과정을 사용한다.

1. 필요한 질의를 만든다.

2. 단순 XML 대시보드에 그 질의를 추가한다. 가능한 많이 대시보드를 변경하기 위해 GUI 툴을 사용한다.

3. 폼 요소가 필요하다면, 단순 XML 대시보드를 폼으로 변경한다. 가능한 단순 XML을 가지고 모든 로직 작업을 만든다.

4. 단순 XML 대시보드를 고급 XML 대시보드로 변경한다. 한 번 변경하면 다시 되돌릴 수 없기 때문에 이 과정은 가능한 늦게 필요한 경우에만 실행한다.

5. 고급 XML 대시보드를 알맞게 편집한다.

이 아이디어는 가능한 많이 스플렁크 GUI 툴의 이점을 취할 수 있다. 단순 XML 변경 과정은 본인 스스로 다른 방법을 찾을 수 있는 고급 XML에 모든 것을 추가하도록 한다. 1번부터 3까지의 과정은 앞에 장에서 설명했다. 4단계는 이 장의 뒷부분인 '단순 XML을 고급 XML로 변경' 섹션에서 설명한다.

고급 XML 구조

우리가 제공하는 모듈을 자세히 알아보기 전에, XML 자체의 구조를 살펴보고 개념 몇 개를 살펴보자.

고급 XML 문서의 태그 구조는 필수적이다.

```
view
  module
    param
    ...
    module
    ...
```

스플렁크 XML 구조의 주요 개념은 부모 모듈의 영향이 자식 모듈로 전달된다는 것이다. 이것이 XML을 이해하기 위한 가장 중요한 개념이다. XML 구조는 레이아웃에는 거의 어떤 것도 하지 않고, 데이터의 흐름에 모든 일을 한다.

간단한 예제를 살펴보자.

```
<view
   template="dashboard.html">

   <label>Chapter 8, Example 1</label>

   <module
      name="HiddenSearch"
      layoutPanel="panel_row1_col1"
      autoRun="True">
      <param name="earliest">-1d</param>
      <param name="search">error | top user</param>

   <module name="SimpleResultsTable"></module>

   </module>

</view>
```

이 문서는 다음과 같은 패널을 가진 단순한 대시보드를 생성한다.

	user ⇕	count ⇕	percent ⇕
1	mary	1668	31.376975
2	Bobby	871	16.384500
3	jacky	851	16.008277
4	bob	844	15.876599
5	linda	828	15.575621
6	extrauser	254	4.778029

줄 단위로 이 예제를 살펴보자.

- <view: 바깥 태그를 시작한다. 이 태그는 모든 고급 XML 대시보드의 시작이다.

- template="dashboard.html">: 기본 HTML 템플릿을 설정한다. 대시보드 레이아웃 템플릿은 $SPLUNK_HOM/share/splunk/search_mrsparkle/templates/view/에 저장된다. 다른 것들 중에 템플릿은 layoutPanel에서 사용하기 위해 사용 가능한 패널을 정의한다.

- <module: 첫 모듈 정의를 시작한다.

- name="HiddenSearch": 모듈이 사용하는 이름. HiddenSearch는 검색은 하지만 하위 모듈이 결과를 렌더링하는 데 사용하고 자체는 화면에 아무것도 표시하지 않는다.

- layoutPanel="panel_row1_col1": 이것은 대시보드에서 패널을 표시하기 위한 장소를 설정한다. 아무것도 화면에 표시하지 않는 모듈에 이 속성이 있는 것이 이상해 보일 수 있다. 그러나 layoutPanel은 view의 바로 아래 하위 모듈에서 정의되어야만 한다. 더 자세한 내용은 뒷부분의 '레이아웃 패널의 이해'를 보자.

- autoRun="True">: 이 속성이 없으면 검색은 대시보드가 불릴 때 실행되지 않고, 폼 요소에서 사용자의 액션을 기다린다. 우리는 어떤 폼 요소도 가지지 않기 때문에 결과가 바로 보이는 속성이 필요하다.

- <param name="earliest">-1d</param>: 질의는 기본적으로 All time(모든 시간)을 대상으로 실행되기 때문에 earliest(시작 시간)에 대한 값을 정하는 것이 매우 중요하다.

 param 값은 오직 module 태그에만 작용한다. 그래서 이것은 module 태그 바로 안에 있어야만 한다.

- `<param name="search">error | top user</param>`: 실제 질의를 실행한다.

- `<module name="SimpleResultsTable"></module>`: 이 모듈은 단순히 부모 모듈에 의해 생성된 이벤트의 테이블을 화면에 표시한다. 어떤 특정한 `param` 태그도 없기 때문에 이 모듈에 대한 기본 값이 사용된다.

- `</module>`: HiddenSearch 모듈을 닫는다. 이것은 유효한 XML을 위해 필요하다. 또한, 이 모듈에 대한 영향의 범위가 끝났다는 것을 의미한다. 반복을 위해 HiddenSearch 모듈의 하위 모듈이 생성해내는 이벤트만 받을 것이다.

- `</view>`: 문서를 종료한다.

이는 매우 단순한 대시보드이며, 내비게이션, 폼 요소, 작업의 상황 그리고 드릴다운drilldown도 없다. 이 모든 것을 더하는 일은 처음에 이해하기에 복잡할 것이다. 다행히도, 우리는 단순 XML에서 대시보드를 만들어서 이것을 고급 XML로 바꾼 후 필요한 부분을 제공된 XML에서 변경할 수 있다.

단순 XML을 고급 XML로 변환

4장에서 생성한 대시보드 중 하나인 errors_user_form으로 돌아가보자. 우리는 앱을 만들기 전에 이 대시보드를 만들었고, 그리고 이것은 검색 앱에서 여전히 존재한다. 내 스플렁크 인스턴스 안에서 URL은 http://mysplunkserver: 8080/en-US/app/search/errors_user_form이다.

재확인하기 위한 이 대시보드의 단순 XML은 아래와 같다.

```xml
<?xml version='1.0' encoding='utf-8'?>
<form>

  <fieldset>
    <input type="text" token="user">
      <label>User</label>
    </input>
    <input type="time" />
```

```
</fieldset>

<label>Errors User Form</label>

<row>
   <chart>
      <searchString>
         sourcetype="impl_splunk_gen" loglevel=error user="$user$"
         | timechart count as "Error count" by network
      </searchString>
      <title>
         Dashboard - Errors - errors by network timechart
      </title>
      <option name="charting.chart">line</option>
   </chart>
</row>

<row>
   <chart>
      <searchString>
         sourcetype="impl_splunk_gen" loglevel=error user="$user$"
         | bucket bins=10 req_time | stats count by req_time
      </searchString>
      <title>
         Error count by req_times
      </title>
      <option name="charting.chart">pie</option>
   </chart>
   <chart>
      <searchString>
         sourcetype="impl_splunk_gen" loglevel=error user="$user$"
         | stats count by logger
      </searchString>
      <title>Errors by logger</title>
      <option name="charting.chart">pie</option>
   </chart>
```

```
    </row>

    <row>
      <event>
        <searchString>
          sourcetype="impl_splunk_gen" loglevel=error user="$user$"
        </searchString>
        <title>Error events</title>
        <option name="count">10</option>
        <option name="displayRowNumbers">true</option>
        <option name="maxLines">10</option>
        <option name="segmentation">outer</option>
        <option name="softWrap">true</option>
      </event>
    </row>

</form>
```

단순 XML에서는 레이아웃과 로직의 흐름이 함께 묶여 있다.

이 단순 XML이 사용자에게 그려지기 전에 스플렁크는 먼저 동적으로 메모리 내에서 고급 XML으로 바꿀 것이다. 우리는 URL에 ?showsource=1을 추가해서 고급 XML에 접근할 수 있다. 이는 다음과 같다.

http://mysplunkserver:8000/en-US/app/search/errors_user_form?showsource=1

이는 다음과 같은 모듈 구조의 트리 형태를 가진 페이지를 보여준다.

View source: errors_user_form (Errors User Form)

Properties

- *template*: dashboard.html
- *autoCancelInterval*: 90
- *objectMode*: SimpleForm
- *label*: Errors User Form
- *stylesheet*: None
- *onunloadCancelJobs*: True
- *isVisible*: True

Module tree

Collapse all | Expand all | Toggle all

⊞ AccountBar_0_0_0 *appHeader*
  ⊞ AccountBar config
⊞ AppBar_0_0_1 *navigationHeader*
  ⊞ AppBar config
⊞ Message_0_0_2 *messaging*
  ⊞ Message config
⊞ Message_1_0_3 *messaging*
  ⊞ Message config
⊞ TitleBar_0_0_4 *viewHeader*
  ⊞ TitleBar config
⊞ ExtendedFieldSearch_0_0_5 *viewHeader*
  ⊞ ExtendedFieldSearch config
  ⊞ TimeRangePicker_0_1_0
    ⊞ TimeRangePicker config
    ⊞ SubmitButton_0_2_0
      ⊞ SubmitButton config
      ⊞ HiddenSearch_0_3_0 *panel_row1_col1*
        ⊞ HiddenSearch config
        ⊞ ViewstateAdapter_0_4_0
          ⊞ ViewstateAdapter config
          ⊞ HiddenFieldPicker_0_5_0
            ⊞ HiddenFieldPicker config
            ⊞ JobProgressIndicator_0_6_0
              ⊞ JobProgressIndicator config
              ⊞ EnablePreview_0_7_0
                ⊞ EnablePreview config
                ⊞ HiddenChartFormatter_0_8_0
                  ⊞ HiddenChartFormatter config

이는 아래처럼 본래 XML을 포함하는 텍스트박스로 표현된다.

errors_user_form에 대한 고급 XML 버전의 축약된 버전은 아래와 같다.

```
<view
... template="dashboard.html">
   <label>Errors User Form</label>
   <module name="AccountBar" layoutPanel="appHeader"/>
   <module name="AppBar" layoutPanel="navigationHeader"/>
   <module name="Message" layoutPanel="messaging">
...<module name="Message" layoutPanel="messaging">
...<module name="TitleBar" layoutPanel="viewHeader">
...<module name="ExtendedFieldSearch" layoutPanel="viewHeader">
   <param name="replacementMap">
      <param name="arg">
         <param name="user"/>
      </param>
   </param>
   <param name="field">User</param>
   <param name="intention">
... <module name="TimeRangePicker">
   <param name="searchWhenChanged">False</param>
   <module name="SubmitButton">
      <param name="allowSoftSubmit">True</param>
    <param name="label">Search</param>
     <module
         name="HiddenSearch"
```

```
              layoutPanel="panel_row1_col1"
              group="Dashboard - Errors - errors by network timechart"
              autoRun="False">
      <param name="search">
              sourcetype="impl_splunk_gen"
              loglevel=error user="$user$"
              | timechart count as "Error count" by network
      </param>
      <param name="groupLabel">
              Dashboard - Errors - errors by network timechart
      </param>
     <module name="ViewstateAdapter">
          <param name="suppressionList">
            <item>charting.chart</item>
          </param>
          <module name="HiddenFieldPicker">
             <param name="strictMode">True</param>
             <module name="JobProgressIndicator">
                <module name="EnablePreview">
                <param name="enable">True</param>
                <param name="display">False</param>
                <module name="HiddenChartFormatter">
                   <param name="charting.chart">line</param>
                   <module name="JSChart">
                      <param name="width">100%</param>
                      <module name="Gimp"/>
                      <module name="ConvertToDrilldownSearch">
                         <module name="ViewRedirector">
...               </module>
                      <module name="ViewRedirectorLink">
...   </module>
     <module
        name="HiddenSearch"
        layoutPanel="panel_row2_col1"
        group="Error count by req_times"
        autoRun="False">
      <param name="search">
         sourcetype="impl_splunk_gen" loglevel=error
```

```
            user="$user$"
            | bucket bins=10 req_time | stats count by req_time
        </param>
        <param name="groupLabel">Error count by req_times</param>
...     </module>
        <module
            name="HiddenSearch"
            layoutPanel="panel_row2_col2"
            group="Errors by logger"
            autoRun="False">
        <param name="search">
            sourcetype="impl_splunk_gen"
            loglevel=error user="$user$"
            | stats count by logger
        </param>
        <param name="groupLabel">Errors by logger</param>
...     </module>
        <module
            name="HiddenSearch"
            layoutPanel="panel_row3_col1"
            group="Error events"
            autoRun="False">
        <param name="search">
            sourcetype="impl_splunk_gen"
            loglevel=error
            user="$user$"
        </param>
        <param name="groupLabel">Error events</param>
        <module name="ViewstateAdapter">
...         <module name="HiddenFieldPicker">
...           <module name="JobProgressIndicator"/>
              <module name="Paginator">
                  <param name="count">10</param>
...             <module name="EventsViewer">
...                 <module name="Gimp"/>
...             </module>
...
</view>
```

270

이 XML은 우리가 실제로 필요한 것보다 훨씬 장황하다. 그러나 다행히 필요 없는 부분을 제거하는 것이 새롭게 작성하는 것보다 훨씬 쉽다.

모듈 로직 흐름

중첩된 모듈의 주요 개념은 부모 모듈이 자식 모듈에 영향을 미친다는 것이다. 첫 패널을 보면 전체 모듈의 흐름은 다음과 같다.

```
<module name="ExtendedFieldSearch">
  <module name="TimeRangePicker">
    <module name="SubmitButton">
      <module name="HiddenSearch">
        <module name="ViewstateAdapter">
          <module name="HiddenFieldPicker">
            <module name="JobProgressIndicator">
              <module name="EnablePreview">
                <module name="HiddenChartFormatter">
                  <module name="JSChart">
                    <module name="ConvertToDrilldownSearch">
                      <module name="ViewRedirector">
                        <module name="ViewRedirectorLink">
```

 스플렁크 인스턴스가 설치된 모듈에 대한 참조는 /modules에서 사용 가능하다. 내 경우, 전체 URL은 http://mysplunkserver:8000/modules다.

이 모듈을 차례대로 살펴보고, 어떤 일을 하는지 알아보자.

- ExtendedFieldSearch: 이것은 항목을 위한 텍스트박스 제공한다. 이 모듈의 인자들은 복잡하다. 고급 XML 중에서도 확실히 가장 복잡한 표현을 갖는다. 인텐션Intention은 자식 모듈에 영향을 미치고 특별히 HiddenSearch에 영향을 미친다. 나중에 인텐션에 대해 알아볼 것이다.

- TimeRangePicker: 이것은 표준 시간 선택기를 제공한다. `Param`을 통해서나 질의 그 자체에서 시간을 지정하지 않은 `HiddenSearch` 모듈에 영향을 미친다. 그리고 질의 안에서 사용되는 시간의 우선순위는 다음과 같다.

  - 질의 자체에 사용되는 시간

  - 검색 모듈에서 `param` 값에서 가장 오래된 시간과 가장 최신의 시간 사이의 시간

  - TimeRangePicker에서 제공되는 값

- SubmitButton: 이는 **Search**(검색) 버튼 만들고 클릭되었을 때 하위 검색 모듈에 대한 질의를 실행한다.

- HiddenSearch: 앞에서 본 것처럼 이는 질의를 실행하고 하위 모듈을 위한 이벤트를 생성한다. 이 경우에는 `autoRun`이 `false`로 설정된다. 그래서 이 질의는 사용자에 대한 액션을 기다린다.

- ViewstateAdapter: **viewstate**(뷰 상태)는 GUI에서 사용자가 어떤 설정을 선택했는지 설명한다. 예를 들면, 정렬 순서, 페이지 크기 또는 차트 형태 등이다. 차트 설정을 바꾸거나 시간 범위를 선택할 때마다, 스플렁크에서 저장된 뷰 상태를 생성한다. 이 모듈은 기존에 있는 뷰 상태에 접근하기 위해 또는 특정 뷰 상태 설정을 없애기 위해 사용된다. 특별한 설정을 제거하면 자식 모듈의 기본 값 또는 특정 설정 값이 대신에 사용된다. 이 모듈은 단지 연관된 뷰 상태와 함께 저장된 검색을 사용하지 않는다면 거의 필요 없다.

- HiddenFieldPicker: 이 모듈은 필드가 하위 모듈에 의해 접근하는 것을 제한한다. 질의가 많은 필드 중에 단지 몇 개의 필드만 필요할 경우에 유용하다. 이것은 이벤트 목록 내의 이벤트에서 보여지는 필드 또는 테이블 뷰에서 보여지는 컬럼에 영향을 준다. 이 모듈은 거의 필요하지 않다.

- JobProgressIndicator: 이 모듈은 작업이 완료될 때까지 진행 막대를 표시한다. 이 경우에 XML 안에 모듈의 위치 때문에 결과의 위쪽에 표시될 것이다. 이 모듈은 하위 모듈에는 영향을 미치지 않는다. 그래서 이것은 자체로 목록이 될 수 있다.

- EnablePreview: 이 모듈은 검색 질의가 실행되는 동안 완료되지 않은 결과에 대해 화면이 갱신되도록 할지를 설정한다. 기본 설정은 스플렁크에서 제공된 모듈에 대해서 실행 중인 상태가 보여진다. 그러나 이 모듈은 이 행동을 제어할 수 있도록 한다. 이 모듈은 하위 모듈에 영향을 미치지 않기 때문에 자체로 목록으로 사용될 수 있다.

 미리보기를 비활성화하는것은 성능을 극적으로 향상시킬 수 있다. 그러나 질의가 완료될 때까지 어떠한 정보도 제공하지 않는다. 그래서 비활성된 상태에서는 화면상으로 더 좋지 않게 보일 수 있다. 특별히 오랫 동안 실행되는 질의의 경우에는 더 할 것이다.

- HiddenChartFormatter: 이 모듈은 차트 설정이 놓여질 장소를 지정한다. 이 설정은 차트를 그리는 모든 자식 모듈에 영향을 끼친다.

- JSChart: 이것은 자바스크립트를 사용하여 차트를 그린다. 스플렁크 4.3 이전에는 모든 차트가 플래시를 사용하여 그려졌다. FlashChart 모듈은 하위 버전에 대한 호환성을 위해 여전히 포함되어 있다.

- ConvertToDrilldownSearch: 이 모듈은 부모 모듈의 클릭에서 값을 취해 그 결과를 생성했던 질의에 기초해서 질의를 생성한다. 이것은 일상적으로 잘 작동되지만 질의의 복잡도에 따라 잘 작동하지 않을 수 있다. 이후에 사용자 정의 드릴다운 검색을 생성할 것이다.

- ViewRedirector: 이 모듈은 상위 모듈에서 질의를 받아 URL으로 정의된 질의를 가지고 viewTarget으로 이동시킨다. 일반적으로 flashtimeline은 viewTarget 인자로 정의되나, 어떠한 대시보드도 될 수 있다. 질의는 HiddenSearch 또는 SearchBar 모듈에 영향을 줄 것이다.

- ViewRedirectorLink: 이 모듈은 검색 결과를 가지고 새로운 검색 페이지로 사용자를 이동시킨다.

이 플로우를 따르면, 모듈들이 할 수 있는 것을 알 수 있다.

- 이벤트 생성

- 질의의 변경

- 하위 모듈의 행동의 변경

- 대시보드에 요소들의 화면 출력

- 클릭에 의해 생성된 액션의 핸들링

모듈은 또한 다음과 같은 일을 할 수 있다.

- 질의에 의해 성생된 이벤트의 사후 처리

- 대시보드에 사용자 정의 자바스크립트 추가

레이아웃 패널의 이해

고급 XML 대시보드에서 모듈이 어떤 패널에 그려질 것인지는 layoutPanel 속성의 값에 의해 결정된다. 로직과 레이아웃의 구별은 질의에서 생성된 데이터가 페이지의 다른 부분에 결과를 표시하는 것처럼 여러 모듈에서 재사용할 경우에 유용할 수 있다.

이 속성에 대한 규칙은 다음과 같다.

- layoutPanel 속성은 <view>의 바로 직전의 모든 자식 모듈에서 보여져야만 한다.

- layoutPanel 속성은 자손 모듈 태그 안에서 보여질 수 있다.

- 모듈이 layoutPanel 속성을 가지지 않으면, 가장 가까운 상위 모듈에서 행한 값이 승계될 것이다.

- 결과가 화면에 보여지는 모듈은 XML에서 나타나는 순서로 개별 layoutPanel 속성에 더해진다.

- 모듈은 그것이 놓여지는 패널 안에서 위치한다. 대부분 모듈은 패널의 전체 넓이를 차지하지만, 몇 개는 그렇지 않고, 왼쪽에서 오른쪽으로 놓여진다.

XML을 통해서 보는 것처럼 아래와 같이 `layoutPanel`의 속성을 가진 요소를 발견할 수 있다.

```
<module name="AccountBar" layoutPanel="appHeader"/>
<module name="AppBar" layoutPanel="navigationHeader"/>
<module name="Message" layoutPanel="messaging">

<module name="TitleBar" layoutPanel="viewHeader">
<module name="ExtendedFieldSearch" layoutPanel="viewHeader">
  <module name="TimeRangePicker">
    <module name="SubmitButton">

        <module name="HiddenSearch" layoutPanel="panel_row1_col1">
        ...
        <module name="HiddenSearch" layoutPanel="panel_row2_col1">
        ...
        <module name="HiddenSearch" layoutPanel="panel_row2_col2">
        ...
        <module name="HiddenSearch" layoutPanel="panel_row3_col1">
        ...
```

`layoutPanel` 값의 첫 번째 설정은 페이지의 크롬chrome에 포함된 패널이다. 여기에는 계정 정보, 내비게이션 그리고 사용자의 메시지가 표시된다. 모듈의 두 번째 설정은 타이틀과 폼 요소를 구성한다. `TImeRangePicker`와 `SubmitButton`은 어떤 `layoutPanel`도 가지지 않기 때문에 `ExtendedFieldSearch`에서 상속될 것이다.

결과 패널은 모두 `HiddenSearch` 모듈로 시작한다. 이 모듈의 자식 모두는 이 `layoutPanel` 값을 상속받는다.

패널 위치

대시보드 패널에 대해 `panel_rowX_colY` 형태의 `layoutPanel` 값을 거의 항상 사용한다.

우리의 모듈에 의해 생성된 레이아웃의 화면은 다음과 같다.

이 대시보드의 단순 XML 버전에서 레이아웃은 직접적으로 XML의 순서에 달려 있다.

```
<row>
  <chart></chart>
</row>

<row>
  <chart></chart>
  <chart></chart>
</row>

<row>
  <event></event>
</row>
```

다시 반복하면 단순 XML 구조는 다음처럼 해석한다.

```
<row>
  <chart></chart> == panel_row1_col1
</row>

<row>
  <chart></chart> == panel_row2_col1
  <chart></chart> == panel_row2_col2
</row>

<row>
  <event></event> == panel_row3_col1
</row>
```

사용 가능한 다른 확장 _grp1이 있다. 이는 패널의 내부에 컬럼을 만들 수 있도록 한다. 나중에 뒷부분의 '사용자 정의 드릴다운 생성' 섹션에서 알아본다.

276

질의의 재사용

데이타에서 레이아웃을 구별하는 예제는 하나의 질의가 테이블과 차트 모두
에서 사용하는 경우다. 이를 위한 고급 XML은 다음과 같다.

```
<view template="dashboard.html">
   <label>Chapter 8 - Reusing a query</label>

   <module
      name="StaticContentSample"
      layoutPanel="panel_row1_col1">
   <param name="text">Text above</param>
   </module>

   <module
      name="HiddenSearch"
      layoutPanel="panel_row1_col1"
      autoRun="True">
   <param name="search">
    sourcetype="impl_splunk_gen" loglevel=error | top user
   </param>
   <param name="earliest">-24h</param>

   <module name="HiddenChartFormatter">
      <param name="charting.chart">pie</param>
      <module name="JSChart"></module>

      <module
         name="StaticContentSample"
         layoutPanel="panel_row1_col1">
         <!-이 layoutPanel은 필요 없지만 아무 영향도 주지 않는다. -->
         <param name="text">Text below</param>
      </module>
   </module>

   <module name="SimpleResultsTable"
      layoutPanel="panel_row1_col2"></module>
```

```
    </module>
</view>
```

XML은 다음 화면처럼 대시보드를 만든다.

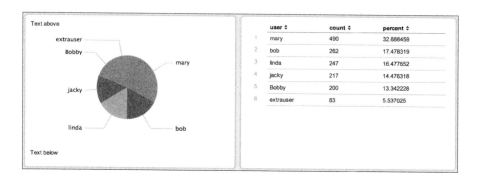

이 XML에서 알아볼 몇 가지가 있다.

- HiddenSearch에서 생성되는 데이터는 자식 모듈 모두에서 사용되었다.
- JSChart는 HiddenSearch에서 layoutPanel="panel_row1_col1"을 상속받았다.
- SimpleResultsTable은 자신이 layoutPanel 속성을 panel_row1_col2로 설정하고 있다. 그래서 테이블은 오른쪽에 그려진다.
- StaticContentSample 모듈은 모두 layoutPanel="panel_row1_col1"로 설정되었고, 그래서 차트와 같은 패널 안에 보인다 그것들은 XML에서 다른 깊이에 있음에도 불구하고, 그려지는 순서는 XML에서 보여지는 순서를 따른다.

인텐션 사용

인텐션Intention은 폼 필드 또는 클릭의 결과 같이 다른 모듈에 의해 제공되는 값을 사용해 하위의 검색에 영향을 줄 수 있도록 한다. 사용 가능한 인텐션 타입에는 여러 가지가 있다. 그러나 가장 일반적인 stringreplace와 addterm 두 가지를 살펴볼 것이다. http://splunkbase.com의 UI 예제 앱에서 다른 인텐션 타입의 예제를 볼 수 있다.

stringreplace

이것은 가장 일반적으로 사용하는 인텐션이고 단순 XML에서만 사용 가능한 액션들과 직접적으로 연결된다. 고급 XML 예제에서 검색 필드를 살펴보자.

```
<module name="ExtendedFieldSearch" layoutPanel="viewHeader">
    <param name="replacementMap">
        <param name="arg">
            <param name="user"/>
        </param>
    </param>
    <param name="field">User</param>
    <param name="intention">
        <param name="name">stringreplace</param>
        <param name="arg">
            <param name="user">
                <param name="fillOnEmpty">True</param>
            </param>
        </param>
    </param>
</module>
```

이 XML의 인자를 살펴보자.

- field: 대시보드에서 보여지는 필드를 위한 레이블이다.

- replacementMap: 이 파라미터는 ExtendedFieldSearch 모듈이 생성하고 있는 변수의 이름이다. 중첩된 속성은 아무 의미도 없다고 언급했고, user의 경우처럼 가장 내부에 있는 param의 값을 바꾸는 것은 단순히 XML의 전체 블럭을 복사해서 붙여 넣어야 한다.

- intention: 인텐션은 구조회된 XML에서 질의의 블록을 만드는 특별한 구조를 갖는다. (가장 일반적으로 사용하는) stringreplace의 경우에 우리는 필수적으로 전체 XML을 복사할 수 있고 다시 어떤 변화도 없이 3번째 레벨 param의 값을 단지 바꿀 수 있다.user.fillonEmpty는 user 변수가 비어 있을 때 그 대체를 만들지 말지를 결정한다.

이 코드의 전체는 입력 필드의 값으로 검색의 $user$를 대체하는 기능을 한다. 우리의 첫 HiddenSearch는 다음과 같다.

```
<module name="HiddenSearch" ...
    <param name="search">
        sourcetype="impl_splunk_gen"
        loglevel=error user="$user$"
        | timechart count as "Error count" by network
    </param>
```

$user$의 값은 대체되어 질의가 실행될 것이다.

 정확하게 무슨 일이 일어났는지 보고자 한다면 폼 요소의 하위에 SearchBar 모듈을 삽입한다. 이것은 쿼리의 결과를 표시해준다. 예로써 http://splunkbase.com의 UI 예제 앱에서 drilldown_chart1 대시보드의 코드를 보아라.

addterm

이 인텐션은 사용자의 상호작용과 상관없이 질의에 검색 문을 추가할때 유용하다. 예를 들어 항상 source 필드의 특별한 값이 질의되기를 원한다고 생각해보자. 검색 문을 추가해 실행될 질의를 변경할 수 있다. 여기 http://splunkbase.com에 있는 UI 예제에서 advanced_lister_with_searchbar 대시보드에서 예를 들어보자.

```
<module name="HiddenIntention">
    <param name="intention">
        <param name="name">addterm</param>
        <param name="arg">
            <param name="source">*metrics.log</param>
        </param>
        <!-- addterm 인텐션은 첫 검색 구문에 다음 용어를
            항상 넣도록 지시한다. -->
        <param name="flags"><list>indexed</list></param>
    </param>
```

파라미터를 살펴보자.

- name: 이 파라미터는 인텐션의 종류를 설정한다. 이 경우에는 addterm이다.
- arg: 질의에 추가되는 필드를 설정하기 위해 사용된다.

  - 중첩된 param 태그는 필드 이름과 질의에서 사용하기 위한 값을 설정한다. 이 경우에는 source="*metrics.log"가 질의에 추가된다.
  - 변수는 name 속성 또는 중첩된 param 태그의 몸체에서 사용될 수 있다. '사용자 정의 드릴다운 생성' 색션에서 예를 볼 것이다.

- flags: 내가 알고 있는 모든 addterm의 모든 예제는 정확히 적힌데로 이 속성을 포함한다. 이것은 검색에서 추가되는 검색어가 전체 질의의 끝이 아니라 반드시 파이프 기호('|') 전에 추가되어야만 한다고 지시한다. 예를 들어 다음 질의를 생각해보자.

```
error | top logger
```

이 파라미터는 다음과 같은 질의로 고쳐진다.

```
error source="*metrics.log" | top logger
```

사용자 정의 드릴다운 생성

드릴다운은 앞의 질의에서 값들을 사용하여 만들어지는 질의다. 'Convert ToDrilldownSearch' 모듈은 그것이 내부적으로 중첩된 테이블 또는 그래프에서 자동적으로 질의를 만든다. 불행히도 이것은 단지 질의가 매우 단순할 때와 원시 이벤트를 보고자 할 때만 잘 동작한다. 사용자 정의 드릴다운을 만들기 위해 우리는 모듈의 중첩 속성과 인텐션을 합쳐야 한다.

사용자 정의 질의를 이용한 드릴다운

'질의의 재사용' 섹션에서 만든 차트로 돌아가서 클릭했을 때 다른 필드의 상위 인스턴스를 보여주는 사용자 정의 드릴다운을 만들어보자.

여기의 예제 대시보드는 차트를 그린 후 클릭했을 때 사용자 정의 질의를 실행한다.

```
<view template="dashboard.html">
    <label>Chapter 8 - Drilldown to custom query</label>
    <!-- 크롬(chrome) -->
    <module
        name="HiddenSearch"
        layoutPanel="panel_row1_col1"
        autoRun="True"
        group="Errors by user">
    <param name="search">
        sourcetype="impl_splunk_gen" loglevel=error | top user
    </param>
    <param name="earliest">-24h</param>
    <!-- 차트를 그린다 -->
    <module name="HiddenChartFormatter">
        <param name="charting.chart">pie</param>
        <module name="JSChart">

            <!-- 중첩된 모듈은 클릭했을 때 실행된다. -->
            <!-- 새로운 질의 생성 -->
            <module name="HiddenSearch">
            <param name="search">
                sourcetype="impl_splunk_gen" loglevel=error
                | top logger
            </param>

            <!-- 차트에서 값을 사용하는 인텐션을 생성.
                 질의에 user 필드를 추가하기위해 addterm을 사용. -->
            <module name="ConvertToIntention">
```

```
        <param name="intention">
            <param name="name">addterm</param>
            <param name="arg">
                <param name="user">$click.value$</param>
            </param>
            <param name="flags">
                <item>indexed</item>
            </param>
        </param>

        <!-- 새 질의를 이용해 flashtimeline에 user를 전달 -->
        <module name="ViewRedirector">
            <param name="viewTarget">flashtimeline</param>
        </module>
      </module>
    </module>
  </module>
</module>
</view>
```

JSChart 모듈까지는 모든 것이 매우 비슷하게 보인다. 이 모듈의 내부에서 HiddenSearch 모듈을 발견할 수 있다. 이 아이디어는 디스플레이 모듈의 하위 모듈은 디스플레이 모듈이 클릭될 때까지 실행되지 않는다는 것이다. 이 경우에서 HiddenSearch는 질의를 만드는 데 사용된다. 하지만, 질의는 디스플레이 모듈에 넘겨지는 것 대신에 ViewRedirector 모듈에 넘겨진다.

이들 중 마법같은 필드는 click.value다. 이 필드는 차트가 클릭될 때 값을 포함한다.

이 대시보드가 만들어지는 것을 보자.

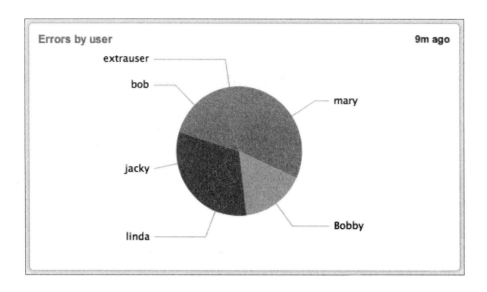

파이 차트의 조각인 사용자 bob을 클릭했을때의 최종 질의는 다음과 같다.

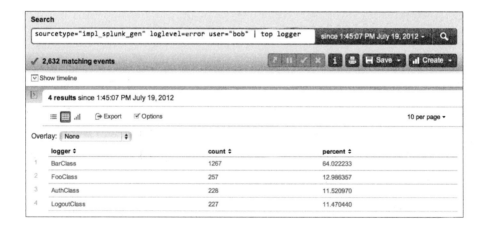

이 인텐션이 어떻게 작동하는지 더 자세히 알기 위해서는 'addterm' 섹션을
다시 보자.

다른 패널로 드릴다운

드릴다운의 다른 옵션은 같은 대시보드에서 새로운 패널을 그리는 것이다. 이 것은 화면을 다시 그릴 필요 없이 다양한 드릴다운을 만들 수 있도록 해주고 사용자에게 덜 부자연스럽게 느껴지게 한다. 다음은 XML이다.

```xml
<?xml version="1.0"?>
<view template="dashboard.html">
    <label>Chapter 8 - Drilldown to new graph</label>
    <!-- 크롬(chrome)은 여기에 온다. -->
    <module
        name="HiddenSearch"
        layoutPanel="panel_row1_col1"
        autoRun="True"
        group="Errors by user">
    <param name="search">
        sourcetype="impl_splunk_gen" loglevel=error | top user
    </param>
    <param name="earliest">-24h</param>
    <module name="HiddenChartFormatter">
        <param name="charting.chart">pie</param>

        <!-- 첫 번째 차트를 그린다. -->
        <module name="JSChart">

            <!-- 차트 내부의 모듈은 사용자의 입력이
                             있을 때까지 기다린다. -->
            <module name="HiddenSearch">
                <param name="earliest">-24h</param>
                <param name="search">
                    sourcetype="impl_splunk_gen" loglevel=error
                    user="$user$" | timechart count by logger
                </param>
                <module name="ConvertToIntention">
                    <param name="intention">
                        <param name="name">stringreplace</param>
                        <param name="arg">
```

```
            <param name="user">
                <param name="value">$click.value$</param>
            </param>
        </param>
    </param>

    <!-- 새로운 차트 위에 헤더를 출력 -->
    <module name="SimpleResultsHeader">
        <param name="entityName">results</param>
        <param name="headerFormat">
            Errors by logger for $click.value$
        </param>
    </module>

    <!-- 차트를 그린다. 특정 다른 layoutPanel이 없으므로,
            첫번째 차트 아래에 나타난다. -->
    <module name="HiddenChartFormatter">
        <param name="charting.chart">area</param>
        <param name="chart.stackMode">stacked</param>
        <module name="JSChart"/>
    </module>
            </module>
          </module>
        </module>
      </module>
    </module>
</view>
```

파이 차트에서 **bob**을 클릭하면 대시보드는 다음처럼 보이게 된다.

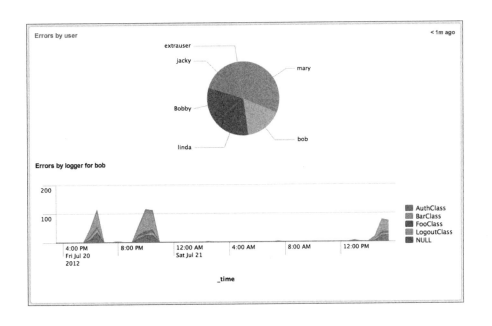

HiddenPostProcess를 사용해 여러 패널로 드릴다운

추가적으로 마지막 대시보드를 가지고 하나의 사용자 정의 드릴다운 질의에서 여러 개의 패널을 만들어보자. 4장에서 했던 것처럼 같은 검색 결과를 다양한 방법으로 사용할 수 있도록 해주는 실행 후 처리가 될 수 있다. 고급 XML에서 HiddenPostProcess 모듈을 사용해 이와 같은 일을 할 수 있다. 또한, 우리의 첫 완성된 대시보드를 위해 크롬을 추가할 것이다. 여기 축약된 예제가 있다. 완변한 대시보드 소스는 Implementing Splunk App One 앱 안의 파일 Chapter8_drilldown_to_new_graph_with_postprocess.xml 안에 있다.

```
<view template="dashboard.html">
   <label>Chapter 8 - Drilldown to new graph with postprocess</label>

<!-- 대시보드 상단의 크롬은
     내비게이션과 앱 헤더를 포함한다. -->
   <module name="AccountBar" layoutPanel="appHeader"/>
```

```
<module name="AppBar" layoutPanel="navigationHeader"/>
<module name="Message" layoutPanel="messaging">
    <param name="filter">*</param>
    <param name="clearOnJobDispatch">False</param>
    <param name="maxSize">1</param>
</module>
<module name="DashboardTitleBar" layoutPanel="viewHeader"/>
<module name="Message" layoutPanel="navigationHeader">
    <param name="filter">splunk.search.job</param>
    <param name="clearOnJobDispatch">True</param>
    <param name="maxSize">1</param>
    <param name="level">warn</param>
</module>

<!-- 파이 차트를 그리기 위한
     초기 검색을 시작한다. -->
<module
    name="HiddenSearch" layoutPanel="panel_row1_col1"
    autoRun="True" group="Errors by user">
<param name="search">
    sourcetype="impl_splunk_gen" loglevel=error | top user
</param>
<param name="earliest">-24h</param>

<module name="HiddenChartFormatter">
    <param name="charting.chart">pie</param>
    <module name="JSChart">

<!-- 처음에는 단지 하나의 파이 차트만 그려진다.
     사용자가 차트를 클릭할 때, 아래 내부 질의가 실행된다. -->
    <module name="HiddenSearch">
        <param name="earliest">-24h</param>
        <param name="search">
            sourcetype="impl_splunk_gen" loglevel=error
            user="$user$" | bucket span=30m _time
```

```
                     | stats count by logger _time
              </param>
              <module name="ConvertToIntention">
                 <param name="intention">
                 <param name="name">stringreplace</param>
                 <param name="arg">
                    <param name="user">
                       <param name="value">$click.value$</param>
...


<!-- 남은 모듈은 파이 차트에서 내려오고,
     파이 차트가 클릭될 때 실행된다. -->
              <module name="SimpleResultsHeader"
                 layoutPanel="panel_row2_col1">
                 <param name="entityName">results</param>
                 <param name="headerFormat">
                    Errors by logger for $click.value$
                 </param>
              </module>


<!-- SingleValue 모듈 -->
              <module name="HiddenPostProcess">
                 <param name="search">
                    stats sum(count) as count by logger
                    | sort -count | head 1
                    | eval f=logger + " is most common (" + count + ")" |
                    table f </param>
                 <module name="SingleValue"
                    layoutPanel="panel_row2_col1"></module>
              </module>
...
<!-- 차트 -->
              <module name="HiddenPostProcess">
                 <param name="search">
                    timechart span=30m sum(count) by logger
```

```
    </param>
    <module name="HiddenChartFormatter">
        <param name="charting.chart">area</param>
        <param name="chart.stackMode">stacked</param>
        <module
            name="JSChart"
            layoutPanel="panel_row4_col1_grp1"/>
        </module>
    </module>

<!-- 테이블 -->
    <module name="HiddenPostProcess">
        <param name="search">
            stats sum(count) as count by logger
        </param>
        <module name="SimpleResultsTable"
            layoutPanel="panel_row4_col1_grp2"/>
    </module>
...
    </module>
</view>
```

이 대시보드는 크롬을 포함하고 있다. 그리고 이 크롬은 인텐션과 질의 상태
의 에러를 표현하는 데 유용하다. bob을 클릭한 후에 다음과 같은 결과를 볼
수 있을 것이다.

새로운 질의를 통해 단계별로 살펴보자. 처음 생성 질의는 다음과 같다.

```
sourcetype="impl_splunk_gen" loglevel=error | top user
```

다음 질의는 이상하게 보일지도 모른다. 그러나 여기에는 그럴 만한 이유가 있다.

```
sourcetype="impl_splunk_gen" loglevel=error user="$user$"
   | bucket span=30m _time
   | stats count by logger _time
```

5장으로 돌아가 보면 _time과 다른 필드로 이벤트를 나누기 위해 bucket과 stats를 사용했다. 이것은 후 처리를 위한 이벤트를 나누는 효과적인 방법이고 하나 이상의 후 처리 질의는 timechart를 사용한다. 이 질의는 매 30분 각격으로 logger의 유일한 모든 값에 대해 count 필드를 가진 열을 생성한다.

 후 처리는 10,000개의 이벤트로 제한된다. 이 제한을 만족하기 위해 가능한 모든 집계가 초기 질의에서 행해져야만 한다. 이상적으로, 후 질의에 의해 필요한 모든 것은 초기 질의에서 생산해야만 한다. 후 처리에서 필요한 모든 필드는 초기 질의에 의해 구성되어야만 한다.

첫 번째 HiddenPostProcess는 아직 사용하지 않은 SingleValue 모듈을 위한 필드를 만든다. 그리고 그 모듈은 둥근 모서리 사각형 안에 값을 보여준다.

```
stats sum(count) as count by logger
    | sort -count
    | head 1
    | eval f=logger + " is most common (" + count + ")"
    | table f
```

위 질의가 추가되어 이 모듈에 대한 전체 질의는 다음과 같다.

```
sourcetype="impl_splunk_gen" loglevel=error user="bob"
    | bucket span=30m _time
    | stats count by logger _time
    | stats sum(count) as count by logger
    | sort -count
    | head 1
    | eval f=logger + " is most common (" + count + ")"
    | table f
```

남아 있는 SingleValue 모듈은 고유 로그의 개수, 시간당 가장 많은 에러와 시간당 평균 에러를 찾는 일을 한다. 이 질의를 단계별로 실행하면, 단순히 각 조각을 복사하고 그것을 검색 안의 질의에 추가한다.

이 대시보드 안에서 짚고 넘어가야 할 부분이 있다.

- grp는 layoutPanel="panel_row4_col1_grp2"처럼 하나의 패널 안에서 컬럼을 만든다.

- SingleValue 모듈은 수직으로 쌓을 수 없고 단지 수평으로 펼칠 수 있다. 그리고 윈도우의 넓이를 넘어가면 다음 줄로 내려간다.

- bucket 문에서 사용된 span은 후 처리되는 문장에 필요한 최소 값이지만, 전달되는 이벤트 수를 최소화하기 위해 가능한 크게 설정한다.

써드 파티 애드온

http://splunkbase.com에는 사용할 수 있는 훌륭한 앱들과 수많은 사용자 정의 모듈을 제공한다. 우리는 이 중 가장 인기 있는 구글 맵Google Maps과 사이드뷰 유틸Sideview Utils 두 개를 살펴볼 것이다.

구글 맵

7장에서 보는 것처럼 구글 맵 앱은 대시보드와 앱에 결과를 화면에 출력하는 룩업을 제공한다. 그 내부에 있는 모듈은 나만의 대시보드 안에서 사용하는 것도 가능하다.

아래는 구글 맵 모듈을 사용하는 매우 간단한 대시보드다.

```
<?xml version="1.0"?>
<view template="search.html">

  <!-- 크롬(chrome) -->
  <label>Chapter 8 - Google Maps Search</label>
  <module name="AccountBar" layoutPanel="appHeader"/>
  <module name="AppBar" layoutPanel="navigationHeader"/>
  <module name="Message" layoutPanel="messaging">
    <param name="filter">*</param>
    <param name="clearOnJobDispatch">False</param>
    <param name="maxSize">1</param>
```

```
        </module>

    <!-- 검색 -->
    <module name="SearchBar" layoutPanel="splSearchControls-inline">
        <param name="useOwnSubmitButton">False</param>
        <module name="TimeRangePicker">
            <param name="selected">Last 60 minutes</param>
            <module name="SubmitButton">

            <!-- 지도 -->
            <module
                name="GoogleMaps"
                layoutPanel="resultsAreaLeft"
                group="Map" />
        </module>
    </module>
  </module>
</view>
```

이 코드는 다음 화면에서 보는 것처럼 앱 아래 지도와 함께 검색 바를 만들어
낸다.

구급 맵 모듈을 사용할 때, 일반적으로 어떤 값의 집합을 지리적 좌표로 전환한다. 이는 일반적으로 IP 주소를 위치로 변경하는 geoip 룩업(예로 7장을 보자)을 사용하거나 또는 다른 종류의 사용자 정의 룩업을 사용해 성취된다.

데이터가 어디에서 올 수 있는지 보기 위해 예제 소스 타입 중 하나에서 이벤트에 _geo 필드를 설정함으로써 그래프를 만들어 보자.

```
sourcetype="impl_splunk_gen" req_time
    | eventstats max(req_time) as max
    | eval lat=(req_time/max*360)-180
    | eval lng=abs(lat)/2-15
    | eval _geo=lng+","+lat
```

이 질의는 아래 스크린 샷에서 보여지는 것처럼 임의의 req_time 필드에서 "V"를 생성한다. _geo 필드에 관한 더 많은 정보를 위해서는 splunkbase.com의 맵 문서를 살펴보자.

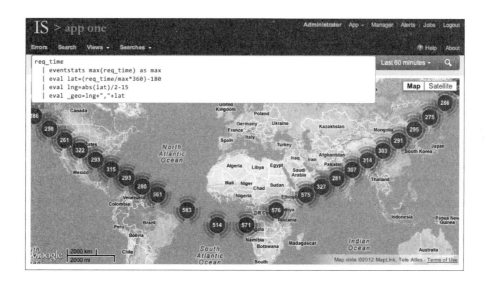

이것은 거의 모두 기본 설정을 사용한 매우 단순한 예제다. 더 완벽한 예제를 위해서는 구글 맵 앱과 함께 포함된 구글 맵 대시보드를 보자. showsource 속성을 사용해 매니저 안에 있는 소스 코드를 볼 수 있다. 저자의 경우에는 URL이 http://mysplunkserver:8000/en-US/app/maps/maps?showsource1이다.

사이드뷰 유틸

사이드뷰 유틸Sideview은 상호 작용하는 스플렁크 대시보드를 만들 때 필요한 대부분을 가지고 있고, 이는 스플렁크의 대안 모듈 셋을 제공하는 써드 파티 앱이다. 이 모듈은 인텐션의 복잡성을 제거하고 폼을 훨씬 더 쉽게 만들 수 있고, HTML 안에서 변수를 사용할 수 있고, 패널과 대시보드 사이에 값을 훨씬 쉽게 전달할 수 있도록 해준다.

우리는 URL 값을 사용해 여러 대시보드를 함께 링크하고, 폼을 만들기 위한 몇 개의 모듈을 사용할 것이다.

옛날 버전이지만 여전히 기능이 동작하는 사이드뷰 유틸은 스플렁크베이스를 통해 사용 가능하다. http://sideviewapps.com/에서는 가장 최신 버전을 다운로드할 수 있다. 최신 버전은 대시보드를 만들기 위한 비쥬얼 에디터를 포함해서 수많은 기능이 추가되어 있다.

사이드뷰 검색 모듈
간단한 검색으로 시작해보자.

```xml
<?xml version="1.0"?>
<view template="dashboard.html">

   <!-- 사이드 뷰를 추가한다. -->
   <module layoutPanel="appHeader" name="SideviewUtils"/>

   <!-- 크롬(chrome) -->
   <label>Chapter 8 - Sideview One</label>
   <module name="AccountBar" layoutPanel="appHeader"/>
   <module name="AppBar" layoutPanel="navigationHeader"/>
   <module name="Message" layoutPanel="messaging">
      <param name="filter">*</param>
      <param name="clearOnJobDispatch">False</param>
      <param name="maxSize">1</param>
   </module>

   <!-- 검색 -->
```

```
<module
    name="Search"
    autoRun="True"
    group="Chapter 8 - Sideview One"
    layoutPanel="panel_row1_col1">
  <param name="earliest">-1h</param>
  <param name="search">source="impl_splunk_gen" | top user</param>

  <!-- 차트 -->
  <module name="HiddenChartFormatter">
    <param name="charting.chart">pie</param>
    <module name="JSChart"/>
  </module>
</module>
</view>
```

이 대시보드는 앞의 '사용자 정의 질의를 이용한 드릴다운' 섹션에서 설명했던 첫 패널에 동일하게 그려진다. 이 예제에서 알아둘 두 가지가 있다.

1. 사이드뷰 유틸SideviewUtils 모듈은 모든 사이드뷰 유틸 앱에서 필요한 코드를 포함하고 있다.

2. 첫 사이드뷰 유틸SideviewUtils 모듈을 설명하기 위해 히든서치HiddenSearch 모듈에 대한 대체로써 Search 모듈을 사용한다. 이 단순한 예제에서 히든서치HiddenSearch는 여전히 잘 작동한다.

사이드뷰를 이용한 뷰 간 링크

간단한 대시보드에서 시작해서, 링크를 만들기 위한 리다이렉터Redirector 모듈을 사용해보자. 이 링크는 어떤 것도 될 수 있지만 우리는 다른 스플렁크 대시보드와 연결할 것이다. 그리고 이 대시보드는 다음에 만들 것이다. 다음은 XML 소스다.

```
...
<module name="JSChart">
  <module name="Redirector">
```

```
        <param name="arg.user">$click.value$</param>
        <param name="url">chapter_8_sideview_2</param>
    </module>
</module>
...
```

메리mary를 클릭한 후에 새로운 URL이 사용자 값을 사용해 만들어진다. 내 경우에 URL은 http://mysplunkserver:8000/en-US/app/is_app_one/chapter_8_sideview_2?user=mary다.

참조하는 대시보드는 아직 존재하지 않는다. 그래서 이 URL은 에러가 발생할 것이다. 이제 두 번째 대시보드를 만들어 보자.

사이드뷰 URL 로더

URLLoader 모듈은 URL의 쿼리 스트링에서 변수를 설정할 수 있는 기능을 제공한다. 그리고 이 것은 매우 유용한 기능이다. 다음 대시보드는 URL에서 제공하는 user 값에 대한 에러의 개수를 보여주는 테이블을 그릴 것이다.

```
<view template="dashboard.html">

    <!-- 사이드뷰를 추가 -->
    <module name="SideviewUtils" layoutPanel="appHeader"/>

    <!-- 크롬 -->
    <label>Chapter 8 - Sideview Two</label>
    <module name="AccountBar" layoutPanel="appHeader"/>
    <module name="AppBar" layoutPanel="navigationHeader"/>
    <module name="Message" layoutPanel="messaging">
        <param name="filter">*</param>
        <param name="clearOnJobDispatch">False</param>
        <param name="maxSize">1</param>
    </module>

    <!-- 검색 -->
    <module
        name="URLLoader"
```

```
    layoutPanel="panel_row1_col1"
    autoRun="True">
  <module name="HTML">
    <param name="html"><![CDATA[
      <h2>Errors by logger for $user$.</h2>
      ]]>
    </param>
  </module>
  <module name="Search" group="Chapter 8 - Sideview Two">
      <param name="earliest">-1h</param>
      <param name="search">
        source="impl_splunk_gen" user=$user$
        | top logger
      </param>

      <!-- 테이블 -->
      <module name="SimpleResultsTable">
          <param name="drilldown">row</param>
          <module name="Redirector">
              <param name="url">chapter_8_sideview_3</param>
              <param name="arg.logger">
                  $click.fields.logger.rawValue$
              </param>
              <param name="arg.user">$user$</param>
              <param name="arg.earliest">
                  $search.timeRange.earliest$
              </param>
          </module>
      </module>
  </module>
  </module>
</view>
```

 autoRun='true'는 하나의 모듈에 위치되고 (특히 URLLoader), 이는 오직 하나의 모듈에
서만 존재하도록 하는 것은 매우 중요하다.

URL에서 user의 값은 mary의 값을 가지고, 이 대시보드는 간단한 뷰를 생성
한다.

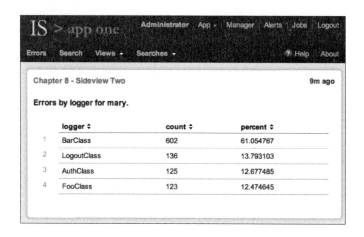

이 예제에서 관심 있는 모듈을 살펴보자.

- SideviewUtils: 이 모듈은 임의의 다른 Sideview 모듈을 사용하기 위해 필
요하다. 이것은 사용자에게는 보이지 않지만 필수다.

- URLLoader: 이 모듈은 URL 쿼리 스트링에서 지정할 임의의 값을 가지고, 자
손 모듈에서 사용하기 위해 변수를 값으로 바꾼다. URL은 user=mary를 포함
한다. 그래서 $user$는 mary 값으로 변경될 것이다.

- HTML: 이 모듈은 내부 HTML을 그린다. URLLoader와 폼에 있는 변수들이 대
체된다.

- Search: HiddenSearch에 대한 대체제로써 URLLoader와 폼에 있는 변수들을
이용한다. 이것은 인텐션에 대한 필요성을 완전히 제거한다. 우리의 경우에는
$user$가 대체될 것이다.

- Redirector: 이 예제 다음 대시보드의 URLLoader에서 user 그리고 테이블 자
체에서 logger 두 개의 변수를 다룰 예정이다. 몇 가지 고려할 점들이 있다.

○ logger는 $click.fields.logger.rawValue$에서 채워진다.

○ 테이블에서 클릭됐을 때 click.fields 변수가 테이블이 클릭된 열의 모든 필드를 포함하고 있다.

○ rawValue는 반드시 언이스케이프unescape 값이 반환되야 한다. 사이드뷰 문서에서는 다음과 같이 언급한다. "중요한 규칙 - 헤더 안에 포함시켜 리다이렉트redirect를 통해 보내기 위해서는 $foo.rawValue$를 사용해라. 검색을 위해서는 foo를 사용해라."

 이 규칙은 화면에 표시하는 것이 아니고, Redirector 내의 값들에 적용한다.

○ search.timeRange는 검색에서 사용되는 시간 정보를 포함한다. 그리고 이것은 URL에서 시간 범위 선택기TimeRangePicker 또는 Search 모듈의 파라미터에서 올 수 있다. arg.earliest는 URL에 값을 추가한다.

LogoutClass를 위한 테이블 열을 클릭할 때 다음과 같은 URL을 가지게 될 것이다.

http://mysplunkserver:8000/en-US/app/is_app_one/chapter_8_sideview_3?user=mary&logger=LogoutClass&earliest=1344188377

다음 섹션에서 이 URL을 위한 대시보드를 만든다.

사이드뷰 폼

사이드뷰 모듈을 사용한 마지막 대시보드를 위해 폼을 가진 대시보드를 만든다. 폼은 URL에 있는 값으로 미리 채워지게 되고, 시간 범위는 바꿀 수 있게 할 것이다. 이 대시보드의 장점은 다른 곳에 링크되지 않고, 클릭의 목적지로 사용될 수 있다는 것이다. 사용자가 직접적으로 이 대시보드를 접근한다면, 대시보드에서 정해진 기본 값을 사용하게 된다. 코드를 살펴보자.

```xml
<?xml version="1.0"?>
<view template="dashboard.html">

    <!-- 사이드 뷰 추가 -->
    <module name="SideviewUtils" layoutPanel="appHeader"/>

    <!-- 크롬(chrome) -->
    <label>Chapter 8 - Sideview Three</label>
    <module name="AccountBar" layoutPanel="appHeader"/>
    <module name="AppBar" layoutPanel="navigationHeader"/>
    <module name="Message" layoutPanel="messaging">
        <param name="filter">*</param>
        <param name="clearOnJobDispatch">False</param>
        <param name="maxSize">1</param>
    </module>

    <!-- URLLoader -->
    <module
        name="URLLoader"
        layoutPanel="panel_row1_col1"
        autoRun="True">

    <!-- 폼 -->

    <!-- user 드롭다운 -->
    <module name="Search" layoutPanel="panel_row1_col1">
        <param name="search">
            source="impl_splunk_gen" user user="*"
            | top user
        </param>
        <param name="earliest">-24h</param>
        <param name="latest">now</param>

            <module name="Pulldown">
            <param name="name">user</param>
            <!-- 사이드 뷰 2.0 에 있는 valueField 사용 -->
            <param name="searchFieldsToDisplay">
```

```
<list>
    <param name="value">user</param>
    <param name="label">user</param>
</list>
</param>
<param name="label">User</param>
<param name="float">left</param>

<!-- logger 텍스트필드 -->
<module name="TextField">
    <param name="name">logger</param>
    <param name="default">*</param>
    <param name="label">Logger:</param>
    <param name="float">left</param>
    <module name="TimeRangePicker">
        <param name="searchWhenChanged">True</param>
        <param name="default">Last 24 hours</param>

        <!-- 실행 버튼(submit button) -->
        <module name="SubmitButton">
            <param name="allowSoftSubmit">True</param>

            <!-- html -->
            <module name="HTML">

            <param name="html"><![CDATA[
                <h2>Info for user $user$, logger $logger$.</h2>
            ]]></param>
            </module>

            <!-- 검색 1 -->
            <module
                name="Search"
                group="Chapter 8 - Sideview Three">
                <param name="search">
                    source="impl_splunk_gen" user="$user$"
                    logger="$logger$"
```

```
                | fillnull value="unknown" network
                | timechart count by network
        </param>

        <!-- 작업 진행 표시바(JobProgressIndicator) -->
        <module name="JobProgressIndicator"/>

        <!-- 차트 -->
        <module name="HiddenChartFormatter">
          <param name="charting.chart">area</param>
          <param name="charting.chart.stackMode">
              stacked
          </param>
          <module name="JSChart"/>
          </module>
        </module>

    <!-- 검색 2 -->
    <module
        name="Search"
        group="Chapter 8 - Sideview Three">
        <param name="search">
            source="impl_splunk_gen" user="$user$"
            logger="$logger$"
            | fillnull value="unknown" network
            | top network
        </param>

        <!-- 테이블 -->
        <module name="SimpleResultsTable"/>
          </module>
        </module>
      </module>
     </module>
    </module>
  </module>
</view>
```

이것은 아래와 같은 대시보드를 그린다.

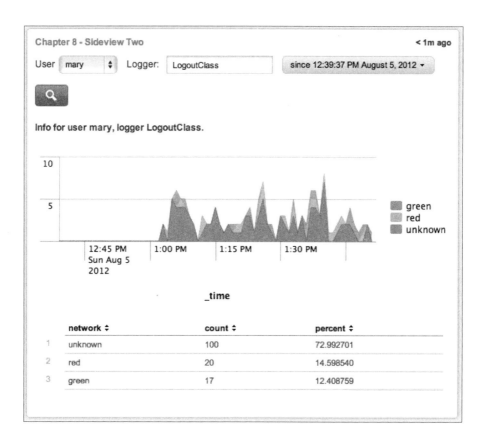

이 예제에서 살펴봐야 할 것이 꽤 있다. XML의 각 부분을 자세히 알아보자.

다른 Sideview 모듈을 활성화하기 위해서 SideviewUtils를 포함시킨다. 위에서 URLLoader, HTML, Pulldown, Search 그리고 TextField는 사이드뷰 모듈이다.

```
<module layoutPanel="appHeader" name="SideviewUtils"/>
```

URL에서 값을 얻기 위해 URLLoader에서 모든 것을 감싼다.

```
<module
    name="URLLoader"
```

```
layoutPanel="panel_row1_col1"
autoRun="True">
```

user 드랍다운을 적용한 검색을 시작한다. 이 질의는 지난 24시간 안에 모든 사용자를 찾을 것이다

```
<module name="Search" layoutPanel="panel_row1_col1">
   <param name="search">
      source="impl_splunk_gen" user user="*"
      | top user
   </param>
   <param name="earliest">-24h</param>
   <param name="latest">now</param>
```

 드랍다운을 적용한 질의를 사용하는 것은 특별히 데이터 크기가 증가할 때 매우 비용이 많이 들 수 있다. 이를 위해 outputcsv와 inputcsv를 사용하여 CSV 안에 값들을 저장하거나 요약 인덱스를 사용해 이러한 값을 미리 계산하는 것이 필요할지도 모른다. 9장에서 요약 인덱싱과 임시적인 데이터를 위한 CSV 파일을 사용하는 예제를 살펴보자.

이 모듈은 사용자 선택기를 그린다. 메뉴는 앞에 Search 모듈에 의해 채워진다. 그러나 선택된 값은 URL에서 나온 값이라는 것을 알 수 있다.

```
<module name="Pulldown">
   <param name="name">user</param>
   <!-- 사이드 뷰 2.0에 있는 valueField 사용 -->
   <param name="searchFieldsToDisplay">
      <list>
         <param name="value">user</param>
         <param name="label">user</param>
      </list>
   </param>
   <param name="label">User</param>
   <param name="float">left</param>
```

다음은 logger를 위한 텍스트 필드다. 이것은 ExtendedFieldSearch의 사이드
뷰 버전이다. 이것은 상위upstream 변수들을 사용하여 채워질 것이다.

TimeRagnePicker 모듈은 URL에 있는 검색의 시작 시간과 마지막 시간의 값들
을 적용한다. searchWhenChanged는 이 경우에 적절히 작업하기 위해 True가
되어야만 한다. 가장 첫 번째 원칙은 searchWhenChanged는 항상 True가 되어
야만 한다는 것이다.

```
<module name="TimeRangePicker">
   <param name="searchWhenChanged">True</param>
   <param name="default">Last 24 hours</param>
```

SubmitButton 모듈은 값이 변경될 때 검색을 시작할 것이다. allowSoftSubmit
는 값을 선택함으로써 또는 텍스트 필드의 입력 값에 의해 바깥쪽 모듈이 질
의를 시작할 수 있도록 한다.

```
<module name="SubmitButton">
   <param name="allowSoftSubmit">True</param>
```

다음은 출력 모듈을 포함하고 있는 두 개의 Search 모듈이 있다.

```
<module
   name="Search"
   group="Chapter 8 - Sideview Three">
   <param name="search">
      source="impl_splunk_gen" user="$user$"
      logger="$logger$"
      | fillnull value="unknown" network
      | timechart count by network
   </param>

   <!-- 작업 진행 표시바(JobProgressIndicator) -->
   <module name="JobProgressIndicator"/>

   <!-- 차트 -->
   <module name="HiddenChartFormatter">
      <param name="charting.chart">area</param>
      <param name="charting.chart.stackMode">
```

```
            stacked
        </param>
        <module name="JSChart"/>
        </module>
    </module>

    <!-- 검색 2 -->
    <module
        name="Search"
        group="Chapter 8 - Sideview Three">
        <param name="search">
            source="impl_splunk_gen" user="$user$"
            logger="$logger$"
            | fillnull value="unknown" network
            | top network
        </param>

        <!-- 테이블 -->
        <module name="SimpleResultsTable"/>
        </module>
...
```

더 큰 효율성을 위해, 이러한 두 검색은 하나의 질의와 PostProcess 모듈로 조합할 수 있다.

정리

이번 장에서 많은 내용을 살펴봤다. 가장 힘든 개념들은 모듈의 중첩, 레이아웃 패널layoutPanel의 의미, 인텐션intention 그리고 사이드 뷰 유틸SideView Utils을 통한 인텐션의 대안이다. 많은 기술을 숙달할 수 있는 가장 최고의 방법은 꼭 참고 즐기는 것이다. 이번 장의 예제들은 여러분이 무언가를 처음 만들고자 할 때 유용할 것이다.

9장에서는 질의를 매우 효율적으로 향상시킬 수 있는 스플렁크의 강력한 기능인 요약 인덱스를 설명한다.

9

요약 인덱스와 CSV 파일

질의에서 조회되는 이벤트의 수가 증가됨에 따라 성능은 선형적으로 감소한다. 요약 인덱스Summary Index는 미리 데이터의 통계를 계산해 '롤업roll ups'에 대한 보고서를 실행할 때 극적으로 성능을 증가시킨다.

요약 인덱스의 이해

요약 인덱스는 스플렁크에서 계산된 이벤트를 저장하기 위한 장소다. 일반적으로, 이러한 이벤트는 시간이 지나 필요 없어진 원시 이벤트의 집계다. 예를 들어 시간당 발생한 에러의 건 수를 집계하는 이벤트가 해당될 수 있다. 시간에 기반해 정보를 계산해 놓아서 몇 일, 몇 주 또는 몇 달의 긴 시간에 걸친 질의의 실행을 리소스 소모 없이 빠르게 실행할 수 있다.

요약 인덱스는 'Summary Indexing(요약 인덱싱)'이 활성화된 저장된 검색에서 일반적으로 실행된다. 이것이 유일한 방법은 아니지만 확실히 가장 보편적인 방법이다.

디스크에서 요약 인덱스는 다른 스플렁크 인덱스와 구별된다. 차이점은 단지 데이터의 소스다. 우리는 다른 인덱스처럼 설정이나 GUI를 통해 인덱스를 생성하고 같은 방법으로 인덱스의 크기를 관리한다.

 인덱스를 테이블 또는 전형적인 SQL 데이터베이스에서 테이블 스페이스(tablespace)처럼 생각해보자. 인덱스는 테이블 스페이스처럼 크기 그리고(또는) 시간에 의해 제한되지만, 테이블처럼 모든 데이터가 함께 저장된다. 10장에서 인덱스 관리에 대해 이야기한다.

요약 인덱스 생성

인덱스를 생성하기 위해 내비게이션에서 Manager ＞ Indexes(인덱스) ＞ Add new(새로 추가)로 들어간다.

Add new

Index settings

Index name *

summary_impl_splunk

Set index name (e.g., INDEX_NAME). Search using index=INDEX_NAME.

Home path

Hot/warm db path. Leave blank for default ($SPLUNK_DB/INDEX_NAME/db).

Cold path

Cold db path. Leave blank for default ($SPLUNK_DB/INDEX_NAME/colddb).

Thawed path

Thawed/resurrected db path. Leave blank for default ($SPLUNK_DB/INDEX_NAME/thaweddb).

Max size (MB) of entire index

500000

Maximum target size of entire index.

Max size (MB) of hot/warm/cold bucket

auto

Maximum target size of buckets. Enter 'auto_high_volume' for high-volume indexes.

Frozen archive path

Frozen bucket archive path. Set this if you want Splunk to automatically archive frozen buckets.

Cancel   Save

지금은 새 인덱스 이름을 입력하고 나머지는 기본 값으로 그대로 둔다. 10장의 indexes.conf 섹션에서 이 설정들을 설명한다. 나는 요약 인덱스 이름의 앞에 summary라는 단어를 붙이는 것을 좋아하지만, 이름은 아무래도 해도 상관없다. 하지만, 의미가 통하도록 이름의 규칙을 정하고 따르는 것을 추천한다.

자, 우리는 이벤트를 저장할 인덱스를 가지게 되었고, 이것을 통해 할 수 있는 것들을 시작해보자.

요약 인덱스가 필요한 경우

질문의 해답을 얻기 위해 주어진 소스 타입에 대해 대부분의 이벤트를 찾아야 할 때, 이벤트의 수는 매우 빨리 거대해질 수 있다. 이것은 일발적으로 '조밀 검색dense search'이라고 한다.

예를 들어, 웹 사이트에서 얼마나 많은 페이지 뷰page view가 발생되었는지 알기를 원한다면, 이 질문에 대한 질의는 모든 이벤트를 조사해야만 한다. 각 질의는 하나의 프로세서를 사용하기 때문에 디스크가 원본 데이터를 얼마나 빨리 검색하는지, 그리고 하나의 프로세서가 그 데이터를 얼마나 빨리 압축을 풀 수 있는지가 중요하다. 약간의 계산 공식을 이용해보자.

1,000,000 하루당 히트(hits per day) /
10,000초당 처리하는 이벤트(events processed per second) =
100 초(seconds)

우리가 여러 인덱서를 사용한다거나 훨씬 더 빠른 디스크를 사는 게 가능하면, 선형적으로 이 시간을 줄일 수 있다. 예를 들어 데이터가 4개의 인덱서로 균등하게 나눠져 있다면, 디스크를 바꾸는 것 없이 이 질의는 대략 25초가 걸릴 것이다.

요약 인덱스를 사용한다면 시간을 극적으로 줄일 수 있다. 5분당 히트hit 개수를 계산한다고 가정해보고 이 계산을 해보자.

24시간 * 60분 / 5분 간격 =
288 요약 이벤트

질의에서 요약 이벤트를 사용한다면 공식은 다음과 같다.

288 요약 이벤트 /
10,000초당 처리하는 이벤트 =
0.0288

이는 엄청난 성능 증가다. 실제로는 아마도 288 이벤트 이상을 저장할 것이다. 예를 들어 HTTP 응답 코드에 따른 이벤트를 세기를 원한다고 해보자. 10개의 다른 상태 코드가 있다고 가정하면 공식은 다음과 같다.

24시간 * 60분 / 5분 간격 * 10코드 = 2880 이벤트

그래서 결과는 다음과 같다.

2,880 요약 이벤트 /
10,000초당 처리하는 이벤트 =
0.288초

여전히 100초 이상의 대단한 성능 향상이 있다.

요약 인덱스를 사용할 수 없는 경우

요약 인덱스가 부적절하거나 비효율적인 몇 가지 경우가 있다. 다음 경우를 생각해보자.

- **원본 이벤트를 볼 필요가 있을 때**: 대부분의 경우에 요약 인덱스는 집계된 값을 저장한다. 요약 인덱스는 이벤트의 복사본을 저장하기 위해 사용할 수도 있지만, 일상적이지는 않다. 요약 인덱스에 있는 이벤트의 수가 많아질수록 원본 인덱스가 가지는 이점은 줄어든다.

- **가능한 데이터 종류 수가 거대할 때**: 예를 들어, 하루에 가장 많이 접속한 IP 주소들을 알고자 한다면, 단순히 모든 IP 주소에 대해 각각의 접속 수를 계산하면 될 수 있다. 이것은 여전히 막대한 양의 데이터가 될 수 있고, 많은 검색 시간이 걸릴지도 모른다. 반면에 일정 기간 동안 가장 많은 10개의 주소를 저장하는 것은 오랜 기간에 걸쳐서는 정확한 그림을 줄 수 없을 수 있다. 뒷부분의 '긴 시간 프레인을 위한 탑top 계산' 섹션에서 이 시나리오에 대해 토론할 것이다.

- **적당한 차수dimension로 데이터를 나누는 것이 불가능할 때**: 데이터가 많은 수의 차수 또는 속성을 가지고 있고, 이 많은 차수에 대해서 데이터를 나누는 것이 필요하다면 요약 인덱스 결과는 원본 인덱스보다 충분히 더 작아지지 않을 수 있다.

- **유용한 시간 간격을 알기 힘들 때**: 몇 개의 요약 인덱스를 설정할 때, 집계할 시간 간격을 설정해야만 한다. 1시간이 유용한 시간 간격이라고 생각했는데, 나중에 실제로 10분 간격의 데이터가 필요하다는 것을 발견했다. 그렇다면 예전의 데이터에서 10분 간격의 데이터로 재계산 하는 것은 쉬운 작업이 아니다. 하지만, 10분 데이터를 나중에 1시간 간격의 데이터로 변경하는 것은 매우 쉽다.

저장된 검색에서 요약 인덱스 적용

요약 인덱스를 적용하기 위한 검색은 저장된 검색과 매우 비슷하다(저장된 검색에 대한 자세한 설명은 2장에서 설명했다). 차이점은 요약 인덱스 검색은 주기적으로 실행되고 결과는 요약 인덱스로 저장된다는 것이다. 아래의 과정을 따라서 요약 인덱스를 만들어보자.

1. 통계 처리하는 검색으로 시작하자.

   ```
   souce="impl_splunk_gen" | stats count by user
   ```

2. summary - count by user라는 이름으로 검색을 저장한다.

3. Manager ≯ Searches and reports(검색과 보고서) ≯ summary − count by user에서 Manager 안의 검색을 편집한다. Save search...(검색 저장...) 마법사는 마법사의 마지막 대화상자에서 관리자로 링크를 제공한다.

4. 적당한 시간을 설정한다. 여기에는 복잡한 설명이 필요하다. 이것은 '요약 질의에서 지연시간의 영향'에서 설명한다.

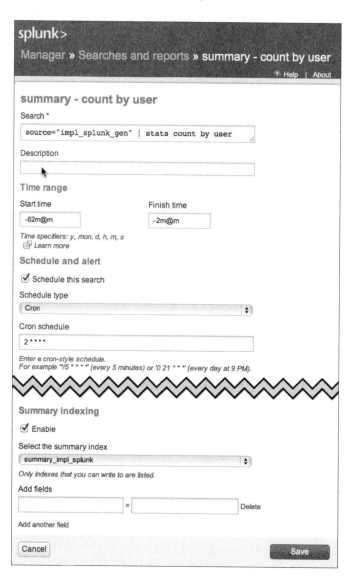

다음 필드를 살펴보자.

- **검색**(Search): source="impl_splunk_gen" | stats count by user

  이것은 우리의 질의다. 나중에 stats의 요약 인덱스 버전인 sistats를 사용할 것이다.

- **시작 시간**(Start time): -62m@m

  단순히 -60m@m으로 하지 않은 것이 이상하게 보일 수 있다. 그러나 지연시간을 고려해야 하기 때문에 약간의 시간이 필요하다. 더 자세한 내용은 '요약 질의에서 지연시간의 영향'을 보자.

- **종료 시간**(Finish time): -2m@m

- **스케쥴과 경고**(Schedule and Alert) ➤ **검색 스케쥴**(Schedule this search): 질의가 스케쥴로 실행되기 위해서는 이 체크박스가 선택되어야 한다.

- **스케쥴 형태**(Schedule Type): cron

- **크론 스케쥴**(Cron schedule): 2 * * *

  이것은 매일 매 시간 2분에 질의가 실행된다는 것을 나타낸다. 지연시간을 고려해서 시작과 종료시간에 따라 크론 스케쥴은 시작하는 시간 이후로 옮겨진다. 더 자세한 내용은 '요약 질의에서 지연시간의 영향'을 보자.

- **요약 인덱싱**(Summary indexing) ➤ **활성화**(Enable): 이 체크박스는 다른 인덱스에 결과를 쓸수 있도록 한다.

- **요약 인덱스 선택**(Select the summary index): summary_impl_splunk 이벤트를 쓰기 위한 인덱스다.

 관리자 아닌 사용자는 단지 요약 인덱스에 쓸 수 있도록 허락된다. 이 기능은 index_edit(인덱스 편집) 기능에서 설정될 수 있고, 오직 관리자 역할만 기본으로 활성화되어 있다. 역할과 기능에 대한 설명은 10장을 보자.

- **필드 추가**(Add fields): 이 필드를 사용해 요약 인덱스에 추가적인 정보를 저장할 수 있다. 이것은 여러 요약 인덱스에서 결과를 그룹화하거나 결과를 태그하는 데 사용될 수 있다.

질의에서 요약 인덱스 이벤트 사용

요약 인덱스를 적용하는 질의를 얼마 동안 실행한 후에, 우리는 다른 질의에서 그 결과를 사용할 수 있다. 급한 일이 생겨서 또는 질의가 생성되기 전에 특정 시간에 대해 보고해야 하는 것이 필요하면, 요약 인덱스를 채워 넣는 것 backfill이 필요할 것이다. 과거 이벤트에 대한 요약 값들을 계산하는 것에 대한 자세한 내용은 '요약 데이터를 채우는 방법과 시기'에서 살펴보자.

먼저, 실제로 요약 인덱스가 무엇인지 보자.

```
08/15/2012 10:00:00, search_name="summary - count by user",
search_now=1345046520.000, info_min_time=1345042800.000, info_max_
time-1345046400.000, info_search_time=1345050512.340, count=17,
user=mary
```

이 이벤트를 자세히 살펴보자.

- `08/15/2012 10:00:00`: 데이터의 블럭이 시작하는 시간이다. 이것은 타임 차트와 버킷이 작동하는 것과 동일하다.

- `search_name="summary - count by user"`: 검색의 이름이다. 이것은 일반적으로 흥미로운 결과를 찾기 위한 가장 쉬운 방법이다.

- `search_now ... info_search_time`: 요약 목록에 대한 정보 필드이고, 사용자에게는 일반적으로 유용하지 않다.

- `count=17, user=mary`: 목록의 나머지 부분은 적용된 질의에 의해 사용되는 필드들에 대한 정보다. 적용되는 질의에 의해 생성되는 열당 하나의 요약 이벤트가 된다.

이제 이 데이터에 대한 질의를 만들어 보자. 질의를 시작하기 위해 인덱스의 이름과 검색의 이름을 정하는 것이 필요하다.

```
index="summary_impl_splunk" search_name="summary - count by user"
```

저자의 컴퓨터에서는 질의가 24,477 원본 이벤트에 대해서 48개의 이벤트를 생성해냈다.

stats를 사용해 user에 의한 통계 데이터를 빠르게 찾을 수 있다.

```
index="summary_impl_splunk" | stats sum(count) count by user
```

이 질의는 매우 간단한 테이블을 생성하고, 그 테이블은 다음과 같다.

	user ⬍	sum(count) ⬍	count ⬍
1	Bobby	12113	16
2	bob	11845	16
3	extrauser	3612	16
4	jacky	12158	16
5	linda	12057	16
6	mary	24092	16

이 질의에서 count와 sum(count)를 계산하고 있고, 이 두 값이 같은 수가 나올 것을 기대했을 수 있지만, 매우 다른 일을 한다.

- sum(count): 원시 이벤트로 돌아가 본다면, count는 각 나뉜 시간에서 사용자가 나타나는 횟수를 포함한다. 이 count 필드에서 원시 값을 저장하고 있다. 완전히 다른 접근을 위해서 'sistats와 sitop, sitimechart' 섹션을 보자.

- count: 이것은 실제로 요약 인덱스 안에 있는 이벤트의 수를 나타낸다. 이 이벤트에서 만들어지는 값은 그다지 다양한 값은 아니다. 위에서는 모든 사용자는 한 시간에 적어도 한 번의 이벤트를 생산하는 것을 알 수 있다.

타임 차트를 만드는 데도 복잡한 작업을 요하지 않는다.

```
index="summary_impl_splunk" | timechart span=1h sum(count) by user
```

이 질의는 다음과 같은 그래프를 그린다.

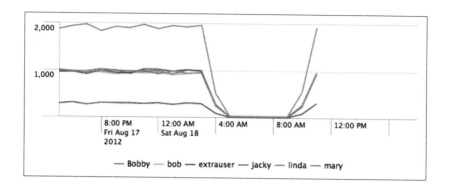

여기에서 기억해야 할 것은 우리가 적용한 질의보다 더 자세한 그래프를 만들수 없다는 점이다. 현재에 적용된 질의는 1시간 간격을 사용했다. 1시간은 대부분의 일일 보고서에서는 비교적 충분하고 주간/월간 보고서에서는 확실히 충분한 단위다. 하지만, 운영 대시보드에서는 충분하지 않을 수도 있다.

다음은 간단한 데이터의 집합을 가지고 만들 수 있는 몇 개의 흥미로운 질의다.

```
index="summary_impl_splunk" search_name="summary - count by user"
  | stats avg(count) as "Average events per hour"
```

앞의 코드는 1시간 간격당 이벤트의 평균 개수를 나타낸다. bucket 또는 stats 명령을 추가해 시간 간격을 정해서 계산할 수 있다.

```
index="summary_impl_splunk" search_name="summary - count by user"
  | bucket span=4h _time
  | stats sum(count) as count by _time
  | stats avg(count) as "Average events per 4 hours"
```

이 질의는 주어진 시간에 가장 많은 이벤트를 가지고 있는 사용자와 그것이 발생한 시간을 찾을 것이다.

```
index="summary_impl_splunk" search_name="summary - count by user"
  | stats first(_time) as _time max(count) as max by user
  | sort -max
```

```
| head 1
| rename max as "Maximum events per hour"
```

sistats와 sitop, sitimechart

지금까지 요약 인덱스를 적용하는 데 stats 명령을 사용했다. stats는 완벽하게 잘 동작하지만, si* 명령은 몇 가지 이점을 더 가지고 있다.

- 질의의 남아 있는 부분이 재작성될 필요가 없다. 예를 들어 stats count는 마치 원시 이벤트의 숫자를 세는 것처럼 여전히 작동한다.

- 나뉜 시간에서 발생한 것보다 더 많은 데이터를 요구하는 stats 기능은 여전히 작동한다. 예를 들어 1시간 간격 동안의 평균값을 가지고 있다면 하루의 평균 값을 계산하는 것은 불가능하다. sistats는 이 작업을 하기 위한 충분한 정보를 유지한다.

하지만, 여기에 몇 가지 심각한 단점이 있다는 것을 알아둬야 한다.

- 요약 인덱스를 사용하는 질의는 함수의 일부분 그리고 원본에 적용된 질의의 필드 중에서 사용해야만 한다. 만일 연속되는 질의가 원본의 sistats에서 사용한 함수와 필드 이외의 것을 사용한다면, 그 결과는 예상하지 못한 값이 나올 것이고 이를 디버그 하는 작업은 어려워진다. 예를 살펴보자.

  ○ 다음 코드는 잘 작동한다.

  ```
  source="impl_splunk_gen"
      | sitimechart span=1h avg(req_time) by user
      | stats avg(req_time)
  ```

  ○ 다음 코드는 예상할 수 없고 완전히 틀린 값을 만들어 낸다.

  ```
  source="impl_splunk_gen"
      | sitimechart span=1h avg(req_time) by user
      | stats max(req_time)
  ```

sistats 절에서는 avg를 사용하였으나, 결과에서는 max를 계산하려 한 것을 알 수 있다.

- sistats와 함께 dc(distinct count: 고유 이벤트 개수)를 사용하면 많은 양의 데이터를 만들어 낼 수도 있다. 이는 나뉜 시간에서 정확하게 유일한 속성의 값을 결정하기 위해서 모든 원본 값을 유지해야 하기 때문에 발생한다. 일반적인 사용 예로 공용 서버에 접속한 상위 IP 주소값을 찾는 일이다. '긴 시간 프레임을 위한 탑(top) 계산' 섹션에서 이 문제에 대한 다른 접근 법을 찾아본다.

- 요약 인덱스의 내용은 사람에 의해 사용되는 의미가 아니기 때문에 읽는 것이 매우 어렵다.

위의 모든 것이 어떻게 작동하는지 보기 위해 약간의 질의를 만들어보자. 다음처럼 간단한 stats 질의로 시작한다.

```
sourcetype=impl_splunk_gen
    | stats count max(req_time) avg(req_time) min(req_time) by user
```

이 질의는 우리가 기대했던 결과를 만들어 낸다.

	user ⇕	count ⇕	max(req_time) ⇕	avg(req_time) ⇕	min(req_time) ⇕
1	Bobby	11459	12239	6136.885004	1
2	bob	11294	12237	6107.613410	2
3	extrauser	3464	12239	6128.628753	6
4	jacky	11473	12236	6142.702905	1
5	linda	11375	12237	6107.128160	2
6	mary	23098	12239	6131.918991	1

자, 우리는 이것을 저장하고 바로 요약 인덱스로 보낼 수 있다. 그러나 결과는 사용하기에는 훌륭하지 않고, 평균의 평균은 정확하지 않을 수 있다. 다른 방법으로 우리는 다음처럼 sistats를 사용할 수 있다.

```
sourcetype=impl_splunk_gen
    | sistats count max(req_time) avg(req_time) min(req_time) by user
```

결과는 아래 화면처럼 직관적으로 무슨 의미인지 알 수 없는 많은 다른 정보를 포함하고 있다.

	psrsvd_ct_req_time ⇕	psrsvd_gc ⇕	psrsvd_nc_req_time ⇕	psrsvd_nn_req_time ⇕	psrsvd_nx_req_time ⇕	psrsv
1	8609	11459	8609	1	12239	528
2	8531	11294	8531	2	12237	521
3	3464	3464	3464	6	12239	212
4	8674	11473	8674	1	12236	532
5	8505	11375	8505	2	12237	519
6	17282	23098	17282	1	12239	105

스플렁크는 이 결과를 어떻게 다뤄야 하는지 알고 있고, 마치 원본 결과에서 있는 것처럼 stats 함수와 조합해 이 데이터를 사용한다. 아래 질의는 sistats와 stats가 데이터를 어떻게 연결해 함께 작업하는지 볼 수 있다.

```
sourcetype=impl_splunk_gen
    | sistats
        count max(req_time) avg(req_time) min(req_time)
        by user
    | stats count max(req_time) avg(req_time) min(req_time) by user
```

stats 기능은 원본 이벤트를 받지 않음에도 불구하고, sistats 요약 이벤트와 함께 어떻게 작업하는지 알고 있다. 다음 화면과 같이 원본 질의와 정확하게 같은 값을 표현했다.

	user ⇕	count ⇕	max(req_time) ⇕	avg(req_time) ⇕	min(req_time) ⇕
1	Bobby	11459	12239	6136.885004	1
2	bob	11294	12237	6107.613410	2
3	extrauser	3464	12239	6128.628753	6
4	jacky	11473	12236	6142.702905	1
5	linda	11375	12237	6107.128160	2
6	mary	23098	12239	6131.918991	1

sitop과 sitimechart도 역시 같은 경향을 가지고 있다.

다음처럼 요약 검색을 만들기 위한 과정을 단계별로 살펴보자.

1. sistats를 사용한 질의를 저장한다.

```
sourcetype=impl_splunk_gen
    | sistats count max(req_time) avg(req_time) min(req_time) by user
```

2. '저장된 검색에서 요약 인덱스 적용'에서 설명한 것처럼 적당하게 시간을 설정한다. 더 자세한 내용은 '요약 질의에서 지연시간의 영향' 섹션을 살펴보자.

3. '질의에서 요약 인덱스 이벤트 사용' 섹션에서 본 것 처럼 요약 인덱스의 질의를 만든다. testing sistats로 이 질의를 저장했다고 가정하면, 질의는 index="summary_impl_splunk" search_name="testing sistats"가 될 것이다.

4. 결과에 대해서 stats 함수를 사용한다.

```
index="summary_impl_splunk" search_name="testing sistats"
    | stats count max(req_time) avg(req_time) min(req_Lime) by user
```

이 질의는 원본 질의와 정확하게 같은 결과를 생성한다.

si* 류의 함수는 여전히 마법처럼 보인다. 그러나 중요한 점은 본인이 관심 있는 부분에 대해 집중할 수 있도록 매우 잘 동작할 것이고, 그 마법을 믿는 것이다. 함수와 필드는 원본에서 있는 일부분이 돼야 한다는 것을 명심해라.

요약 질의에서 지연시간의 영향

지연시간latency은 이벤트에 할당된 시간(일반적으로 텍스트에서 파싱된 시간)과 인덱스에 작성된 시간 사이의 차이다. 두 시간은 각 _time과 _indextime으로 기록된다.

아래는 지연시간이 어떤지 보기 위한 질의다.

```
sourcetype=impl_splunk_gen
    | eval latency = _indextime - _time
    | stats min(latency) avg(latency) max(latency)
```

내 경우에는 이 통계가 아래 화면처럼 나왔다.

	min(latency) ⬍	avg(latency) ⬍	max(latency) ⬍
1	-0.465	31.603530	72.390

이 경우에 `impl_splunk_gen`에 있는 스크립트가 청크chunk 단위로 이벤트를 생성하기 때문에 지연시간은 과장되어 있다. 대부분 스플렁크 인스턴스에서는 지연시간이 일반적으로 단지 수 초에 불과하다. 아마도 네트워크 때문에 속도가 느려지는 현상이 있다면, 지연시간은 크게 증가할 수 있기 때문에 이 부분이 고려되어야 한다.

이 질의는 모든 이벤트에 대한 시간을 보여주는 테이블을 만들 것이다.

```
sourcetype=impl_splunk_gen
    | eval latency = _indextime - _time
    | eval time=strftime(_time, "%Y-%m-%d %H:%M:%S.%.3N")
    | eval indextime=strftime(_indextime, "%Y-%m-%d %H:%M:%S.%.3N")
    | table time index time latency
```

앞의 질의는 다음 테이블을 만든다.

	time ⬍	indextime ⬍	latency ⬍
51	2012-08-22 21:38:11.107	2012-08-22 21:38:33.000	21.893
52	2012-08-22 21:38:11.011	2012-08-22 21:38:33.000	21.989
53	2012-08-22 21:38:10.546	2012-08-22 21:38:33.000	22.454
54	2012-08-22 21:38:10.433	2012-08-22 21:38:33.000	22.567
55	2012-08-22 21:38:10.419	2012-08-22 21:38:33.000	22.581
56	2012-08-22 21:38:09.588	2012-08-22 21:38:33.000	23.412
57	2012-08-22 21:38:08.955	2012-08-22 21:38:33.000	24.045
58	2012-08-22 21:38:08.502	2012-08-22 21:38:33.000	24.498
59	2012-08-22 21:38:07.867	2012-08-22 21:38:33.000	25.133

지연시간을 다루기 위해 요약 인덱스를 적용하는 질의에 충분한 간격을 추가해야 한다. 다음 몇 가지 예제를 보자.

신뢰	시간 간격	시작 시간	종료 시간	크론
2분	1시간	−62m@m	−2m@m	2 * * * *
15분	1시간	−1h@h	−0h@h	15 * * * *
5분	5분	−10m@m	−5m@m	*/5 * * * *
1시간	15분	−75m@m	−60m@m	*/15 * * * *
1시간	24시간	−1d@d	−0d@d	0 1 * * * *

 때때로 불안정한 네트워크에서 작업을 할 때 언제 로그가 인덱스될지 알 수 없는 경우가 있다. 이러한 경우를 "예측할 수 없는 지연시간(unpredictable latency)"이라고 부른다. 한 가지 해결 방법으로 http://splunkbase.com에서 사용할 수 있는 indextime search 앱을 살펴보자.

요약 데이터를 채우는 방법과 시기

요약 데이터에 대한 보고서를 만들고자 할 때, 요약 인덱스에서 표현하기 위한 충분한 시간이 물론 필요하다. 보고서가 하루 또는 이틀을 표현하고자 한다면 요약 내용이 충분한 정보를 가지기 위해 기다려야 할 수 있다. 바로 작동하는 보고서가 필요하거나 시간 간격이 긴 경우에 요약 인덱스를 다시 메울 수 있다.

fill_summary_index.py

fill_summary_index.py 스크립트는 원하는 기간동안 요약 인덱스의 데이터를 메울 수 있도록 해준다. 이 스크립트는 요약 인덱스를 적용하기 위해 정의했던 저장된 검색을 지정된 기간 동안만 실행한다.

이 스크립트를 사용하기 위해 다음 절차를 따른다.

1. '저장된 검색으로 요약 인덱스 적용' 섹션에서 설명한 것처럼 스케줄 검색을 생성한다.

2. 스플렁크 인스턴스가 있는 셸에 로그인한다. 분산 환경에서 운영되고 있다면 검색 헤드에 로그인한다.

3. 스플렁크 bin 디렉토리로 이동한다.

```
cd $SPLUNK_HOME/bin
```

4. $SPLUNK_HOME은 스플렁크를 설치한 루트다. 기본 설치 디렉토리는 유닉스 시스템에서는 /opt/splunk이고, 윈도우 시스템에서는 c:\Program Files\Splunk다.

5. fill_summary_index 명령을 실행한다. 스크립트 내부에서의 예제는 다음과 같다.

```
./splunk cmd python fill_summary_index.py -app is_app_one -name "summary -
count by user" -et -30d -lt now -j 8 -dedup true -auth admin:change me
```

이 명령의 각 실행 인자를 살펴보자.

- ./splunk cmd: 다음에 무엇을 실행하든지 스플렁크 라이브러리와 포함된 파이썬 모듈을 찾기 위해 적당한 설정을 갖게 하는 필수적인 환경변수를 설정한다.

- python fill_summary_index.py: 스플렁크 배포와 함께 포함된 파이썬 실행 모듈을 사용해 스크립트를 실행한다.

- -app is_app_one: 요약 질의들을 포함하고 있는 앱의 이름이다.

- -name "summary - count by user": 실행하는 질의의 이름. * 은 정해진 앱에 포함하고 있는 모든 요약 질의들을 실행할 것이다.

- -et -30d: 시작 시간을 설정한다. 적당한 시간이 요약 인덱스를 적용하기 위해 결정되고 사용된다.

- -lt now: 종료 시간을 설정한다.

- -j 8: 동시에 실행될 질의의 수를 결정한다.

- -dedup true: 해당 시간 간격에 대해서 결과에 중복이 없다는 것을 결정하기 위해 사용된다. 이 플래그가 없다면 요약 인덱스에서 중복되는 항목이 있을 수 있다. 어떤 통계 함수에서는 이것은 문제가 없을 수 있으나 대부분의 경우에는 문제가 발생할 수 있다.

 요약 이벤트가 인덱서가 사용할 수 없는 생성되어서 불안전한 요약 데이터를 가지고 있다고 생각된다면, 우선 이 이벤트를 제거하기 위해 delete 명령에 대해 알아봐야 한다. delete 명령은 효율적이지 않기 때문에 조심히 사용하거나 전혀 사용하지 않도록 한다.

- -auth admin:changeme: 질의를 실행하기 위한 인증이다.

이 스크립트를 실행할 때, 마치 질의가 과거에 그 시간에서 실행했던 것처럼, 적당한 시간을 가지고 질의를 실행할 것이다. 이것은 특별히 조각의 수가 매우 크다면 매우 느리게 처리될 수 있다. 예를 들어 한 달 동안 매 5분의 시간 조각이라면 30*24*(60/5)=8,640번의 질의가 실행된다.

사용자 정의 요약 인덱스를 생성하는 collect

요약 인덱스를 사용하는 이벤트의 수가 하나의 보고서로 표현될 수 있다면, 직접 요약 인덱스 항목을 생성하기 위해 collect 함수를 사용할 수 있다. 이 함수는 한 번에 인덱스를 만들 수 있는 이점을 가지고 있다. 또한 backfill 스크립트를 실행하는 것보다 훨씬 더 빠르고 하나의 시간 간격에 대해 한 번의 검색을 실행한다. 예를 들어, 한 달에 걸쳐 15분 간격으로 계산하기를 원한다면, 스크립트는 2,880번의 질의를 실행한다.

요약 인덱스를 실제로 생성하는 코드를 살펴보면 이벤트를 특정 인덱스로 저장하기 위해 collect 명령을 사용한다는 것을 볼 수 있다. Collect 명령은 사용자가 직접 쉽게 사용할 수 있다.

먼저, 아래처럼 시간의 단위로 데이터를 나누는 질의를 만들자.

```
source = "impl_splunk_gen"
    | bucket span=1h _time
    | state count by _time user
```

이 명령은 다음 화면과 같은 간단한 테이블을 보여준다.

	_time ⇕	user ⇕	count ⇕
1	8/22/12 8:00:00.000 PM	Bobby	549
2	8/22/12 8:00:00.000 PM	bob	565
3	8/22/12 8:00:00.000 PM	extrauser	168
4	8/22/12 8:00:00.000 PM	jacky	551
5	8/22/12 8:00:00.000 PM	linda	588
6	8/22/12 8:00:00.000 PM	mary	1115
7	8/22/12 9:00:00.000 PM	Bobby	960
8	8/22/12 9:00:00.000 PM	bob	979
9	8/22/12 9:00:00.000 PM	extrauser	294
10	8/22/12 9:00:00.000 PM	jacky	942

각 시간 단위의 해당 시간 동안 이벤트를 생성한 각 사용자들이 하나의 열로 표현되어 있는 것을 볼 수 있다.

관심 있는 몇 개의 항목을 추가해보자.

```
source="impl_splunk_gen"
    | bucket span=1h _time
    | eval error=if(loglevel="ERROR",1,0)
    | stats count avg(req_time) dc(ip) sum(error) by _time user
```

이 질의는 다음 화면과 같은 테이블이 생성된다.

	_time ⇕	user ⇕	count ⇕	avg(req_time) ⇕	dc(ip) ⇕	sum(error) ⇕
1	8/22/12 8:00:00.000 PM	Bobby	549	5918.018913	6	144
2	8/22/12 8:00:00.000 PM	bob	565	6002.448357	6	117
3	8/22/12 8:00:00.000 PM	extrauser	168	6125.517857	6	40
4	8/22/12 8:00:00.000 PM	jacky	551	6005.267123	6	143
5	8/22/12 8:00:00.000 PM	linda	588	6215.339326	6	130
6	8/22/12 8:00:00.000 PM	mary	1115	6039.061078	6	292
7	8/22/12 9:00:00.000 PM	Bobby	960	6144.366255	6	227
8	8/22/12 9:00:00.000 PM	bob	979	6413.421622	6	229
9	8/22/12 9:00:00.000 PM	extrauser	294	6129.421769	6	88
10	8/22/12 9:00:00.000 PM	jacky	942	6115.462518	6	227

요약 인덱스를 만들 준비를 하기 위해 sistats로 변경하고 검색을 저장하기 위해 search_name 항목을 추가한다. 모든 것이 기대한대로 잘 실행되는지 확인하기 위해 testmode를 사용한다.

```
source="impl_splunk_gen"
    | bucket span=1h _time
    | eval error=if(loglevel="ERROR",1,0)
    | sistats count avg(req_time) dc(ip) sum(error) by _time user
    | eval search_name="summary - user stats"
    | collect index=summary_impl_splunk testmode=true
```

이 질의의 결과는 실제로 요약 인덱스로 만들었을 때의 결과를 보여준다. 그러나 우리에게 친숙하게 보여지지 않기 때문에, 다음처럼 끝에 원래의 stats 절을 추가해 실행 결과를 테스트해보자.

```
source="impl_splunk_gen"
    | bucket span=1h _time
    | eval error=if(loglevel="ERROR",1,0)
    | sistats count avg(req_time) dc(ip) sum(error) by _time user
    | eval search_name="summary - hourly user stats - collect test"
    | collect index=summary_impl_splunk testmode=true
    | stats count avg(req_time) dc(ip) sum(error) by _time user
```

모든 것을 맞게 실행했다면 결과는 원래 테이블과 똑같아야 한다.

	_time ⬍	user ⬍	count ⬍	avg(req_time) ⬍	dc(ip) ⬍	sum(error) ⬍
1	8/22/12 8:00:00.000 PM	Bobby	549	5918.018913	6	144
2	8/22/12 8:00:00.000 PM	bob	565	6002.448357	6	117
3	8/22/12 8:00:00.000 PM	extrauser	168	6125.517857	6	40
4	8/22/12 8:00:00.000 PM	jacky	551	6005.267123	6	143
5	8/22/12 8:00:00.000 PM	linda	588	6215.339326	6	130
6	8/22/12 8:00:00.000 PM	mary	1115	6039.061078	6	292
7	8/22/12 9:00:00.000 PM	Bobby	960	6144.366255	6	227
8	8/22/12 9:00:00.000 PM	bob	979	6413.421622	6	229
9	8/22/12 9:00:00.000 PM	extrauser	294	6129.421769	6	88
10	8/22/12 9:00:00.000 PM	jacky	942	6115.462518	6	227

이 질의를 실제로 실행하기 위해 다음처럼 collect에서 testmode를 단순히 제거하면 된다.

```
source="impl_splunk_gen"
    | bucket span=1h _time
    | eval error=if(loglevel="ERROR",1,0)
    | sistats count avg(req_time) dc(ip) sum(error) by _time user
    | eval search_name="summary - user stats"
    | collect index=summary_impl_splunk
```

 요약 인덱스로 나온 결과의 시간에 collect 명령을 사용하면 중복된 값이 만들어지게 되는 점에 주의해야 한다. 이러한 중복을 피하기 위해서 사용자 정의 시간 프레임을 사용하거나, 앞에서 설명했던 delete 명령을 사용하는 것은 매우 비효율적이다. 그렇기 때문에 이러한 상황은 가능한 피해야만 한다.

질의가 끝날 때까지 결과를 사용할 수 없고, 백그라운드에서 생성된 파일이 인덱스된다. 내 환경에서 실행했을 때 질의는 173초 동안 2.2백만 개의 이벤트를 검사해서 2,619개의 요약 이벤트를 생성했다. 이제 요약 데이터를 사용해 보자.

```
index=summary_impl_splunk
search_name="summary - hourly user stats - collect test"
   | timechart sum(error) by user
```

이 결과는 다음과 같은 그래프를 보여준다.

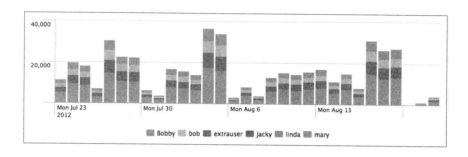

이는 요약된 데이터에서 생성되었기 때문에, 3분이 아닌 1.5초만에 실행이 완료되었다.

특정 경우에서 collect를 사용하는 것이 fill_summary_index.py 스크립트를 사용하는 것보다 4배 이상 빠르다. 하지만, collect 명령은 실수를 하기가 훨씬 더 쉽기 때문에 매우 주의해야 한다. collect testmode=true와 stats 또는 timechart 명령으로 충분히 사전 검토를 실시하도록 한다.

요약 인덱스 크기 감소

요약 인덱스를 생성하는 저장된 검색이 너무 많은 결과를 만들어낸다면, 요약 인덱스는 검색 속도를 빠르게 하는 데 덜 효과적이다. 이것은 일반적으로 그룹화하는 데 사용하는 항목이 기대했던 것보다 더 많은 고유 값을 가지기 때문에 발생한다.

많은 고유 값을 가질 수 있는 항목 중에 일반적인 예는 웹 접근 로그에 있는 URL이다. URL의 수는 다음과 같은 이유로 증가할 수 있다.

● URL이 세션 ID를 포함하는 경우
● URL이 쿼리 스트링을 포함하는 경우

- 해커가 사이트를 공격하기 위해 임의의 URL을 던지는 경우

- 보안 팀이 취약점을 찾기 위해 툴을 돌리는 경우

이 중에 하나는 여러 URL이 정확하게 같은 리소스를 표현할 수도 있다.

- /home/index.html

- /home/

- /home/index.html?a=b

- /home/?a=b

이러한 값을 해결하기 위한 몇 가지 접근 방법을 살펴보자. 여기에서 소개하는 것은 단지 예제이고 하나의 아이디어다. 실제 환경에서는 다른 접근 방법이 필요할 수 있다.

그룹 항목을 정의하기 위한 eval과 rex

이 문제를 해결하기 위한 한 가지 방법은 rex를 사용해 URL에서 새로운 항목을 만드는 것이다. 단지 디렉토리를 맞추는 것을 고려할 수 있다. rex를 통해 이를 수행할 수 있고, 필요하면 여러 개의 rex 절을 사용할 수 있다.

가상의 데이터 형태인 impl_splunk_web을 살펴보자. 다음과 같은 결과를 볼 수 있다고 하자.

```
2012-08-25T20:18:01 user=bobby GET /products/x/?q=10471480 uid=Mzg2NDc0OA
2012-08-25T20:18:03 user=user3 GET /bar?q=923891 uid=MjY1NDI5MA
2012-08-25T20:18:05 user=user3 GET /products/index.html?q=9029891
uid=MjY1NDI5MA
2012-08-25T20:18:08 user=user2 GET /about/?q=9376559 uid=MzA4MTc5OA
```

URL에는 어떤 다른 부분이 포함될 수 있고, 그렇지 않은 경우도 있기 때문에 다루기 까다롭다. 예를 들어 URL은 질의어, 페이지 또는 뒤이어 오는 슬래시(/)를 가질 수 있다. 이를 처리하기 위해 모든 것을 포함하는 정규 표현식을 만들려고 노력하는 대신에 패턴이 일치하지 않으면 이벤트에 변화를 만들지 않는 rex의 이점을 이용한다.

```
sourcetype="impl_splunk_web"
  | rex "\s[A-Z]+\s(?P<url>.*?)\s"
  | rex field=url "(?P<url>.*)\?"
  | rex field=url "(?P<url>.*/)"
  | stats count by url
```

이 경우에 다음과 같은 결과를 만들어 낸다.

url ⇕	count ⇕
/	5741
/about/	2822
/contact/	2847
/products/	5653
/products/x/	5637
/products/y/	2786

의의 rex 구문을 단계별로 살펴보자.

- rex "\s[A-Z]+\s(?P<url>.*?)\s": 이 패턴은 공백 이후 대문자 그리고 뒤의 공백을 찾은 후, url 항목에 공백이 있을 때까지 모든 문자를 가져온다. 항목 속성은 정의되지 않았기 때문에 rex 절은 _raw 항목에 대해서 실행한다. 이 값은 다음과 같은 문자를 추출한다.

  - /products/x/?q=10471480

  - /bar?q=923891

  - /products/index.html?q=9029891

  - /about/?q=9376559

- rex field=url "(?P<url>.*)\?": url 필드를 검사해 이 패턴은 물음표(?)가 있을 때까지 모든 문자와 일치시킨다. 이 패턴이 맞다면, 그 결과는 url 필드의 요소로 대체한다. 패턴이 일치하지 않으면 url을 그대로 둔다. url 값은 다음과 같다.

332

- /products/x/

- /bar

- /products/index.html

- /about/

- rex field=url "(?P<url>.*/)": 다시 한 번 url 항목을 검사하는 동안 이 패턴은 마지막 슬래시(/)를 포함할 때까지 모든 문자를 맞춘다. url 값은 다음과 같다.

  - /product/x/

  - /

  - products/

  - /about/

이 과정을 통해 가능한 URL의 수는 효과적으로 줄어들었고, 요약 인덱스는 더 유용하고 효과적으로 만들어 줄 수 있다. 단지 세 단계까지만 비교하고 싶다면 다음처럼 rex 구문을 만들 수 있다.

rex field=url "(?P<url>/(?:[^/]/){,3})"

가능성은 끝이 없다. 요약 인덱스를 만들 때 할 수 있는 한 많은 데이터를 가지고 테스트해보길 바란다.

와일드카드를 가진 룩업

스플렁크 룩업은 또한 와일드카드를 지원한다. 이것의 장점은 url 값에 따라 그룹화를 위한 임의의 항목을 정의할 수 있다.

룩업 와일드카드를 만들기 위해 우선 url 항목과 룩업을 설정하는 것이 필요하다.

1. url 필드를 추출하자. 앞에서 사용했던 rex 패턴을 사용한다. 3장에서 필드을 추출해 설정하는 자세한 내용을 설명했다. 추출에서 권한을 설정하는 것을 잊지 않도록 하자.

```
rex "\s[A-Z]+\s(?P<url>.*?)\s".
```

2. 룩업 파일을 만들자. 룩업 파일을 flatten_summary_lookup.csv로 저장한다. 예제 로그를 위해 다음 내용을 사용하자.

```
url,section
/about/*,about
/contact/*,contact
/*/*,unknown_non_root
/*,root
*,nomatch
```

 맥 환경에서 엑셀로 룩업 파일을 만든다면 'Windows Comma Separated(.csv)' 형식을 사용해 파일을 저장해야 한다.

3. 룩업 테이블 파일을 업로드하고, 룩업 정의와 자동 룩업을 생성하자. 6장에서 데이터를 풍부하게 하는 룩업 섹션을 참조한다. 이 자동 룩업 정의는 다음 화면처럼 보인다(이름(Name) 값은 아무 값이나 입력한다).

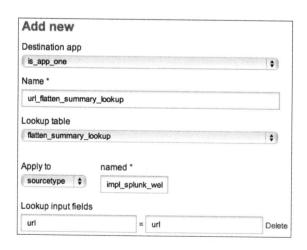

4. 개체의 모든 곳에 권한을 설정하자. 일반적으로 룩업 테이블 파일_{Lookup table files}과 룩업 정의_{Lookup definitions}에 대해서는 모든 앱_{All Apps}에 그리고 자동 룩업_{Automatic lookups}에는 오직 이 앱_{This app only}으로 설정한다. 자세한 내용은 6장을 보도록 한다.

5. tansforms.conf를 편집한다. 스플렁크 4.3에서는 룩업에 대한 모든 기능을 관리자 화면을 통해 정의할 수 없다. 이 기능을 사용하기 위해 실제 스플렁크를 구동하는 설정 파일을 직접 편집해야만 한다. 10장에서 설정 파일에 대해 자세히 알아볼 것이다. 그러니 지금은 단지 하나의 파일에 두 개의 라인만 추가하고 넘어가자.

1. $SPLUNK_HOME/etc/apps/is_app_one/local/transforms.conf를 편집한다. is_app_one이라는 디렉토리명은 룩업 정의를 생성했을 때 활성화된 앱 이름에 따라 달라질 수 있다. 이 파일을 찾지 못했다면 관리자 화면에서 권한과 앱_{App} 항목을 확인해본다.

2. 아래 두 줄을 보자. 룩업 테이블 파일_{Lookup table file}과 룩업 정의_{Lookup definition}에서 이름을 짓는 것에 따라서 다를 수 있다.

```
[flatten_summary_lookup]
filename = flatten_summary_lookup.csv
```

이 두 줄을 볼 수 없다면 권한을 확인해본다.

1. filename 아래에 다음 두 줄을 추가한다.

```
match_type = WILDCARD(url)
max_matches = 1
```

이 두 줄의 의미는 다음과 같다.

● match_type = WILDCARD(url): url 항목을 검사할 때 와일드카드 문자를 사용한다. 이 설정이 없다면 모든 것이 문자 그대로 맞춰진다.

- max_matches = 1: 처음으로 맞는 형식을 찾은 후에 검색을 종료한다. 기본적으로 10개가 매칭될 때까지 실행된다. 효율적으로 케이스$_{case}$ 문을 사용하는 것처럼 단지 첫 번째 줄만 맞추기를 원한다.

모든 것이 잘 설정되었다면 다음 검색을 실행할 수 있다.

```
sourcetype=impl_splunk_web | stats count by section
```

이 결과는 다음과 같은 간단한 보고서를 보여준다.

section ⬍	count ⬍
1	about	2822
2	contact	2847
3	root	5741
4	unknown_non_root	14076

실제로 잘 진행되고 있는지 더 자세히 보기 위해서 다음 검색을 실행해보자.

```
sourcetype=impl_splunk_web
  | rex field=url "(?P<url>.*)\?"
  | stats count by section url
```

rex 절은 추출된 필드에 의해 생성된 url의 값에서 쿼리 스트링을 제거하기 위해 포함되었다. 이 결과는 다음과 같은 보고서를 출력한다.

	section ⬍	url ⬍	count ⬍
1	about	/about/	2822
2	contact	/contact/	2847
3	root	/bar	2847
4	root	/foo	2894
5	unknown_non_root	/products/	5653
6	unknown_non_root	/products/x/	5637
7	unknown_non_root	/products/y/	2786

우리의 룩업 파일을 다시 살펴보면 매칭은 다음과 같다.

url	패턴	섹션
/about/	/about/*	about
/contact/	/contact/*	contact
/bar	/*	root
/foo	/*	root
/products/	/*/*	unknown non_root
/products/x/	/*/*	unknown non_root
/productsy/	/*/*	unknown non_root

위에서 아래로 룩업 파일을 읽는다면, 처음 나오는 패턴에 매칭이 이뤄진다.

그룹 결과에 이벤트 타입 사용

요약 인덱스 크기를 줄이기 위해 그룹 결과에 대한 다른 접근법은 창조적인 방법으로 이벤트 타입을 사용하는 것이다. 이벤트 타입에 대해서 상기하기 위해서 6장을 보자.

이 방법은 다음의 이점을 가진다.

- 모든 것이 웹 화면을 통해 정의된다.
- 임의적인 복잡한 정의를 만드는 것이 가능하다.
- 정의 된 섹션 이름을 가진 이벤트에 대해 쉽게 검색할 수 있다.
- 필요하다면 여러 그룹 안에 이벤트를 놓을 수 있다.

이 방법은 다음과 같은 약점을 가지고 있다.

- 접근이 불명확하다.
- 하나의 이벤트 타입 이상을 매칭한다면 여러 그룹에 이벤트를 놓는 것이 쉽지 않다. 예를 들어, /product/x/*와 맞는 페이지를 원하지만 /product/*는 제외시키고 싶을 경우 이것을 하는 것은 어렵다.

이벤트 타입을 만들기 위해서 다음 과정을 따라해보자.

1. 각 섹션에 대해 다음처럼 이벤트 타입을 생성한다.

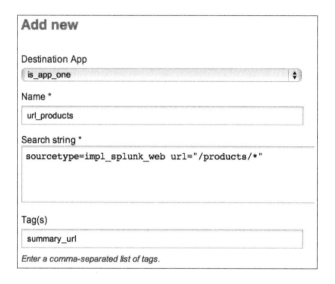

2. 범위에 맞게 오직 이 앱This app only 또는 전역Global으로 권한을 설정한다.

3. 요약 하기를 원하는 각 섹션마다 이 작업을 반복한다. 관리자Manager에 복제 Clone를 이용해 이 작업을 더 빠르게 할 수 있다.

이제 이벤트 타입을 이용해 질의를 만들 수 있다. 우리가 만든 '태그Tag' 값은 다음처럼 하나의 섹션을 매칭하는 이벤트에 대해 쉽게 검색할 수 있다.

```
tag::eventtype="summary_url" | top eventtype
```

앞의 코드는 다음과 같은 결과를 보여준다.

	eventtype ⬍	count ⬍	percent ⬍
1	bogus	19745	100.000000
2	url_products	14076	71.288934
3	url_contact	2847	14.418840
4	url_about	2822	14.292226

결과는 우리가 생성한 새로운 이벤트 타입을 포함한다. 그리고 원하지 않는 이벤트 타입 bogus도 따라온다. 이벤트를 매칭하는 모든 이벤트 타입 정의가 추가되는 것을 기억하자. 이것은 매우 강력하지만 때때로 원하지 않은 것이 포함 될 수 있다. bogus 이벤트 타입은 이러한 점을 설명하기 위해서 추가하였고 실제로는 사용하지 않는다.

요약 이벤트 타입 이름에서 새로운 항목을 만들고 새로운 항목에 기반해서 집계하자.

```
tag::eventtype="summary_url"
    | rex field=eventtype "url_(?P<section>.*)"
    | stats count by section
```

앞에 코드는 우리가 찾고자 하는 결과를 준다.

section ⇕	count ⇕
about	2822
contact	2847
products	14076

이 검색은 오직 정의된 이벤트 타입을 가진 이벤트만 찾는다. 그리고 이것이 우리가 원하는 것일지도 모른다. "나머지other" 그룹으로 모든 다른 결과를 그룹화하기 위해 다음 방법으로 이벤트를 검색한다.

```
sourcetype=impl_splunk_web
    | rex field=eventtype "url_(?P<section>.*)"
    | fillnull value="other" section
    | stats count by section
```

앞의 코드는 다음과 같은 결과가 나타난다.

	section ⇕	count ⇕
1	about	2822
2	contact	2847
3	other	5741
4	products	14076

이 예제는 결과를 더 효율적인 요약 결과로 축약하고자 할 때 아이디어를 제공해준다.

긴 시간 프레임을 위한 탑(top) 계산

빈번하게 발생하는 문제 중 하나는 고유 값을 갖는 거대한 집합에서 가장 공헌도가 높은 값을 발견하는 것이다. 예를 들면, 하루 또는 일주일 동안 가장 많은 대역폭을 사용한 IP 주소를 알고자 한다면, 이 질문에 정확한 답을 구하기 위해 수백만 개의 호스트에 대한 전체 요청의 양을 추적해야 할 수 있다. 요약 인덱스를 사용할 때 이것은 요약 인덱스 안에 있는 수백만 개의 이벤트를 저장하고 이 안에서 빠르게 문제를 해결할 수 있다는 것을 의미한다.

설명을 위해 다음의 간단한 데이터를 보자.

시간	1.1.1.1	2.2.2.2	3.3.3.3	4.4.4.4	5.5.5.5	6.6.6.6
12:00	99	100	100	100		
13:00	99		100	100	100	
14:00	99	100		101	100	
15:00	99		99	100	100	
16:00	99	100			100	100
total	495	300	299	401	400	100

우리가 시간당 최상위 세 개의 IP만을 저장한다면 데이터는 다음 표처럼 보일 것이다.

시간	1.1.1.1	2.2.2.2	3.3.3.3	4.4.4.4	5.5.5.5	6.6.6.6
12:00		100	100	100		
13:00			100	100	100	
14:00		100		101	100	
15:00			99	100	100	
16:00		100			100	100
total		300	299	401	400	100

이 데이터에 따르면 최상위 3개의 IP 주소는 4.4.4.4, 5.5.5 그리고 2.2.2.2다. 실제 가장 큰 값은 1.1.1.1이지만, 이 값은 한 번도 3위 안에 들지 못했기 때문에 누락된다.

이 문제를 해결하기 위해 우리는 더 작은 시간 단위로 나눠 더 많은 데이터를 추적하는 것이 필요하다. 그러나 얼마나 많이 데이터를 나눠야 할까?

임의로 생성한 데이터를 사용해 랜덤 수를 세어보고 어떤 결과가 발생하는지 살펴보자. 데이터 집합에 다음 질의를 실행한다.

```
source="impl_splunk_gen" | top req_time
```

일주일에 걸쳐 실행했을 때 이 질의는 다음 결과를 보여준다.

	req_time ⇕	count ⇕	percent ⇕
1	10	402	0.072102
2	34	383	0.068694
3	15	377	0.067618
4	118	374	0.067080
5	26	373	0.066901
6	21	370	0.066362
7	18	366	0.065645
8	46	365	0.065466
9	140	365	0.065466
10	291	363	0.065107

여기에 얼마나 많은 고유 값이 있는가? 다음 질의를 통해 답을 얻을 수 있다.

```
source="impl_splunk_gen" | stats dc(req_time)
```

이는 req_time에 12,239개의 독립된 값이 있다는 것을 알려준다. 시간당 얼마나 많은 다른 값을 가지고 있을까? 다음 질의가 시간당 고유 값의 평균 수를 알려준다.

```
source="impl_splunk_gen"
    | bucket span=1h _time
    | stats dc(req_time) as dc by _time
    | stats avg(dc)
```

req_time의 고유 값이 평균 3,367개가 있다. 그래서 한 주마다 req_time의 모든 개수를 저장하면 3,367*24*7=565,656 개의 값을 저장하게 된다. 앞에서 했던 대답을 얻기 위해 시간당 얼마나 많은 값을 저장해야 할까?

이 질문에 대한 대답을 얻기 위한 질의는 다음과 같다.

```
source="impl_splunk_gen"
    | bucket span=1h _time
    | stats count by _time req_time
    | sort 0 _time -count
    | streamstats count as place by _time
    | where place<50
    | stats sum(count) as count by req_time
    | sort 0 -count
    | head 10
```

이 질의를 순서대로 살펴보자.

- source="impl_splunk_gen": 해당 이벤트를 찾는다.

- | bucket span=1h _time: 시간 단위로 _time 필드를 내림한다. 시간당 요약 질의를 실행하기 위해 이를 사용한다.

- | stats count by _time req_time: 시간 당 req_time에 대한 개수를 생성한다.

- | sort 0 _time -count: 모든 이벤트를 정렬한다(0은 정렬 방식을 의미한다). _time은 오름차순으로 count는 내림차순으로 정렬한다.

- | streamstats count as place by _time: 이 구문에서는 place 값을 증가시키고, _time이 변경될 때 숫자를 다시 세면서 이벤트에 따라 반복 수행한다. 우리는 매 시간 시작을 위해 _time을 내림했다는 것을 기억하자.

- | where place<50: 시간당 첫 50개의 이벤트를 유지한다. count를 내림차순으로 정렬하였기 때문에 이것은 시간당 count의 가장 큰 값 순서로 5개가 된다.

- | stats sum(count) as count by req_time: 모든 시간에 걸쳐 남아 있는 것에 숫자를 더한다.

- | sort 0 -count: count의 내림차순 순서로 이벤트를 정렬한다.

- | head 10: 첫 10개의 결과만 보여준다.

어떻게 했을까? 시간당 최상의 50개의 결과를 유지함으로써, 결과는 다음 화면처럼 보여진다.

	req_time ⇕	count ▾
1	10	139
2	257	125
3	101	109
4	103	109
5	140	107
6	46	107
7	15	98
8	21	98
9	24	97
10	211	96

아직 끝나지 않았다. 이것을 다시 시도해보자. 우리는 where place<1000 조건으로 시도해보자. 결과는 다음과 같다.

	req_time ⇕	count ⇣
1	10	401
2	34	367
3	15	361
4	26	356
5	101	354
6	118	351
7	18	350
8	21	349
9	46	345
10	291	344

이것이 훨씬 근접해 보인다. 그러나 여전히 꼭 맞지 않다. 추가적인 시도를 한 후에 place<2000이면 기대했던 상위 10개를 얻는 데 충분했다. 이것은 시간당 3,367개의 열을 정렬하는 것보다 더 좋다. 이것은 귀찮은 것에 비해 큰 차이가 없는 것처럼 보일 수 있다. 그러나 이벤트의 수가 10 또는 100으로 증가하면 큰 차이를 만들 수 있다.

요약 인덱스에서 이 결과를 사용하기 위해 데이터 집합으로 가는 결과를 단순히 제거할 것이다. 이것을 완성하는 한 가지 방법은 다음과 같다.

```
source="impl_splunk_gen"
    | sitop req_time
    | streamstats count as place
    | where place<2001
```

sitop에서 생성된 첫 열은 전체 값을 포함한다.

또 다른 방법은 eventstats와 sistats의 조합을 사용하는 것이다.

```
source="impl_splunk_gen"
    | eventstats count by req_time
    | sort 0 -req_time
    | streamstats count as place
    | where place<2001
    | sistats count by req_time
```

344

이것은 운좋게도 끔찍할 만한 문제는 없다. 그래서 복잡한 대부분 것을 회피할 수 있다. 또다른 선택으로는 '하루 동안 실행되는 집계 생성' 섹션을 보자.

요약 인덱스에 원시 이벤트 저장

때때로 이벤트를 다른 인덱스로 복사하기를 원할 수 있다. 이를 수행하는 이유에는 두 가지가 있다.

- **보관 주기 차이**: 어떤 특별한 이벤트는 무기한 유지되는 것이 필요하지만, 초기에 만들어진 인덱스는 약간의 시간이 지난 후에 요약 인덱스로 저장된 후 제거될 것이다.
- **강화**: 때때로 데이터의 강화는 매 질의와 함께 일어나 너무 비용이 많이 들어서, 특정 시간에 존재하는 값처럼 룩업에서 값을 가지고 이벤트를 잡는 것이 중요하다.

이 과정은 어떤 요약 인덱스 이벤트를 생성하는 것과 같다. 이 단계는 다음 순서를 따른다.

1. 지속적으로 실행되는 질의를 생성하기
2. fields 명령을 사용해 관심 있는 필드 추가하기
3. 검색 정의에 search_name 필드 추가하기
4. _time을 포함하고 _raw를 raw로 이름 변경하기

약간의 추가적인 데이터로 풍부해진 데이터에서 mary로 시작하는 모든 에러를 찾아보자. 먼저 질의를 만든다.

```
sourcetype=impl_splunk_gen mary error
    | eval raw=_raw
    | table _time raw department city
```

질의를 저장하고 요약 정보를 편집한다.

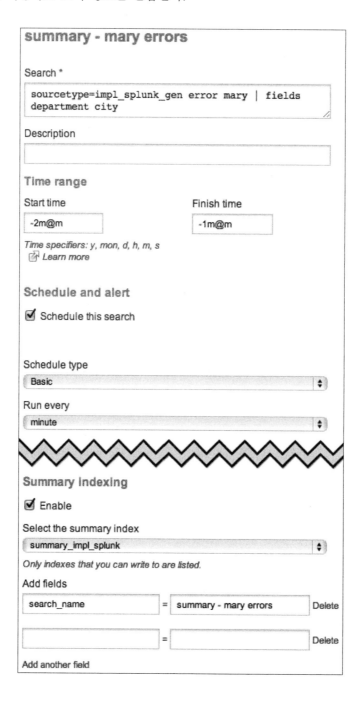

그 후에 search_name에 정의한 값을 사용해 요약 인덱스에 대해 검색할 수 있다.

```
index=summary_impl_splunk search_name="summary - mary errors"
```

요약 인덱스에서 이벤트는 특별한 항목 몇 개가 더해졌지만 원본 이벤트와 거의 같은 것처럼 보인다.

```
09/03/2012 203:11:59 -0600, search_name="summary - mary errors",
search_now=1346641919.000, info_min_time=1346641919.000, info_max_
time=1346641919.000, info_search_time=1346641919.588, city=Dallas,
department=HR, raw="2012-09-03T03:11:59.107+0000 DEBUG error, ERROR,
Error! [logger=LogoutClass, user=mary, ip=3.2.4.5, req_time=1414]"
```

table 명령과 함께 fields 명령을 사용해 추가한 필드를 볼 수 있다.

```
index=summary_impl_splunk search_name="summary - mary errors"
  | table _time department city search_name
```

앞의 검색은 다음 테이블을 만든다.

	_time ⇕	department ⇕	city ⇕	search_name ⇕
1	9/2/12 10:08:54.946 PM	HR	Dallas	summary - mary errors
2	9/2/12 10:08:50.093 PM	HR	Dallas	summary - mary errors
3	9/2/12 10:08:47.942 PM			summary - mary errors
4	9/2/12 10:08:46.304 PM	HR	Dallas	summary - mary errors
5	9/2/12 10:08:41.989 PM	HR	Dallas	summary - mary errors
6	9/2/12 10:08:35.099 PM	HR	Dallas	summary - mary errors
7	9/2/12 10:08:25.719 PM	HR	Dallas	summary - mary errors
8	9/2/12 10:08:24.545 PM			summary - mary errors
9	9/2/12 10:08:24.211 PM	HR	Dallas	summary - mary errors
10	9/2/12 10:08:22.395 PM	HR	Dallas	summary - mary errors

이 과정은 꽤 복잡하다. 그러나 다행히 요약 인덱스에 이벤트를 더하는 일은 일반적으로 필요하지 않다.

전이 데이터를 CSV 파일로 저장

때때로 적은 양의 데이터를 스플렁크 인덱스 외부로 저장하는 것이 유용할 수 있다. inputcsv와 outputcsv 명령을 사용해 파일 시스템에 CSV 파일로 테이블 데이터를 저장할 수 있다.

드랍다운 미리 지정

대시보드가 동적 드랍다운을 포함한다면, 드랍다운을 채우기 위한 검색을 사용해야 한다. 데이터 양이 증가하면 드랍다운을 만드는 질의는 더욱 더 느려지고, 요약 인덱스를 사용하더라도 느릴 것이다. 필요한 정보를 바로 지정하기 위해 CSV 파일을 사용할 수 있다. 그리고 새로운 정보가 발생했을 때, 그 값을 간단히 추가할 수 있다.

먼저, CSV 파일을 만들기 위한 질의를 만든다. 이 질의는 가능한 많은 데이터 대해 실행되어야 한다.

```
source="impl_splunk_gen"
    | stats count by user
    | outputcsv user_list.csv
```

다음은 파일에 새로운 항목을 추가하기 위해 주기적으로 질의를 실행하는 것이 필요하다. 주기적으로 저장된 검색을 실행하기 위해 스케쥴을 만든다.

```
source="impl_splunk_gen"
    | stats count by user
    | append [inputcsv user_list.csv]
    | stats sum(count) as count by user
    | outputcsv user_list.csv
```

그리고 나서 이것을 대시보드에서 사용하기 위해 적용하는 질의는 간단하다.

```
|inputcsv user_list.csv
```

이 질의를 사용해 단순 대시보드 XML는 다음처럼 구성된다.

```
<input type="dropdown" token="sourcetype">
    <label>User</label>
    <populatingSearch fieldForValue="user" fieldForLabel="user">
        |inputcsv user_list.csv
    </populatingSearch>
</input>
```

하루 동안 실행되는 집계 생성

하루에 발생하는 이벤트의 수가 수억 건이라고 하면, 그 날에 대한 모든 이벤트를 질의하는 데는 매우 많은 비용이 들 수 있다. 이러한 이유 때문에 작은 시간 기간에 나누어서 작업을 하는 것이 합당하다.

이러한 내부 값을 저장하기 위해 요약 인덱스를 사용하는 것은 값이 오랫동안 필요하지 않을 경우에 과한 비용을 초래한다. '긴 시간 프레임을 위한 탑$_{top}$ 계산' 섹션에서 매 몇 분에 수천 개의 값을 저장하는 것을 살펴봤다. 단순히 하루에 상위 10개의 리스트를 알고자 한다면, 이것은 시간 낭비처럼 보인다. 요약 인덱스에 필요 없는 데이터를 만들지 않기 위해 적은 비용으로 중간의 값을 저장하기 위해 CSV를 사용할 수 있다.

필수적인 단계는 다음과 같다.

1. 정기적으로 최근 데이터를 질의하고 CSV 파일을 업데이트한다.

2. 하루의 끝에 요약 정보에서 상위 값을 찾아낸다.

3. CSV 파일을 비운다.

주기적으로 실행되는 질의는 다음과 같다.

```
source="impl_splunk_gen"
    | stats count by req_time
    | append [inputcsv top_req_time.csv]
    | stats sum(count) as count by req_time
    | sort 10000 -count
    | outputcsv top_req_time.csv
```

다음 질의를 각 줄별로 살펴보자.

- source="impl_splunk_gen": 시간의 단위로 이벤트를 찾기 위한 질의다.
- | stats count by req_time: req_time에 대한 개수를 계산한다.
- | append [inputcsv top_req_time.csv]: CSV 파일에서 이제까지 발생한 결과를 불러오고, 끝에 현재 결과에 대해 이벤트를 추가한다.
- | stats sum(count) as count by req_time: 현재 시간의 결과와 전에 결과를 합치기 위해 stats를 사용한다.
- | sort 10000 -count: count에 대해서 내림차순으로 결과를 정렬한다. 두 번째 단어 10000은 첫 10,000개의 결과를 유지하기를 원할 때 정의한다.
- | outputcsv top_req_time.csv: CSV 파일로 덮어쓴다.

질의를 주기적으로 실행하기 위해 예를 들면 15분 단위로 스케줄한다. '요약 질의에서 지연시간의 영향' 섹션에서 설명했던 지연시간에 대한 규칙이 적용된다.

아마도 매일 저녁 자정에 롤업을 하고자 할 때, 몇 분의 간격을 두고 두 개의 질의를 스케줄한다.

- | inputcsv top_req_time.csv | head 100: '저장된 검색에서 요약 인덱스 적용'에서처럼 요약 인덱스에 추가한 질의로 이것을 저장한다.
- | stats count |outputcsv top_req_time.csv: 이 질의는 한 줄로 CSV 파일을 덮어 쓸 것이다.

정리

이번 장에서는 요약 인덱스와 그와 연관된 명령들을 살펴봤다. 요약 인덱스가 항상 바른 답을 줄 수 없지만 특별한 문제에 대해서는 매우 유용할 수 있다. 또한, 중간 저장을 위해 CSV 파일을 사용하는 방법을 배웠다.

요약 인덱스는 오랫동안 스플렁크의 개발의 중심이 되었고, 스플렁크 5에서는 요약 인덱스의 속도를 드라마틱하게 증가시키는 주요 작업이 행해졌다.

10장에서는 스플렁크를 구성하는 설정 파일에 대해 알아볼 것이다.

10
스플렁크 설정

스플렁크를 제어하는 모든 것은 스플렁크 개별 인스턴스의 파일 시스템에 있는 설정 파일에 존재한다. 이러한 파일들은 암호화되지 않은 상태로 쉽게 읽고 편집할 수 있다. 지금까지의 거의 모든 작업은 웹 화면을 통해서 실행했다. 그러나 실제로 모든 것은 결국 설정 파일들에 적용된다.

수많은 웹 화면이 있음에도 관리자 화면에 표현되지 않은 많은 옵션이 있다. 어떤 옵션은 직접 파일을 편집해서 쉽게 목적을 성취할 수 있다.

이번 장에서는 다음 내용을 다룬다.

- 설정 파일의 위치
- 설정 파일 합치기
- 설정 디버깅
- 공통 설정과 파라미터

스플렁크 설정 파일 위치

스플렁크 설정 파일은 $SPLUNK_HOME/etc에 존재한다. 이 파일 위치는 유닉스 시스템에서 /etc 디렉토리와 비슷하지만, 대신에 스플렁크 디렉토리 구조 안에 포함되어 있다. 이는 파일이 root 계정에 의해 소유되지 않은 장점을 가진다. 사실 전체 스플렁크 설치는 권한이 없는 사용자로 실행할 수 있다(1024 아래 숫자의 포트를 열거나 다른 사용자에 의해서만 오직 읽을 수 있는 파일은 없다).

설정을 포함하고 있는 디렉토리는 다음과 같다.

- $SPLUNK_HOME/etc/system/default: 스플렁크와 함께 시작되는 기본 설정 파일들. 이 파일들은 업그레이드할 때 덮어 쓰여지기 때문에 이 파일들을 절대 수정하지 말자.

- $SPLUNK_HOME/etc/system/local: 호스트별로 특별한 값으로 덮어 씌여진 전역 설정들을 위한 위치다. 여기에 필요한 설정은 거의 없다. 여기에 있는 대부분 설정은 스플렁크 자체에서 생성된다. 거의 대부분 경우에 앱 디렉토리 안에 설정 파일들을 만들어야 한다.

- $SPLUNK_HOME/etc/apps/$app_name/default: Splunkbase 또는 다른 방법을 통해 공유될 앱에 대해 설정을 적용하기 위한 적당한 위치다.

- $SPLUNK_HOME/etc/apps/$app_name/local: 웹 인터페이스를 통해 생성한 개인 권한이 아닌 거의 대부분의 설정이 있는 위치다.

- $SPLUNK_HOME/etc/users/$user_name/$app_name/local: 검색 설정을 웹 화면을 통해 생성할 때 개인Private으로 권한 설정이 되고 사용자 또는 앱 고유 설정 파일에 생성된다. 권한을 변경하게 되면 이 설정은 $app_name/local 디렉토리로 이동하게 될 것이다.

.conf 파일은 없으나 다른 파일들을 포함하고 있는 몇 개의 디렉토리가 있다. 이 장의 후반에 '사용자 인터페이스 리소스' 절에서 이에 대해 설명한다.

스플렁크 설정 파일의 구조

스플렁크에서 사용되는 .conf 파일은 .ini 파일과 매우 비슷하다. 간단한 설정 파일은 다음과 같다.

```
#  foo에 대한 설정
[foo]
bar = 1
la = 2
```

두 개의 정의를 살펴보자.

- **스탠자**stanza: 스탠자는 그룹 속성에 사용된다. 이 예제에서 스탠자는 [foo]다. 동의어로 섹션section을 사용하기도 한다. 다음의 중요한 사항을 기억해두자.

  ○ 스탠자의 이름은 하나의 파일 안에서 유일해야만 한다.

  ○ 순서는 상관없다.

- **속성**attribute: 속성은 이름과 값의 쌍으로 구성된다. 이 예제에서 속성은 bar와 la다. 동의어로 파라미터parameter를 사용한다. 기억해야 할 점은 다음과 같다.

  ○ 속성 이름은 공백과 등호(=)를 포함할 수 없다.

  ○ 각 속성은 위에 정의한 스탠자에 포함된다. 속성이 스탠자보다 상위에 나타난다면 이 속성은 [default] 스탠자에 포함된 속성이 된다.

  ○ 속성 이름은 하나의 스탠자에서 유일해야만 하고 설정 파일 내에서 유일할 필요는 없다.

  ○ 각 속성은 하나의 줄로 표현되고 단지 하나의 줄만 사용해야 한다.

  ○ 등호 주변에 있는 공백은 상관없다.

다른 곳에서 적용되지 않을 수 있는 몇 가직 규칙이 있다.

- 스탠자와 속성의 이름은 대/소문자를 구별한다.
- 주석은 #을 사용한다.

- 파일의 상단에 있는 속성은 [default] 스탠자에 추가된다.
- [default] 스탠자에 속성은 같은 이름의 속성을 가지고 있지 않은 모든 스탠자에 추가된다.

설정 통합

다른 위치에 있는 설정은 하나의 슈퍼 설정으로 화면 뒤에서 통합된다. 통합 과정은 예측할 수 있는 방법으로 발생해 쉽게 배울 수 있고 통합되는 과정을 미리 볼 수 있는 도구가 있다.

통합 순서

통합 순서는 설정이 스플렁크의 검색 엔진에서 사용되느냐 또는 다른 부분에서 사용되느냐에 따라 약간의 차이가 있다. 이 차이는 실행 중인 사용자와 앱에 따른 것이다.

검색 이외의 통합 순서

검색 이외에서 사용되는 설정은 꽤 단순한 순서로 통합된다. 이 설정은 읽어야 하는 파일들, 생성하는 인덱스 항목, 존재하는 인덱스, 배포된 서버와 클라이언트 설정과 다른 설정들이 포함된다. 이러한 설정들은 다음 순서로 통합된다.

1. $SPLUNK_HOME/etc/system/default: 이 디렉토리는 스플렁크에 적재된 기본 설정들을 포함한다.

 $SPLUNK_HOME/etc/system/default/는 스플렁크를 업그레이드할 때 변경한 모든 사항을 잃기 때문에 절대 변경하지 말자.

2. $SPLUNK_HOME/etc/apps/*/default: 설정은 앱 디렉토리 이름에 의해 ASCII 순서의 역순으로 덮어 쓰여진다.

3. $SPLUNK_HOME/etc/apps/*/local

4. $SPLUNK_HOME/etc/system/local

- ○ 이 디렉토리에 있는 설정은 가장 마지막에 적용된다.
- ○ 검색 외부에서 이러한 설정은 앱 설정에 의해서 덮어 쓰여질 수 없다. 앱은 스플렁크의 역할을 구분하고 설정을 배포하기 위해 매우 편리하다. 이는 특히 배포 서버를 사용하는 경우에 연관이 있다. 11장에서 이 부분을 살펴볼 것이다.

 특별한 이유가 없다면 $SPLUNK_HOME/etc/system/local에 있는 설정은 수정하지 말자. 앱은 설정을 위한 거의 항상 올바른 위치다.

이 과정을 이해하기 위해 다음 예제 코드를 살펴보자.

```
$conf = new Configuration('$SPLUNK_HOME/etc/')

$conf.merge( 'system/default/$conf_name' )

for $this_app in reverse(sort(@all_apps)):
    $conf.merge( 'apps/$this_app/default/$conf_name' )

for $this_app in reverse(sort(@all_apps)):
    $conf.merge( 'apps/$this_app/local/$conf_name' )

$conf.merge( 'system/local/$conf_name' )
```

검색에서 통합 순서

검색에서 설정 통합은 약간 더 복잡하다. 검색을 실행할 때 항상 실행 중인 사용자와 앱이 있고 그것이 영향을 준다. 논리적인 순서는 다음과 같다.

1. $SPLUNK_HOME/etc/system/default

2. $SPLUNK_HOME/etc/system/local

3. `$SPLUNK_HOME/etc/apps/not app`

- 현재 앱을 제외한 각 앱은 디렉토리 이름(보여지는 앱 이름 순이 아니다)의 ASCII 순서에 따라 반복된다. 검색 이외의 통합 순서와는 달리 z가 a보다 우선한다.
- 전역적으로 공유되는 모든 설정의 속성이 적용되고, `default` 값이 적용된 후에 `local`이 적용된다.

4. `$SPLUNK_HOME/etc/apps/app`

- `default`의 모든 설정이 통합되고 그 후 `local`이 통합된다.

5. `$SPLUNK_HOME/etc/users/user/app/local`

확실하게 하기 위해 다음 슈도 코드pseudo code를 살펴보자.

```
$conf = new Configuration('$SPLUNK_HOME/etc/')

$conf.merge( 'system/default/$conf_name' )
$conf.merge( 'system/local/$conf_name' )

for $this_app in sort(@all_apps):
    if $this_app != $current_app:
        $conf.merge_shared( 'apps/$this_app/default/$conf_name' )
        $conf.merge_shared( 'apps/$this_app/local/$conf_name' )

$conf.merge( 'apps/$current_app/default/$conf_name' )
$conf.merge( 'apps/$current_app/local/$conf_name' )

$conf.merge( 'users/$current_user/$current_app/local/$conf_name' )
```

설정 통합 로직

이제 우리는 설정이 어떤 순서로 통합되는지 알았다. 이제 설정들이 실제로 어떻게 통합되는지 알아보자. 이 로직은 꽤 간단하다.

- 설정 이름, 스탠자 이름, 속성 이름은 정확하게 같아야만 한다.
- 마지막에 더해지는 설정이 적용된다.

설정 통합을 이해하는 가장 좋은 방법은 예제를 통해 알아보는 것이다.

설정 통합 예제 1

default/sample1.conf에 기본 설정을 다음과 같이 가지고 있다.

```
[foo]
bar = 10
la = 20
```

그리고 local/sample1.conf가 두 번째 설정으로 통합된다.

```
[foo]
bar = 15
```

설정 결과는 다음과 같다.

```
[foo]
bar = 15
la = 20
```

몇 가지 주의해야 할 점이 있다.

- 두 번째 설정이 단순히 앞의 설정을 대체하지 않는다.
- bar의 값은 두 번째 설정에서 가져온다.
- 두 번째 설정에는 la 속성이 빠져 있으나 마지막 설정에서 그 값을 제거하지 않는다.

설정 통합 예제 2

기본 설정이 default/sample2.conf에 있다.

```
[foo]
bar = 10
la = 20
```

```
[pets]
cat = red
Dog = rex
```

그리고 local/sample2.conf에 두 번째 설정으로 통합한다.

```
[pets]
cat = blue
dog = fido
fish = bubbles

[foo]
bar = 15

[cars]
ferrari =0
```

설정 결과는 다음과 같다.

```
[foo]
bar = 15
la = 20

[pets]
cat = blue
dog = rex
Dog = fido
fish = bubbles

[cars]
ferrari = 0
```

예제에서 알아둘 점은 다음과 같다.

- 스탠자의 순서는 상관없다.
- 등호 사이의 공백은 상관없다.

- 스탠자와 속성의 이름은 대/소문자를 구별하기 때문에 Dog은 오버라이드되지 않았다.

- cars 스탠자는 완전히 추가되었다.

설정 통합 예제 3

다른 위치에 있는 4개의 설정을 통합하는 간단한 예제를 보자. 이번에는 검색 예제가 아니다. 그래서 검색 외에서의 통합 순서의 규칙을 사용할 것이다. 몇 개의 간단한 설정을 통해 살펴보자.

- $SPLUNK_HOME/etc/apps/d/default/props.conf는 다음과 같다.

```
[web_access]
MAX_TIMESTAMP_LOOKAHEAD = 25
TIME_PREFIX = ^\[

[source::*.log]
BREAK_ONLY_BEFORE_DATE = true
```

- $SPLUNK_HOME/etc/system/local/props.conf에는 다음과 같다.

```
BREAK_ONLY_BEFORE_DATE = false

[web_access]
TZ = CST
```

- $SPLUNK_HOME/etc/apps/d/local/props.conf는 다음과 같다.

```
[web_access]
TZ = UTC

[security_log]
EXTRACT-<name> = \[(?P<user>.*?)\]
```

- $SPLUNK_HOME/etc/apps/b/default/props.conf는 다음과 같다.

```
[web_access]
MAX_TIMESTAMP_LOOKAHEAD = 20
TIME_FORMAT = %Y-%m-%d $H:%M:%S

[source::*/access.log]
BREAK_ONLY_BEFORE_DATE = false
```

통합 순서에 따라 파일이 놓여지는 위치에 의해 약간의 커브볼이 던져진다.
이 설정은 실제로 이 순서로 통합된다.

```
$SPLUNK_HOME/etc/apps/d/default/props.conf
$SPLUNK_HOME/etc/apps/b/default/props.conf
$SPLUNK_HOME/etc/apps/d/local/props.conf
$SPLUNK_HOME/etc/system/local/props.conf
```

각 통합 순서를 단계별로 따라서 해보자.

1. $SPLUNK_HOME/etc/apps/d/default/props.conf를 가지고 시작한다.

```
[web_access]
MAX_TIMESTAMP_LOOKAHEAD = 25
TIME_PREFIX = ^\[

[source::*.log]

BREAK_ONLY_BEFORE_DATE = true
```

2. 그 후 $SPLUNK_HOME/etc/apps/b/default/props.conf가 통합된다.

```
[web_access]
MAX_TIMESTAMP_LOOKAHEAD = 30
TIME_PREFIX = ^\[
TIME_FORMAT = %Y-%m-%d $H:%M:%S

[source::*.log]
BREAK_ONLY_BEFORE_DATE = true

[source::*/access.log]
BREAK_ONLY_BEFORE_DATE = false
```

[source::*.log]와 [source::*/access.log]는 access.log라는 파일은 모두 같음에도 불구하고, 스탠자 이름이 정확하게 같지 않기 때문에 설정에서 하나로 통합되지 않는다. 이 로직은 '스플렁크 .conf 파일의 개요'의 'props.conf'에서 '스탠자 타입'에서 다룰 것이다.

3. 그리고 나서 $SPLUNK_HOME/etc/apps/d/local/props.conf가 통합된다.

```
[web_access]
MAX_TIMESTAMP_LOOKAHEAD = 30
TIME_PREFIX = ^\[
TIME_FORMAT = %Y-%m-%d $H:%M:%S
TZ = UTC

[source::*.log]
BREAK_ONLY_BEFORE_DATE = true

[source::*/access.log]
BREAK_ONLY_BEFORE_DATE = false

[security_log]
EXTRACT-<name> = \[(?P<user>.*?)\]
```

4. 마지막으로 $SPLUNK_HOME/etc/system/local/props.conf 파일이 전역적으로 통합된다.

```
[default]
BREAK_ONLY_BEFORE_DATE = false

[web_access]
MAX_TIMESTAMP_LOOKAHEAD = 25
TIME_PREFIX = ^\[
TIME_FORMAT = %Y-%m-%d $H:%M:%S
TZ = CST
BREAK_ONLY_BEFORE_DATE = false

[source::*.log]
BREAK_ONLY_BEFORE_DATE = true
```

```
[source::*/access.log]
BREAK_ONLY_BEFORE_DATE = false

[security_log]
EXTRACT-<name> = \[(?P<user>.*?)\]
```
BREAK_ONLY_BEFORE_DATE = false

여기에 가장 큰 영향을 가지는 설정은 BREAK_ONLY_BEFORE_DATE = false 속성이다. 이 속성은 [default] 스탠자에 처음으로 더해졌고, 그리고 나서 이 속성에 대한 어떤 값도 가지고 있지 않기 때문에 모든 스탠자에 추가된다.

 일반적인 규칙으로서 [default] 스탠자 또는 스탠자에 포함되지 않는 속성을 사용하는 것을 피하자. 여기에서 마지막 영향은 기대했던 바가 아닐 것이다.

설정 통합 예제 4(검색)

이번 경우에는 검색에서 살펴본다. 그래서 더 복잡한 통합 순서를 사용할 것이다. 현재 앱 d에서 작업한다고 가정하고, 다시 같은 설정들을 통합해보자. 간단히 우리는 모든 속성은 전역적으로 공유된다고 가정할 것이다. 앞의 예제 3에서 사용했던 같은 설정들로 통합할 것이다.

현재 사용 중인 앱은 d이기 때문에 통합하는 순서는 다음과 같다.

```
$SPLUNK_HOME/etc/system/local/props.conf
$SPLUNK_HOME/etc/apps/b/default/props.conf
$SPLUNK_HOME/etc/apps/d/default/props.conf
$SPLUNK_HOME/etc/apps/d/local/props.conf
```

각 통합 단계를 순서대로 살펴보자.

1. 처음은 $SPLUNK_HOME/etc/system/local/props.conf로 시작한다.

```
BREAK_ONLY_BEFORE_DATE = false
[web_access]
TZ = CST
```

2. 현재 사용 중인 앱 이외의 앱에 대한 $SPLUNK_HOME/etc/apps/b/default/ props.conf에 있는 기본 설정을 통합한다(예제는 오직 하나의 설정이 존재한다).

```
BREAK_ONLY_BEFORE_DATE = false

[web_access]
MAX_TIMESTAMP_LOOKAHEAD = 20
TIME_FORMAT = %Y-%m-%d $H:%M:%S
TZ = CST

[source::*/access.log]
BREAK_ONLY_BEFORE_DATE = false
```

3. 다음으로 $SPLUNK_HOME/etc/apps/d/default/props.conf에 있는 현재 앱의 기본 설정을 통합한다.

```
BREAK_ONLY_BEFORE_DATE = false

[web_access]
MAX_TIMESTAMP_LOOKAHEAD = 25
TIME_PREFIX = ^\[
TIME_FORMAT = %Y-%m-%d $H:%M:%S
TZ = CST

[source::*/access.log]
BREAK_ONLY_BEFORE_DATE = false

[source::*.log]
BREAK_ONLY_BEFORE_DATE = true
```

4. 현재 실행 중인 앱 지역 설정인 $SPLUNK_HOME/etc/apps/d/local/props. conf에서 통합한다.

```
BREAK_ONLY_BEFORE_DATE = false

[web_access]
MAX_TIMESTAMP_LOOKAHEAD = 25
```

```
TIME_PREFIX = ^\[
TIME_FORMAT = %Y-%m-%d $H:%M:%S
TZ = UTC

[source::*/access.log]
BREAK_ONLY_BEFORE_DATE = false

[source::*.log]
BREAK_ONLY_BEFORE_DATE = true

[security_log]
EXTRACT-<name> = \[(?P<user>.*?)\]
```

5. 마지막으로 아직 속성을 가지지 않는 스탠자에 기본 스탠자를 적용한다.

```
BREAK_ONLY_BEFORE_DATE = false

[web_access]
MAX_TIMESTAMP_LOOKAHEAD = 25
TIME_PREFIX = ^\[
TIME_FORMAT = %Y-%m-%d $H:%M:%S
TZ = UTC
BREAK_ONLY_BEFORE_DATE = false

[source::*/access.log]
BREAK_ONLY_BEFORE_DATE = false

[source::*.log]
BREAK_ONLY_BEFORE_DATE = true

[security_log]
EXTRACT-<name> = \[(?P<user>.*?)\]
BREAK_ONLY_BEFORE_DATE = false
```

이 과정이 약간은 혼란스러울 것이다. 그러나 실제로 실행해보면 이해가 될 것이다. 다행히도 다음 섹션에서 설명할 btool은 이러한 과정을 더 쉽게 볼 수 있다.

btool 사용

통합된 설정을 미리 볼 수 있는 btool은 설정의 통합된 버전을 화면에 출력해주는 커맨드라인 툴이다. 스플렁크 사이트에는 다음처럼 항상 적절한 문서 노트를 가지고 있다

> Note: btool은 스플렁크에 의해 테스트되지 않았고 공식적으로 지원하거나 보장하지 않는다. 즉, btool은 우리의 지원 팀이 이슈에 대한 트러블슈팅을 할 때 사용하는 것이다.

이러한 경고를 마음 속에 기억해두자. 하지만, btool은 결코 나를 틀린 길로 인도하지 않았다. 이 툴은 많은 기능을 가지고 있지만, 주로 사용하는 기능은 list다.

```
$SPLUNK_HOME/bin/splunk cmd btool props list
```

이 명령의 결과로 5,277개의 라인을 출력한다. 여기에 이 모든 항목을 보여주진 않을 것이다. 이제 명령의 끝에 스탠자 impl_splunk_gen을 추가해서 실행해보자.

```
/opt/splunk/bin/splunk cmd btool props list impl_splunk_gen
```

이 명령은 다음과 같이 출력된다.

```
[impl_splunk_gen]
ANNOTATE_PUNCT = True
BREAK_ONLY_BEFORE =
BREAK_ONLY_BEFORE_DATE = True
... 생략 ...
LINE_BREAKER_LOOKBEHIND = 100
LOOKUP-lookupusers = userslookup user AS user OUTPUTNEW
MAX_DAYS_AGO = 2000
... 생략 ...
TRUNCATE = 10000
TZ = UTC
maxDist = 100
```

```
$SPLUNK_HOME/etc/apps/ImplementingSplunkDataGenerator/local/props.
conf
```
에 있는 설정 파일은 오직 다음 내용만 포함하고 있다.

```
[impl_splunk_web]
LOOKUP-web_section = flatten_summary_lookup url AS url OUTPUTNEW
EXTRACT-url = \s[A-Z]+\s(?P<url_from_app_local>.*?)\s
EXTRACT-foo = \s[A-Z]+\s(?P<url_from_app>.*?)\s
```

그러면 나머지는 어떤 설정 파일에서 온 것인가? --debug 플래그와 함께 실행하면 더 자세한 정보를 얻을 수 있다.

```
/opt/splunk/bin/splunk cmd btool props list impl_splunk_gen --debug
```

이 명령은 다음 결과가 출력된다.

```
Implementi [impl_splunk_gen]
system ANNOTATE_PUNCT = True
system BREAK_ONLY_BEFORE =
system BREAK_ONLY_BEFORE_DATE = True
... 생략 ...
system LINE_BREAKER_LOOKBEHIND = 100
Implementi LOOKUP-lookupusers = userslookup user AS user OUTPUTNEW
system MAX_DAYS_AGO = 2000
... 생략 ...
system TRUNCATE = 10000
Implementi TZ = UTC
system maxDist = 100
```

비록 중간에 생략했지만 첫 번째 컬럼은 우리가 알고자 했던 것을 말해준다. 우리가 본 많은 라인의 대부분은 system/default/props.conf에 있는 system에서 정의되었다. 우리의 파일에서 남아 있는 항목들은 Implementi라고 이름 지어졌고, 이것은 ImplementingSplunkDataGenerator의 앱 디렉토리의 앞 문자다.

설정 값이 어디에서 왔는지 궁금하다면 btool을 이용하면 많은 시간을 절약해 준다. 또한, 스플렁크 웹 화면에서 btool을 실행하기 위해서 스플렁크베이스 Splunkbase에 Splunk on Splunk 앱을 설치하자.

스플렁크 .conf 파일의 개요

스플렁크의 파일 시스템을 조사하다보면 .conf로 끝나는 많은 다른 파일들을 볼 수 있다. 이번 섹션에서는 가장 일반적인 .conf 파일에 대해 대략적으로 설명할 것이다. 공식적인 문서에서는 파일과 속성과 속성에 대한 완벽한 설명을 볼 수 있다.

 공식적인 문서를 찾기 위한 가장 빠른 방법은 선호하는 검색 엔진에서 splunk filename. conf로 검색하는 것이다. 예를 들어 splunk props.conf를 검색어로 입력하면, 내가 테스트한 모든 검색 엔진에서 props.conf에 대한 스플렁크 문서가 첫 페이지에 있었다.

props.conf

props.conf에 스탠자는 호스트, 소스, 소스 타입을 매칭하기 위한 초기 설정 이벤트를 정의한다. 이러한 스탠자는 다른 설정들과 함께 스탠자와 속성 이름의 유일성에 기반해서 마스터 설정으로 통합된다. 그러나 각 스탠자는 이벤트에 적용되는 시간과 순서를 지배하는 특별한 규칙이 있다. 가능한 간단하게 설명해서 속성은 타입별 그리고 우선순위, 그리고 나서 ASCII 값에 의해서 정렬된다.

우리는 스탠자 타입에서 이러한 규칙을 설명한다. 먼저 일반적인 속성을 살펴보자.

일반적인 속성

props.conf에서 허락되는 속성의 전체 집합은 광대하다. 가장 일반적인 속성을 살펴보고 그것들이 적용되는 시간에 의해 그 속성들을 나누기를 시도해보자.

검색 단계의 속성

사용자들이 props.conf에 만들 수 있는 가장 보편적인 속성은 필드 추출이다. 사용자가 웹 화면을 통해 추출을 정의할 때 props.conf에 저장된다. 저장된 형태는 다음과 같다.

```
[my_source_type]
EXTRACT-foo = \s(?<bar>\d+)ms
EXTRACT-cat = \s(?<dog>\d+)s
```

이 설정은 my_source_type이라는 소스 타입으로 bar 필드와 dog 필드를 정의
한다. 추출은 가장 보편적인 검색 시에 실행되는 설정이다. 스탠자 타입 섹션
에서 리스트할 스탠자 타입에서 임의의 형태를 사용할 수 있다. 그러나 소스
타입은 가장 흔하게 정의된다.

검색 시 속성의 종류는 다음과 같다.

● REPORT-foo = bar: 이 속성은 transforms.conf에서 스탠자를 참조하는 방
  법이지만 인덱스를 생성할 때가 아닌 검색을 실행할 때 적용된다. 이 접근
  은 추출EXTRACT보다 선행되고 몇 가지 특별한 경우에 매우 유용하다. 우리는
  transform.conf 섹션에서 사용되는 경우를 설명할 것이다.

● KV_MODE = auto: 이 속성은 스플렁크가 자동으로 이벤트에서 키=값(key=
  value) 형태에서 필드를 추출할 수 있도록 한다. 기본 값은 auto다. 일반적으
  로는 성능상 이유 때문에 값을 none으로 변경해 자동으로 항목을 추출하는
  것을 금지한다. 다른 가능한 값은 multi, json 그리고 xml이다.

● LOOKUP-foo = mylookup barfield: 이 속성은 이벤트의 어떤 집합에 대해
  자동으로 룩업에 연결하도록 한다. 이 룩업 자체는 transforms.conf에서 정의
  된다.

인덱스 단계의 속성

3장에서 설명한 것처럼 이벤트의 메타데이터에 필드를 추가하는 것이 가능하
다. 이것은 transforms.conf에서 변형을 그리고 특정 이벤트에 변형을 엮기 위
해 props.conf에서 속성을 추가함으로써 가능하다.

props.conf에서 속성은 TRANSFORMS-foo = bar1, bar2처럼 사용한다. 이 속
성은 transforms.conf 안의 스탠자를 이름으로 참조한다. 이 경우에는 bar1과
bar2다. 이러한 변형 스탠자는 props.conf 안의 스탠자에 의해 매치되는 이벤
트에 적용된다.

파싱 단계의 속성

props.conf의 대부분 속성은 실제로 이벤트 파싱과 함께 실행된다. 이벤트를 성공적으로 파싱하기 위해 우리는 몇 가지 질문에 답을 찾아야 한다.

- 새로운 이벤트가 언제 시작되는가? 이벤트가 여러 개의 라인으로 구성되는가? 스플렁크는 꽤 지능적으로 추측을 하지만 추출 설정을 정의하는 것이 최선이다. 이 일에 도움을 줄 수 있는 속성은 다음과 같다.

  - SHOULD_LINEMERGE = false: 이벤트가 새로운 라인에 대한 문자를 전혀 포함하고 있지 않다면, 이것을 false로 설정해 수많은 처리를 생략할 수 있다.

  - BREAK_ONLY_BEFORE = ^\d\d\d\d-\d\d-\d\d: 새로운 이벤트가 항상 특별한 패턴으로 시작한다는 것을 알고 있다면 이 속성을 사용하여 정의할 수 있다.

  - TRUNCATE = 1024: 이벤트의 처음 n개의 문자에 대해서만 관심이 있다는 것이 확실하면, 스플렁크가 각 라인의 그 뒷 부분은 버리도록 지시할 수 있다. 한 라인으로 간주되는 것이 어디까지 인지는 다음에 소개할 속성으로 변경할 수 있다.

  - LINE_BREAKER = ([\r\n]+)(?=\d{4}-\d\d-\d\d): 여러 줄로 구성된 이벤트를 처리하는 가장 효과적인 방법은 스플렁크가 무엇을 한 줄로 판단할지를 정하는 것이다. 예를 들어 1111-11-11 형식의 날짜가 뒤 따라올 때까지는 여러 개의 줄을 하나의 줄로 간주한다. 이 방법의 큰 단점은 만일 로그가 변경되면, 설정을 변경하기 전까지는 인덱스에 쓸모 없는 데이터가 쌓이는 것이다. 스플렁크베이스_{Splunkbase}에 있는 props helper 앱은 이러한 종류의 설정을 도와주는 데 사용할 수 있다.

- 날짜는 어디 있는가? 날짜가 없다면 목록 더 아래에 있는 DATETIME_CONFIG를 보자. 연관된 속성은 다음과 같다.

○ TIME_PREFIX = ^\[: 기본적으로 날짜는 줄의 시작에 있다고 가정한다. 그렇지 않으면, 스플렁크에서는 몇 가지 도움말을 주고 날짜 앞에 있는 문자를 지나쳐서 날짜 바로 앞까지 커서를 움직인다. 이 패턴은 각 줄에 적용되서, LINE_BREAKER를 확실하게 재정의했다면 실제 여러 줄로 구성된 이벤트의 시작에서 날짜 테스트가 이루어지는 것을 확신할 수 있다.

○ MAX_TIMESTAMP_LOOKAHEAD = 30: 다른 설정 값들은 바꾸지 않고 사용한다고 해도, 이것만은 변경해야 한다. 이 설정은 날짜를 찾기 위해 TIME_PREFIX에서 얼마나 멀리까지 살펴볼 것인지를 말한다. 아무 설정도 하지 않으면 스플렁크는 각 줄의 첫 150개의 문자를 취하고 날짜처럼 보이는 문자를 찾기 위해 정규 표현식을 테스트한다. 기본 정규 표현식은 꽤 애매하다. 그래서 실제 날짜보다는 날짜처럼 보이는 것을 찾을지도 모른다. 날짜 형식이 n개의 문자보다 결코 더 크지 않다는 것을 안다면, 이 값을 n 또는 n+2로 설정해라. 검사하는 문자들은 TIME_PREFIX 이후에 온다는 것을 명심해라.

● 날짜 형식이 무엇인가? 아래 속성들이 도움이 될 것이다.

○ TIME_FORMAT = %Y-%m-%d %H:%M%S.%3N %:z: 이 속성이 정의된다면, 스플렁크는 TIME_PREFIX 바로 이후의 문자에 strptime을 적용한다. 이것은 매치되는 문자열을 찾으면 끝이다. 이것이 이제까지 가장 효율적이고 거의 에러가 없는 방법이다. 이 속성이 없다면 스플렁크는 날짜처럼 보이는 어떤 것을 찾을 때까지 정규 표현식의 집합을 적용한다.

○ DATETIME_CONFIG = /etc/apps/a/custom_datetime.xml: 앞에서 언급한 것처럼 스플렁크는 날짜를 결정하기 위해 정규 표현식의 집합을 사용한다. TIME_FORMAT을 정의하지 않거나 여러 이상한 이유로 작동하지 않는다면, 다른 정규 표현식 집합을 정의하거나 CURRENT(인덱서의 클락 시간) 또는 NONE(파일 수정 시간 또는 파일이 없다면 클락 시간)으로 이 속성을 설정해 시간 추출을 완전히 사용하지 않을 수 있다. 개인적으로는 datetime.xml 파일을 변경하는 것이 가능하다는 것을 안다고 해도 이 파일을 결코 수정하지 않는다.

- 관리자 화면을 통해 데이터를 추가할 때 사용할 수 있는 **Data preview**(데이터 미리보기) 기능은 유용한 설정을 만들 때 좋다. 자동 생성된 설정은 LINE_BREAKER를 사용하지 않는다. 그래서 더 안정적이기는 하지만 효율적이지는 않다. 여기 LINE_BREAKER를 사용하는 성능 좋은 예제 스탠자를 소개한다.

```
[mysourcetype]
TIME_FORMAT = %Y-%m-%d %H:%M:%S.%3N %:z
MAX_TIMESTAMP_LOOKAHEAD = 32
TIME_PREFIX = ^\[
SHOULD_LINEMERGE = False
LINE_BREAKER = ([\r\n]+)(?=\[\d{4}-\d{1,2}-\d{1,2}\s+\
d{1,2}:\d{1,2}:\d{1,2})
TRUNCATE = 1024000
```

이 설정은 아래와 같은 로그 메시지에 적용할 수 있다.

```
[2011-10-13 13:55:36.132 -07:00] ERROR Interesting message.
More information.
And another line.
[2011-10-13 13:55:36.138 -07:00] INFO All better.
[2011-10-13 13:55:37.010 -07:00] INFO More data
and another line.
```

이 예제 설정이 첫 줄에 어떻게 적용되는지 살펴보자.

- LINE_BREAKER는 한 개 이상의 새 줄 문자new line character 이후 각괄호([]) 안에 숫자와 대시(-)의 연속으로 구성된 문자열이 따라올 때 새로운 이벤트가 시작한다는 것을 설명한다. 이 패턴은 [1111-11-11 11:11:11]과 같다.
- SHOULD_LINEMERGE=False는 스플렁크가 여러 줄을 합치기 위해 노력할 필요 없다고 설정한다.
- TIME_PREFIX는 커서를 [기호 뒤의 문자로 움직인다.
- TIME_FORMAT은 현재 커서 위치의 문자에 대해서 날짜 형식을 테스트한다. 성공하면 끝난다.

- TIME_FORMAT이 실패하면 현재 커서 위치(TIME_PREFIX 바로 뒤)에서 MAX_TIMESTAMP_LOOKAHEAD에 설정된 숫자만큼 문자를 읽는다. 그리고 DATE_CONFIG에서의 정규 표현식으로 검사한다.

- 읽은 문자에서 정규 표현식 검사가 실패하면 시간은 이벤트에서 마지막 파싱된 시간이 사용된다. 파싱된 마지막 시간이 없다면 파일에서 변경된 시간이 사용된다. 파일이 변경된 시간도 알 수 없다면 현재 시간이 사용된다.

이것이 스플렁크에서 이벤트를 파싱하기 위한 가장 효율적이고 적합한 방법이지만 또한 쉽게 깨질 수 있다. 날짜 형식이 변경된다면 거의 확실하게 인덱스에는 쓰레기 데이터가 들어가게 된다. 나도 모르게 로그의 형식이 변경되지 않을 것이라고 확신한다면 이 설정을 사용할 수 있다.

입력 단계의 속성

입력 단계에서 적용되는 속성은 props.conf에 두 개가 있으나 일반적으로는 필요하지 않다.

- CHARSET = UTF-16LE: 데이터를 읽을 때, 스플렁크는 로그에서 사용되는 문자셋을 알아야만 한다. 대부분 애플리케이션은 ISO-8859-1 또는 UTF-8을 사용해 로그를 작성한다. 그리고 기본 설정은 잘 작동된다. 몇몇 윈도우 애플리케이션은 2바이트 리틀 엔디안2-byte Little Endian으로 로그를 작성하는데, 이러한 경우에 잘못 인덱스된다. CHARSET = UTF-16LE 설정은 이 문제를 보안할수 있다. 공식 문서에서 지원하는 인코딩 목록을 참고하자.

- NO_BINARY_CHECK = true: 스플렁크는 파일이 바이너리 형식이라고 간주하면, 그 파일에 대해 전혀 인덱스 하지 않을 것이다. 스플렁크가 파일을 읽도록 강제하기 위해 이 설정을 변경해야만 한다고 결정했다면 이 파일에서 기대하지 않은 문자셋으로 되어 있을 수도 있다. 이 설정을 켜기 전에 CHARSET을 다른 값으로 변경하는 것이 좋다.

스탠자 타입

일반적인 속성들을 살펴봤다. 이제 props.conf의 스탠자의 다른 타입에 대해서 이야기해보자. 스탠자 정의는 아래처럼 3가지 형태를 가진다.

- [foo]

  - 이는 소스 타입에 대한 명확한 이름이고, 스탠자에서 사용하는 가장 일반적인 타입이다. 이벤트의 소스 타입은 항상 inputs.conf에 정의된다.
  - 와일드카드 문자는 사용할 수 없다.

- [source::/logs/.../*.log]

  - 이 형태는 소스의 속성을 매치한다. 일반적으로 이벤트가 있는 로그의 경로가 된다.
  - *은 파일 또는 디렉토리 이름과 매치한다.
  - ... 은 경로의 특정 부분과 매치한다.

- [host::*nyc*]

  - 이는 호스트 속성에 매치된다. 일반적으로 스플렁크 전달자_{Splunk Forwarder}를 실행하고 있는 호스트 이름이다.
  - *를 사용할 수 있다.

타입에 대한 우선 순위는 다음과 같다.

1. 소스

2. 호스트

3. 소스 타입

예를 들어 하나의 이벤트가 다음 필드를 가지고 있다고 하자.

```
sourcetype=foo_type
source=/logs/abc/def/gh.log
host=dns4.nyc.mycompany.com
```

앞서 있는 이벤트와 이 설정의 일부분이 다음처럼 주어진다.

```
[foo_type]
TZ = UTC


[source::/logs/.../*.log]
TZ = MST


[host::*nyc*]
TZ = EDT
```

TZ = MST는 소스 스탠자가 먼저 실행되기 때문에 파싱할 때 사용된다.

이 예제를 확장하기 위해 설정의 다음 부분을 보자.

```
[foo_type]
TZ = UTC
TRANSFORMS-a = from_sourcetype


[source::/logs/.../*.log]
TZ = MST
BREAK_ONLY_BEFORE_DATE = True
TRANSFORMS-b = from_source


[host::*nyc*]
TZ = EDT
BREAK_ONLY_BEFORE_DATE = False
TRANSFORMS-c = from_host
```

결국 이벤트에 대한 속성은 다음과 같이 적용될 것이다.

```
TZ = MST
BREAK_ONLY_BEFORE_DATE = True
TRANSFORMS-a = from_sourcetype
TRANSFORMS-b = from_source
TRANSFORMS-c = from_host
```

타입 내에서 우선순위

주어진 이벤트에 매치되는 여러 소스 또는 호스트에 대한 스탠자가 있다면 설정이 적용되는 순서가 작용하기 시작한다. 패턴을 가진 스탠자는 우선수위가 0이고, 반면 정확한 값을 가지고 있는 스탠자는 우선순위가 100이다. 더 높은 값을 가진 값이 적용된다. 예를 들어 다음과 같은 스탠자가 있다고 하자.

```
[source::/logs/abc/def/gh.log]
TZ = UTC

[source::/logs/.../*.log]
TZ = CDT
```

TZ 값은 source::/logs/abc/def/gh.log의 정확한 값을 매치하기 때문에 UTC가 된다.

우선순위가 동등할 때 스탠자는 ASCII 순서에 의해 적용된다. 예를 들어, 다음과 같은 설정을 가지고 있다.

```
[source::/logs/abc/.../*.log]
TZ = MST

[source::/logs/.../*.log]
TZ = CDT
```

/logs/.../*.log가 ASCII 순서상 앞이기 때문에 TZ=CDT 속성이 적용된다. /logs/abc/.../*.log가 직관적으로 충분히 더 정확하게 매치될 수 있을 것처럼 보인다. 하지만, 더 잘 매치되는 것을 결정하기 위한 로직은 극적으로 복잡해질 수 있다. 그래서 ASCII 순서로 정하는 것은 합리적인 방법이다.

또한, 직접 우선순위의 값을 설정할 수 있다. 그러나 실제로 거의 필요하지 않다.

클래스를 가진 속성

설정을 살펴보다 보면, FOO-bar 형태의 속성 이름을 볼 것이다. 대시 다음에 오는 단어는 일반적으로 클래스처럼 참조된다. 이 속성은 몇 가지 점에서 특별하다.

- 속성은 어떤 다른 속성처럼 파일을 통해 합친다.
- 앞에서 설명한 규칙에 따라 각 클래스의 단지 하나의 객체가 적용된다.
- 속성의 마지막 집합은 클래스의 값에 의해 ASCII 순서로 적용된다.

다시 한 번 다음 필드를 가진 이벤트를 가지고 설명해보자.

```
sourcetype=foo_type
source=/logs/abc/def/gh.log
host=dns4.nyc.mycompany.com
```

설정의 한 부분은 다음과 같다.

```
[foo_type]
TRANSFORMS-a = from_sourcetype1, from_sourcetype2

[source::/logs/.../*.log]
TRANSFORMS-c = from_source_b

[source::/logs/abc/.../*.log]
TRANSFORMS-b = from_source_c

[host::*nyc*]
TRANSFORMS-c = from_host
```

변형에 대한 결과 값은 다음과 같다.

```
TRANSFORMS-c = from_source_b
TRANSFORMS-b = from_source_c
TRANSFORMS-a = from_sourcetype1, from_sourcetype2
```

이벤트에 변형이 적용되는 순서를 결정하기 위한 클래스의 순서, 이 경우에는 c, b 그리고 a에 따라 스탠자를 정렬한다. 결과는 다음과 같다.

```
TRANSFORMS-a = from_sourcetype1, from_sourcetype2
TRANSFORMS-b = from_source_c
TRANSFORMS-c = from_source_b
```

변형은 하나의 리스트로 합쳐지고, 순서대로 실행된다.

```
from_sourcetype1, from_sourcetype2, from_source_c, from_source_b
```

변형은 순서는 일반적으로 문재가 없으나 체인 변형chain transform이 필요하거나 하나의 필드에서 다른 필드를 생성하기 위해서 이해하고 있어야 한다. transform.conf 섹션에서 이것을 시도해볼 것이다.

inputs.conf

이름에서 짐작할 수 있겠지만, 이 설정은 데이터가 스플렁크에서 어떻게 이벤트로 만들어질 것인가를 제어한다. 이제까지 데이터는 입력 단계에 남아 있고, 여전히 이벤트가 아니지만 데이터와 연관된 어떤 기본 메타데이터(호스트, 소스, 소스 타입 그리고 선택적으로 인덱스)를 가진다. 이 기본적인 메터데이터는 props.conf에서 정의한 규칙에 따라 데이터가 이벤트로 나눠지기 위해 파싱 단계에서 사용된다.

입력 타입은 파일, 네트워크 포트 그리고 스크립트로 나눠질 수 있다. 처음에 우리는 모든 입력에 공통적인 속성들을 살펴볼 것이다.

공통적인 입력 속성

다음과 같은 메터데이터의 공통 조각들이 props.conf에 적당한 스탠자를 선택하기 위해 파싱 단계에서 사용된다.

- **호스트**host: 기본적으로 호스트는 이벤트가 발생한 머신의 호스트 이름으로 설정된다. 이는 일반적으로 맞는 값이지만 호스트 값을 다른 값으로 바꿀 수 있다.

- **소스**source: 이 필드는 일반적으로 파일 또는 네트워크 포트에 대한 경로로 설정된다. 이 값은 임의로 정한 값이 될 수 있다.

- **소스 타입**source type: 이 필드는 거의 항상 inputs.conf에서 설정한다. 소스 타입은 props.conf에 있는 어떤 파싱 규칙 모음이 이벤트에 적용할지를 결정하기 위한 중요한 필드다.

소스 타입을 설정하는 것은 매우 중요하다. 값이 없는 경우 스플렁크는 소스에 기반해서 자동으로 값을 생성할 것이다. 이럴 경우 소스 타입의 값은 폭발적인 증가를 일으키게 된다.

- **인덱스**index: 이 필드는 어떤 인덱스에 이벤트를 쓸 것인가를 지정한다. 생략하면 기본 인덱스가 사용된다.

이 모든 값은 변형을 사용하면서 변경될 수 있다. 이러한 변형은 파싱 단계 후에 적용된다. 여기서 당연한 결과로 같은 파일에서는 이벤트마다 다른 파싱 규칙을 적용할 수 없다. 예를 들어 서로 다른 줄에 서로 다른 시간 형태를 적용할 수 없다.

파일 입력

스플렁크에 막대한 양의 이벤트가 파일에서 온다. 일반적으로 이러한 이벤트는 그 이벤트가 생성되어 로그로 작성된 머신에서 읽는다. 매우 종종 전체 입력의 스탠자는 아래와 같을 것이다.

```
[monitor:///logs/interesting.log*]
sourcetype=interesting
```

이것이 여기에서 필요한 모든 것이다. 이 스탠자는 다음과 같은 것을 말하고 있다.

- /logs/interesting.log* 패턴과 매치되는 모든 로그를 읽고, 더 나아가 그 파일에서 새로운 데이터를 찾는다.
- 소스 타입은 interesting이라고 이름 짓는다.
- 로그 목록이 발견된 파일의 이름으로 소스를 설정한다.
- 로그가 만들어진 머신으로 호스트를 정의한다.
- 기본 인덱스에 이벤트를 쓴다.

이는 일반적으로 완벽하게 작동할 수 있는 설정이다. 소스 타입이 생략된다면 스플렁크는 파일 이름에 기초해서 기본 소스 타입을 선택한다. 그러나 이것은 원하는 바가 아니다. 소스 타입 목록은 매우 빠르게 엉망이 될 것이다.

순환되는 로그를 선택하기 위한 패턴

앞의 스탠자에서 *로 끝나는 것을 알 수 있다. 이는 스플렁크가 최근에 순환된 로그에 쓰여지는 이벤트를 찾을 수 있는 기회를 주기 때문에 중요하다. 단순히 /logs/interesting.log만 검사한다면, 특별히 바쁜 서버에서 로그가 변경될 때 로그의 끝에서 이벤트가 없어지게 된다.

로그가 interesting.log.1 또는 interesting.log.2012-09-17로 변경된 후에 중복되는 이벤트를 가지게 될까? 대답은 '거의 항상 아니다'다. 스플렁크는 이미 읽은 파일을 결정하기 위해 파일 이름을 사용하지 않고 파일의 요소에 대해 체크섬을 사용한다. 이는 로그가 이름이 변경되거나 같은 서버의 다른 파일 시스템으로 움직여졌다고 해도 같은 파일로 인식한다.

블랙 리스트와 화이트 리스트

더 복잡한 패턴을 위해 블랙 리스트_{blacklist}와 화이트 리스트_{whitelist}를 사용할 수 있다. 가장 일반적으로 사용하는 경우는 인덱스되지 않아야만 하는 블랙리스트 파일을 정하는 것이다. 예를 들어 gz와 zip 파일을 블랙 리스트로 정한다면 방법은 다음과 같다.

```
[monitor:///opt/B/logs/access.log*]
sourcetype=access
blacklist=.*.gz
```

스탠자는 access.log.2012-08-30과 매칭된다. 그러나 우리가 오래된 로그를 압축하는 스크립트를 가지고 있다면 스플렁크는 access.log.2012-07-30.gz를 읽으려고 시도하지 않는다.

반대로 매우 특별한 패턴을 적용하기 위해 화이트 리스트를 사용할 수 있다.

```
[monitor:///opt/applicationserver/logs]
sourcetype=application_logs
whitelist=(app|application|legacy|foo)\.log(\.\d{4})?
blacklist=.*.gz
```

화이트 리스트는 app.log.application.log, legacy.log.2012-08-13 그리고 foo.log를 매치한다. 블랙 리스트는 gz 파일들을 제외한다.

로그는 디렉토리이기 때문에 디렉토리를 반복적으로 스캔할 것이다.

반복적으로 파일 선택

로그 또는 애플리케이션의 구조는 반복적인 방법이 필요할지도 모른다. 예를 들어 다음과 같은 스탠자를 가진다.

```
[monitor:///opt/*/logs/access.log*]
sourcetype=access
```

```
[monitor:///opt/.../important.log*]
sourcetype=important
```

* 문자는 하나의 파일 또는 디렉토리와 매치한다. 반면에 ...는 임의의 디렉토리 구조까지 매치한다. 이는 /opt의 모든 것을 반복적으로 스캔함으로써 원하는 모든 파일을 매치한다.

 스플렁크는 첫 와일드카드 문자에서 모든 디렉토리를 계속적으로 스캔할 것이다.

/opt가 많은 파일과 디렉토리를 포함하고 있다면 스플렁크는 파일을 매칭하기 위해 모든 디렉토리를 스캔하면서 메모리와 CPU를 비롯해 많은 양의 리소스를 사용할 것이다. 나는 큰 디렉토리를 검사하기 위해 스플렁크의 단일 프로세스가 메모리를 2기가 바이트까지 사용하는 것을 경험했다. 약간만 생각하면 이러한 것을 피할 수 있으니 조심해서 사용하길 바란다.

*에 대한 가능한 값을 알고 있다면 여러 개의 스탠자를 쓰는 것이 더 좋다. 예를 들어 /opt에서 디렉토리가 A와 B가 있다고 가정하면 다음 스탠자 형태를 사용하는 것이 훨씬 더 좋다.

```
[monitor:///opt/A/logs/access.log*]
sourcetype=access
```

```
[monitor:///opt/B/logs/access.log*]
sourcetype=access
```

존재하지 않은 파일과 디렉토리를 매칭하는 스탠자를 가지는 것도 또한 가능할 수 있다. 이 경우에 에러가 발생하지 않는다. 그러나 의도하지 않는 파일들이 매치되는 너무 넓은 범위의 패턴을 포함하지 않도록 주의해라.

심볼릭 링크

반복적으로 디렉토리를 검사할 때, 기본적으로 심볼릭 링크를 만나게 되면 따라가도록 되어 있다. 이는 종종 매우 유용할 수 있으나, 심볼릭 링크_{symbolic link}에 크고 느린 파일 시스템을 지정하고 있다면 문제가 될 수 있다. 이러한 행동을 막기 위해 다음처럼 설정한다.

```
followSymlink = false
```

심볼릭 링크를 따라가는 것이 필요하기 전까지는 모니터 스탠자_{monitor stanza}의 모든 곳에 이 설정을 넣는 것이 좋을 수도 있다.

소스에서 호스트 값 설정

로그를 전달하는 머신의 호스트 이름을 사용하는 기본 행동은 거의 항상 원하는 결과가 될 수 있다. 하지만, 수많은 호스트에서 로그를 읽고 있는 경우라면, host_regex 또는 host_segment를 사용해 소스에서 호스트 이름을 추출할 수 있다. 예를 들어 우리는 다음과 같은 경로를 가지고 있다고 하자.

```
/nfs/logs/webserver1/access.log
```

webserver1로 호스트를 설정하기 위해 다음처럼 설정한다.

```
[monitor:///nfs/logs/*/access.log*]
sourcetype=access
host_segment=3
```

또는 다음처럼 설정한다.

```
[monitor:///nfs/logs/*/access.log*]
sourcetype=access
host_regex=/(.*?)/access\.log
```

host_regex는 파일 이름에서 호스트의 값을 추출하기 위해서도 사용될 수 있다.

변형을 사용해 호스트 값을 재설정할 수도 있고, 이는 결국에 파싱 후에 일어난다. 이는 호스트를 매칭에 의존하는 props.conf에 대한 설정이 미리 적용되었다는 것을 의미한다.

설치할 때 오래된 데이터 무시

스플렁크가 설치되었을 때 몇 달 또는 몇 년 전의 로그가 현재 쓰여지고 있는 로그가 있는 디렉토리에 존재하는 경우가 종종 있다. 몇 달, 몇 년 전의 로그는 더 이상 관심 있는 부분이 아니기 때문에 이러한 로그가 인덱스될 때 쓰레기 데이터가 될 수 있다.

가장 좋은 해결책은 지정한 일보다 더 오래된 로그를 압축하기 위한 스크립트를 만드는 것이다. 그러나 규모가 큰 환경에서 이를 실행하는 것은 어려울 수 있다. 스플렁크는 오래된 데이터를 무시하기 위한 두 가지 설정을 가지고 있다. 그러나 앞서서 주의해야 할 점은 이러한 파일들이 무시되고 나서는 나중에 마음이 바뀌었을 경우에 간단히 되돌릴 수 없다는 것이다. 오래된 로그를 압축하고 압축 파일을 블랙 리스트와 화이트 리스트를 사용해 압축 파일을 블랙 리스트로 설정하면, 나중에 원하는 파일을 단순히 압축을 풀어서 사용할 수 있다. 예제 스탠자를 보자.

```
[monitor:///opt/B/logs/access.log*]
sourcetype = access
ignoreOlderThan = 14d
```

이 경우에 ingnoreOlderThan은 변경일이 14일보다 오래된 파일은 모든 이벤트를 영원히 무시하라고 말한다. 이 파일인 나중에 업데이트된다면 어떤 새로운 이벤트는 인덱스될 것이다.

followTail 속성은 이제까지 쓰여진 모든 이벤트를 무시하고, 각 파일의 끝에서 시작한다. 예제를 살펴보자.

```
[monitor:///opt/B/logs/access.log*]
sourcetype = access
followTail = 1
```

스플렁크는 이 패턴에 매칭하는 파일의 크기를 기록할 것이다. 그러나 followTail은 스플렁크가 현재에 이 파일에 있는 모든 것을 무시하라고 지시한다. 파일에 쓰여진 어떤 새로운 이벤트는 인덱스될 것이다. 나중에 마음을 바뀐다면 이것을 바꿀 수 있는 쉬운 방법은 없다는 것을 기억해라.

현재는 "X보다 오래된 모든 이벤트를 무시해라"라고 설정하는 것은 불가능하다. 그러나 대부분의 로그는 날짜로 변경되기 때문에 일반적으로 문제가 되지 않는다.

crcSalt 사용

파일을 전에 살펴봤다는 것을 기록하기 위해 스플렁크는 살펴본 각 파일의 첫 256바이트에 대한 체크섬을 저장한다. 이 체크섬만으로 일반적으로 충분하다. 대부분 파일이 로그 메시지로 시작하기 때문에 유일성이 거의 보장된다.

첫 256바이트가 같은 서버에서 유일하지 않게 될 때 이 알고리즘은 실패하게 된다. 나는 이러한 일이 발생하는 것을 두 가지 경우에 경험했다.

1. 제품 버전 정보를 포함하고 있는 공통 헤더를 가지고 시작하는 로그

```
================================================================
== Great product version 1.2 brought to you by Great company ==
== Server kernel version 3.2.1 ==
```

2. 시간의 단위가 높은 로그로 수천 개의 파일을 쓰는 서버

```
12:13:12 Session created
12:13:12 Starting session
```

우리는 이러한 경우에 대비해서 체크섬에 로그의 경로를 추가할 수 있다. 즉 CRC에 약간의 소금salt our crc을 더하는 것이다. 이는 다음처럼 성취된다.

```
[monitor:///opt/B/logs/application.log*]
sourcetype = access
crcSalt = <SOURCE>
```

이는 체크섬에서 로그의 전체 경로를 포함하도록 지시한다.

이 방법은 로그가 유일한 이름이라면 유효하다. 이를 성취하기 가장 쉬운 방법은 로그를 생성할 때 로그의 이름에 현재 날짜를 포함하는 것이다. 날짜가 항상 포함되고 로그의 이름이 바뀌지 않게 하기 위해서 로그 이름에 대해 패턴을 바꾸는 게 필요할 수 있다.

 로그 파일의 이름이 변경된다면 crcSalt를 사용하지 말아라.

미리 crcSalt를 사용하지 않도록 한 입력에 crcSalt를 사용하도록 변경한다면, 데이터의 모든 것을 다시 인덱스할 것이다. 이미 존재하는 설정에서 이 설정을 켜기 전에 오래된 로그는 다른 곳으로 옮기거나 압축하여 블랙 리스트에 등록해야 한다.

인덱스 파일 삭제

배치에서 로그 파일을 받는다면 로그를 소모하여 배치 입력을 사용하고 이것들을 지울 수 있다. 이는 로그의 복사본에 대해서만 사용되어야 한다. 다음 예제를 보자.

```
[batch:///var/batch/logs/*/access.log*]
sourcetype=access
host_segment=4
move_policy = sinkhole
```

이 스탠자는 주어진 디렉토리 안에 있는 파일을 인덱스하고 그 파일을 지운다. 정말 원하는 것이 무었인지 확신해야 한다.

네트워크 입력

파일을 읽는 것에 더해 스플렁크는 네트워크 포트에서 읽을 수 있다. 이 스탠자는 다음 형태를 취한다.

```
[protocol://<remote host>:<local port>]
```

원격 호스트 부분은 거의 사용되지 않지만, 이 아이디어는 특별한 호스트에 대해서 다른 입력 설정을 지정할 수 있다. 일반적으로 스탠자는 다음과 같다.

- [tcp://1234]: TCP 연결에 대해 1234 포트에서 읽는다. 어떤 것도 이 포트에 연결될 수 있고 데이터를 보낼 수 있다.

- [tcp-ssl://importanthost:1234]: SSL을 사용하는 TCP를 읽는다. 그리고 이 스탠자는 importanthost 호스트에 적용한다. 스플렁크는 연결의 시작 처음에 자체 서명 인증self-signed certification을 보장할 것이다.

- [udp://514]: 이 설정은 일반적으로 syslog 이벤트를 받기 위해 사용된다. 이것 또한 잘 작동하긴 하지만, 일반적으로 rsyslog 또는 syslogng 같은 전용 syslog 리시버를 사용하는 것이 최고의 방법으로 간주된다.

- [splunktcp://9997] 또는 [splunktcp-ssl://9997]: 분산 환경에서 인덱스는 특정 포트에서 이벤트를 받을 것이다. 이것은 스플렁크 인스턴스 사이에 사용되는 전용 프로토콜이다. 이 스탠자는 Manager > Forwarding and receiving(전달 또는 받기) > Receive data(데이터 받기)에 있는 Manager 페이지를 사용할 때 생성된다.

tcp와 udp 입력에 대해 다음 속성이 적용된다.

- **소스**source: 이 속성을 정하지 않으면, 소스는 upd:514와 같은 protocol:port가 사용된다.

- **소스 타입**sourcetype: 이 속성을 정하지 않으면, 소스 타입은 또한 protocol:port 가 사용된다. 그러나 이것은 일반적으로 원하는 바가 아니다. 소스 타입을 지정하고 props.conf 안에 관련된 스탠자를 생성하는 것이 좋다.

- **connection_host**: 네트워크 입력에 대해서 호스트에 대해 어떤 값을 정하는 것은 약간은 복잡하다. 선택할 수 있는 옵션은 다음과 같다.

  ○ connection_host = dns는 입력되는 연결에서 호스트 이름을 결정하기 위해 역 DNSreverse DNS를 사용한다. 역 DNS으로 설정될 때 일반적으로는 최상이다. 이 설정이 기본 값이다.

  ○ connection_host = ip는 원격 머신의 IP 주소로 호스트 필드를 설정한다. 역 DNS를 사용할 수 없을 때 최상의 선택이다.

  ○ connection_host = none은 데이터를 받고 있는 스플렁크 인스턴스의 호스트 이름을 사용한다. 이 옵션은 모든 트래픽이 내부 호스트에서 올 때 사용할 수 있다.

  ○ host = foo는 호스트 이름을 고정된 값으로 설정한다.

  ○ 변형을 사용해 호스트 이름의 값을 재설정한다. 예를 들어 syslog 이벤트를 가지고 재설정할 수 있다. 이는 파싱이 끝난 후에 발생하고 그렇기 때문에 호스트에 기반하는 시간대 같은 값들을 변경하기 위해 느려진다.

- **queueSize**: 이 값은 입력 큐를 위해서 스플렁크에 얼마나 많은 메모리를 할당할지를 정한다. 큐는 일반적으로 인덱서가 따라잡을 수 있을 때까지 한 번에 많이 들어오는 데이터를 보관하기 위해 사용한다.

- **persistentQueueSize**: 이 값은 메모리 큐가 가득 차면 디스크에 데이터를 보관하기 위해 사용될 수 있는 지속성 있는 큐persistent queue를 정의한다.

네트워크 포트에 대해 복잡한 설정을 만들어야 한다면, 목적을 성취하기 위한 더 좋은 방법이 있을 수 있으므로 스플렁크 서포트에 도움을 요청해보는 것도 좋다.

원시 윈도우 입력

윈도우의 한 가지 좋은 점은 시스템 로그와 많은 애플리케이션 로그가 같은 장소에 있다는 것이다. 하지만, 그 장소가 파일이 아니다. 그래서 네이티브 훅native hook은 이러한 이벤트에 접근하기 위해 필요하다. 스플렁크는 [WinEventLog:LogName] 형태의 스탠자를 사용해 그러한 입력을 사용할 수 있게 한다. 예를 들어 보안 로그를 인덱스하기 위해서 간단히 스탠자를 다음과 같이 입력한다.

```
[WinEventLog:Security]
```

지원하는 많은 속성이 있으나, 기본 설정 값을 사용하는 것이 합리적이다. 내가 사용하는 유일한 속성은 current_only다. 이 값은 모니터 스탠자에서의 followTail과 동일하다. 예를 들어, 이 스탠자는 애플리케이션 로그를 모니터하는데 지금부터 읽기 시작하라고 지정한다.

```
[WinEventLog:Application]
current_only = 1
```

이는 서버에 많은 히스토리성 이벤트가 있을 때 유용하다.

사용할 수 있는 다른 입력은 윈도우 관리 계측 서비스WMI, Window Management Instrumentation다. WMI를 사용해 다음을 할 수 있다.

- 윈도우 성능 모니터WIndows Perfromance Monitor에서 볼 수 있는 원본 성능에 대한 메트릭 정보를 모니터
- 윈도우 이벤트 로그 API를 모니터
- WMI 내부의 데이터베이스에 대한 사용자 정의 쿼리 실행
- 원격 머신에 대한 질의

이론적으로 WMI를 사용해 많은 윈도우 서버를 모니터하여 소수의 스플렁크에게 전달하는 것이 가능하다. 그러나 이러한 방법을 추천하지 않는다. 설정은 복잡해지고 확장이 잘 되지 않고, 복잡한 보안 설정이 필요해지고 완벽히 테스트되지 않았다. 또한, WMI를 걸쳐서 윈도우 이벤트 로그를 읽는 것은 원본 입력과 다른 출력을 만들어서 윈도우 이벤트를 기대하는 대부분 앱은 기대했던 것처럼 작동하지 않을 것이다.

윈도우 이벤트 로그와 WMI에 대해 필요한 Input.conf와 wmi.conf 설정을 생성하는 가장 간단한 방법은 윈도우 호스트에 윈도우용 스플렁크를 설치하고 웹화면을 통해 원하는 입력을 설정하는 것이다. 더 자세한 예제는 공식 스플렁크 문서를 보자.

스크립트 입력

스플렁크는 주기적으로 프로세스를 실행하고 이에 대한 결과를 사용한다. 예를 들어 ImplementingSplunkDataGenerator.app에서 입력을 살펴보자.

```
[script://./bin/implSplunkGen.py 2]
interval=60
sourcetype=impl_splunk_gen_sourcetype2
source=impl_splunk_gen_src2
host=host2
index=implSplunk
```

이 예에서 다음과 같은 사항을 알 수 있다.

- 현재 실행하는 디렉토리는 inputs.conf를 포함하고 있는 앱의 루트다.
- .py로 끝나는 파일은 스플렁크에 포함된 파이썬 인터프리터를 사용해 실행된다. 이는 스플렁크 파이썬 모듈을 사용할 수 있다는 것을 의미한다. 다른 파이썬 모듈을 사용하기 위해 스탠자에 파이썬의 경로를 지정해라.
- 스탠자에 정하는 특정 아규먼트들이 마치 커맨드라인에서 실행되는 것처럼 스크립트에서 처리될 것이다.
- interval은 스크립트가 얼마나 자주 실행될 지를 정한다. 단위는 초다.

- 스크립트가 현재 실행 중이면 그것은 다시 실행되지는 않을 것이다.
- 오랫동안 실행되는 스크립트에도 이 값은 유효하다. 스크립트의 오직 하나의 복사본이 실행되기 때문에 인터벌은 스크립트가 여전히 실행 중인지 여부를 얼마나 자주 검사할 것이지를 지정할 수 있다.
- 값은 크론 형태로 지정될 수 있다.

커맨드라인에서 실행할 수 있는 한 어떤 프로그래밍 언어가 사용될 수 있다. 스플렁크는 실행하는 것이 무엇이든지 단순히 표준 출력을 이용한다.

윈도우용 스플렁크에 포함된 WMI를 질의하기 위해 사용되는 스크립트가 있다. 간단한 예제는 다음과 같다.

```
[script://$SPLUNK_HOME\bin\scripts\splunk-wmi.path]
```

위 설정에 대해 알아보자.

- 윈도우 경로는 슬래시(/) 대신 역 슬래시(\)가 필요하다.
- $SPLUNK_HOME은 적절한 위치로 지정된다.

transforms.conf

transforms.conf는 특정 이벤트에 적용할 수 있는 변형과 룩업을 지정한다. 이 변형과 룩업은 props.conf의 이름으로 참조된다.

다음 하부 섹션에서는 다음 이벤트 예제를 사용할 것이다.

```
2012-09-24T00:21:35.925+0000 DEBUG [MBX] Password reset called.
[old=1234, new=secret, req_time=5346]
```

메타데이터 값으로 다음 값들을 사용한다.

```
sourcetype=myapp
source=/logs/myapp.session_foo-jA5MDkyMjEwMTIK.log
host=vlbmba.local
```

인덱스 필드 생성

transform.conf에서 성취할 수 있는 공통적인 목적은 새로운 인덱스 필드를 생성하는 것이다. 인덱스 필드는 인덱스 시에 생성되어야만 하고 이벤트의 원시 문장에 포함되었는지 여부에 상관없이 검색될 수 있다는 점에서 추출된 필드와 차이가 있다. 일반적으로 인덱스 필드 대신 추출된 필드를 생성하는 것을 선호한다. 3장에서 인덱스 필드가 이점이 있을 때에 대해 더 자세히 이야기했었다.

 인덱스 필드는 정의가 생성된 후에 인덱스되는 이벤트에만 적용된다. 이것은 다시 인덱싱을 하지 않고서는 부족한 부분을 채울 수 있는 방법이 없다.

로그레벨 필드 생성

transforms.conf의 적형적인 스탠자의 형태는 다음과 같다.

```
[myapp_loglevel]
REGEX = \s([A-Z]+)\s
FORMAT = loglevel::$1
WRITE_META = True
```

이것은 `loglevel=DEBUG` 필드를 이벤트에 추가한다. 위 설정은 이 위치의 외부에 `ERROR` 같은 일반적인 단어라면 좋은 생각이다.

이 스탠자를 단계별로 살펴보자.

- `[myapp_loglevel]`: 스탠자는 유일한 값이어야 한다. 그러나 이름은 관심 있는 부분에 대해 의미를 알 수 있도록 만드는 것이 좋다. 이 이름은 props.conf에서 참조될 것이다.

- `REGEX=\s([A-Z]+)\s`: 이 설정은 우리가 다뤄야 하는 이벤트에 대해 검사할 패턴이다. 이 패턴이 매치되지 않는다면 이 변형은 적용되지 않을 것이다.

- `FORMAT=loglevel::$1`: `loglevel` 필드를 생성한다. 모든 인덱스 필드는 `::` 구분자를 사용해 저장되기 때문에 우리는 이 형태를 따라야만 한다.

- WRITE_META=true: 이 속성이 없다면 변형은 실제로 인덱스 필드를 생성하지 않고 이벤트와 함께 저장한다.

소스에서 세션 필드 생성

이벤트를 사용해 다른 필드 세션session을 생성해보자. 이 필드는 소스의 값에서만 나타난다.

```
[myapp_session]
SOURCE_KEY = MetaData:Source
REGEX = session_(.*?)\.log
FORMAT = session::$1
WRITE_META = True
```

SROUCE_KEY 속성에 대해 알아보자. 이 필드의 값은 어떤 존재하는 메타데이터 필드 또는 이미 생성되었던 다른 인덱스 필드가 될 수 있다. 변형 실행 순서에 대해서 설명한 'props.conf' 섹션의 '클래스를 가진 속성'을 살펴보자. 이 필드들을 '메타데이터 필드 변경'에서 알아볼 것이다.

태그 필드 생성

검색하기 어려운 이벤트에 대해 간단히 태그하기 위한 필드를 생성할 수 있다. 예를 들어 응답 시간이 느린 모든 이벤트를 찾기를 원하면, 다음처럼 검색한다.

```
sourcetype=myapp req_time>999
```

인덱스 필드가 없다면 이 질의는 우리가 관심있는 시간에 대해서 sourcetype=mayapp과 매치하는 모든 이벤트를 파싱하는 것이 필요할 것이다. 이 질의는 이후 req_time 값이 999와 같거나 작은 모든 이벤트를 버린다.

앞서 req_time>999의 값이 안 좋은 시간이라는 것을 알고, 나쁘다는 것을 지정하기 위한 정규 표현식이 떠올랐다면, 이러한 이벤트를 더 빠르게 조회하기 위해 태그할 수 있다. 다음과 같은 transforms.conf 스탠자를 가진다.

```
[myapp_slow]
REGEX = req_time=\d{4,}
FORMAT = slow_request::1
WRITE_META = True
```

REGEX는 req_time= 다음에 따르는 4개 이상 숫자를 포함하는 모든 이벤트와 매치할 것이다.

fields.conf에 slow_request를 추가한 후에 우리는 slow_request=1에 대해 검색할 수 있고 매우 효율적으로 느린 이벤트를 모두 찾을 수 있다. 이것은 변형이 있기 전에 인덱스된 이벤트에는 적용되지 않는다. 느린 응답 속도를 가진 이벤트가 드물게 나타나면 이 질의는 훨씬 더 빠를 것이다.

호스트 분류 필드 생성

호스트 이름의 일부분은 특별한 어떤 것을 의미하는 것이 보통이다. 이 패턴을 잘 알고 있고 예측할 수 있다면 호스트 이름에서 이러한 값을 추출하는 것이 의미가 있을 수 있다. 가상 호스트 값이 vlbmba.local(내 랩탑에서 발생할 수도 있다)이라고 하면, 사용자owner와 호스트타입hosttype에 대한 필드를 생성하고자 할 수 있다. 스탠자는 다음과 같을 것이다.

```
[host_parts]
SOURCE_KEY = MetaData:Host
REGEX = (...)(...)\.
FORMAT = host_owner::$1 host_type::$2
WRITE_META = True
```

새로운 필드를 가지고 이제 호스트 이름으로 인코드된 정보가 무엇이든간에 쉽게 에러를 분류할 수 있다. 또다른 방법은 룩업을 사용하는 것이다. 룩업은 소급되어 적용되는 이점을 가진다. 이 방법은 특정 필드에 대해 더 빠르게 검색할 수 있는 장점을 가진다.

메타데이터 필드 변경

메인 메타데이터 필드를 재정의하는 것은 때때로 편리하다. 기본 메타데이터 값을 재정의하는 한 가지 이유를 살펴볼 것이다.

```
```

변형은 파싱 후에 적용되기 때문에 변형에 의해 메터데이터 필드를 변경하는 것은 props.conf 스탠자가 날짜을 파싱하거나 줄을 분리하는 것이 적용되는 것에 영향을 미치기 위해 사용될 수 없다는 것을 명심해라. 예를 들어 호스트 이름을 포함하는 syslog 이벤트를 가지고 변형이 적용되기 전에 날짜는 이미 파싱되기 때문에 시간대를 바꿀 수 없다.

스플렁크에서 제공되는 키는 다음과 같다.

- _raw(이는 SOURCE_KEY의 기본 값이다)

- MetaData:Source

- MetaData:SourceType

- MetaData:Host

- _MetaData:Index

호스트 재정의

호스트 이름이 syslog와 스플렁크 전달자 같은 다른 소스에서 다르게 표시된 다면 이 값을 같도록 변형해 사용할 수 있다. 주어진 호스트 이름 vlbmba.local에서 우리는 첫 마침표(.)의 왼쪽 부분만을 유지하기를 원할 수 있다. 스탠자는 다음과 같다.

```
[normalize_host]
SOURCE_KEY = MetaData:Host
DEST_KEY = MetaData:Host
REGEX = (.*?)\.
FORMAT = host::$1
```

이는 vlbmba로 호스트 이름을 대체할 것이다. 다음 두 가지 사항을 살펴보자.

- WRITE_META는 이벤트의 메터데이터에 추가하지 않을 것이기 때문에 포함하지 않았다. 대신에 원본 메터데이터 필드의 값을 재정의하고 있다.

- host::는 형식의 시작에 포함되야만 한다.

소스 재정의

어떤 애플리케이션은 각 세션, 통신 내용, 트랜잭션에 대해 별도의 로그를 쓴다. 이를 사용할 때 한 가지 문제는 소스 값의 폭발적인 증가다. 소스의 값은 $SPLUNK_HOM/var/lib/splunk/*/db/Sources.data가 되고 소스의 유일한 값마다 한 줄이 된다. 이 파일은 결국 커다란 사이즈로 자라날 것이고 스플렁크는 많은 시간을 이를 업데이트하기 위해 소비하면서 예기치 않게 멈추는 것을 경험할 것이다. indexes.conf에 disableGlobalMetadata라는 새로운 설정은 이 문제를 또한 제거할 수 있다.

이 값을 일정하게 유지하기 위해 다음처럼 스탠자를 사용할 수 있다.

```
[myapp_flatten_source]
SOURCE_KEY = MetaData:Source
DEST_KEY = MetaData:Source
REGEX = (.*session_).*.log
FORMAT = source::$1x.log
```

이는 /logs/myapp.session_x.log로 소스의 값을 설정한다. 그리고 증가하는 소스 문제를 제거한다.

세션의 값이 유용하면, '소스에서 세션 필드 생성' 섹션에서의 변형은 변형이 값을 캡처하기 전에 실행될 수 있다. 즉 변형은 소스 전체 값을 사용할 수 있고 다른 메타데이터 필드로 그 값을 설정할 수 있다.

 파일시스템에 많은 양의 로그 파일은 아이노드(inodes)를 넘어서서 실행되고 모든 파일을 추적하기 위해 스플렁크 프로세스가 많은 메모리를 사용하는 등의 몇 가지 문제를 일으킨다. 일반적인 규칙으로, 로그 파일을 정리하는 프로세스가 오래된 로그를 따로 보관하도록 설계되어야만 한다.

소스 타입 재정의

이벤트의 내용에 기반해 이벤트의 소스 타입 필드를 변경하는 것은 드문 일이 아니다. 특히 syslog인 경우에 빈번하게 발생한다. 가상의 예에서 로그 레벨

후에 [MBX]를 포함한 이벤트에는 다른 추출 방법을 적용할 수 있도록 다른 소스 타입이 되기를 원한다. 다음 예제는 이처럼 작동할 것이다.

```
[mbx_sourcetype]
DEST_KEY = MetaData:Sourcetype
REGEX = \d+\s[A-Z]+\s\([MBX\])
FORMAT = sourcetype::mbx
```

이는 개념적으로 틀리게 작동하기 쉽고 이를 후에 고치는 것은 어렵기 때문에 주의를 기울여서 사용해야 한다.

다른 인덱스로 이벤트 라우팅

때때로 어떤 이벤트는 다른 이벤트보다 더 오랫동안 저장되어야 하거나 모든 사용자에게 보여지지 말아야 하는 민감한 정보를 포함하고 있기 때문에 이벤트를 다른 인덱스로 보내기를 원할 수 있다. 이는 파일이거나 네트워크 또는 스크립트 같은 임의의 소스의 임의의 이벤트에 적용될 수 있다.

우리가 해야 하는 모든 것은 이벤트를 매치하고 인덱스를 재설정하는 것이다.

```
[contains_password_1]
DEST_KEY = _MetaData:Index
REGEX = Password reset called
FORMAT = sensitive
```

이 설정에 대한 내용은 다음과 같다.

- 이 시나리오에서 아마도 복수 개의 변형을 만들어야 할 필요가 있을 것이다. 그래서 이름을 유일하게 만들어야 한다.
- DEST_KEY는 밑줄(_)로 시작한다.
- FORMAT은 index::로 시작하지 않는다.
- 인덱스 sensitive는 데이터를 인덱싱하는 머신에 존재해야만 한다. 그렇지 않으면 해당 이벤트는 잃어버릴 것이다.

룩업 정의

간단한 룩업은 단순히 transform.conf에 파일 이름을 지정한다.

```
[testlookup]
filename = test.csv
```

test.csv는 user와 group을 포함하고 이벤트에는 user 필드를 포함한다고 가정하면, 검색에서 룩업 명령을 사용하여 이 룩업을 참조할 수 있다.

```
* | lookup testlookup user
```

즉 우리는 props.conf에서 자동적으로 실행하기 위해 룩업을 사용할 수 있다.

```
[mysourcetype]
LOOKUP-testlookup = testlookup user
```

이것이 시작하는 데 필요한 전부이고 대부분의 경우에 사용될 수 있다. 룩업을 생성하는 방법은 6장의 '데이터를 풍부하게 하는 룩업' 섹션을 보자.

와일드카드 룩업

9장에서 transforms.conf를 편집했으나 어떤 일이 일어나는지는 설명하지 않았다. 이제 또 다른 면을 살펴보자. 변형 스탠자는 다음과 같다.

```
[flatten_summary_lookup]
filename = flatten_summary_lookup.csv
match_type = WILDCARD(url)
max_matches = 1
```

우리가 추가한 부분에 대해 살펴보자.

● match_type = WILDCARD(url): 룩업 파일 안에 필드 url의 값은 와일드카드를 포함할 수도 있다는 것을 말한다. 예제에서 CSV 파일 안에 URL은 /contact/*처럼 나타날 수 있다.

- max_matches = 1: 기본 값으로는 여러 값을 갖는 필드에 추가되는 각 필드에 있는 값을 가지고 룩업 파일에 매치되는 10개의 항목까지 이벤트에 더해질 것이다. 이 경우에 단지 처음에 매치되는 것만 적용되기를 원한다.

CIDR 와일드카드 룩업

CIDR 와일드카드는 문자에서 와일드카드를 사용하는 것과 매우 비슷하지만 IP 주소에 대해 룩업 열을 매치하기 위해 CIDR_{Classless Inter-Domain Routing} 규칙을 사용한다. 예를 통해 살펴보자.

룩업 파일이 다음과 같다.

```
ip_range,network,datacenter
10.1.0.0/16,qa,east
10.2.0.0/16,prod,east
10.128.0.0/16,qa,west
10.129.0.0/16,prod,west
```

이와 연관된 transforms.conf 정의는 다음과 같다.

```
[ip_address_lookup]
filename = ip_address_lookup.csv
match_type = CIDR(ip_range)
max_matches = 1
```

그리고 여기에 몇 개의 이벤트가 있다.

```
src_ip=10.2.1.3 user=mary
src_ip=10.128.88.33 user=bob
src_ip=10.1.35.248 user=b
```

우리는 이들 이벤트를 풍부하게 하기 위해 룩업을 사용할 수 있다.

```
src_ip="*"
    | lookup ip_address_lookup ip_range as src_ip
    | table src_ip user datacenter network
```

이는 적당한 IP 주소와 매치하고 다음과 같은 테이블을 보여준다.

	src_ip ⇕	user ⇕	datacenter ⇕	network ⇕
1	10.2.1.3	mary	east	prod
2	10.128.88.33	bob	west	qa
3	10.1.35.248	bob	east	qa

이 질의는 또한 룩업 호출에서 키워드 사용해 다른 필드를 위해서 같은 룩업을 사용할 수 있다는 것을 보여준다.

룩업에서 시간을 사용

시간에 대한 룩업은 이벤트가 발생했을 때를 기반으로 이벤트를 풍부하게 하기 위해 사용된다. 이를 위해 룩업 소스에 시간 범위의 시작을 지정하나고 룩업 설정에서 이 시간에 대한 형식을 지정한다. 이 메커니즘을 사용해 룩업 값은 시간에 따라 변경할 수 있고 심지어 소급적으로 적용할 수 있다.

여기 시간에 따라 버전version 필드를 붙이는 간단한 예제가 있다. 다음과 같은 CSV 파일을 가지고 진행한다.

```
sourcetype,version,time
impl_splunk_gen,1.0,2012-09-19 02:56:30 UTC
impl_splunk_gen,1.1,2012-09-22 12:01:45 UTC
impl_splunk_gen,1.2,2012-09-23 18:12:12 UTC
```

그리고 나서 룩업이 각 이벤트에서 시간에 대해 검사될 필드가 어떤 것이고 시간 필드의 형식이 어떤지 정하기 위해 transforms.conf에 룩업 설정을 사용한다.

```
[versions]
filename = versions.csv
time_field = time
time_format = %Y-%m-%d %H:%M:%S %Z
```

이제 이들과 함께 적당히 검색에서 룩업을 사용할 수 있다.

```
sourcetype=impl_splunk_gen error
    | lookup versions sourcetype
    | timechart count by version
```

이 검색 결과는 시간에 따른 에러를 차트 그래프로 보여줄 것이다.

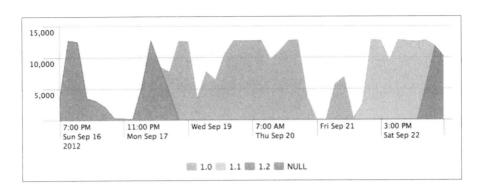

사용하는 다른 경우는 환경에 따른 배포를 추적하는 것과 사용이 정지된 계정의 활동을 추적하는 것이다.

리포트 사용

props.conf에서 REPORT-foo 형태의 속성들은 검색할 때 transforms.conf에서 스탠자를 호출한다. 그리고 이것은 그 속성들이 메타데이터 필드에 영향을 미칠 수 없다는 것을 의미한다. EXTRACT 정의는 props.conf에 하나의 속성으로 전체를 적용함으로써 쓰기에 더 편하다. 그러나 transforms.conf에서 정의된 변형과 함께 짝을 이루어 REPORT를 사용해서 실행할 수 있는 두 가지 경우가 있다.

다중값 필드 생성

어떤 값은 주어진 이벤트에서 여러 번 발생한다고 가정하면, EXTRACT 정의는 오직 처음 발생하는 것에만 매치할 수 있다. 예를 들어 우리는 다음과 같은 이벤트를 가지고 있다.

```
2012-08-25T20:18:09 action=send a@b.com c@d.com e@f.com
```

다음 추출을 사용해서 처음 이메일 주소를 가져올 수 있다.

```
EXTRACT-email = (?i)(?P<email>[a-zA-Z0-9._]+@[a-zA-Z0-9._]+)
```

이는 이메일 필드에 a@b.com을 설정할 것이다. 리포트 속성과 변형 스탠자를 사용해서 우리는 MV_ADD 속성을 사용하는 이메일 주소 모두를 추출할 수 있다.

이 props 스탠자는 다음과 같다.

```
REPORT-mvemail = mvemail
```

transforms.conf 스탠자는 이와 같다.

```
[mvemail]
REGEX = (?i)([a-zA-Z0-9._]+@[a-zA-Z0-9._]+)
FORMAT = email::$1
MV_ADD = true
```

MV_ADD 속성은 어떤 다른 설정이 이미 이메일 필드를 생성했다면 매치되는 모든 값이 이벤트에 추가되는 효과를 가진다.

동적 필드 생성

때때로 이벤트에서 동적으로 필드를 생성하는 것이 유용할 수 있다. 예를 들어 다음과 같은 이벤트를 가지고 있다.

```
2012-08-25T20:18:09 action=send from_335353("a@b.com") to_223523("c@d.com") cc_39393("e@f.com") cc_39394("g@h.com")
```

여기에서 from과 to 그리고 cc 필드를 도출하는 것은 훌륭할 것이다. 그러나 우리는 가능한 필드 이름의 모든 것을 알 수 없을지도 모른다. transforms.conf 에서 이 스탠자는 우리가 원하는 필드를 동적으로 생성할 것이다.

```
[dynamic_address_fields]
REGEX=\s(\S+)_\S+\("(.*?)"\)
FORMAT = $1::$2
MV_ADD=true
```

이벤트를 읽는 동안 필드 이름 후에 숫자 값은 필드의 값으로 놓여지도록 한다.

```
[dynamic_address_ids]
REGEX=\s(\S+)_(\S+)\("
```

```
FORMAT = $1::$2
MV_ADD=true
```

이는 다음 화면에 있는 것처럼 우리에게 멀티 값 필드를 준다.

action ⇕	cc ⇕	from ⇕	to ⇕
send	e@f.com g@h.com 39393 39394	a@b.com 335353	c@d.com 223523

우리가 할 수 없는 것은 FORMAT 속성에 추가적인 문자를 더하는 것이다. 예를 들어 두 번째의 경우에 다음과 같이 FORMAT 속성을 사용하는 것이 좋다.

```
FORMAT = $1_id::$2
```

불행히도 이는 우리가 희망했던 기능은 아니고 대신 id 필드를 생성할 것이다.

체인 변형

앞의 '클래스를 가진 속성' 섹션에서 살펴본 것처럼, 변형은 특별한 순서로 실행된다. 대부분의 경우에 이 순서는 문제가 없으나, 하나의 변형이 전에 변형에 의해 생성된 필드에 의존해서 변형이 함께 엮이기를 원할 때가 종종 있다.

좋은 예제는 앞의 소스 재정의 에서 사용했던 소스를 줄이는 것이다. 이 변형이 소스에서 '섹션 필드 생성' 섹션에서 변형 전에 발생했다면, 우리의 세션 필드는 항상 값 x를 가진다.

앞 섹션에서 두 개의 변형을 재 사용해서 변형을 한 개 더 생성해보자. 세션의 첫 부분을 다른 필드로 추출하기 위해 그 변형을 엮을 것이다. 이 변형을 살펴보자.

```
[myapp_session]
SOURCE_KEY = MetaData:Source
REGEX = session_(.*?)\.log
FORMAT = session::$1
WRITE_META = True
```

```
[myapp_flatten_source]
SOURCE_KEY = MetaData:Source
DEST_KEY = MetaData:Source
REGEX = (.*session_).*.log
FORMAT = source::$1x.log

[session_type]
SOURCE_KEY = session
REGEX = (.*?)-
FORMAT = session_type::$1
WRITE_META = True
```

이 변형이 순서대로 실행하는 것을 보장하는 간단한 방법은 props.conf 안에 하나의 TRANSFORMS 속성에 이들을 놓는 것이다.

```
[source:*session_*.log]
TRANSFORMS-s = myapp_session,myapp_flatten_source,session_type
```

다음처럼 tranforms.conf 내부에서 정의한 예제 이벤트에서 소스를 사용할 수 있다.

```
source=/logs/myapp.session_foo-jA5MDkyMjEwMTIK.log
```

이 변형을 단계별로 살펴보자.

- myapp_session: 메타데이터 필드 소스에서 읽어서 foo-jA5MDkyMjEwMTIK 값을 가진 인덱스된 필드 세션을 생성한다.

- myapp_flatten_source: 소스를 /logs/myapp.session_x.log로 메타데이터 필드를 재설정한다.

- session_type: 새롭게 인덱스된 필드 세션에서 읽어서, foo 값을 가진 session_type 필드를 생성한다.

이 같은 순서 로직이 EXTRACT와 REPORT 스탠자를 사용해 검색할 때 적용될 수 있다. 이 특별한 경우는 값은 메터데이터 필드의 부분이기 때문에 우리가 이러한 값을 검색하기를 원한다면, 인덱스된 필드로써 계산되는 것이 필요하다.

이벤트 제거

어떤 이벤트는 단순히 인덱싱을 할 가치가 없다. 어려운 부분은 어떠한 것들이 있는지 알아내고 틀리지 않도록 대단한 확신을 만드는 것이다. 너무 많은 이벤트가 제거된다면 중요할 때 실제적인 문제를 인식하지 못해, 스플렁크가 큰 데이터 볼륨을 다루기 위해 튜닝하는 것보다 더 큰 문제를 야기시킬 수 있다.

기술했던 경고를 기억하면서 필요하지 않은 이벤트가 무엇인지 알고 있다면 이벤트를 제거하기 위한 과정은 꽤 간단하다. 우리는 다음과 같은 이벤트를 가지고 있다.

```
2012-02-02 12:24:23 UTC TRACE Database call 1 of 1,000. [...]
```

이 경우에 그리고 특별한 소스 타입에 대해 우리는 TRACE 레벨의 이벤트를 인덱스하는 것을 원하지 않는 것이 확실하다.

props.conf에서 소스 타입에 대한 스탠자를 생성한다.

```
[mysourcetype]
TRANSFORMS-droptrace=droptrace
```

그리고 나서 transforms.conf에 다음 변형을 생성한다.

```
[droptrace]
REGEX=^\d{4}-\d{2}-\d{2}\s+\d{1,2}:\d{2}:\d{1,2}\s+[A-Z]+\sTRACE
DEST_KEY=queue
FORMAT=nullQueue
```

이는 REGEX 속성이 목적에 맞도록 가능한 한 엄격해야 한다. 이것은 우연히 다른 이벤트를 제거하지 않게하는 핵심이다. 그리고 실패를 통해 시작하고자 견고하지 않는 패턴을 사용해 모든 이벤트를 다 막기 위해 노력하는 것보다 TRACE 이벤트가 패턴에 걸리지 않는 것을 눈감아주는 것이 더 좋다.

fields.conf

우리가 생성하는 인덱스 필드는 fields.conf에 추가하는 것이 필요하다. 그렇지 않으면 효율적으로 검색이 되지 않거나 심지어는 전혀 기능이 동작하지 않을 수 있다. 'transforms.conf' 섹션의 예제에 대한 fields.conf는 다음과 같다.

```
[session_type]
INDEXED = true

[session]
INDEXED = true

[host_owner]
INDEXED = true

[host_type]
INDEXED = true

[slow_request]
INDEXED = true

[loglevel]
INDEXED = true
```

이 스탠자는 스플렁크가 질의되는 값을 위해 이벤트의 몸체를 보지 않도록 지시한다. 예를 들어 다음 검색을 실행해보자.

```
host_owner=vlb
```

이 항목이 없다면 실제 쿼리는 다음과 같이 실행된다.

```
vlb | search host_owner=vlb
```

vlb 값이 이벤트의 몸체에 있기를 기대해서 이 질의는 작동하지 않는다. 이 항목을 fields.conf에 추가해서 고칠 수 있다.

loglevel의 경우에 그 값은 몸체에 있기 때문에 이 질의는 작동한다. 그러나 인덱스 필드의 장점을 가지지 않는다. 대신 가공하지 않은 단어를 포함하는 모든 이벤트를 찾은 후에 이벤트를 필터링하기 위해 loglevel을 사용한다.

outputs.conf

이 설정은 스플렁크가 어떻게 이벤트를 전달할지를 제어한다. 대부분의 경우에 이 설정은 스플렁크 인덱서로 이벤트를 보내는 스플렁크 전달자Splunk Forwader에 존재한다. 예제는 다음과 같다.

```
[tcpout]
defaultGroup = nyc

[tcpout:nyc]
autoLB = true
server = 1.2.3.4:9997,1.2.3.6:9997
```

다른 서버 그룹에 이벤트를 전달하기 위해 변형을 사용하는 것이 가능하다. 그러나 일반적으로 필요하지 않은 많은 복잡함 때문에 잘 사용되지 않는다.

indexes.conf

indexes.conf는 데이터가 디스크의 어디에 저장되는지, 얼마나 많이 그리고 오랫동안 유지할지를 설정한다. 인덱스는 특별한 구조를 가진 디렉토리다. 디렉토리 구조 내부에 약간의 메타데이터 파일과 버킷buckets이라 불리는 하부 디렉토리가 있고 실제 인덱스된 데이터를 보관한다.

간단한 스탠자는 다음과 같다.

```
[implSplunk]
homePath = $SPLUNK_DB/implSplunk/db
coldPath = $SPLUNK_DB/implSplunk/colddb
thawedPath = $SPLUNK_DB/implSplunk/thaweddb
```

이 속성들을 들여다 보자.

- homePath: 최근 데이터가 있는 위치
- coldPath: 오래된 데이터가 있는 위치
- thawedPath: 버킷이 저장될 수 있는 디렉토리. 이 곳은 관리할 수 없는 위치다. 이 속성은 반드시 정의되어야 하지만, 나는 한 번도 사용해본 적이 없다.

버킷은 용어에 관련해서 적당한 순서가 있다. 이는 다음과 같다.

- 핫hot: 쓰기 위해 최근에 열린 버킷이고 homePath에 존재한다.
- 웜warm: 최근에 생성되었으나 쓰기 위해서는 더 이상 열지 않는다. 이 버킷 또한 homePath에 존재한다.
- 콜드cold: 오래된 버킷으로 coldPath로 이동될 것이다. maxWarmDBCount에 설정된 값을 초과할 때 이동된다.
- 프로즌frozen: 대부분 설치 환경에서 이것은 삭제된 것을 의미한다. 버킷을 장기 보관하기를 원하는 고객에 대해서는 coldToFrozeonScript 또는 coldToFrozenDir을 통해 버킷을 저장할 것을 설정할 수 있다.
- 쏘드thawed: 쏘드 버킷(thawed bucket, 녹여진 버킷)은 프로즌 버킷(frozen bucket, 얼려진 버킷)이 다시 되돌려진 버킷이다. 이 버킷은 관리되지 않는 점에서 특별하고 전체 시간All time 질의를 하는 경우 포함되지 않는다. coldToFrozenDir을 사용할 때 오직 원시 데이터가 유지된다. 그래서 스플렁크 리빌드splunk rebild는 버킷이 다시 검색될 수 있도록 만드는 데 사용할 수 있다.

데이터가 인덱스에서 얼마나 오랫동안 유지되어야 하는 가는 아래 속성에 의해 제어된다.

- frozenTimePeriodInSecs: 이 설정은 인덱스에서 유지할 가장 오래된 데이터를 지정한다. 버킷은 가장 새로운 이벤트가 이 값보다 더 오래되었을 때 제거될 것이다. 기본 설정 값은 약 6년이다.
- maxTotalDataSzieMB: 이 설정은 인덱스가 얼마나 커질 수 있는가를 지정한다. 모든 핫, 웜, 콜드 버킷에서 사용되는 전체 공간이 이 값을 초과할 수 없

다. 가장 오랜된 버킷이 항상 먼저 얼려frozen진다. 기본 설정 값은 500기가 바이트다.

일반적으로 이 속성들 모두를 설정하는 것이 좋다. frozenTimePeriodSecs는 사용자가 기대했던 것과 맞아야 한다. maxTotalDataSizeMB는 디스크 공간을 초과해서 운영되는 것에서 시스템을 보호한다.

덜 빈번하게 사용되는 속성들이다.

- coldToFrozenDir: 지정하면 버킷이 삭제되는 대신에 디렉토리를 이동할 것이다. 이 디렉토리는 스플렁크에서 관리하지 않는다. 그래서 디스크가 차는 것을 방지하는 것은 관리자의 몫이다.

- maxHotBuckets: 버킷은 시간의 단위로 표시되고 의미가 있을 만큼 작게 나눈다. 나는 3보다 작은 값으로 설정해본 적은 없지만. 이상적으로 10으로 설정되어야 한다.

- maxDataSize: 개별 버킷에 대한 최고 사이즈다. 기본 값은 프로세서의 타입에 의해 설정되고 일반적으로 받아들일 수 있는 값이다. 그러나 버킷이 얼려지는 순간에 더 많은 디스크 공간이 필요하다. 기본 값은 auto이고 이는 결코 750MB를 넘지 않는다. auto_high_volume 설정은 32비트 시스템에서는 1GB, 그리고 64비트 머신에서는 10GB이다. 하루에 10GB 이상을 받는 인덱스를 위해 사용될 수 있다.

11장에서 여러 인덱스의 규모를 정하는 방법을 토론할 것이다.

authorize.conf

이 설정은 역할role과 능력capability에 대한 정의를 저장한다. 이 설정들은 검색과 웹 인터페이스에 영향을 준다. 이 설정들은 대부분 웹의 **Manager ➤ Access controls**(접근 제어)를 통해 관리된다. 그러나 설정 파일에서 빠르게 열어보는 것이 유용할 수 있다.

역할 스탠자는 다음과 같다.

```
[role_power]
importRoles = user
schedule_search = enabled
rtsearch = enabled
srchIndexesAllowed = *
srchIndexesDefault = main
srchDiskQuota = 500
srchJobsQuota = 10
rtSrchJobsQuota = 20
```

이 설정을 살펴보자.

- importRoles: 기존에 가지고 있는 역할의 실행 능력의 목록을 가지고 온다. 할 수 있는 능력의 집합은 기존의 역할에서 가지고 있는 능력과 추가된 능력에서 능력을 합친 것이 된다.

- schedule_search와 rtsearch: 기존의 가져온 역할에서는 필수적으로 비활성화되어 있는 파워power의 역할을 위해 다음 두 가지 능력을 활성화한다.

- srchIndexesAllowed: 기본으로 어떤 인덱스를 검색할지 결정한다. 이 설정은 또한 Search > Summary에서 보여지는 데이터에 영향을 미친다. ImplementingSplunkGenerator 앱을 설치했다면, implsplunk 인덱스에서 데이터를 실제로 저장하고 있음에도 불구하고 이 페이지에서 impl_splunk_* 소스 타입을 볼 것이다.

- srchDiskQuota: 검색이 실행될 때마다, 결과는 기간이 만료될 때까지 디스크에 저장된다. 이 만료 기간은 저장된 검색을 생성할 때 명시적으로 설정될 수 있으나, 만료는 자동적으로 상호 교류적인 검색을 위한 설정이다. 사용자는 Jobs(작업) 뷰에서 오래된 결과를 지울 수 있다.

- srchJobsQuota: 각 사용별로 동시에 실행되는 검색의 수를 제한한다. 기본 값은 3이다. 파워power 권한을 가진 사용자는 10개까지 동시 실행을 허락한다. 반면에 관리자는 50개까지 허락된다.

- rtSrchJobsQuota: 비슷하게 이것은 실시간 검색을 동시에 실행할 수 있는 수를 지정한다. 기본 값은 6이다.

savedsearches.conf

이 설정은 저장된 검색을 포함하고 있고 거의 직접적으로 수정하지 않는다.

times.conf

이 설정은 시간 선택기time picker에서 보이는 시간 범위에 대한 정의를 가지고 있다.

commands.conf

이 설정은 앱에서 제공하는 명령을 정의한다. 12장에서 이것을 사용한다.

web.conf

이 파일에서 변경하는 주요 설정은 웹 서버에 대한 포트와 SSL 인증 그리고 웹 서버를 시작할지 여부를 변경한다.

사용자 인터페이스 리소스

대부분 스플렁크 앱은 웹 애플리케이션을 위한 리소스의 대부분을 포함한다. 이 리소스에 대한 앱 레이아웃은 모든 다른 설정들과 완전히 다르다.

뷰와 내비게이션

.conf 파일처럼 뷰와 내비게이션 문서는 다음 순서에 의해 우선된다.

1. $SPLUNK_HOME/etc/users/$username/$appname/local: 새로운 대시보드가 생성될 때, 대시보드는 여기에 저장된다. 권한이 앱app 또는 전역global으로 변경할 때까지 여기에 남아 있다.

2. $SPLUNK_HOME/etc/apps/$appname/local: 문서가 공유되면 이 디렉토리로 옮겨진다.

3. `$SPLUNK_HOME/etc/apps/$appname/default`: 문서는 수동으로 여기에만 놓여질 수 있다. 앱을 공유하고자 한다면 문서를 여기로 옮겨야만 한다.

.conf 파일과 달리 이 문서들은 합쳐지지 않는다.

이 디렉토리의 각 안에서 뷰와 내비게이션은 data/ui/views와 data/ui/nav 아래에 위치한다. 그래서 app1 앱 안에 bob이라는 사용자를 위해 foo라는 뷰가 주어졌다면 문서에 대한 초기 위치는 다음과 같다.

`$SPLUNK_HOME/etc/apps/app1/local/data/ui/views/foo.xml`

내비게이션은 같은 구조를 따른다. 그러나 내비게이션이 사용하는 유일한 문서는 default.xml이다. 예를 들면 다음과 같다.

`$SPLUNK_HOME/etc/apps/app1/local/data/ui/nav/default.xml`

웹 화면을 사용하는 대신에 디스크에서 직접 이 파일을 편집할 수 있다. 그러나 스플렁크를 재시작하지 않고서는 이 변화를 바로 확인할 수 없을 것이다. 약간의 트릭을 사용할 수 있다. 디스크에서 직접 편집한 뷰와 내비게이션에 대한 변화를 적용하기 위해 http://mysplunkserver:8000/debug/refresh URL로 이동한다. mysplunkserver는 각자 환경에 따라 적당히 대체한다. 이 방법이 실패한다면 스플렁크를 재시작해라.

앱서버 리소스

뷰와 네이게이션 이외에 웹 애플리케이션은 많은 리소스를 사용한다. 예를 들어 애플리케이션과 대시보드는 CSS와 이미지를 참조할 수 있다. 이미 7장에서 학습했다. 이러한 리소스는 `$SPLUNK_HOME/etc/apps/$appname/appserver` 아래에 저장된다. 이 디렉토리 아래에는 다음과 같은 몇 개의 디렉토리가 있다.

- static: 애플리케이션에서 사용하고자 하는 고정 파일들은 여기에 저장된다. 스플렁크는 자체로 appIcon.png, screenshot.png, application.css 그리고 application.js를 사용하는 몇 개의 마법사 문서가 있다. 다른 파일들은 인클루

드_{include} 또는 템플릿_{template}을 사용해 참조될 수 있다. 7장의 '복잡한 대시보드에서 ServerSideInclude 사용'에서 예제를 통해 고정 이미지를 참조하는 방법을 설명했다.

- event_renderers: 이벤트 렌더러는 특정 이벤트 타입에 대해 특정 화면 출력 코드를 실행할 수 있도록 한다. 12장에서 이벤트 렌더러를 사용할 것이다.

- templates: mako 템플릿 언어를 사용하여 특별한 템플릿을 생성하는 것이 가능하다. 일반적으로 사용되지 않는다.

- modules: 앱을 저장할때 제공되는 새로운 모듈이 있는 곳이다. 이에 대한 예제로 구글 맵과 사이드뷰 유틸 모듈을 포함한다. http://dev.splunk.com에는 예제로서 자신이 만든 모듈과 존재하는 모듈을 사용하는 예제들에 대해 더 많은 정보를 볼 수 있다.

메타데이터

객체 권한은 $SPLUNK_HOME/etc/apps/$appname/metadata/에 위치한 파일 안에 저장된다. 두 개의 파일은 default.meta와 local.meta다.

이 파일들은 다음과 같다.

- 그들이 포함되어 있는 앱 안에서 리소스에만 오직 연관이 있다.
- local.meta에 있는 항목들이 우선 순위가 높은 상태에서 합쳐진다.
- 일반적으로 관리자 인터페이스에 의해 제어된다.
- 특별한 타입의 모든 설정에 영향을 미치는 규칙을 포함할 수 있으나 이 항목들은 직접 만들어야만 한다.

이 파일이 없는 경우 리소스는 현재 앱에 제한된다.

스플렁크에서 생성한 is_app_one을 위한 default.meta를 살펴보자.

```
# Application-level permissions
[]
access = read: [ * ], write: [ admin, power ]
```

```
### EVENT TYPES
[eventtypes]
export = system

### PROPS
[props]
export = system

### TRANSFORMS
[transforms]
export = system

### LOOKUPS
[lookups]
export = system

### VIEWSTATES: even normal users should be able to create shared
viewstates
[viewstates]
access = read: [ * ], write: [ * ]
export = system
```

이 조각들을 살펴보자.

- [] 스탠자는 모든 사용자는 이 앱에서 모든 것을 읽을 수 있으나 관리자admin 또는 파워power 역할을 가진 사용자만 이 앱에서 쓰기를 할 수 있다.

- [eventtypes], [props], [transform] 그리고 [lookups]는 이 앱에 각 타입의 모든 설정은 모든 앱에서 모든 사용자에 의해 공유되어야 하고 기본적으로 export=system은 사용자 인터페이스에서 전역global과 동등하다.

- [viewstates] 스탠자는 모든 사용자가 전역적으로 뷰스테이트viewstate를 공유하는 권한을 준다. 뷰스테이트는 웹 애플리케이션을 통해 만든 대시보드 설정에 관한 정보를 포함한다. 예를 들어 차트 설정에 관한 정보가 있다. 이 스탠자가 없으면 대시보드 또는 저장된 검색에 적용된 차트 설정은 이용할 수 없다.

414

local.meta를 살펴보기 위해 우리가 만든 웹 애플리케이션을 통해 생성된 설정을 보자.

```
[indexes/summary_impl_splunk]
access = read: [ * ], write: [ admin, power ]

[views/errors]
access = read: [ * ], write: [ admin, power ]
export = system
owner = admin
version = 4.3
modtime = 1339296668.151105000

[savedsearches/top%20user%20errors%20pie%20chart]
export = none
owner = admin
version = 4.3
modtime = 1338420710.720786000

[viewstates/flashtimeline%3Ah2v14xkb]
owner = nobody?    version = 4.3?    modtime = 1338420715.753642000

[props/impl_splunk_web/LOOKUP-web_section]
access = read: [ * ]
export = none
owner = admin?    version = 4.3
modtime = 1346013505.279379000?
```

...

아이디어를 하나 얻을 수 있다. 웹 애플리케이션은 생성된 각 개체에 대해 매우 특별한 항목을 만들 것이다. 애플리케이션이 분산되었을 때 일반적으로 버킷 권한은 애플리케이션안의 리소스에 대해 적당하기 때문에 metadata/default.meta에서 버킷 권한을 만드는 것이 더 쉽다.

단순히 대시보드를 제공하는 애플리케이션을 위해 메타데이터는 전혀 필요하지 않을 것이다. 모든 리소스(앱)에 대한 기본 설정이 받아들여지기 때문이다.

애플리케이션이 다른 애플리케이션에서 사용되었던 리소스를 제공한다면 예를 들어 룩업 또는 추출은 default.meta 파일이 다음처럼 보일 것이다.

```
### PROPS
[props]
export = system

### TRANSFORMS
[transforms]
export = system

### LOOKUPS
[lookups]
export = system
```

이는 props.conf와 transform.conf 파일에서 모든 것과 모든 룩업 정의는 모든 검색의 논리적 설정에서 합쳐진다고 설명했다.

정리

이 장은 스플렁크 설정의 가장 보편적인 측면에서 어떻게 설정이 작동하는지와 그에 대한 대략적인 설명을 제공했다. 이는 설정을 위한 완벽한 참고서를 의미하지 않는다. 그리고 나머지 부분에 대해서는 공식 문서를 참고하도록 남겨 두었다. 특정 설정 파일에 대해 공식 문서를 얻기 위한 가장 쉬운 방법은 선호하는 검색 엔진에 splunk 〈설정파일명〉.conf 형식으로 질의하는 것이다.

11장에서는 분산해서 배포하는 방법을 살펴보고, 이들을 효과적으로 설정하는 방법을 학습한다. 이번 장에서 배운 것은 최고의 실행 방법이 무엇인지 이해하기 위한 핵심이 될 것이다.

11
향상된 배포

처음 스플렁크를 시작할 때 하나의 머신에 스플렁크를 설치하고 몇 로그들을 가져와서 검색 작업에 대한 결과를 얻는 작업을 했을 것이다. 제품을 그렇게 쉽게 시도해볼 수 있다는 것은 훌륭하다. 그러나 테스팅 단계에서 서비스 단계로 넘어가면 이 일은 훨씬 더 복잡해질 수 있고, 사전 계획을 세우는 것이 나중에 처할 어려움에서 구해줄 수 있다.

이번 장에서 분산된 환경에서 데이터를 얻는 방법과 분산된 설정 관리, 설치 시 규모 산정, 보안 고려 사항 그리고 백업 전략들에 대해 살펴볼 것이다.

설치 계획

얼마나 많은 스플렁크 인스턴스가 필요할 것인가를 결정하기 위해 필요한 몇 가지 체크사항이 있다.

- 하루에 얼마나 많은 데이터가 인덱스되는가? 얼마나 많은 데이터를 유지할 것인가?

○ 첫 번째 원칙은 빠른 디스크를 가지고 있다는 가정하에, 하루에 처리할 수 있는 양을 스플렁크 인덱서당 100기가 바이트로 간주하는 것이다. 더 많은 정보를 위해 '인덱서 규모 산정' 섹션을 보자.

● 동시에 얼마나 많은 검색을 실행할 것인가?

○ 동시 수행 수는 생각하는 것보다 더 적다. 이 수는 스플렁크를 사용할 수 있는 사용자의 수가 아니라, 동시에 실행되는 질의의 수다. 이 값은 사용자 그룹이 실행하는 질의의 종류에 따라 달라진다.

● 데이터 소스는 무엇인가?

○ 데이터가 어디에서 오는가는 확실히 배포하는 데 영향을 줄 수 있다. 사용하기를 원하는 모든 가능한 데이터에 대해 계획함으로써 나중에 발생할 수 있는 어려움에서 구할 수 있다. 데이터 소스의 예제는 '공통 데이터 소스' 섹션을 살펴보자.

● 얼마나 많은 데이터 센터를 모니터해야 하는가?

○ 여러 지역에 있는 서버를 다루는 것은 또 다른 레벨의 복잡함을 가져온다. 그리고 여기에는 정답이 없다. '스플렁크 바이너리 배포' 섹션에서 몇 가지 배포 예제를 살펴보자.

● 스플렁크 바이너리를 어떻게 배포하는가?
● 설정을 어떻게 분산할 것인가?

이 장에서는 이러한 주제와 그 외 다른 부분을 설명할 것이다.

스플렁크 인스턴스 타입

분산 환경에서 서로 다른 스플렁크 프로세스는 다른 목적을 실행할 것이다. 일반적으로 4개의 계층이 2개로 분산되는 4단계의 프로세싱이 있다.

- **입력**input: 이 단계는 로그 파일, 포트 또는 스크립트에서 원시 데이터를 사용한다.
- **파싱**parsing: 이 단계는 원시 데이터를 이벤트로 나누고, 시간을 파싱하고, 기본 메타데이터를 설정하고 변형을 실행하는 등의 일을 한다.
- **인덱싱**indexing: 이 단계는 데이터를 저장하고 인덱스를 최적화한다.
- **검색**searching: 이 단계는 질의를 실행하고 사용자에게 결과를 출력한다.

각 단계 모두가 하나의 프로세스로 이루어질 수 있으나, 이 역할을 서버를 통해 분산하는 것이 로그의 크기와 검색의 양이 늘어날 수록 성능을 향상시킬 수 있다.

스플렁크 전달자

로그 파일을 포함하는 각 머신에는 일반적으로 스플렁크 전달자 프로세스가 실행된다. 이 프로세스의 작업은 머신에서 로그를 읽거나 스크립트 입력을 실행한다.

스플렁크 전달자는 다음을 통해 설치된다.

- **스플렁크 전체 설치**: 인덱싱 대신 데이터를 전달하도록 설정한다.
- **스플렁크 유니버셜 포워더**Splunk Universal Forwarder: 인덱싱 또는 검색을 위해 필요한 모든 기능이 제거된 기본적인 스플렁크다.

스플렁크 전체 설치에서 프로세스는 전달자는 두 가지 종류 중 하나로 설정될 수 있다.

- **가벼운 전달자**light forwarder는 이벤트를 파싱하지 않도록 설정한다. 대신에 인덱서로 원시 데이터 스트림을 전달하도록 설정한다. 이러한 설치는 전달자가 실행되는 머신의 리소스가 매우 작을 때 이점을 가진다(검사되는 파일의 수가 매우 크지 않은 경우). 그리고 설정이 매우 단순하다. 반면에 인덱서는 더 많은 일을 해야 한다는 단점이 있다. 이러한 목적이라면 스플렁크 유니버셜 포워더를 사용하는 것을 추천한다.

- 무거운 전달자heavy forwarder는 이벤트를 파싱하고 파싱되고 수정한 이벤트가 인덱스에 전달된다. 이는 인덱서가 더 적은 일을 하게 하는 장점을 가지고 있으나 전달자에게 부여된 더 많은 설정이 필요하다는 단점이 있다. 이 설정은 가벼운 전달자에 필요한 CPU와 메모리 양보다 두 배 정도 많이 사용한다.

대부분의 사용자에 대해서 스플렁크 유니버셜 포워더를 선택하는 것이 더 좋다. 전달자 설치에 가장 중요한 설정은 다음과 같다.

- inputs.conf: 읽을 파일, 네트워크 포트 또는 실행할 스크립트를 정의한다.
- outputs.conf: 데이터를 받을 인덱스를 정의한다.
- props.conf: 10장에서 논의한 것처럼 설정들 중 매우 조그만 양만 입력 단계에 연관이 있고, 대부분은 파싱 단계에 연관이 있다.
- default-mode.conf: 처리 모듈을 비활성화하기 위해 사용한다.
- limits.conf: 여기에서 주 설정은 maxKBps다. 그리고 이 설정 값은 각 전달자가 사용할 대역폭의 크기를 설정한다. 가벼운 전달자light forwarder의 기본 값은 전달하는 머신의 네트워크의 범람 또는 과사용을 막기 위해 매우 낮게 설정되어 있다. 이 값은 일반적으로 안전하게 증가될 수 있다. 종종 네트워크 하드웨어의 한계까지 증가된다.

이 장의 '스플렁크 바이너리 배포' 섹션에서 전달자를 배포하는 방법을 설명한다.

스플렁크 인덱서

대부분 배포 환경에서 인덱서는 이벤트의 파싱과 인덱싱 모두를 처리한다. 단지 하나의 스플렁크 인덱서가 있다면 검색 또한 이 서버에서 처리된다.

이름이 의미하는 것처럼 인덱서는 데이터를 인덱스한다. 인덱서는 로컬 디스크, SAN 또는 네트워크 볼륨 어느 것이든 성능 좋은 디스크에 직접 접근하는 것이 필요하다.

경험상 NFS는 스플렁크 인덱스 또는 파일을 저장하기 위한 공간으로 안정성이 떨어진다. 스플렁크는 로컬 디스크 같은 디스크를 기대한다. 그러나 때때로 NFS는 그렇게 작동하지 않는다. NFS에서 로그를 읽는 것은 괜찮다. iSCSI는 SAN처럼 인덱서를 위해 매우 잘 작동한다.

전형적으로 스플렁크 인덱서에 연관된 설정은 다음과 같다.

- `inputs.conf`: 이 설정은 일반적으로 `[splunkcp://9997]` 형태의 정확히 하나의 입력을 가진다. 이 스탠자는 인덱서가 스플렁크 전달자가 9997포트에 접속하여 대기하도록 지시한다.
- `indexes.conf`: 이 설정은 인덱스의 위치와 데이터가 유지될 기간을 정의한다. 기본값은 다음과 같다.

  ○ 모든 데이터는 `$SPLUNK_HOME/var/lib/splunk`에 쓰여진다.
  ○ 인덱스는 가장 오래된 이벤트를 삭제하기 전에 최고 500기가 바이트까지 저장한다.
  ○ 인덱스는 가장 오래된 이벤트를 삭제하기 전에 최대 6년 동안 이벤트를 유지한다.

위 설정에 의한 한계가 도달할 때 이벤트는 삭제된다. '인덱스 규모 산정' 섹션에서 이 값을 바꾸는 것에 대해서 이야기한다.

- `props.conf`와 `transforms.conf`: 인덱서가 파싱을 하고 이 설정이 있다면, 데이터 스트림이 이벤트로 어떻게 나눠지고, 날짜가 어떻게 파싱되고, 어떤 인덱스 필드가 생성되는지 설정한다.
- `server.conf`: 라이선스 서버 주소를 포함한다.

 얼마나 많은 인덱스가 필요한지에 대해서는 '인덱스 규모 산정' 섹션을 보자.

스플렁크 검색

단지 하나의 스플렁크 서버가 있을 때, 검색은 인덱싱과 함께 실행된다. 하나의
서버가 쉽게 다룰 수 있는 범위를 넘어서는 정도로 로그 크기가 증가하기 전까
지는 유효하다. 검색 인스턴스를 따로 떨어뜨리게 되면 실제로 분산된 검색을
실행하는 데 더 많은 추가 작업이 필요하기 때문에 성능이 떨어질 수 있다.

검색에 대한 대부분의 설정은 웹 화면을 통해 관리된다. 특별히 분산 검색에
대한 설정은 Manager > Distributed search(분산 검색)에 있다.

공통 데이터 소스

데이터는 많은 소스에서 올 수 있다. 이러한 소스는 파일, 네트워크 포트 또는
스크립트가 될 수 있다. 몇 개의 공통 시나리오를 통해 알아보자.

서버 로그 모니터링

이 시나리오에서 서버는 로그를 로컬 디스크에 쓰고, 전달자 프로세스가 이
로그를 모니터한다. 이것은 전형적인 스플렁크 설치다.

이 접근은 다음 장점을 가진다.

● 이 프로세스는 매우 최적화되어 있다. 인덱서가 과부화가 되지 않으면, 이벤
  트는 항상 몇 초 안에 검색할 수 있다.

● 네트워크 문제나 인덱서의 과부하에서 발생되는 속도 저하는 점차적으로 해
  결된다. 전달자 프로세스는 속도 저하가 해결될 때 여유가 있는 인덱서를 선
  택한다.

● 에이전트는 가볍고 일반적으로 100메가바이트 이하의 메모리와 CPU당 몇 퍼
  센트만 사용한다. 이 값은 새로운 데이터가 쓰여지는 양과 모니터링 되는 파
  일의 수에 따라 올라간다. 더 자세한 내용은 10장의 inputs.conf를 살펴보자.

- 특정 시간대가 없는 로그는 전달자를 실행하는 머신의 시간대를 사용한다. 이는 대부분 원하는 바일 것이다.
- 호스트 이름은 호스트에서 자동으로 선택된다. 이 역시 대부분 원하는 선택이다.

이 방법은 다음과 같은 단점이 있다.

- 전달자가 각 서버에 설치되어야 한다. 이미 분산된 소프트웨어를 위한 시스템을 가지고 있다면 이것은 문제가 되지 않는다. '스플렁크 바이너리 배포' 섹션에서 이 전략을 살펴본다.
- 전달자 프로세스는 인덱스되는 모든 로그에 대한 읽기 권한을 가져야만 한다. 이는 일반적으로 문제가 되지 않지만 사전에 계획이 필요하다.

전형적인 배포는 다음 그림과 같다.

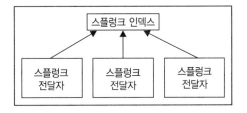

매일 생산되는 로그의 크기가 100기가바이트를 초과하면, 여러 개의 인덱서에 대해 고민하는 것이 필요하다. '인덱서 규모 산정' 섹션에서 더 많은 이야기를 할 것이다.

공유 드라이브에서 로그 모니터링

어떤 고객은 모든 서버가 네트워크로 공유된 NFS나 다른 어떤 것에 로그를 쓰도록 설정한다. 이 설정은 작동되도록 만들 수 있지만, 이상적인 방법은 아니다.

이러한 방법은 다음 장점이 있다.

- 전달자는 공유하는 로그를 쓰고 있는 각 서버에 설치될 필요가 없다.
- 이 로그를 읽는 유일한 스플렁크 인스턴스만 로그에 대한 권한이 필요하다.

이 방법의 단점은 다음과 같다.

- 네트워크 공유는 과부하가 될 수 있고 병목점이 될 수 있다.
- 하나의 파일에서 인덱스되지 않은 데이터가 수 메가 바이트 이상이면 스플렁크 프로세스는 모든 데이터가 인덱스될 때까지 하나의 로그만 읽을 것이다. 여러 개의 인덱서가 있다면 오직 하나의 인덱서는 이 전달자에서 데이터를 받을 것이다. 작업량이 많은 환경에서 전달자는 뒤쳐지게 된다.
- 여러개의 스플렁크 전달자 프로세스는 어떤 파일을 읽었는지에 대한 정보를 공유하지 않는다. 이는 SAN이 없는 각 전달자 프로세스에 대해서 페일오버 failover를 다루기 매우 어렵게 만든다.
- 스플렁크는 새로운 이벤트가 파일에 쓰여지고 있는지 결정하기 위해 변경시간에 의존해야 한다. 파일 메타데이터는 공유 환경에서 빠르게 업데이트되지 않는다.
- 커다란 디렉토리 구조는 스플렁크가 많은 램과 많은 양의 CPU를 사용하여 로그를 읽는 원인이 된다. 스플렁크가 추적해야 하는 파일의 수를 줄이기 위해서 옛날 로그를 옮기는 프로세스를 추천한다.

이 설정은 다음 그림처럼 보이게 된다.

이 설정은 단순하게 보이지만, 불행히도 쉽게 확장할 수 없다.

배치에서 로그 사용

덜 보편적인 다른 방법은 로그 파일이 변경된 후에 서버에서 주기적으로 로그를 모으는 것이다. 이는 확장에 대한 문제가 더 악화될 가능성이 있다는 것을 제외하면 공유 드라이브에서 로그를 모니터링하는 것과 매우 비슷하다.

다음 방법의 장점은 다음과 같다.

- 전달자는 공유하기 위해 로그를 쓰고 있는 각 서버에 설치될 필요가 없다.

이 방법의 단점은 다음과 같다.

- 새로운 로그가 생겨날 때 파일이 크다면 스플렁크는 단지 한 번에 하나의 파일에서 이벤트를 읽을 것이다. 이 디렉토리가 인덱서에 있을 때는 괜찮다. 그러나 전달자가 여러 인덱서에 대해서 이벤트를 분산하기 위해 노력할 때, 단지 하나의 인덱서는 한 번에 이벤트를 받을 것이다.
- 순환 되는 로그rolled log에서 가장 오래된 이벤트는 그 로그가 순환되고 복사될 때까지 사용되지 않는다.
- 실행 중인 로그는 이벤트가 복사되는 동안 삭제되거나 스플렁크가 혼동할 수 있기 때문에 복사될 수 없다. 특히 스플렁크는 변경된 파일은 새로운 로그라고 인식하기 때문에 전체적인 파일을 다시 인덱스할 것이다.

때때로는 이 방법이 가능한 유일한 방법이 될 수 있다. 그리고 다른 경우에 다음 몇 가지 규칙을 따라야 한다.

- 단지 변경이 끝난 로그만 감시하는 디렉토리로 복사한다.
- 가능하면 inputs.conf에서 모니터 스탠자 대신에 배치batch 스탠자를 사용해라. 그렇게 함으로써 스플렁크는 로그들을 인덱싱한 후에 파일을 지울 수 있다.
- 가능하면 여러 개의 인덱서에 가로질러 로그를 펼치는 여러 개의 전달자 또는 인덱서에서 직접 접근할 수 있는 디렉토리든지 간에 다른 스플렁크 서버에 로그의 설정을 복사해라. 스플렁크는 인스턴스를 넘어서 파일의 위치 정보를 공유할 수 있는 방법이 없기 때문에 같은 로그가 여러 개의 머신에 복사되지 않도록 해라.

시스로그 이벤트

데이터의 다른 일반적인 소스는 시스로그_{syslog}다. 일반적으로 파일시스템을 가지고 있지 않거나 소프트웨어를 설치하는 것을 지원하는 않은 디바이스에서 사용된다. 이러한 소스는 디바이스거나 가전 제품이고 UDP 패킷을 사용해 이벤트를 보내는 것이 일반적이다. syslog 관리는 일반적으로 자신만의 규약을 가지고 있다. 그래서 우리는 높은 수준에서 스플렁크를 가지고 시스로그를 통합하는 방법을 설명한다.

스플렁크 인덱서에 직접 이벤트 받기

매우 작은 설치를 위해 스플렁크 서버는 시스로그 이벤트에 대해 직접 요청을 대기할 수 있다. 이 설치는 다음 그림처럼 보인다.

스플렁크 인덱서에서 시스로그를 위해 하나의 입력을 생성하고 UDP 또는 TCP로 대기한다. inputs.conf 설정은 다음과 같다.

```
[udp://514]
sourcetype = syslog
```

이 접근법의 장점은 간단하다는 것이다. 중요한 단점은 스플렁크 프로세스가 어떤 이유에서 다운되거나 바쁜 상태에 있다면 메시지를 잃을 수 있다는 것이다. 이벤트가 없어지는 이유는 많은 시스템 작업량 또는 많은 질의, 느린 디스크, 네트워크 문제 또는 시스템 업그레이드 등이 포함될 수 있다.

syslog 이벤트가 중요하다면 적어도 같은 하드웨어에 고유 시스로그 리시버를 사용하기 위해 노력할 가치가 있다. 그러나 이상적으로는 분리된 하드웨어를 사용해야만 한다.

고유 시스로그 리시버 사용

최고의 성능은 디스크에 이벤트를 쓰기 위해 단독의 시스로그 리시버를 사용하는 것이다. 시스로그 리시버의 예제는 syslog-ng 또는 rsyslog를 포함한다. 스플렁크는 시스로그 리시버에 의해 쓰여진 디렉토리를 모니터하도록 설정된다.

 이상적으로 시스로그 리시버는 호스트당 하나의 파일 또는 디렉토리에 쓰여지도록 설정되어야만 한다. 호스트의 값은 inputs.conf의 host_segment 또는 host_regext를 사용해 설정될 수 있다. 이 설정은 예를 들어 호스트 이름 패턴을 TZ로 설정해 props.conf 스탠자가 호스트에 의해 적용될 수 있는 이점을 가진다. 일반적인 시스로그의 경우와 같이 이는 호스트가 로그 메시지 이외에서 파싱된다면 가능하지 않다.

단독 프로세스의 장점은 다음과 같다.

- 단독 프로세스는 성취하기 위해 다른 작업이 없고 프로세서 시간은 데이터가 버퍼 밖으로 빠져 나가기 전에 커널 버퍼에서 이벤트를 가져오는 것이 전부다.

- 내부의 파일은 버퍼처럼 행동한다. 그렇기 때문에 스플렁크 속도 저하 또는 장애의 경우에 이벤트를 잃어버리지 않는다.

- 시스로그 데이터는 디스크에 있다. 그래서 독립적으로 보관될 수 있고 적당하게 다른 스크립트와 함께 질의될 수 있다.

- 파일이 각 호스트를 위해 쓰여진다면 호스트 이름은 파일의 경로에서 추출될 수 있다. 그리고 다른 파싱 규칙(예를 들어 시간대)은 그 당시에 적용될 수 있다.

설치는 다음 그림과 같다.

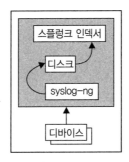

고유 시스로그 프로세스의 설정은 간단하고 변하는 것이 없기 때문에 하나의 스플렁크 인스턴스에 다른 프로세스를 사용하는 것은 메시지를 잃는 것에서 몇 단계의 보호를 더한다. 느린 디스크, 높은 CPU 작업량 또는 메모리 압박은 여전히 문제를 일으킬 수 있다. 그러나 적어도 스플렁크 프로세스를 재시작하는 것에 대한 걱정을 할 필요가 없다.

보호의 다음 단계는 시스로그 이벤트를 받는 것에 하드웨어를 분리하는 것과 하나 이상의 스플렁크 인덱서 이벤트를 보내는 전달자를 사용하는 것이 될 수 있다. 이 설정은 다음 그림과 같다.

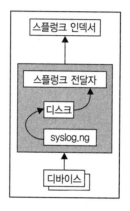

하나의 머신은 여전히 단일 에러 점을 가진다. 그러나 인덱스를 가지고 있는 스플렁크 서버가 의도했든지 의도하지 않았든지 시스로그 이벤트를 받는 인스턴스에 영향을 받지 않는다는 것이 장점이다.

보호의 다음 단계는 시스로그 데이터를 syslog 이벤트를 받는 여러 머신을 가로질러 시스로그 데이터를 퍼뜨리기 위해 로드 밸런서를 사용하거나 동적 DNS를 사용하는 것이다. 그리고 나서 한 개 이상의 스플렁크 인덱서에 이벤트를 전달한다. 이 설정은 다음과 같다.

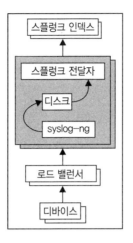

이 설정은 복잡하지만 오직 대 단위 네트워크 장애에서만 이벤트가 유실되는 매우 단단한 구조다.

스플렁크 전달자를 통한 시스로그 전송

직접 시스로그 이벤트를 받기 위해 스플렁크 인스턴스를 사용할 수 있다. 이벤트는 전달자에서 스플렁크 인덱서에게 전달된다. 이 설정은 다음 그림과 같다.

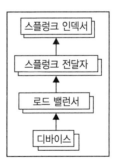

이 내부 스플렁크 전달자 프로세스는 input.conf에 queueSize와 persistentQueueSize 설정을 사용해 많은 입력 버퍼를 갖도록 설정할 수 있다. 이 내부 전달자들은 가벼운 전달자는 될 수 없다는 것을 기억하자. 이 설정은 다음과 같은 장점을 가진다.

- 스플렁크 전달자 프로세스가 이벤트를 생성하는 디바이스와 함께 데이터 센터 안에 있다면, 전달자 프로세스가 이벤트의 시간대를 설정할 것이다. 다중 시간대를 가진 데이터 센터 안에 디바이스를 가진다면 이는 매우 많은 도움이 될 것이다.
- 이벤트를 파싱하는 작업은 인덱서에서 몇 가지 작업을 제거하면서 이 단계에서 다루어질 것이다.

단점은 이러한 내부 전달자에 의해 파싱되는 이벤트에 연결된 어떤 파싱 규칙은 이 단계에 설치되어야만 하고, 이는 변경될 때 재시작이 필요하다는 것이다.

데이터베이스에 로그 사용

어떤 애플리케이션은 로그를 데이터베이스에 저장하도록 만들어진다. 이는 로그가 집중화되는 장점을 가지지만, 데이터베이스 서버의 한계를 넘어 확장하는 데 어렵다는 단점이 있다. 로그가 스플렁크 안으로 들어오면, 스플렁크 인터페이스의 장점을 취할 수 있고 이 이벤트들은 다른 로그와 함께 연결될 수 있다.

데이터베이스 로그를 가져오는 과정은 다음과 같다.

1. 적당한 이벤트를 조회하기 위한 질의를 만든다. 예로 다음과 같을 수 있다.

```
select date, id, log from log_table
```

2. 특정 지점을 가르킬 필드를 정의한다. 보통 필드는 ID나 날짜가 선택된다.

3. 특점 지점을 사용하기 위해 쿼리를 변경한다. 때때로 다음 코드처럼 사용할 수 있다.

```
select date, id, log from log_table where id>4567
```

4. 이 질의를 실행하기 위해 스크립트 입력을 사용하고, 실행 지점 필드를 저장하고 그 결과를 출력한다.

처음 시작을 위해 http://splunkbase.com에 사용 가능한 수많은 언어로 만들어진 많은 수의 애플리케이션이 있다. 이 중 좋아하는 임의의 언어와 툴을 사용할 수 있다.

최고라고 알려진 앱은 jdbc scripted input이다. 이 앱은 자바와 사용자가 제공하는 jdbc 드라이버를 사용한다. 이것을 사용하는 방법을 빠르게 설명하면 다음 과정이 된다.

1. 자바 1.5 이상의 버전이 설치되어 있어야 한다.

2. 앱을 다운로드한다.

3. jdbc 드라이버 JAR 파일을 bin/lib에 복사한다.

4. bin/example을 bin/myapp에 복사하한다.

5. 다음 코드처럼 bin/myapp/query.properties를 변경한다.

```
driverClass=com.mysql.jdbc.Driver
connectionString=jdbc:mysql://mydb:3306/myapp?user=u&password=p
iteratorField=id
query=select date,id,log from entries where id>${id} order by id
```

6. inputs.conf에 매칭 스탠자를 추가한다.

```
[script://./bin/run.sh myapp]
interval = 60
sourcetype = myapp
source = jdbc
```

어떤 방법이든 질의가 중복 데이터를 조회하지 않는다면 iteratorField가 필요하지 않다.

데이터 수집을 위한 스크립트 사용

스플렁크에서 스크립트 입력은 텍스트를 출력하는 간단한 프로세스다. 스플렁크는 inputs.conf에서 설정된대로 주기적으로 스크립트를 실행할 것이다. 간단한 예제를 만들어 보자.

앱 내부에 input.conf 설정은 다음과 같은 항목을 포함한다.

```
[script://./bin/user_count.sh]
interval = 60
sourcetype = user_count
```

bin/user_count.sh 안의 스크립트는 다음과 같은 내용이 포함된다.

```
#!/bin/sh
DATE=$(date "+%Y-%m-%d %H:%M:%S")
COUNT=$(wc -l /etc/passwd | awk '{print "users="$1}')
echo $DATE $COUNT
```

이 스크립트는 다음과 같은 결과를 출력한다.

```
2012-10-15 19:57:02 users=84
```

이 형태의 스크립트의 좋은 예는 splunkbase.com에서의 유닉스Unix 앱에서 사용 가능하다.

다음 사항을 기억하자.

- 스플렁크 4.3에서 interval로 크론 스케줄이 사용 가능하다.
- 스크립트의 이름이 .py로 끝나면 스플렁크는 자체 내장된 파이썬을 사용한다. 유니버설 전달자에는 파이썬이 포함되어 있지 않다는 것을 기억해두자.
- 출력 결과는 파일에서 읽었던 것처럼 props.conf에서 이벤트를 자르는 것을 설정할 수 있다.
- 출력 결과에 날짜를 포함하고 있지 않다면 DATETIME_CONFIG에 CURRENT로 설정한다.
- 이벤트가 여러 줄로 구성된다면 BREAK_ONLY_BEFORE 패턴을 적당하게 설정한다.
- 이벤트가 여러 줄이 아니면 SHOULD_LINEMERGE를 false로 설정한다.
- 각 입력 스탠자의 하나의 복사본은 한 번에 실행될 것이다. 스크립트가 계속 실행되어야 한다면 interval을 -1로 설정한다.

인덱서 규모 산정

필요한 인덱서의 수를 결정하는 데는 많은 요소들이 영향을 미친다. 그러나 전형적인 사용 환경에서 모델 시스템으로 시작한다면 단순 대답은 하루에 인덱서 당 처리하는 용량은 100기가 바이트 로그다. 대부분의 매우 느린 프로세스를 가진 경우를 제외하면 성능상의 병목점은 디스크다.

 다음에 언급된 측정은 스플렁크 전달자의 autoLB 기능을 사용해 이벤트를 인덱서에 고르게 펼치질 것이라고 가정한다. '인덱서 로드 밸런싱'에서 이에 대해 더 이야기할 것이다.

모델 시스템은 다음과 같다.

- 8 기가바이트 램

  - 더 많은 메모리가 사용 가능하다면 운영 시스템은 스플렁크가 디스크 캐시를 사용하지 않도록 할 것이다.

- 8개의 빠른 물리적 프로세서

  작업이 많은 인덱서에서 두 개의 코어는 대부분의 시간을 인덱싱 작업을 하는데 바쁠 것이다. 다음 사항에 대해 언급할 가치가 있다.

  - 더 많은 프로세서가 있는 것은 나쁜 영향을 주지 않는다. 그러나 인덱스를 가지고 있는 디스크는 아마도 증가하는 검색의 작업량을 따라잡지 못함으로써 인덱서에 많은 차이를 만들지 않을 것이다. 더 많은 인덱서들이 자신의 디스크를 가지고 있는 경우가 더 많은 영향을 줄 것이다.

  - 실제로 프로세서는 검색하는 동안 원시 데이터에 대해 압축을 풀면서 대부분 과도하게 사용되기 때문에 코어의 가상화 또는 과도한 가상 호스트의 사용은 잘 동작하지 않을 것이다.

  - 많은 스레드를 가진 애플리케이션을 위해 설계된 느린 코어는 잘 작동하지 않는다. 예를 들어 오래 된 Sun SPARC 프로세서 또는 AIX 박스는 회피해야 한다.

- 800랜덤 아이옵스(IOPS: 초당 입력/출력 수행)를 수행하는 디스크

  - 이 값은 스플렁크 엔지니어에 의해 빠르다고 생각되는 값이다. 이 값을 측정하는 방법을 알기 위해 splunk bonnie++를 검색 엔진에 질의해보자. 디스크를 테스트할 때 기억해야 할 가장 중요한 것은 디스크 캐시를 무력화시키기 위한 충분한 데이터를 테스트해야만 한다는 것이다. 공유된 디스크를 사용하고 있다면 인덱서는 사용 가능한 아이옵스IOPS를 공유한다.

- 네 개 이하의 검색

  다음 사항을 기억하자.

  - 대부분 질의는 매우 빨리 끝난다.
  - 이 수는 상호 작용 질의와 저장된 검색을 포함한다.
  - 요약 인덱스와 저장된 검색은 일반 질의의 작업량을 줄이기 위해 사용될 수 있다.
  - 요약 질의는 간단한 저장된 검색이다.

 이미 설치된 곳에 동시성을 테스트하기 위해 다음 질의를 실행해보자.

```
index=_audit search_id action=search
    | transaction maxpause=1h search_id
    | concurrency duration=duration
    | timechart span="1h" avg(concurrency)
  max(concurrency)
```

측정(인덱서당 8개의 빠른 프로세서와 8기가 바이트 램으로 가정한다)하기 위한 간단한 공식은 다음과 같다.

```
indexers needed =
[your IOPs] / 800 *
[gigs of raw logs produced per day] / 100 *
[average concurrent queries] / 4
```

시스템, 네트워크, 사용자의 행동은 테스트 없이 성능을 예측하는 것이 불가능하다. 이러한 수들은 대략적으로 추측하는 것이 최선이다.

하루에 약 80기가바이트 로그를 생성하는 중간 규모의 회사에서 일한다고 생각해보자. 매우 적극적인 사용자 몇 명을 가지고 있고 그래서 평균 4개의 동시 질의를 기대한다. 좋은 디스크를 가지고 있고 bonnie++에서 950아이옵스를 지원한다고 보여준다. 웹 로그에 대해 어느 정도 무거운 요약 인덱싱 질의를 실행하고 있고 적어도 하나는 항상 꽤 많이 실행되기를 기대한다. 이는 우리에게 다음 결과를 준다.

```
950/800 IOPS *
80/100 gigs *
(1 concurrent summary query + 4 concurrent user queries) / 4
= 1.1875 indexers
```

실제로 1.1875개의 인덱서를 사용할 수 없다. 그래서 선택은 하나의 인덱서로 시작하고 성능이 어떤지 보거나 미리 앞서서 두 개의 인덱서로 가는 것을 선택한다. 저자의 충고는 가능하면 두 개의 인덱서로 시작하는 것이다. 이 것은 약간의 장애에 대응할 수 있는 장점이 있다. 그리고 설치 후에 생각보다 더 많은 데이터 소스가 발견되서 빠르게 데이터가 증가하는 경향이 있다. 이상적으로 100기가바이트를 넘어설 때 세 개의 인덱서를 가지고 시작하고 인덱서에 대해서 디스크를 펼치는 것이 보통이다. 여분의 수용력은 하나의 인덱서가 다운되었을 경우에도 여전히 일상적인 작업을 수행하기에 충분한 수용력을 가질 수 있는 능력을 준다. 이는 '여분 계획' 섹션에서 더 이야기할 것이다.

평균 동시 실행 질의의 수가 증가하고 하루에 인덱스되는 데이터의 양을 증가되거나 아이옵스가 감소한다면, 필요한 인덱서의 수는 거의 선형적으로 증가해야만 한다.

약간 더 확장하여 하루에 120기가바이트, 5개의 동시 질의 그리고 평균 2개의 요약 질의가 실행된다면 다음과 같다.

```
950/800 IOPS *
120/100 gigs *
(2 concurrent summary query + 5 concurrent user queries) / 4
= 2.5 indexers
```

세 개의 인덱서는 이 작업량을 수행할 수 있다. 그러나 하나의 인덱서가 다운
된다면 우리는 전달자에서 보내는 데이터를 따라잡기 위해 허우적거릴 것이
다. 이상적으로 이러한 경우에 우리는 4개 이상의 인덱서를 가져야 한다.

여분 계획

여분이라는 용어는 생각하는 것에 따라서 다른 것을 의미할 수 있다. 스플렁
크는 몇몇 고려 사항에 대해서는 도움을 줄 수 있는 기능을 가지고 있다. 버전
4.3을 포함해서 이제까지 스플렁크는 데이터를 잡아내는 것은 확실히 훌륭하
다. 그러나 여러 개의 인덱서에 걸쳐서 데이터를 안전하게 복사하는 메커니즘
은 제공하지 않는다. 이 책에서 포함되지 않은 스플렁크 5는 이러한 걱정의 대
부분을 제거할 수 있는 데이터 복제 기능이 추가되었다.

인덱서 로드 밸런싱

스플렁크 전달자는 인덱서에 대한 로드 밸런싱의 책임을 가진다. 이는 다음처
럼 outputs.conf에 인덱서의 목록을 넣음으로써 간단하게 실행할 수 있다.

```
[tcpout:nyc]
server=nyc-splunk-index01:9997,nyc-splunk-index02:9997
```

인덱서에 도달할 수 없다면 전달자는 간단히 리스트에 있는 다른 인덱서를 선
택할 것이다. 이 방법은 매우 잘 작동하고 대부분 스플렁크 배포에서 강력한
기능이다. DNS 목록이 여러 주소를 넘겨준다면 스플렁크는 정해진 포트의 주
소들 사이에서 작업을 밸런싱한다.

기본적으로 전달자는 autoLB=true로 설정된 자동 로드 밸런서를 사용한다. 특별히 전달자는 시간에 의해 인덱서를 바꿀 것이다. 이는 유니버셜 전달자와 가벼운 전달자에서 사용할 수 있는 유일한 선택이다.

무거운 전달자에서 autoLB=false 설정은 이벤트에 의해 로드 밸런싱한다. 이는 덜 효율적이고 원본 이벤트 순서가 여러 개의 인덱서에 대해 유지되지 않기 때문에 예측할 수 없는 방법으로 리턴되는 결과를 일으킬 수 있다.

전형적인 서비스 중단의 이해

하나의 스플렁크 인스턴스에 대해서 서비스 중단(아마도 운영체제 업그레이드의 이유)은 스플렁크 전달자 인스턴스의 큐에 이벤트를 저장하게 한다. 여러 개의 인덱서가 있다면 전달자는 남아 있는 인덱서에 이벤트를 보낼 것이다.

간단한 시나리오를 통해 알아보자. 네 대의 머신에서 전달자는 두 개의 인덱서를 통해 결과를 로드 밸런스 하도록 설정한다. 이는 다음 그림과 같다.

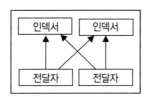

모든 것이 정상인 동안 각 전달자는 이벤트의 반을 각 인덱서에게 보낼 것이다. 하나의 인덱서가 다운된다면 그림에서 보여지는 것처럼 단지 하나의 인덱서만 남겨진다.

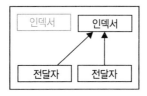

이 경우에 몇 가지 상황이 발생한다.

- 모든 이벤트는 남아 있는 인덱서에 보내진다.
- 사용할 수 없는 인덱서에 저장된 모든 이벤트는 검색 결과에서 포함되지 않는다. 스플렁크 5에서 추가적인 디스크 비용으로 이 문제를 해결할 수 있다.
- 최근 이벤트에 대한 질의는 하나의 인덱서가 전체의 작업을 다룰 수 있다고 가정하면 남아 있는 인덱서에서 저장되기 때문에 잘 작동된다.

처리해야 할 데이터 양이 하나의 인덱서에서 다룰 수 있는 것 이상이면, 인덱싱 작업이 밀리게 되고 다른 인덱서가 돌아와서 밀린 작업을 따라잡을 때까지 새로운 이벤트를 볼 수 없게 된다.

배포 규모가 증가함에 따라 하나의 인덱서가 서비스 불가 상태가 되었을 때 결과에 덜 영향을 미치게 된다. 이는 다음 그림과 같다.

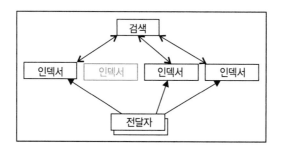

이 경우에 하나의 인덱서의 장애는 인덱싱 수용력의 오직 25%만 잃게 되고, 과거 데이터의 25%에만 오직 접근할 수 없게 된다. 세 개의 인덱서가 인덱싱 작업량을 처리할 수 있는 한 인덱서는 작업이 뒤쳐지지 않고 새로운 이벤트에 계속해서 바로 접근할 수 있다. 인덱서의 수가 증가함에 따라 하나의 인덱서가 다운되는 영향력은 더 감속한다.

다중 인덱스 작업

스플렁크에서 인덱스는 크기와 시간 그리고 두 개 모두에 의해 제한된 이벤트를 위한 저장 공간이다. 기본적으로 모든 이벤트는 메인main이라고 불리는 defaultDatabase에서 정의된 인덱스로 가게 되고 defaultdb 디렉토리에 존재한다.

인덱스의 디렉토리 구조

각 인덱스는 디스크의 디렉토리에 존재한다. 기본적으로 이 디렉토리는 $SPLUNK_HOME/var/lib/splunk에 위치한 $SPLUNK_DB에 있다. 메인 인덱스를 위한 다음 스탠자를 살펴보자.

```
[main]
homePath = $SPLUNK_DB/defaultdb/db
coldPath = $SPLUNK_DB/defaultdb/colddb
thawedPath = $SPLUNK_DB/defaultdb/thaweddb
maxHotIdleSecs = 86400
maxHotBuckets = 10
maxDataSize = auto_high_volume
```

스플렁크 설치가 /opt/spunk에 되었다면, 메인 인덱스는 /opt/splunk/var/lib/splunk/defautdb 경로에 위치한다.

저장된 위치를 바꾸기 위해 $SPLUNK_HOME/etc/splunk-launch.conf에 있는 SPUNK_DB 값을 바꾸거나, indexes.conf의 절대 경로를 설정한다.

 spunk_launch.conf는 앱에서 제어될 수 없다. 그것은 인덱서를 추가할 때 잊어버리기 쉽다는 것을 의미한다. 이 이유로 그리고 가독성을 위해 indexes.conf에 절대 경로를 사용하기를 추천한다.

homePath 디렉토리는 인덱스 단계의 메타데이터, 핫hot 버킷 그리고 웜warm 버킷을 포함한다. coldPath는 콜드cold 버킷을 포함하고 이는 단순히 수명이 된

웜warm 버킷이다. 더 자세한 내용은 '버킷의 생명주기'와 '인덱스 규모 산정 '을 보자.

더 많은 인덱스를 생성하는 경우

추가적인 인덱스를 생성하는 데는 여러 가지 이유가 있다. 다음에 설명할 요구사항 중 하나를 만족하지 않는다면 더 많은 인덱스를 생성할 필요가 없다. 하나의 질의가 여러 인덱스를 열어야 한다면 다중 인덱스는 실제로 성능을 해친다.

테스트 데이터

테스트 환경을 가지고 있지 않다면 새로운 데이터의 준비 단계를 위해 테스트 인덱스를 사용할 수 있다. 이는 실수가 있을 때 테스트 인덱스를 지움으로써 쉽게 복구할 수 있도록 한다. 스플렁크는 데스크탑에서 실행되기 때문에 가능하다면 지역적으로 새로운 설정을 테스트하는 것은 최고의 방법이다.

수명의 차이

때때로 다른 것보다 일부 소스 타입에 대해 더 오랫동안 보관해야 할 필요가 있을 수 있다. 전통적인 예제는 웹 접근 로그와 비교해서 보안 로그에 대한 경우다. 보안 로그는 일년 이상을 유지할 필요가 있으나 웹 접근 로그는 2주 정도만 저장할 필요가 있을 수 있다.

이러한 두 가지 소스 타입이 같은 인덱스에 있다면, 보안 이벤트는 웹 접근 로그와 같은 버킷에 저장되고 함께 수명이 끝날 것이다. 이러한 이벤트를 분리하기 위해 다음 단계를 실행하는 것이 필요하다.

1. 예를 들어 security라는 이름으로 새로운 인덱스를 생성한다.

2. 보안 인덱스를 위해 다른 설정을 정의한다.

3. 보안 소스 타입에 대해 새 인덱스를 사용하기 위해 inputs.conf를 변경한다.

일년동안 저장하기 위해 다음과 같이 indexes.conf 설정을 만들 수 있다.

```
[security]
homePath = $SPLUNK_DB/security/db
coldPath = $SPLUNK_DB/security/colddb
thawedPath = $SPLUNK_DB/security/thaweddb
#one year in seconds
frozenTimePeriodInSecs = 31536000
```

추가적인 보호를 위해 `maxTotalDataSizeMB`와 가능하면 `coldToFrozenDir`을 설정해야만 한다.

 함께 나이가 드는 여러 인덱스를 가지고 있다면 또는 여러 디바이스로 homePath와 coldPath를 분리한다면 볼륨(volume)을 사용해야만 한다. 다음 섹션인 '여러 개의 인덱스를 다루기 위한 볼륨'에서 더 자세히 설명한다.

그 후에 inputs.conf에서 다음처럼 적당한 스탠자에 인덱스를 추가하는 것이 필요하다.

```
[monitor:///path/to/security/logs/logins.log]
sourcetype=logins
index=security
```

권한의 차이

어떤 데이터는 특별한 사용자 집합에만 보여져야만 한다면, 접근을 제한하는 가장 효과적인 방법은 다른 인덱스에 데이터를 놓고, 역할을 사용해 인덱스에 접근을 제한하는 것이다. 이것을 실행하기 위한 단계는 다음과 같다.

1. 새로운 인덱스를 정의한다.

2. 새로운 인덱스에 이벤트를 보내기 위해 inputs.conf 또는 transforms.conf를 설정한다.

3. user 역할은 새로운 인덱스에 접근할 수 없도록 보장한다.

4. 새로운 인덱스에 접근하는 새로운 역할을 생성한다.

5. 새로운 역할에 특별한 사용자를 추가한다. LDAP 인증을 사용한다면 LDAP 그룹에 역할을 맵핑하고, LDAP 그룹에 사용자를 추가하는 것이 필요하다.

sensitive라는 이름으로 인덱스를 만든다고 가정한다면 특정 이벤트를 새로운 인덱스에 보내기 위해 다음과 같은 변형을 생성할 수 있다.

```
[contains_password]
REGEX = (?i)password[=:]
DEST_KEY = _MetaData:Index
FORMAT = sensitive
```

그리고 나서 props.conf에서 특별한 소스 타입 또는 소스 인덱스로 이 변형을 적용한다. 10장에 있는 예제를 살펴보자.

성능 증가를 위한 여러 인덱스 사용

다른 인덱스에 다른 소스 타입을 놓는 것은 소스 타입이 함께 질의가 되지 않는다면 성능을 증가하는 데 도움을 줄 수 있다. 디스크는 질의의 소스 타입을 접근할 때 더 적은 탐색시간을 소비할 것이다.

여러 개의 저장 디바이스로 접근이 가능하면 다른 디바이스에 다른 인덱스를 놓는 것이 다른 질의에 대해 다른 하드웨어를 사용하는 장점을 취함으로써 성능을 증가시킬 수 있다. 반면에 다른 디바이스에 homePath와 coolPath를 놓는 것도 성능에 도움을 줄 수 있다.

하지만, 일반적으로 여러 개의 소스 타입을 사용해 질의를 실행한다면, 인덱스로 그러한 소스 타입을 나누는 것은 실제적으로 성능에 안 좋을 수 있다. 예를 들어 web_access와 web_error라는 두 개의 소스 타입이 있다고 생각해보자.

```
2012-10-19 12:53:20 code=500 session=abcdefg url=/path/to/app
```

그리고 web_error에 다음 같은 라인을 가지고 있다.

```
2012-10-19 12:53:20 session=abcdefg class=LoginClass
```

우리가 이러한 결과를 합치고 싶다면, 다음과 같은 질의를 실행할 것이다.

```
(sourcetype=web_access code=500) OR sourcetype=web_error
    | transaction maxspan=2s session
    | top url class
```

web_access와 web_error가 다른 인덱스에 저장되어 있다면, 이 질의는 두 배 더 많은 버킷에 접근하는 것이 필요할 것이고 두 배의 시간이 걸린다.

버킷의 생명주기

인덱스는 버킷으로 구성되고, 버킷은 특별한 생명 주기를 겪는다. 각 버킷은 특정 기간에 해당하는 이벤트를 포함한다.

10장에서 언급한 것처럼 생명주기의 단계는 핫hot, 웜warm, 콜드cold, 프로즌 frozen, 쏘드thawed다. 핫hot과 다른 버킷 사이에 실제적인 차이는 핫hot 버킷은 현재 쓰여지고 있는 버킷이고 최적화되지 않는다는 점이다. 이러한 단계들은 디스크의 다른 장소에 존재하고 indexes.conf에서 설정된다.

- homePath는 maxHotBuckets의 값만큼 핫hot 버킷과 maxWarmDBCount의 값만큼 웜warm 버킷을 포함한다. 핫hot 버킷이 롤링되면 웜warm 버킷이 된다. 너무 많은 웜warm 버킷이 있을 때 가장 오래된 웜warm 버킷은 콜드cold 버킷이 된다.

 maxHotBuckets를 너무 낮게 설정하지 말자. 데이터가 완벽하게 파싱되지 않으면, 잘못 파싱된 날짜는 매우 큰 시간 간격을 가진 버킷을 생성한다. 더 많은 버킷이 생성됨으로써, 이러한 버킷은 덮어써지게 되고, 이는 모든 버킷은 항상 질의되어야만 하고, 성능은 극적으로 떨어지게 된다는 것을 의미한다. 5개 이상의 값이 안전하다.

- coldPath는 콜드cold 버킷을 포함한다. 이는 maxWarmDBCount의 값 이상의 웜warm 버킷이 있는 경우 homePath 외부로 롤링된 웜warm 버킷이다. coldPath가 같은 디바이스에 있다면 단지 옮겨move지고 그렇지 않으면 복사되어야 한다.

- frozenTimePeriodInSecs, maxTotalDataSizeMB 또는 maxVolumeDataSizeMB 의 값에 도달하면 가장 오래된 버킷은 얼려frozen진다. 기본적으로 프로즌frozen 은 삭제되었다는 것을 의미한다. 이 행동은 다음처럼 변경할 수 있다.

  - coldToFrozenDir: 이는 버킷 수명이 되었을 때 옮겨져야 하는 위지를 지 정한다. 인덱스 파일들은 지워지고 원본 데이터는 압축되어 유지된다. 이 는 당연히 디스크 사용량이 반으로 줄어든다. 이 위치는 관리되지 않기 때문에 여기에서 사용하는 디스크를 감시하는 것은 자신의 몫이 된다.
  - coldToFrozenScript: 버킷이 얼린frozen 상태가 될 때 스크립트를 실행해 어떤 행동을 할지 지정한다. 스크립트는 얼려지는 버킷의 경로를 다룬다.

- thawedPath는 복구된 버킷을 보관할 수 있다. 이 버킷은 스플렁크에서 관리 되지 않고 "모든 시간All time" 검색에 포함되지 않는다. 이 버킷을 검색에 포함 하기 위해서는 시간 범위를 검색에서 명시적으로 포함해야만 한다. 실제로 나 는 이 디렉토리를 한 번도 사용해본적이 없다. 이를 실행하는 과정은 http:// splunk.com에서 restore archived로 검색하자.

인덱스의 규모 산정

인덱스를 위해 얼마나 많은 디스크 공간이 필요한가를 결정하기 위해서 다음 공식을 사용하자.

(하루에 인덱스 되는 양(기가바이트)) * .5 * (보관하고자 하는 날 수)

반면에, 데이터를 얼마나 오랫동안 보관할지를 결정하기 위해서는 다음 공식 을 사용한다.

(디바이스의 크기(기가바이트)) / ((하루에 인덱스 되는 양(기가바이트)) * .5)

.5는 보수적으로 산정한 압축율을 표현한다. 로그 데이터는 원본 사이즈의 10%까지 압축될 수 있다. 더 높은 압축을 할 수 있음에도 불구하고, 인덱스 파 일은 검색 속도를 높이기 위해 필수적으로 원본 사이즈의 50%에 근접한 버킷 크기를 유지한다.

다른 디바이스로 버킷을 분리하고자 계획을 하고 볼륨으로 사용하지 않는 경우 계산식은 더 복잡해진다. 볼륨을 사용하지 않을 경우 계산식은 다음과 같다.

- homePath = (maxWarmDBCount + maxHotBuckets) * maxDataSize

- coldPath = maxTotalDataSizeMB - homePath

예를 들어 다음과 같은 설정이 주어졌다고 하자.

```
[myindex]
homePath = /splunkdata_home/myindex/db
coldPath = /splunkdata_cold/myindex/colddb
thawedPath = /splunkdata_cold/myindex/thaweddb
maxWarmDBCount = 50
maxHotBuckets = 6
maxDataSize = auto_high_volume #10GB on 64-bit systems
maxTotalDataSizeMB = 2000000
```

앞의 공식에 대입하면 다음과 같은 값을 얻을 수 있다.

```
homePath = (50 warm + 6 hot) * 10240 MB = 573440 MB
coldPath = 2000000 MB - homePath = 1426560 MB
```

볼륨을 사용하면 더 간단하다. 사용 가능한 공간으로 단순히 볼륨 크기를 설정하고 스플렁크가 계산하도록 한다.

여러 개의 인덱스를 다루기 위한 볼륨

다른 인덱스가 같은 생명 주기로 실행하기 위해서 볼륨은 스토리지의 공간을 묶는다. 5개의 인덱스와 3개의 저장 디바이스가 있는 시나리오를 통해 설명해 보자.

인덱서는 다음과 같다.

이름	하루 데이터 양	보관 주기	필요 공간
웹(web)	50GB	필요 없음	?
보안(security)	1GB	2년	730GB * 50퍼센트
앱(app)	10GB	필요 없음	?
채팅(chat)	2GB	2년	1,460GB * 50퍼센트
웹 요약(web_summary)	1GB	1년	365GB*50퍼센트

위의 인덱스와 함께 우리는 3개의 저장 디바이스를 아래와 같이 가지고 있다고 하자.

이름	크기
작고 빠름(small_fast)	500GB
크고 빠름(big_fast)	1,000GB
크고 느림(big_slow)	5,000GB

필요한 보관 시간을 기준으로 볼륨을 생성할 수 있다. 보안security 채팅chat 인덱스가 같은 보관 주기를 공유한다고 하면, 우리는 같은 볼륨에 그 둘을 놓을 수 있다. 우리는 핫hot 버킷을 가장 빠른 디바이스에 놓기를 원한다. 그래서 다음 설정을 가지고 시작하자.

```
[volume:two_year_home]
#security and chat home storage
path = /small_fast/two_year_home
maxVolumeDataSizeMB = 300000

[volume:one_year_home]
#web_summary home storage
path = /small_fast/one_year_home
maxVolumeDataSizeMB = 150000
```

이러한 인덱스에 필요한 공간의 나머지에 대해서 우리는 크고 느린big_slow 디바이스에 같은 종류의 볼륨을 생성한다.

```
[volume:two_year_cold]
#security and chat cold storage
path = /big_slow/two_year_cold
maxVolumeDataSizeMB = 850000 #([security]+[chat])*1024 - 300000
```

```
[volume:one_year_cold]
#web_summary cold storage
path = /big_slow/one_year_cold
maxVolumeDataSizeMB = 230000 #[web_summary]*1024 - 150000
```

시간이 중요하지 않은 남아 있는 인덱스를 위해 크고 빠른big_fast 디바이스와 나머지의 크고 느린big_slow 디바이스를 사용한다.

```
[volume:large_home]
#web and app home storage
path = /big_fast/large_home
maxVolumeDataSizeMB = 900000 #leaving 10% for pad
```

```
[volume:large_cold]
#web and app cold storage
path = /big_slow/large_cold
maxVolumeDataSizeMB = 3700000
#(big_slow - two_year_cold - one_year_cold)*.9
```

large_home과 large_cold의 합계는 4,600,000MB이고 웹과 앱의 합쳐진 일 볼륨은 약 60,000MB다. 이 경우에 50퍼센트 압축율을 가지고 웹과 앱 로그를 약 153일 동안 유지한다. 실제로 보관되는 날짜는 아마도 더 클 것이다.

볼륨의 정의와 함께 인덱스 정의에서 볼륨을 참조해야만 한다.

```
[web]
homePath = volume:large_home/web
coldPath = volume:large_cold/web
thawedPath = /big_slow/thawed/web
```

```
[security]
homePath = volume:two_year_home/security
coldPath = volume:two_year_cold/security
thawedPath = /big_slow/thawed/security
coldToFrozenDir = /big_slow/frozen/security

[app]
homePath = volume:large_home/app
coldPath = volume:large_cold/app
thawedPath = /big_slow/thawed/app

[chat]
homePath = volume:two_year_home/chat
coldPath = volume:two_year_cold/chat
thawedPath = /big_slow/thawed/chat
coldToFrozenDir = /big_slow/frozen/chat

[web_summary]
homePath = volume:one_year_home/web_summary
coldPath = volume:one_year_cold/web_summary
thawedPath = /big_slow/thawed/web_summary
```

 thawedPath는 볼륨을 사용해 정의할 수 없고 스플렁크가 시작하기 위해 정의되어야만 한다.

추가적인 보호장치로 보안security과 채팅chat 인덱스에 coldToFrozenDir을 정의 한다. 이 인덱스의 버킷은 삭제되기 전에 이 디렉토리로 복사될 것이다. 그러 나 이 디스크가 꽉 차지 않도록 스스로 관리해야 한다. 디스크가 가득 차게 되 면, 스플렁크는 공간이 사용 가능해질 때까지 인덱싱 작업을 멈춘다.

이것은 볼륨을 사용하는 단지 하나의 예제다. 어떤 인덱스가 볼륨의 버킷에 놓여지는지 상관없이, 볼륨 안의 가장 오랜된 버킷이 먼저 얼려지게 되는 것 을 이해하는 한 상식선에서 어떤 방법으로든 적용할 수 있다.

스플렁크 바이너리 배포

스플렁크는 윈도우와 유닉스 운영 시스템을 위한 바이너리 배포판을 제공한
다. 유닉스 운영체제에 대해서 타르tar로 압축된 파일이 제공된다. 다른 플랫폼
을 위한 패키지도 제공한다.

deb 또는 rpm 같은 패키지를 사용한다면, 일반적인 배포 과정에서 제공된 패
키지를 사용할 수 있어야만 한다. 그렇지 않다면, 설치는 선택한 위치에서 제
공된 타르tar를 풀어서 시작한다.

이 과정은 스플렁크 풀 버전 또는 스플렁크 유니버셜 포워더를 설치하더라도
같다.

일반적인 설치 과정은 다음과 같다.

1. 바이너리 설치하기

2. 기본 설정 추가하기

3. 부팅 시 스플렁크가 시작하도록 설정하기

4. 스플렁크 재시작하기

 수 년에 걸쳐 많은 다른 회사들과 일을 하면서, 정말 소프트웨어를 설치할 때 한 번도 같
은 제품을 같은 방법을 사용한 적이 없다. 스플렁크는 사용자의 작업 순서에 의해 가능한
쉽게 적용하기 위해 사용자 간섭을 최소화하는 방법을 취하고 있다.

타르를 이용한 배포

타르 파일에서 배포하기 위한 명령은 타르 버전에 따라 다르다. 최신 버전을
가지고 있는 경우 다음 명령을 실행한다.

```
tar xvzf splunk-4.3.x-xxx-Linux-xxx.tgz
```

옛날 버전은 직접 gzip을 사용할 수 없기 때문에 다음 명령을 실행해야 할 수 있다.

```
gunzip -c splunk-4.3.x-xxx-Linux-xxx.tgz | tar xvf -
```

이 명령은 현재 디렉토리에 압축이 풀리게 된다. 특별한 디렉토리를 지정하기 위해서 -C 옵션을 추가할 수 있다.

```
tar -C /opt/ -xvzf splunk-4.3.x-xxx-Linux-xxx.tgz
```

msiexec를 이용한 배포

윈도우에서는 msiexec를 사용해 스플렁크를 배포할 수 있다. 이는 수많은 머신에 배포를 자동화하기 훨씬 쉽도록 만들어 준다.

무인 설치를 위해 AGREETOLICENSE와 /quiet를 조합하여 사용할 수 있다.

```
msiexec.exe /i splunk-xxx.msi AGREETOLICENSE=Yes /quiet
```

배포 서버를 사용할 계획을 가지고 있다면 다음 값을 지정할 수 있다.

```
msiexec.exe /i splunk-xxx.msi AGREETOLICENSE=Yes
DEPLOYMENT_SERVER="deployment_server_name:8089" /quiet
```

또는 deploymentclient.conf를 포함한 탭을 덮어 쓰고자 한다면, 탭이 적당한 위치에 복사될 때까지 스플렁크를 시작하는 것을 미룰 수 있다.

```
msiexec.exe /i splunk-xxx.msi AGREETOLICENSE=Yes LAUNCHSPLUNK=0 /quiet
```

즉시 데이터를 읽도록 시작할 수 있는 옵션이 있다. 그러나 설치 아규먼트로 데이터 입력을 실행하는 대신 서버의 설정을 통해 데이터를 입력할 것을 추천한다.

기본 설정 추가

스플렁크 배포 서버를 사용한다면, 이제 deploymentclient.conf를 설정할 시간이다. 다음처럼 여러 가지 방법으로 이것을 실행할 수 있다.

- 명령 줄에서 다음 코드 실행하기

  ```
  $SPLUNK_HOME/bin/splunk set deploy-poll
  deployment_server_name:8089
  ```

- deplymentclient.conf를 다음 위치에 넣기

  ```
  $SPLUNK_HOME/etc/system/local/
  ```

- deploymentclient.conf를 포함하는 탭을 다음 위치에 넣기

  ```
  $SPLUNK_HOME/etc/apps/
  ```

세 번째 옵션은 나중에 배포 서버를 통해 이 설정을 덮어 쓰기 때문에 이 방법을 추천한다. '스플렁크 배포 서버' 섹션에서 예를 통해 설명할 것이다.

퍼펫puppet을 통해서든 어떤 다른 방법으로 설정을 배포하고 있다면, 새로운 설정을 배포한 후에 스플렁크 전달자 프로세스를 재시작해야만 한다.

부팅 시 스플렁크를 시작하도록 설정

윈도우 머신에서 스플렁크는 설치하고 리부팅을하면 서비스로 등록된다.

유닉스 호스트에서 스플렁크 명령은 사용하고 있는 운영체제를 위해 적당한 시작 스크립트를 생성하기 위한 방법을 제공한다. 이 명령은 다음과 같다.

```
$SPLUNK_HOME/bin/splunk enable boot-start
```

다른 사용자로 스플렁크를 실행하기 위해 -user 옵션을 사용한다.

```
$SPLUNK_HOME/bin/splunk enable boot-start -user splunkuser
```

시작 명령은 루트 계정으로 실행되야만 하지만 시작 스크립트는 제공된 사용자로써 실행되기 위해 변경될 것이다.

스플렁크를 루트 계정으로 실행하지 않는다면, 그리고 이것을 피할 수 없다면, enable boot-start 명령에서 정의된 사용자가 스플렁크 설치와 데이타 디렉토리를 소유하고 있는지 확인해야 한다. 이는 chown -R splunkuser $SPLUNK_HOME 형식으로 chown을 사용해 실행할 수 있다.

리눅스에서 service splunk start로 스플렁크를 시작할 수 있다.

설정을 구성하기 위한 앱

분산된 설정을 통해 작업할 때 이러한 설정을 구성하기 위한 여러 가지 방법이 있다. 가장 명확한 방법은 머신의 형태에 따라 설정을 구성하는 것이다. 예를 들어 웹 서버에 필요한 모든 설정을 하나의 앱에 놓고 다른 앱에는 데이터베이스 서버로써 필요한 모든 설정을 놓는다. 이 방법이 가진 문제는 모든 머신의 형태에 영향을 미치는 어떤 변경은 모든 앱에서 변경되어야 하고 이는 대부분의 경우에 실수가 만들어진다는 것이다.

더 견고하지만 더 복잡한 방법은 각 설정을 단지 하나의 복사본에 여러 개의 앱으로 적용되도록 정규화하는 것이다.

목적에 따라 설정 분리

전형적인 설치 방법을 따랐다면 다음과 같은 이름의 설정 앱을 가질 것이다.

- inputs-sometype : 몇몇 논리적인 입력 집합을 위한 앱을 생성한다. 머신의 목적, 소스 타입, 위치, 운영체제 또는 상황에 따른 어떤 값들을 사용할 수 있다. 일반적으로 머신의 목적과 소스 타입이 설정된다.

- props-sometype: 이 그룹은 입력에 대한 그룹이다. 예를 들어 머신의 형태와 위치 같은 하나의 타입 이상을 위한 속성 앱을 가진다.

- outputs-datacenter: 여러 개의 데이터 센터에 배포할 때, 각 데이터 센터에 스플렁크 인덱서를 놓는 것이 보통이다. 이 경우에 데이터 센터당 하나의 앱이 필요할 것이다.

- indexerbase: 인덱서는 비슷하게 설정된다고 가정한다면, 모든 인덱서 설정이 하나의 앱으로 다루어지고 다른 앱처럼 배포한다.

 이러한 설정의 모든 것은 완전히 검색의 시점에서는 분리된다. 그리고 이것은 만들어진 분리된 앱에서 저장되어야만 하고 스플렁크 웹 인터페이스를 통해 관리된다.

우리는 동부와 서부에 있는 두 개의 데이터센터에 분산된 배포를 한다고 생각해보자. 각 데이터 센터는 웹 서버, 앱 서버 그리고 데이터베이스 서버를 가진다. 각 데이터 센터에는 두 개의 스플렁크 인덱서를 가진다. 이 셋업을 위한 앱은 다음과 같다.

- inputs-web, inputs-app, inputs-db

  ○ inputs.conf는 모니터하는 적당한 로그를 정의한다.
  ○ 각 앱은 목적에 맞게 각 머신에 분배되어야만 한다. 하나의 목적 이상을 가진 머신이 있다면, 그 머신은 모든 적당한 앱을 받아야만 한다.

- props-web, props-app, props-db

  ○ props.conf는 로그를 어떻게 파싱할지를 정의한다.
  ○ transforms.conf는 연관된 변형이 있다면 포함된다.
  ○ props.con의 다른 부분은 처리 과정의 다른 단계에서 필요하다. 어떤 단계가 어디에서 발생하고 있는지 아는 것은 어렵기 때문에, 일반적으로 모든 곳에 이러한 소스 타입 속성 앱을 분배하는 것이 가장 쉽다.

- props-west, props-east

  ○ 때때로 위치에 의해 설정의 변경이 필요하다. 예를 들어 머신의 시간대 설정은 적당하게 설정되지 않는다. 이는 props.conf에 TZ 설정하고 적당한 데이터 센터에 이 앱을 보냄으로써 실행될 수 있다.

- outputs-west, outputs-east

  ○ 이것은 단지 적당한 데이터센터에 대해 outputs.conf 설정을 포함한다.

- indexerbase

  ○ 모든 인덱서가 같은 방법으로 설정된다고 가정하면, 이 앱은 표준 indexes.conf 설정과 스플렁크 전달자에서 연결할 splunktcp 포트를 정의하는 inputs.conf 설정 그리고 스플렁크 라이선스 서버의 주소를 정의하는 server.conf를 포함한다.

위에서 언급한 파일 모든 리스트를 간략하게 살펴보자.

- 전달자에 대해서 다음과 같은 앱이 필요하다.

```
inputs-web
  local/inputs.conf
    [monitor:///path/to/web/logs/access*.log]
    sourcetype = web_access
    index = web

    [monitor:///path/to/web/logs/error*.log]
    sourcetype = web_error
  index = web

inputs-app
  local/inputs.conf
    [monitor:///path/to/app1/logs/app*.log]
    sourcetype = app1
    index = app

    [monitor:///path/to/app2/logs/app*.log]
    sourcetype = app2
    index = app

inputs-db
  local/inputs.conf
```

```
            [monitor:///path/to/db/logs/error*.log]
            sourcetype = db_error

   outputs-west
      local/outputs.conf
         [tcpout:west]
         server=spl-idx-west01.foo.com:9997,spl-idx-west02.foo.com:9997
         #autoLB=true is the default setting

   outputs-east
      local/outputs.conf
         [tcpout:east]
         server=spl-idx-east01.foo.com:9997,spl-idx-east02.foo.com:9997
```

● 모든 인스턴스는 아래의 앱을 받는다.

```
   props-web
      local/props.conf
         [web_access]
         TIME_FORMAT = %Y-%m-%d %H:%M:%S.%3N %:z
         MAX_TIMESTAMP_LOOKAHEAD = 32
         SHOULD_LINEMERGE = False
         TRANSFORMS-squashpassword = squashpassword

         [web_error]
         TIME_FORMAT = %Y-%m-%d %H:%M:%S.%3N %:z
         MAX_TIMESTAMP_LOOKAHEAD = 32
         TRANSFORMS-squashpassword = squashpassword

      local/transforms.conf
         [squashpassword]
         REGEX = (?mi)^(.*)password[=:][^,&]+$
         FORMAT = $1password=########$2
         DEST_KEY = _raw

   props-app
      local/props.conf
         [app1]
```

```
            TIME_FORMAT = %Y-%m-%d %H:%M:%S.%3N
            MAX_TIMESTAMP_LOOKAHEAD = 25
            BREAK_ONLY_BEFORE = ^\d{4}-\d{1,2}-\d{1,2}\s+\d{1,2}:\d{1,2}

            [app2]
            TIME_FORMAT = %Y-%m-%d %H:%M:%S.%3N
            MAX_TIMESTAMP_LOOKAHEAD = 25
            BREAK_ONLY_BEFORE = ^\d{4}-\d{1,2}-\d{1,2}\s+\d{1,2}:\d{1,2}

    props-db
        local/props.conf
            [db_error]
            MAX_TIMESTAMP_LOOKAHEAD = 25

    props-west
        local/props.conf
            [db_error]
            TZ = PST

            [web_error]
            TZ = PST
            props-east

        local/props.conf
            [db_error]
            TZ = EST

            [web_error]
            TZ = EST
```

● 마지막으로 인덱서에 대한 앱이다.

```
    indexerbase
        local/indexes.conf
            [volume:two_year_home]
            path = /small_fast/two_year_home
            maxVolumeDataSizeMB = 300000
```

```
[volume:one_year_home]
path = /small_fast/one_year_home
maxVolumeDataSizeMB = 150000

[volume:two_year_cold]
path = /big_slow/two_year_cold
maxVolumeDataSizeMB = 1200000

[volume:one_year_cold]
path = /big_slow/one_year_cold
maxVolumeDataSizeMB = 600000

[volume:large_home]
path = /big_fast/large_home
maxVolumeDataSizeMB = 900000

[volume:large_cold]
path = /big_slow/large_cold
maxVolumeDataSizeMB = 3000000

[web]
homePath = volume:large_home/web
coldPath = volume:large_cold/web
thawedPath = /big_slow/thawed/web

[app]
homePath = volume:large_home/app
coldPath = volume:large_cold/app
thawedPath = /big_slow/thawed/app

[main]
homePath = volume:large_home/main
coldPath = volume:large_cold/main
thawedPath = /big_slow/thawed/main
```

local/inputs.conf
```
[splunktcp://9997]
```

```
local/server.conf
    [license]
        master_uri = https://spl-license.foo.com:8089
```

이는 최소한의 앱이다. 그러나 분산된 설정에서 어떤 것이 포함되었는지 알기에 적당한 개요를 제공한다. 다음은 이러한 앱이 어디로 가는지 설명할 것이다.

설정 분산

이미 배운 것처럼 스플렁크에서 설정은 단순히 일반 텍스트 파일을 가지고 있는 디렉토리다. 분배는 적당한 머신에 이러한 설정을 복사하여 구성하고 인스턴스를 재시작한다. 분배를 위해 퍼펫 또는 스크립트 같은 자신만의 시스템을 사용하거나 스플렁크에 포함된 배포 서버를 사용할 수 있다.

자신의 배포 시스템 사용

자신의 시스템을 사용하는 장점은 이미 사용하는 방법을 알고 있다는 것이다. '설정을 구성하기 위한 앱' 섹션에서 설명한 것처럼 정규화된 앱을 가진다고 가정하면 전달자와 인덱서에 앱을 배포하는 것은 다음과 같은 단계로 구성된다.

1. $SPLUNK_HOME/etc/apps/에 존재하는 앱을 치워 놓는다.

2. $SPLUNK_HOME/etc/apps/에 앱을 복사한다.

3. 스플렁크 전달자를 재시작한다. 이는 서비스 스크립트를 호출하거나, su로 실행하든지 스플렁크를 운영하는 사용자에 의해 실행되는 것이 필요하다. 윈도우에서는 splunkd 서비스를 재시작한다.

이미 설정을 관리하기 위한 시스템을 가지고 있다고 하면, 이것이 끝이다.

 인덱서의 설정을 배포한다면, 새로운 설정을 적용하기 위해 재시작이 필요하기 때문에 다운타임이 허락될 때 설정을 배포해야한다. 어떤 설정(모든 설정은 아니더라도)이 즉시 적용되어 재시작할 준비가 될 때까지 설정을 배포하지 말자.

스플렁크 배포 서버 사용

설정을 관리하는 시스템이 없으면, 스플렁크에 포함된 배포 서버를 사용할 수 있다.

내장된 배포 서버를 사용할 때의 장점은 다음과 같다.

● 스플렁크 설치 프로그램에 필요한 모든 것이 포함되어 있다.
● 새로운 앱 버전이 배포될 때 필요한 경우 전달자 인스턴스를 재시작한다.
● 필요하지 않는 경우에는 재시작하지 않는다.
● 머신에서 더 이상 필요하지 않는 앱들은 제거한다.
● 관리하지 않는 앱들은 무시된다.
● 배포 클라이언트와 서버의 로그가 스플렁크 자체에서 접근 가능하다.

내장된 배포 서버를 쓸 경우 단점은 다음과 같다.

● 스플렁크 4.3에서 클라이언트가 수백 개를 넘어갈 경우 이슈가 있고, 이 시점에서 튜닝이 필요하다.
● 설정이 복잡해진다.

이러한 점을 기억하고 앞에서 설치한 앱을 배포 서버를 통해 설치해보자.

1단계: 배포 서버 결정

수십 개 이하의 전달자를 가진 조그만 규모 설치에 대해 메인 스플렁크 인스턴스는 문제없이 배포 서버를 통해 실행할 수 있다. 수십 개 이상의 전달자에 대해서는 분리된 스플렁크 인스턴스를 가지는것이 좋다.

이상적으로, 이 인스턴스는 독립된 머신에서 실행될 것이다. 이 머신에 대한 요구 사항은 4기가 바이트의 램과 2개의 프로세서 정도로 크지 않다. VM을 사용하는 것도 가능하다.

 가능하면 배포 서버에 대해 DNS를 정의하자. DNS를 사용할 경우 나중에 배포 서버를 훨씬 간단하게 옮길 수 있다.

독립된 머신으로 운영할 수 없다면, 스플렁크를 복사해 같은 서버에서 스플렁크 배포 서버로 일부분을 이용할 수 있다. 이를 위한 과정은 다음과 같다.

- 다른 디렉토리에 스플렁크를 설치한다. 예를 들어 /opt/splunk-deploy/splunk일 수 있다.

- /opt/splunk-deploy/splunk/bin/에서 프롬프트에서 splunk start로 스플렁크 인스턴스를 시작한다. 이 때 배포 서버는 기본 포트에서 멀리 떨어진 다른 포트 번호를 선택하고 이 포트 번호를 기억해 두자. 8090과 8001보다 더 큰 수를 선택하는 것을 추천한다.

- 불행히도 새로운 인스턴스에 splunk enable boot-start를 하게 되면 기존의 스크립트에 덮어 쓰여지기 때문에 이를 이용해 실행할 수 없다. 두 개의 인스턴스를 모두 수용하기 위해 기존의 시작 스크립트를 편집하거나 덮어 쓰여지는 것을 막기 위해 기존의 스크립트의 이름을 변경하는 것이 필요하다.

2단계: deploymentclient.conf 설정 정의

새로운 배포 서버의 주소(DNS를 사용하는 것이 이상적이다)를 사용해 deploymentclient-[회사명]이라는 이름의 앱을 만든다. 이 앱은 전달자에 수동으로 설치되어야 하고 그 후 배포 서버에 의해 관리될 수 있다.

이 앱은 다음과 비슷할 것이다.

```
deploymentclient-yourcompanyname
    local/deploymentclient.conf
        [deployment-client]

        [target-broker:deploymentServer]
        targetUri=deploymentserver.foo.com:8089
```

3단계: 머신 유형과 위치 정의

'목적에 따라 설정 분리' 섹션에서 정의했던 설정을 돌이켜보면 우리는 동부와 서부 위치에 다음과 같은 머신 유형을 가지고 있다.

- 스플렁크 인덱서
- 데이터베이스 서버
- 웹 서버
- 앱 서버

4단계: 앱 설정의 정규화

'2단계: deploymentclient.conf 설정 정의'에서 생성한 배포 클라이언트 앱에 더해서 '목적에 따라 설정 분리' 섹션에서 정의했던 앱을 사용하자. 이 앱은 배포 서버의 $SPLUNK_HOME/etc/deployment-apps/에 있다.

5단계: serverclass.conf에 클라이언트를 배포하기 위한 앱 맵핑

이 작업을 시작하기 위해 나는 항상 $SPLUNK_HOME/etc/system/README/ serverclass.conf.example에서 예제 2번을 이용한다.

```
[global]

[serverClass:AppsForOps]
whitelist.0=*.ops.yourcompany.com
[serverClass:AppsForOps:app:unix]
[serverClass:AppsForOps:app:SplunkLightForwarder]
```

우리는 다음에 언급한 머신들을 가지고 있다고 가정하자. 어느 정도 규모를 가진 기업에서 연속되는 이름의 호스트를 가지는 경우는 매우 드물다. 그래서 맨 아래에 규칙에서 벗어난 호스트를 추가했다.

```
spl-idx-west01
spl-idx-west02
spl-idx-east01
spl-idx-east02
app-east01
app-east02
app-west01
app-west02
web-east01
```

```
web-east02
web-west01
web-west02
db-east01
db-east02
db-west01
db-west02
qa01
homer-simpson
```

serverclass.conf의 구조는 다음 구조와 같다.

```
[serverClass:<className>]
# 이 클래스 안의 모든 앱에 적용되어야 하는 옵션

[serverClass:<className>:app:<appName>]
# 서버 클래스 안의 오직 이 앱에 적용되어야 하는 옵션
```

다음 사항을 기억하자.

● <className>은 임의로 선택한 이름이다.

● <appName>은 $SPLUNK_HOME/etc/deployment-apps/ 안의 디렉토리 이름이다.

● 스탠자의 순서는 상관없다. :app: 스탠자를 복사하여 사용한다면 <className> 을 변경하는 것을 잊지 말자. 가장 흔하게 저지르는 실수다.

 설정을 변경해서는 인덱서가 재시작되지 않는다는 것이 중요하다.

호스트에 위의 사항을 다음과 같이 적용하자.

```
[global]
restartSplunkd = True
#설정이 변경될 때 스플렁크를 재시작시킨다.

####인덱서
##인덱서가 재시작하지 않는 것이 확실한 경우 인덱서를 수정해라.
```

```
[serverClass:indexers]
whitelist.0=spl-idx-*
restartSplunkd = False
[serverClass:indexers:app:indexerbase]
[serverClass:indexers:app:deploymentclient-yourcompanyname]
[serverClass:indexers:app:props-web]
[serverClass:indexers:app:props-app]
[serverClass:indexers:app:props-db]

#서부 인덱서에만 props-west를 보낸다.
[serverClass:indexers-west]
whitelist.0=spl-idx-west*
restartSplunkd = False
[serverClass:indexers-west:app:props-west]

#동부 인덱서에만 props-east를 보낸다.
[serverClass:indexers-east]
whitelist.0=spl-idx-east*
restartSplunkd = False
[serverClass:indexers-east:app:props-east]

####전달자
#모든 곳에 이벤트 파싱 속성 앱을 보낸다.
#의도치 않은 재시작을 막기 위한 블랙 리스트 인덱서 추가
[serverClass:props]
whitelist.0=*
blacklist.0=spl-idx-*
[serverClass:props:app:props-web]
[serverClass:props:app:props-app]
[serverClass:props:app:props-db]

#서부 데이터센터 서버에만 props-west를 보낸다.
#의도치 않은 재시작을 막기 위한 블랙 리스트 인덱서 추가
[serverClass:west]
whitelist.0=*-west*
whitelist.1=qa01
blacklist.0=spl-idx-*
```

```
[serverClass:west:app:props-west]
[serverClass:west:app:deploymentclient-yourcompanyname]

#동부 데이터센터 서버에만 props-east를 보낸다.
#의도치 않은 재시작을 막기 위한 블랙 리스트 인덱서 추가
[serverClass:east]
whitelist.0=*-east*
whitelist.1=homer-simpson
blacklist.0=spl-idx-*
[serverClass:east:app:props-east]
[serverClass:east:app:deploymentclient-yourcompanyname]

#앱 서버 입력을 정의한다.
[serverClass:appservers]
whitelist.0=app-*
whitelist.1=qa01
whitelist.2=homer-simpson
[serverClass:appservers:app:inputs-app]

#웹 서버 입력을 정의한다.
[serverClass:webservers]
whitelist.0=web-*
whitelist.1=qa01
whitelist.2=homer-simpson
[serverClass:webservers:app:inputs-web]

#DB 서버 입력을 정의한다.
[serverClass:dbservers]
whitelist.0=db-*
whitelist.1=qa01
[serverClass:dbservers:app:inputs-db]

#서부의 전달자를 정의한다.
[serverClass:fwd-west]
whitelist.0=app-west*
whitelist.1=web-west*
whitelist.2=db-west*
```

```
whitelist.3=qa01
[serverClass:fwd-west:app:outputs-west]

#동부의 전달자를 정의한다.
[serverClass:fwd-east]
whitelist.0=app-east*
whitelist.1=web-east*
whitelist.2=db-east*
whitelist.3=homer-simpson
[serverClass:fwd-east:app:outputs-east]
```

자신의 회사와 데이터 센터에 맞게 패턴과 클래스를 구성해야만 하지만 여기에서는 가능한 간단하게 작성했다. 더 복잡한 로직을 설계하기보다는 더 많은 라인 작성해서 사용할 것을 추천한다.

serverclass.conf의 형태에 대한 추가적으로 알아야 할 점이 있다.

- 화이트 리스트와 블랙 리스트에 있는 숫자는 반드시 0으로 시작해서 순서대로 붙여져야만 한다. 다음의 예처럼 whitelist.2가 주석 처리되면, whitelist.3은 처리되지 않을 것이다.

```
[serverClass:foo]
whitelist.0=a*
whitelist.1=b*
# whitelist.2=c*
whitelist.3=d*
```

- whitelist.x와 blacklist.x는 다음 순서로 값들이 테스트된다.

  - **deploymentclient.conf에서 정의된 clientName**: 이는 일반적으로 사용되지 않으나 여러 개의 스플렁크 인스턴스가 실행되거나 DNS가 완전히 신뢰되지 않는 경우 유용한다.

  - **IP 주소**: CIDR 매칭은 없으나 문자열 패턴을 사용할 수 있다.

  - **역 DNS**: 이는 IP 주소에 대해 DNS에서 전달되는 값이다. 역 DNS가 최신이 아니면, 이 값이 호스트 이름 값에 앞서 테스트됨으로써 문제를 일으

킬 수 있다. 이 부분이 의심스럽다면, `ping <머신의 ip>` 또는 DNS가 사용되는 것을 볼 수 있는 다른 방법을 시도해보자.

- **전달자에서 제공되는 호스트 이름:** 이는 항상 역 DNS 후에 테스트된다. 그래서 역 DNS가 최신인지 확인해야 한다.

- **:app:** 라인을 복사할 때 <클래스이름>은 매우 신중하게 변경해야 한다. 이는 실제로 serverclass.conf에서 매우 흔하게 실수하는 부분이다.

6단계: 배포 서버 재시작

serverclass.conf가 없다면, 배포 서버를 실행하는 스플렁크 인스턴스의 재시작이 배포 서버를 활성화하기 위해 필요하다. 배포 서버가 로드된 후에 다음 명령을 실행할 수 있다.

```
$SPLUNK_HOME/bin/splunk reload deploy-server
```

이 명령은 severclass.conf와 etc/deployment-apps의 변경을 적용하는 데 충분하다.

7단계: deploymentclient.conf 설정

이제 실행 중인 배포 서버를 가지고 있기 때문에 홈(home)이라 불리는 클라이언트를 설정하는 것이 필요하다. 배포 클라이언트를 실행하는 각 머신에서 다음과 같은 과정이 필요하다.

1. deploymentclient-<회사명> 앱을 `$SPLUNK_HOME/etc/apps/`에 복사한다.

2. 스플렁크를 재시작한다.

모든 것이 맞게 설정되었다면 `$SPLUNK_HOME/etc/apps/`에 있는 앱들이 몇 분 안에 보여야 한다. 어떤 문제가 있다면 `$SPLUNK_HOME/var/log/splunk/splunkd.log`에서 로그를 살펴본다.

문제가 있는 경우 `$SPLUNK_HOME/etc/log.cfg`를 클라이언트 또는 서버에서 재시작 후 디버깅할 수 있다. 다음 라인을 찾아보자.

```
category.DeploymentServer=WARN
category.DeploymentClient=WARN
```

찾았다면 다음 라인을 바꾼 후에 스플렁크를 재시작한다.

```
category.DeploymentServer=DEBUG
category.DeploymentClient=DEBUG
```

스플렁크를 재시작한 후에 `$SPLUNK_HOME/var/log/splunk/splunkd.log`에서 완전한 로그를 볼 수 있다. 더 이상 자세한 로깅이 필요하지 않은 경우에 설정을 다시 돌려 놓는 것을 잊지 말자.

인증을 위해 LDAP 사용

기본적으로 스플렁크는 자신이 가지고 있는 인증 시스템을 사용해 인증한다. 이 인증 시스템은 단순히 파일에 사용자와 역할을 저장한다. 다른 두 가지 옵션은 LDAP과 스크립트 인증이다.

LDAP인증을 활성화하기 위해 다음 단계를 실행한다.

1. Manager ▶ Access controls(접근 제어) ▶ Authentication method(인증 방법)를 선택한다.

2. LDAP 체크박스를 체크한다.

3. Configure Splunk to use LDAP and map groups(LDAP을 사용하고 그룹을 맵핑하기 위한 스플렁크 설정)를 클릭한다.

4. New를 클릭한다.

이 후 LDAP 서버에 접근하기 위해 적당한 값들을 설정하는 것이 필요하다. 모든 회사들은 LDAP를 약간 다르게 설정한다. 그렇기 때문에 처음 이 부분을 어떻게 적당하게 설정해야 할지 알 수 없다. 최선은 이미 다른 애플리케이션에서 이미 설정한 값을 복사해 사용하는 것이다.

LDAP가 적당히 설정되었다면 관리자 인터페이스를 통해 스플렁크 역할과 LDAP 그룹을 맵핑할 수 있다. 이미 존재하는 그룹을 사용하거나 스플렁크에 특화된 그룹을 생성하는 것은 회사 정책에 달려 있지만 대부분의 회사에서는 스플렁크 역할을 위해 특화된 그룹을 생성하는 경향이 있다. 일반적인 그룹은 splunkuser, splunkpoweruser, splunksecurity, splunkadmin 등이다. 권한은 추가될 수 있고 사용자는 그룹의 맴버가 될 수 있다.

스플렁크 4.3에서는 한 번에 여러 LDAP 서버 사용, 동적 그룹을 지원, 그룹 내에 그룹의 지원 등을 사용할 수 있다. 공식 문서는 다음 URL에서 찾을 수 있다.

http://docs.splunk.com/Documentation/Splunk/latest/Security/SetUpUserAuthenticationWithLDAP

싱글 사인 온 사용

싱글 사인 온SSO, Single Sign On은 스플렁크 인증을 위해 다른 웹 서버를 사용할 수 있도록 한다. 이를 위해 몇 가지의 가정이 있어야만 한다.

- SSO 시스템은 HTTP 요청을 스플렁크에 보내는 HTTP 전달 프록시proxy처럼 행동할 수 있다.
- SSO 시스템은 인증된 사용자의 ID를 HTTP 헤더에 추가할 수 있다.
- 요청을 전달하는 서버의 IP는 고정적이다.
- 특별한 사용자 이름이 주어졌을 때 스클렁크는 이 사용자의 역할이 어떤 것인지 결정할 수 있을 것이다. 이는 일반적으로 LDAP를 사용하여 성취할 수 있으나 스플렁크 UI를 통해 직접적으로 사용자를 정의하거나 직접 정의한 스크립트 인증 플러그인을 사용해서도 할 수 있다.

이러한 모든 가정이 맞다면 일반적으로 다음 과정을 따른다.

1. 스플렁크에 LDAP 인증을 설정한다.

2. 프록시 요청을 스플렁크에 전달하기 위해 웹 서버를 설정한다. 이 설정이 제대로 되었다면 직접 스플렁크 웹 애플리케이션을 접근하는 것처럼 스플렁크를 사용할 수 있다.

3. 인증을 위해 웹 서버를 설정한다. 이 설정이 완료되면 웹 서버는 인증을 요청할 것이고 스플렁크에서도 여전히 인증을 요청할 것이다.

4. 원격 사용자를 포함하고 있는 HTTP 헤더를 찾는다. 웹 서버를 통해 프록시 되었을 때 URL을 http://yourproxyserver/debug/sso로 변경한다. **Remote user HTTP header** 또는 **Other HTTP headers** 아래에 사용자 이름이 나타나야만 한다.

5. $SPLUNK_HOME/etc/system/local/web.conf에서 SSO를 설정한다. [setting] 스탠자에 아래와 같은 세 가지 속성을 더하는 것이 필요하다.

```
[settings]
SSOMode = strict
remoteUser = REMOTE-USER
trustedIP = 192.168.1.1,192.168.1.2
```

위 과정들이 모두 행해져야 한다. 가장 어려운 부분은 항상 웹 서버가 인증과 프록시 모두 실행할 수 있도록 확신하는 것이다. 문제가 있다면 진단을 위해 /debug/sso 페이지를 사용해라.

또한, 헤더 필드 이름에 마침표를 가진 이슈가 있을 수 있다. 가능하면 헤더 이름에 마침표를 제거하는 것이 예상치 않은 문제를 없앨 수 있다.

로드 밸런서와 스플렁크

로드 밸런서에 막대하게 투자하는 회사에서는 무엇이든지 중앙화된 네트워크 관리를 사용하고자 한다. 스플렁크에서는 다음 섹션에서 설명할 세 가지 서비스가 있다.

웹

스플렁크 웹 서버는 일반적으로 8000포트로 검색 헤드 풀링search head pooling을 설정할 때 로드 밸런싱이 될 수 있다. 로드 밸런서는 웹 서버가 사용자가 처음 접속한 웹 서버에 계속적으로 요청을 전달할 수 있도록 '스티키sticky'로 설정되어야만 한다.

더 많은 정보를 위해서는 '여러 개의 검색 헤드' 섹션을 보도록 하자.

splunktcp

일반적으로 9997포트를 사용하는 splunktcp는 자체에 상태를 저장하지 않는다. 스플렁크 자동 로드 밸런싱은 매우 잘 테스트되었고 매우 효율적이지만 복잡한 로직은 지원하지 않는다. 예를 들어 최후의 수단으로 다른 데이터 센터에 있는 인덱서를 사용해 같은 데이터 센터에서 선호하는 인덱서로의 연결을 위해 로드 밸런서를 사용할 수 있다.

문제는 오직 하나의 주소가 스플렁크 전달자에 제공될 때 전달자는 하나의 연결만 열 것이고 이는 무기한적으로 열려 있다는 것이다. 이는 인덱서가 재시작할 때 전달자가 다시 시작할 때까지 연결을 받을 수 없다는 것을 의미한다.

쉬운 해결책은 로드 밸런서에 두 개의 주소를 노출시키고 이 주소 모두를 outputs.conf에 적는 것이다. 이 두개의 주소는 두 개의 다른 포트일 수 있고 두 개의 다른 IP가 될 수 있다. 같은 포트에 두 개의 다른 CNAME을 주는 것은 스플렁크가 주소를 확인하고 IP 주소의 목록을 추출하기 때문에 유효하지 않다.

배포 서버

일반적으로 8089포트를 사용하는 배포 서버는 SSL을 사용해 대기한다. 배포 서버에 로드 밸런서를 사용하는 것은 두 가지의 문제가 있다.

* 프로토콜은 당연히 HTTP를 통한 REST이지만 그다지 좋지 않다. HTTP를 위한 로드 밸런서가 아닌 TCP 로드 밸런서를 사용하는 것이 좋다.

● 이론적으로 배포 서버를 로드 밸런싱하는 것은 가능하지만, 문제는 다른 배포 서버와 싱크가 깨진다면, 배포 클라이언트는 앱과 그 외의 것을 로딩하면서 갈팡질팡 한다는 것이다. 더 좋은 방법은 가능하면 여러 배포 서버를 실행하고 특정 서버는 항상 같은 서버와 통신할 수 있도록 보장하기 위해 DNS 또는 로드 밸런서를 사용하는 것이다.

여러 개의 검색 헤드

검색 헤드 풀링search head pooling 기능을 사용해 여러 개의 검색 헤드 인스턴스를 실행하는 것이 가능하다. 이 기능은 검색 헤드로써 행동하는 서버의 뒤에 몇 가지 종류가 공유되는 것을 요구한다. 그리고 이것은 같은 데이터 센터에 있어야만 한다는 것을 의미한다. 이 설정은 다음 그림과 같다.

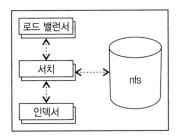

검색을 설정하는 단계는 간단히 다음과 같다.

1. 각 검색 헤드에 NFS 볼륨을 마운트한다.

2. 각 인스턴스에 풀링 기능을 활성화한다.

3. NFS 볼륨에 대한 설정을 복사한다.

4. 검색 헤드를 테스트한다.

5. 로드 밸런서를 활성화한다.

http://docs.splunk.com/Documentation/Splunk/latest/Deploy/Configuresearchheadpooling에서 이에 대한 공식 문서를 확인할 수 있다.

정리

이번 장에서 매우 다양한 주제를 살펴보았고, 그 주제의 각각은 하나의 장으로 구성될 만한 가치가 있다. 이 부분이 다음에 나올 책이 될 수도 있다.

스플렁크 인스턴스의 목적과 다양한 소스에서 데이터를 어떻게 모으고, 스플렁크 바이너리를 어떻게 설치하고 인덱서의 규모를 산정하는 방법과 많은 인스턴스에 대해 설정을 관리하는 방법, 마지막으로 몇 가지 고급 배포에 대해 이야기했다.

12장에서는 다양한 방법으로 스플렁크를 확장하기 위한 몇 가지 코드를 작성해볼 것이다.

12

스플렁크 확장

스플렁크의 핵심 기능은 공개되지 않지만 기본적인 행동을 확장하기 위해 스크립트나 외부 코드를 사용할 수 있는 부분이 많이 있다. 이번 장에서는 외부 코드가 추가될 수 있는 장소를 소개하기 위해 많은 예제를 작성할 것이다. 대부분의 코드 예제는 파이썬으로 작성했다. 그래서 파이썬에 익숙하지 않다면 참조할 만한 것이 필요할 수 있다.

이번 장에서는 다음 내용을 다룬다.

● 이벤트를 생성하기 위한 스크립트 작성

● 커맨드 라인에서 스플렁크 사용

● REST를 통해 스플렁크 호출

● 이벤트 타입 렌더러 작성

● 사용자 정의 검색 액션 스크립트 작성

이번 장에서 사용하는 예제는 ImplementingSplunkExtendingExaples 탭에 포함되어 있다. 그리고 팩트 출판 웹사이트에 있는 지원 페이지(www.packtpub.com/support)에서 다운로드할 수 있다.

데이터 수집을 위한 입력 스크립트 작성

입력 스크립트는 스케줄에 기반해서 코드를 실행할 수 있고 결과는 파일을 읽는 것처럼 결과를 가져올 수 있다. 스크립트가 어떤 언어로 쓰여졌든지, 어디에 있든지 실행할 수만 있다면 상관없다. 11장에서 이 주제를 다루었다.

시간이 없는 스크립트 출력을 수집

스크립트 결과가 가지는 가장 흔한 문제는 예측할 수 있는 날짜 또는 날짜 형식이 부족하다. 이 상황에서 가장 쉬운 것은 스플렁크에 아예 날짜를 파싱하기 위해 노력하지 말라고 지시하는 것이다. 그리고 대신 현재의 날짜를 사용한다. 열린 네트워크 접속을 출력하는 스크립트를 만들어 보자.

```python
from subprocess import Popen
from subprocess import PIPE
from collections import defaultdict
import re

def add_to_key(fieldname, fields):
    return " " + fieldname + "+" + fields[fieldname]

output = Popen("netstat -n -p tcp", stdout=PIPE,
    shell=True).stdout.read()

counts = defaultdict(int)
for l in output.splitlines():
    if "ESTABLISHED" in l:
        pattern = r"(?P<protocol>\S+)\s+\d+\s+\d+\s+"
        pattern += r"(?P<local_addr>.*?)[^\d](?P<local_port>\d+)\s+"
        pattern += r"(?P<remote_addr>.*)[^\d](?P<remote_port>\d+)"
        m = re.match(pattern, l)
        fields = m.groupdict()

        if "local_port" in fields and "remote_port" in fields:
            if fields["local_addr"] == fields["remote_addr"]:
```

474

```
        continue
    try:
        if int(fields["local_port"]) < 1024:
            key = "type=incoming"
            key += add_to_key("local_addr", fields)
            key += add_to_key("local_port", fields)
            key += add_to_key("remote_addr", fields)
        else:
            key = "type=outgoing"
            key += add_to_key("remote_addr", fields)
            key += add_to_key("remote_port", fields)
            key += add_to_key("local_addr", fields)
    except:
        print "Unexpected error:", sys.exc_info()[0]

    counts[key] += 1

for k, v in sorted(counts.items()):
    print k + " count=" + str(v)
```

이를 적용하기 전에 다음처럼 스플렁크에 포함된 파이썬 인터프리터를 사용
해 테스트할 수 있다.

```
$SPLUNK_HOME/bin/splunk cmd python connections.py
```

 스플렁크 파이썬 모듈을 사용하고 있다면 다른 파이썬에서는 이러한 모듈을 찾을 수 없
기 때문에, 스플렁크에 포함된 파이썬을 사용해야만 한다.

내 머신에서는 다음과 같은 결과를 출력한다.

```
type=outgoing remote_addr=17.149.36.120 remote_port=5223
    local_addr=192.168.0.20 count=1
type=outgoing remote_addr=17.158.10.104 remote_port=443
    local_addr=192.168.0.20 count=2
type=outgoing remote_addr=17.158.10.42 remote_port=443
```

```
   local_addr=192.168.0.20 count=5
type=outgoing remote_addr=17.158.8.23 remote_port=993
   local_addr=192.168.0.20 count=4
type=outgoing remote_addr=173.194.64.109 remote_port=993
   local_addr=192.168.0.20 count=8
type=outgoing remote_addr=199.47.216.173 remote_port=443
   local_addr=192.168.0.20 count=1
type=outgoing remote_addr=199.47.217.178 remote_port=443
   local_addr=192.168.0.20 count=1
type=outgoing remote_addr=50.18.31.239 remote_port=443
   local_addr=192.168.0.20 count=1
```

스크립트를 실행하기 위해 주로 inputs.conf와 props.conf에 두 가지의 설정이 필요하다. 11장에서 설명한 것처럼 분산된 환경에서 이 입력을 배포하고 있다면 다른 앱에 이러한 설정을 놓기를 원할 것이다.

inputs.conf는 다음과 같은 설정을 포함한다.

```
[script://./bin/connections.py]
interval=60
sourcetype=connections
```

 스크립트 확장자가 .py로 끝나면 스플렁크는 자동으로 파이썬 인터프리터를 사용한다. 그렇지 않다면 스크립트는 커맨드 라인에서 실행되는 것이 필요하다.

다른 파이썬을 사용하고자 할 경우에는 스크립트에 파이썬의 전체 경로를 지정하고 아규먼트로써 스크립트 차제를 지정한다.

props.conf는 다음을 포함해야 한다.

```
[connections]
SHOULD_LINEMERGE = false
DATETIME_CONFIG = CURRENT
```

이 설정은 각 라인이 이벤트로 처리되고 이벤트에서 날짜를 찾기 위한 노력을 하지 않도록 한다.

입력 스크립트의 결과를 사용하는 질의를 만들어 보자. 도메인 이름에 따라 열린 포트가 무엇인지 찾는 질의가 유용할 수 있다. 이 질의는 dnslookup을 사용하고 나서 도메인 이름 또는 서브넷으로 remote_host를 나열한다.

```
index=implsplunk sourcetype=connections
    | fillnull value="-" remote_addr remote_port local_addr local_port
    | dedup remote_addr remote_port local_addr local_port
    | lookup dnslookup clientip as remote_addr
    | rex field=clienthost ".*\.(?<domain>[^\.]+\.[^\.]+)"
    | eval remote_host=coalesce(domain,remote_addr)
    | eval remote_host=replace(remote_host,"(.*)\.\d+$","\1.0")
    | stats sum(count) as count values(remote_port) as remote_ports
      by remote_host local_addr local_port
    | eval remote_ports=mvjoin(remote_ports, ", ")
```

결과는 다음과 같다.

remote_host ‡	local_addr ‡	local_port ‡	count ‡	remote_ports ‡
138.108.7.0	172.16.14.25	-	2	80
172.16.14.0	172.16.14.25	-	8	55686, 55692, 55696, 61384, 61787, 61788, 61809, 62078
198.171.79.0	172.16.14.25	-	1	80
1e100.net	172.16.14.25	-	34	443, 80
206.33.35.0	172.16.14.25	-	1	1935
208.85.243.0	172.16.14.25	-	2	443, 80
209.170.117.0	172.16.14.25	-	3	80
akamaitechnologies.com	172.16.14.25	-	5	80
amazonaws.com	172.16.14.25	-	6	443
apple.com	172.16.14.25	-	1	5223

하나의 이벤트로 스크립트 결과를 수집

하나의 이벤트로 스크립트 결과 전체를 수집하고 할때, 한 가지 방법은 LINE_ BREAKER에 대해 불가능한 값을 설정하는 것이다. uname 명령으로 각 필드 이름과 값을 출력하는 셀 스크립트를 작성해보자.

ImplemeningSplunkExtendingExamples/bin/uname.sh에서 다음 스크립트를 발견할 수 있다.

```
#!/bin/sh

date "+%Y-%m-%d %H:%M:%S"
echo hardware=\"$(uname -m)\"
echo node=\"$(uname -n)\"
echo proc=\"$(uname -p)\"
echo os_release=\"$(uname -r)\"
echo os_name=\"$(uname -s)\"
echo os_version=\"$(uname -v)\"
```

이 스크립트는 다음과 같은 결과를 생성한다.

```
2012-10-30 19:28:05
hardware="x86_64"
node="mymachine.local"
proc="i386"
os_release="12.2.0"
os_name="Darwin"
os_version="Darwin Kernel Version 12.2.0: Sat Aug 25 00:48:52 PDT
2012; root:xnu-2050.18.24~1/RELEASE_X86_64"
```

마지막 라인에는 확실히 날짜 정보를 포함하고 있다는 것을 알수 있다. 우리 가 전체적인 결과가 하나의 이벤트라고 스플렁크에게 말하지 않는다면, 마지 막 라인이 이벤트로 바뀔 것이다.

inputs.conf는 다음을 포함해야만 한다.

```
[script://./bin/uname.sh]
interval = 0 0 * * *
sourcetype=uname
```

인터벌이 크론 형식인 것을 알 수 있다. 이는 매일 새벽에 스크립트를 실행할 것이다. 다른 방법으로는 86400로 값을 설정해서 스플렁크가 설정한 이후 매 24시간마다 이 시간에 스크립트를 실행하게 하는 것이다.

props.conf는 다음과 같이 설정된다.

```
[uname]
TIME_FORMAT = %Y-%m-%d %H:%M:%S
#treat each "line" as an event:
SHOULD_LINEMERGE = false
#redefine the beginning of a line to an impossible match,
#thus treating all data as one "line":
LINE_BREAKER = ((?!))
#chop the "line" at one megabyte, just in case:
TRUNCATE=1048576
```

설치된 후에 sourcetype=uname을 사용해 이 이벤트를 검색할 수 있다. 그리고 이는 다음 화면과 같은 결과를 생성한다.

우리는 fieldname="fieldvalues" 문법을 사용했고 공백과 특이한 문자가 포함된 경우에 값을 따옴표로 표시했기 때문에 이러한 필드 값은 자동적으로 추출될 것이다. 그리고 나서 보고서를 위해 즉시 이러한 필드를 사용할 수 있다. 유용한 질의는 다음과 같다.

```
earliest=-24h sourcetype=uname
    | eventstats count by os_release os_name
    | search count<10
```

이 질의는 os_release os_name 조합이 매우 드물다는 것을 발견할 수 있다.

장시간 실행되는 입력 스크립트 생성

때때로 하나의 프로세스가 오랫동안 실행되는 것이 필요하다. 예를 들어 데이터베이스 같은 어떤 외부 소스를 가져오고자 하는 경우가 있을 수 있다. 간단한 예제는 다음과 같다.

```
import time
import random
import sys

for i in range(1, 1000):
    print "%s Hello." % time.strftime('%Y-%m-%dT%H:%M:%S')
    #make sure python actually sends the output
    sys.stdout.flush()
    time.sleep(random.randint(1, 5))
```

이 스크립트는 1,000에서 5,000초 사이 동안 실행되고 종료된다. 이것은 장시간 실행되는 스크립트이기 때문에 우리의 선택은 '시간이 없는 스크립트 출력을 수집'에서 한 것처럼 각 라인을 하나의 이벤트로 처리하거나, 날짜를 사용하고 있다는 것을 알고 있다면 일반적인 로그 파일처럼 입력을 설정하는 것이다. 이 경우에는 항상 날짜가 있다는 것을 알 수 있다. 그래서 우리는 날짜에 의존할 것이다. 결과는 당연히 다음과 같다.

```
2012-10-30T20:13:29 Hello.
2012-10-30T20:13:33 Hello.
2012-10-30T20:13:36 Hello.
```

inputs.conf는 다음과 같은 형태가 된다.

```
[script://./bin/long_running.py]
interval = 1
sourcetype=long_running
```

interval = 1을 통해 스플렁크는 매 초 스크립트를 실행하려고 노력할 것이다. 그러나 스크립트는 한 번에 하나의 복사본만 실행할 수 있다.

props.conf는 다음과 같다.

```
[long_running]
TIME_FORMAT = %Y-%m-%dT%H:%M:%S
MAX_TIMESTAMP_LOOKAHEAD = 21
BREAK_ONLY_BEFORE = ^\d{4}-\d{1,2}-\d{1,2}T\d{1,2}:
```

이는 지정한 작업을 실행하는 장시간 프로세스를 생성한다.

 수집하는 정보가 중요하다면, 스플렁크가 스크립트를 실행하고 그 결과를 수지하는 것이 편리함에도 불구하고, 크론을 통해 스크립트를 스케줄링하고 파일에 직접 결과를 기록해 그 파일을 스플렁크로 입력하는 것이 더 안전하다. 이는 다양한 방법으로 파일을 사용할 수 있도록 한다. 표준 출력과 에러 모두를 수집할 수 있고 그 데이터는 스플렁크가 다운 되더라도 여전히 수집될 수 있다. 하지만, 스스로 발생된 로그를 모두 지워야만 하는 단점이 있다.

커맨드 라인에서 스플렁크 사용

웹 인터페이스를 통해 행해질 수 있는 거의 모든 것은 커맨드 라인을 통해서도 할 수 있다. 대략적인 설명을 위해 /opt/splunk/bin/splunk help를 보도록 하자. 특정 명령에 대한 도움말을 위해서는 /opt/splunk/bin/splunk help [commandname]을 사용한다.

커맨드 라인에서 실행되는 대부분의 액션은 검색이다. 예를 들어 다음 코드를 살펴보자.

```
$ /opt/splunk/bin/splunk search 'foo'
2012-08-25T20:17:54 user=user2 GET /foo?q=7148356 uid=MzA4MTc5OA
2012-08-25T20:17:54 user=user2 GET /foo?q=7148356 uid=MzA4MTc5OA
2012-08-25T20:17:54 user=user2 GET /foo?q=7148356 uid=MzA4MTc5OA
...
```

다음 사항을 알아두자.

- 기본적으로 검색은 전체 시간에 대해서 실행된다. 질의에 earliest=-1d나 적당한 시간 범위를 포함하는 것이 스스로를 보호할 수 있다.

- 기본적으로 스플렁크는 결과로 100라인을 출력한다. 더 이상이 필요하면 -maxout 플래그를 사용해라.

- 검색은 인증이 필요하다. 그래서 -auth 아규먼트를 포함하지 않으면 사용자에 대한 인증을 요청할 것이다.

커맨드 라인에 대한 대부분의 유즈 케이스는 다른 시스템에서 출력한 이벤트를 세는 것을 포함한다. 호스트의 최근 1시간 동안 error라는 단어의 인스턴스를 세기 위해 간단히 stats를 시도해보자.

```
$ /opt/splunk/bin/splunk search 'earliest=-1h error | stats count by host'
```

이는 다음 결과를 보여준다.

```
host          count
-----------   -----
host2         3114
vlb.local     3063
```

이 경우에서 알아야 할 몇 가지 것이다.

- earliest = -1h는 질의의 시간을 제한하기 위해 포함된다.
- 기본적으로 결과는 테이블 형식이 된다. 이는 읽기에 편하지만, 다른 스크립트 언어에서 파싱하는 것은 어렵다. -output을 사용해 출력 형식을 지정할 수 있다.
- 기본적으로 스플렁크는 조회되는 결과를 미리보기 형식으로 보여준다. 이는 전체적인 실행이 느려진다. -preview false로 미리보기를 비활성화할 수 있다. 미리보기는 스크립트가 크론에서 실행하는 경우처럼 상호작용하는 터미널에서 호출되지 않을 때는 계산되지 않는다.

CSV로 결과를 출력하기 위해 다음 코드를 실행하자.

```
$ /opt/splunk/bin/splunk search 'earliest=-1h error | stats count by host' -output csv -preview false
```

이는 다음과 같은 결과를 보여준다.

```
count,host
3120,host2
3078,"vlb.local"
```

어떤 결과도 없다면 출력은 비어 있게 된다.

REST를 이용한 스플렁크 질의

스플렁크는 HTTP REST 인터페이스를 제공하여 이를 이용해 검색을 실행하고, 데이터를 추가하고, 입력을 추가하고, 사용자를 관리하는 등의 일을 할 수 있다. 관련 문서와 SDK는 스플렁크의 http://dev.splunk.com에서 제공하고 있다.

REST 인터페이스가 어떻게 작동하는지를 알기 위해, 간단한 쿼리를 실행하고 결과를 보면서 알아보자. 이 단계는 다음 과정을 따른다.

1. 질의 시작(POST)

2. 상태 얻어오기(GET)

3. 결과 조회(GET)

이 과정을 설명하기 위해 cURL 커맨드 라인 프로그램을 사용한다. SDK는 이러한 과정을 훨씬 간단하게 해준다.

질의 시작을 위한 명령은 다음과 같다.

```
curl -u user:pass -k https://yourserver:8089/services/search/jobs
-d"search=search query"
```

이는 반드시 POST의 search=search query로 보낸다. HTTP에 익숙하다면, 이는 HTML 형식의 표준 POST임을 알 수 있다.

earliest=-1h index="_interal" warn | stats count by host 질의를 실행하기 위해 이 질의를 URL 형식으로 표시해야 한다. 명령은 다음과 같다.

```
$ curl -u admin:changeme -k https://localhost:8089/services/search/
jobs -d"search=search%20earliest%3D-1h%20index%3D%22_internal%22%20
warn%20%7C%20stats%20count%20by%20host"
```

질의가 수행되면 검색 ID를 포함하고 있는 XML을 받을 수 있다.

```
<?xml version='1.0' encoding='UTF-8'?>
<response><sid>1352061658.136</sid></response>
```

<sid>의 요소는 이 작업을 참조하기 위해 사용된다. 이 작업의 상태를 확인하기 위해 우리는 다음 코드를 실행한다.

```
curl -u admin:changeme -k https://localhost:8089/services/search/
jobs/1352061658.136
```

이는 다음처럼 작업에 대한 다양한 정보를 가진 XML 형식 문서를 보여준다.

```
<entry ...>
    <title>search earliest=-1h index="_internal" warn | stats count by
        host</title>
    <id>https://localhost:8089/services/search/jobs/1352061658.136</id>
...
    <link href="/services/search/jobs/1352061658.136/events"
        rel="events"/>
    <link href="/services/search/jobs/1352061658.136/results"
        rel="results"/>
...
    <content type="text/xml">
      <s:dict>
...
      <s:key name="doneProgress">1.00000</s:key>
...
      <s:key name="eventCount">67</s:key>
...
      <s:key name="isDone">1</s:key>
...
      <s:key name="resultCount">1</s:key>
```

doneProgress, eventCount, resultCount가 관심이 있는 필드이고, 이 시점에서 가장 관심 있는 필드는 isDone 필드다. isDone이 1이 아니면 결과를 위해 더 기다려야 하고 상태를 다시 확인해야 한다. isDone=1이 되면 <link rel="results">에서 정의된 URL에서 결과를 조회할 수 있다.

결과를 조회하기 위해 다음처럼 실행한다.

```
curl -u admin:changeme -k https://localhost:8089/services/search/
jobs/1352061658.136/results
```

이는 다음과 같은 XML 형식의 결과를 리턴한다.

```xml
<?xml version='1.0' encoding='UTF-8'?>
<results preview='0'>
    <meta>
        <fieldOrder>
            <field>host</field>
            <field>count</field>
        </fieldOrder>
    </meta>
    <result offset='0'>
        <field k='host'>
            <value><text>vlb.local</text></value>
        </field>
        <field k='count'>
            <value><text>67</text></value>
        </field>
    </result>
</results>
```

필드의 목록은 meta/fieldOrder에 포함된다. 각 결과는 이 필드 순서에 따라서 오게 된다.

필수는 아니더라도 (작업은 자신만의 만료 기간이 있기 때문에) 스스로 삭제되면서 스플렁크 서버에 디스크 공간을 절약할 수 있다. 작업 URL에 DELETE를 호출해 간단하게 결과를 삭제하고 사용된 디스크 공간을 재사용할 수 있다.

```
curl -u admin:changeme -k -X DELETE https://localhost:8089/services/
search/jobs/1352061658.136
```

다음은 파이썬 API를 통해 실행할 수 있는 간단한 스크립트다.

```
import splunk.search as search
import splunk.auth as auth
import sys
import time

username = sys.argv[1]
password = sys.argv[2]
q = sys.argv[3]

sk = auth.getSessionKey(username, password)

job = search.dispatch("search " + q, sessionKey=sk)

while not job.isDone:
    print "Job is still running."
    time.sleep(.5)

for r in job.results:
    for f in r.keys():
        print "%s=%s" % (f, r[f])
    print "----------"

job.cancel()
```

이 스크립트는 스플렁크에 포함된 파이썬 모듈을 사용한다. 그래서 우리는 다음처럼 스플렁크에 포함된 파이썬을 사용해 실행해야만 한다.

```
$ /opt/splunk/bin/splunk cmd python simplesearch.py admin change me
'earliest=-7d index="_internal" warn | timechart count by source'
```

이는 다음과 같은 결과를 출력한다.

```
_time=2012-10-31T00:00:00-0500
/opt/splunk/var/log/splunk/btool.log=0
/opt/splunk/var/log/splunk/searches.log=0
/opt/splunk/var/log/splunk/splunkd.log=31
/opt/splunk/var/log/splunk/web_service.log=0
_span=86400
_spandays=1
----------
_time=2012-11-01T00:00:00-0500
/opt/splunk/var/log/splunk/btool.log=56
/opt/splunk/var/log/splunk/searches.log=0
/opt/splunk/var/log/splunk/splunkd.log=87
/opt/splunk/var/log/splunk/web_service.log=2
_span=86400
_spandays=1
----------
...
```

더 많은 예제와 더 자세한 설명을 위해서 http://dev.splunk.com을 살펴보자.

명령 작성

빌트인built-in 명령을 확장하기 위해 스플렁크는 파이썬과 펄로 명령을 만들 수 있는 기능을 제공한다. 이벤트 변경, 이벤트 대체 또는 동적인 이벤트 생성까지 명령을 작성할 수 있다.

명령을 작성할 수 없는 경우

외부 명령은 매우 유용할 수 있는 반면에 처리되는 이벤트의 수가 커지게 되거나 성능이 고려되어야 한다면 외부 명령은 최후의 보류가 되어야 한다. 이 경우에는 스플렁크에 있는 검색 언어나 빌트인 기능을 사용해 목적을 이루기 위한 모든 노력을 해야 한다. 예를 들면 다음과 같은 경우다.

- 정규 표현 - `rex`, `regex`와 추출된 필드를 사용하는 법을 배운다.
- 새로운 필드 계산 또는 존재하는 필드 변경 - `eval` 명령을 사용한다(검색 엔진에서 splunk eval function으로 검색하자).
- 외부 데이터로 결과를 확장 - `lookup`을 사용하는 법을 배운다. 필요하면 `lookup`은 스크립트가 될 수 있다.
- 주기적으로 변하는 외부 데이터 읽기 - `inputcsv` 사용을 고려한다.

외부 명령에서 발생하는 성능 문제는 다음처럼 두 가지 상황에서 발생할 수 있다.

- 파이썬 프로세스에 CSV로 이벤트를 추출해 그 결과를 스플렁크 프로세스에 돌려주는 파이썬 프로세스를 포함하는 작업
- 명령의 실제 코드. 데이터베이스 같은 어떤 외부 데이터 소스에서 질의하는 명령은 외부 소스의 속도에 영향을 받는다.

테스트를 해본 결과 원시 명령보다 50퍼센트 이상 느렸고 이보다 더 빠르게 실행할 수 있는 명령을 만들 수 없었다. 이것을 테스트하기 위해 다음과 같은 검색에 대해 시도해보자.

```
* | head 100000 | eval t=_time+1 | stats dc(t)
```

내 랩탑에서 이 질의는 다음과 같이 미리보기를 비활성화하고 명령 줄에서 실행했을 때 대략 4초 정도 걸렸다.

```
# time /opt/splunk/bin/splunk search '* | head 100000 | eval t=_time+1
| stats dc(t)' -preview false
```

자 우리의 예제 앱에 포함된 명령에서 실행해보자.

```
* | head 100000 | echo | eval t=_time+1 | stats dc(t)
```

이는 검색 시간이 6초로 약 50% 정도 검색 시간이 증가했다. 예제 앱에서는 복잡도가 다른 echo 앱의 3가지 다른 버전이 있다.

- echo: 이 명령은 단순히 표준 입력을 표준 출력으로 보여준다.

- ehco_csv: 이 명령은 csvreader와 csvwriter를 사용한다.

- echo_splunk: 이 명령은 들어오는 이벤트를 수집하고 이를 결과로 출력하는 스플렁크에서 제공하는 파이썬 모듈을 사용한다. 예제 명령을 위해 이 파이썬 모듈을 사용할 것이다.

이 명령을 실행하면 시간은 거의 일정하다. 그리고 이는 대부분의 시간이 스플렁크의 내외부에서 이벤트를 옮기는데, 소비한다는 것을 의미한다.

 commands.conf에 required_fields=_time을 추가하면 이 경우에 2.5배에서 1.5배까지 시간이 줄어든다. 명령이 필요한 필드를 알고 있다면, 이 설정은 성능을 극적으로 증가시킬 수 있다.

명령 작성이 필요한 경우

성능에 대한 문제가 있음에도 명령을 만드는 것이 좋은 경우가 있다. 다음은 생각할 수 있는 몇 가지 상황이다.

- 내부 명령을 사용해 완성할 수 없는 특정 액션을 수행하는 것이 필요하다.

- (룩업이 더 효과적일 수 있더라도) 외부 시스템과 연결되는 것이 필요하다.

- 테스트를 위해 또는 외부 서비스의 알려지지 않은 곳에서 이벤트를 생성하는 것이 필요하다.

자신만의 이유에 대해서 곰곰히 생각할 수 있을 것이라 확신한다. 명령의 다른 형태에 대해서 알아보자.

명령 설정

명령 작성을 시작하기 전에 모든 명령에 대해 행해져야만 하는 몇 가지 설정이 있다. 먼저 모든 명령은 앱의 command.conf의 목록에 추가돼야 한다. 다음 예제 스탠자를 살펴보자.

```
[commandname]
filename = scriptname.py
streaming = false
enableheader = true
run_in_preview = true
local = false
retainsevents = false
```

다음 속성들에 대해 짚어보자.

- [commandname]: 검색에서 사용할 수 있는 명령이 스탠자의 제목이 될 것이다. 이 경우에는 commandname이다.

- filename = scriptname.py: 실행할 스크립트. 앱 내부의 bin 디렉토리에 존재해야만 한다.

- streaming = false: 기본적으로 각 명령의 하나의 인스턴스만 완전한 하나의 결과의 완전한 세트에서 실행된다. 가정은 모든 이벤트는 작업을 수행할 수 있는 스크립트가 필요하다는 것이다. 스크립트가 개별적인 각 이벤트에 작업한다면, 이 값을 true로 설정해야 한다. 이는 이벤트 제한을 없앤다. 기본 설정은 50,000이고 limits.conf에서 maxresultrows로 정의한다.

- enableheader = true: 기본적으로 스크립트는 스플렁크 파이썬 모듈이 사용하는 방법을 알기 위한 헤더를 받는다. 이 값을 false로 설정하면 명령은 평문의 CSV를 받을 것이다.

- run_in_preview = true: 기본적으로 명령은 GUI에서 미리보기를 업데이트하기 위해 이벤트가 조회되는 동안 반복적으로 실행된다. 이는 저장된 검색에는 영향이 없으나 이 값을 fasle로 설정하는 것이 상호작용하는 검색에 대한 성능에서 큰 차이를 만들 수 있다. 이는 명령이 외부 소스를 사용한다면 반복적으로 외부 소스를 호출하기 때문에 특별히 중요하다.

- local = false: 분산된 환경을 가지고 있다면, 기본적으로 명령은 모든 인덱서에 복사되고 그 곳에서 실행된다. 명령이 하나의 머신에서만 실행될 필요가 있다면 local=true 설정으로 오직 검색 헤드에서만 실행되는 것을 보장한다.

- `retainsevents = false`: 기본적으로 스플렁크는 명령이 `stats` 또는 `timechart`처럼 변형 이벤트를 리턴한다고 가정한다. 이것을 `true`로 설정하면 정규 이벤트처럼 결과를 다루도록 행동을 바꿀 것이다.

예를 들어 검색같은 다른 앱에서 사용 가능한 명령을 만들기 위해, 앱의 메타데이터를 바꾸는 것이 필요하다. metadata/default.meta에서 다음 두 줄을 추가한다.

```
[commands]
export = system
```

마지막으로 새롭게 설정된 명령을 사용하기 위해 스플렁크를 재시작하거나 브라우저에서 http://yourserver/debug/refresh URL을 실행하는 것이 필요하다. 이는 또한 commands.conf에서 설정을 바꾼 후에는 필수적이지만, 스크립트 자체가 변경한 후에는 재시작이 필요하지 않다.

필드 추가

각 이벤트에 필드를 추가하는 간단한 명령을 가지고 시작해보자. 이 예제는 ImplementingSplunkExtendingExamples/bin/addfield.py에 저장되어 있다.

```
#스플렁크에서 제공하는 모듈을 임포트한다.
import splunk.Intersplunk as si

#결과를 변수로 읽는다.
results, dummyresults, settings = si.getOrganizedResults()

#결과에 대해 루프를 실행한다. 결과는 dict의 리스트 형태다.
for r in results:
    #r은 dict다. 필드 이름을 사용하여 필드에 접근한다.
    r['foo'] = 'bar'

#스플렁크에 결과를 돌려준다.
si.outputResults(results)
```

이에 해당하는 commands.conf의 스탠자는 다음과 같다.

```
[addfield]
filename = addfield.py
streaming = true
retainsevents = true
```

명령은 다음처럼 사용할 수 있다.

```
* | head 10 | addfield | top foo
```

이 명령은 다음 화면과 같은 결과를 보여준다.

	foo ⬍	count ⬍	percent ⬍
1	bar	10	100.000000

이는 간단히 eval foo="bar를 사용하면 훨씬 더 효율적이지만, 명령의 기본 구조를 설명하기에 적합한 예다.

데이터 다루기

특히 _raw 같은 필드의 값을 수정하는 것은 때때로 유용하다. 단지 흥미를 위해 각 이벤트의 문자열을 뒤집는 예제를 살펴보자. 단어를 뒤집을지 또는 전체 값을 뒤집을지 선택할 수 있는 파라미터를 지원할 것이다. 이 예제는 ImplementingSplunkExtendingExamples/bin/reverseraw.py에서 볼 수 있다.

```
import splunk.Intersplunk as si
import re

# 클래스를 사용하지 않기 때문에 펑션이 먼저 정의돼야 한다.
def reverse(s):
    return s[::-1]

#스크립트의 실제 시작이다.
```

```
results, dummyresults, settings = si.getOrganizedResults()

#명령에 포함된 옵션을 조회한다.
keywords, options = si.getKeywordsAndOptions()

#단어에 대한 옵션 값을 얻는다. 기본은 false다.
words = options.get('words', False)

#단어에 대한 옵션 값을 체크한다.
if words and words.lower().strip() in ['t', 'true', '1', 'yes']:
    words = True
else:
    words = False

#결과에 대해 루프를 실행한다.
for r in results:
    #단어에 옵션이 true이면
    if words:
        newRaw = []
        parts = re.split('([^a-zA-Z\']+)', r['_raw'])
        for n in range(0, len(parts) - 2, 2):
            newRaw.append(reverse(parts[n]))
            newRaw.append(parts[n + 1])
        newRaw.append(reverse(parts[-1]))
        r['_raw'] = ''.join(newRaw)
    #그렇지 않으면 _raw의 전체 값에 대해 문장을 뒤집는다.
    else:
        r['_raw'] = reverse(r['_raw'])

si.outputResults(results)
```

commands.conf의 스탠자는 다음과 같다.

```
[reverseraw]
filename = reverseraw.py
retainsevents = true
streaming = true
```

다음과 같은 이벤트라고 가정해보자.

```
2012-10-27T22:10:21.616+0000 DEBUG Don't worry, be happy.
[user=linda,ip=1.2.3., req_time=843, user=extrauser]
```

새로운 명령을 사용해보자.

```
* | head 10 | reverseraw
```

앞에 있는 이벤트에 대해서 명령을 실행하면 다음 코드에서 보는 것처럼 전체 이벤트가 뒤집혀 보인다.

```
]resuartxe=resu ,348=emit_qer ,.3.2.1=pi ,adnil=resu[ .yppah eb ,yrrow
t'noD GUBED 0000+616.12:01:22T72-01-2102
```

words 아규먼트를 추가할 수 있다.

```
* | head 10 | reverseraw words=true
```

다음 코드에서 보는 것처럼 단어의 순서를 유지한다.

```
2012-10-27T22:10:21.616+0000 GUBED t'noD yrrow, eb yppah. [resu=adnil,
pi=1.2.3., qer_emit=843, resu=resuartxe]
```

다시 이벤트를 뒤집어 보자.

```
* | head 10 | reverseraw words=true | reverseraw
```

이는 다음 결과를 보여준다.

```
]extrauser=user ,348=time_req ,.3.2.1=ip ,linda=user[ .happy be ,worry
Don't DEBUG 0000+616.12:01:22T72-01-2102
```

데이터 변형

이제까지 우리의 명령은 필드를 변경한 원본 이벤트를 리턴했다. 명령은 또한 빌트인 함수인 top 또는 stats처럼 데이터를 변형할 수 있다. 이벤트에 단어

의 수를 세는 기능을 작성해보자. ImplementingSplunkExtendingExample/bin/
countwords.py에서 이 예제를 찾을 수 있다.

```python
import splunk.Intersplunk as si
import re
import operator
from collections import defaultdict

#실제 작업을 하는 클래스를 생성한다.
class WordCounter:
    word_counts = defaultdict(int)
    unique_word_counts = defaultdict(int)
    rowcount = 0
    casesensitive = False
    mincount = 50
    minwordlength = 3

    def process_event(self, input):
        self.rowcount += 1
        words_in_event = re.findall('\W*([a-zA-Z]+)\W*', input)

        unique_words_in_event = set()
        for word in words_in_event:
            if len(word) < self.minwordlength:
                continue # 단어가 너무 짧기 때문에 건너 뛴다.
            if not self.casesensitive:
                word = word.lower()
            self.word_counts[word] += 1
            unique_words_in_event.add(word)

        for word in unique_words_in_event:
            self.unique_word_counts[word] += 1

    def build_sorted_counts(self):
        #각 단어에 대한 개수로 정렬하는 튜플의 배열을 생성한다. ,
        sorted_counts = sorted(self.word_counts.iteritems(),
            key=operator.itemgetter(1))
```

```
        #정렬을 뒤집는다.
        sorted_counts.reverse()

        return sorted_counts

    def build_rows(self):
        #dict의 리스트 형태로 결과를 만든다.
        count_rows = []
        for word, count in self.build_sorted_counts():
            if self.mincount < 1 or count >= self.mincount:
                unique = self.unique_word_counts.get(word, 0)
                percent = round(100.0 * unique / self.rowcount, 2)
                newrow = {'word': word,
                          'count': str(count),
                          'Events with word': str(unique),
                          'Event count': str(self.rowcount),
                          'Percent of events with word':
                          str(percent)}
            count_rows.append(newrow)
        return count_rows


#클래스에 포함되지 않은 도움 함수
#옵션에서 숫자형을 리턴하거나 예외를 발생시킨다.
def getInt(options, field, default):
    try:
        return int(options.get(field, default))
    except Exception, e:
        #사용자에게 친숙한 문장으로 예외를 발생시킨다.
        raise Exception("%s must be an integer" % field)


#옵션을 읽고 WordCounter 인스턴스를 생성하고
#결과에 대해서 루프를 도는 메인 함수
if __name__ == '__main__':
    try:
        #결과를 얻는다.
        results, dummyresults, settings = si.getOrganizedResults()
        keywords, options = si.getKeywordsAndOptions()
```

```
        word_counter = WordCounter()

        word_counter.mincount = getInt(options, 'mincount', 50)
        word_counter.minwordlength = getInt(options,
                                            'minwordlength', 3)

        #대소문자를 구별할지 정한다.
        casesensitive = options.get('casesensitive', False)
        if casesensitive:
            casesensitive = (casesensitive.lower().strip() in
                            ['t', 'true', '1', 'y', 'yes'])

        word_counter.casesensitive = casesensitive

        #원본 결과에 대해서 루프를 돈다.
        for r in results:
            word_counter.process_event(r['_raw'])

        output = word_counter.build_rows()
        si.outputResults(output)

    #예외 사항을 잡고, 사용자에게 에러를 보여준다.
    except Exception, e:
        import traceback
        stack = traceback.format_exc()
        si.generateErrorResults("Error '%s'. %s" % (e, stack))
```

이번 스크립트는 다소 길지만 어떤 일이 실행되는지 명백하다. 이 예제에서 몇 가지 새로운 것들을 볼 수 있다.

- 로직의 대부분은 클래스 정의로 되어 있다. 이는 스플렁크에 특화된 로직과 비즈니스 로직에 대한 더 좋은 구분을 제공한다.
- 파이썬으로 방법으로 __main__을 위한 테스트
- 예외 처리

- 숫자형integer 아규먼트 파싱 실패에 대한 예외 처리

- 공백으로 구분된 필드 이름

command.conf의 항목에서 스트리밍을 허락하지 않고 이벤트를 보관하지 않도록 한다.

```
[countwords]
filename = countwords.py
retainsevents = false
streaming = false
```

다음처럼 작성한 명령을 사용할 수 있다.

```
* | countwords
```

결과는 테이블로 보여주고 화면은 다음과 같다.

	count ⇕	Events with word ⇕	word ⇕	Event count ⇕	Percent of events with word ⇕
1	49680	21822	error	50000	43.64
2	47860	41870	user	50000	83.74
3	40075	40070	time	50000	80.14
4	40065	40065	req	50000	80.13
5	39971	39971	logger	50000	79.94
6	25310	12655	this	50000	25.31
7	25243	25243	barclass	50000	50.49
8	25211	25211	don	50000	50.42
9	16131	16131	network	50000	32.26
10	16056	16056	session	50000	32.11
11	13442	13442	mary	50000	26.88
12	12655	12655	worthless	50000	25.31
13	12655	12655	nothing	50000	25.31
14	12655	12655	happened	50000	25.31
15	12655	12655	log	50000	25.31
16	12584	12584	debug	50000	25.17
17	12556	12556	worry	50000	25.11
18	12556	12556	happy	50000	25.11
19	12523	12523	warn	50000	25.05
20	12426	12426	info	50000	24.85
21	12378	12378	hello	50000	24.76
22	12378	12378	world	50000	24.76
23	8106	8106	red	50000	16.21

테스트 데이터에서는 132개이 열이 생성되었고, 적어도 3문자 이상의 길의를 가진 132개의 유일한 단어가 있다는 것을 나타낸다. count는 각 단어가 전체에서 몇 차례 나타나는지를 표시하고 Events with word는 얼마나 많은 이벤트가 그 단어를 포함하고 있는 있는지 나타낸다.

 Event count 컬럼에서 50,000의 값을 볼 수 있다. 질의가 300,000 이벤트 이상을 발견했음에도 불구하고, 단지 50,000개만 그 명령에서 실행되었다. limit.conf의 maxresultrows를 늘림으로써 제한을 증가시킬 수 있으나 주의해야만 한다. 이 제한은 우리를 보호하기 위한 것이다.

다음처럼 옵션을 추가해서 시도해보자.

```
* | head 1000
  | countwords casesensitive=true mincount=250 minwordlength=0
```

이 질의는 다음과 같은 결과를 생성한다.

	count ⇕	Events with word ⇕	word ⇕	Event count ⇕	Percent of events with word ⇕
1	1000	1000	T	1000	100.0
2	968	837	user	1000	83.7
3	801	801	logger	1000	80.1
4	799	799	ip	1000	79.9
5	798	798	time	1000	79.8
6	798	798	req	1000	79.8
7	531	459	ERROR	1000	45.9
8	490	490	BarClass	1000	49.0
9	473	473	Don	1000	47.3
10	473	473	t	1000	47.3
11	330	330	network	1000	33.0
12	304	304	session	1000	30.4
13	282	282	mary	1000	28.2
14	271	271	INFO	1000	27.1
15	268	268	error	1000	26.8
16	268	268	Error	1000	26.8
17	259	259	Hello	1000	25.9
18	259	259	world	1000	25.9
19	251	251	WARN	1000	25.1

우리는 이제 한 개 또는 두 문자로 된 단어도 볼 수 있고, T와 t 모두 항목에 포함되었고 결과는 개수가 mincount보다 작은 값 아래로 떨어졌을 때 멈춘다는 것을 알 수 있다.

빌트인 명령을 사용해 이 명령을 수행하기 위해 다음과 같은 코드와 같이 작성해야만 한다.

```
* | rex max_match=1000 "\W*(?<word>[a-zA-Z]+)\W*"
  | eval id=1 | accum id | fields word id
  | eventstats count
  | mvexpand word
  | eval word=lower(word)
  | stats max(count) as event_count
          dc(id) as events_with_word
          count as word_count
          by word
  | sort -events_with_word
  | eval percent_events_containing =
          round(events_with_word/event_count*100.0,2)
  | rename word_count as count
    events_with_word as "Events with word"
    event_count as "Event count"
    percent_events_containing as "Percent of events with word"
  | table count "Events with word" word
    "Event count" "Percent of events with word"
```

이것은 초기에 떠오른 것을 적은 것이어서 아마도 이것보다 빌트인 명령을 사용해 이 작업을 수행하는 데 더 효율적인 방법이 있을 것이다.

데이터 생성

가끔은 임의의 곳에서 이벤트를 생성하기를 원할 때가 있다. 이러한 이벤트는 데이터베이스 질의, 웹 서비스 또는 질의에서 유용한 데이터를 생성하는 간단한 코드에서 올 수 있다. 이 내부 과정을 설명하기 위해 난수 생성기를 만들어

볼 것이다. 이 예제는 ImplementingSplunkExtendingExamples/bin/random_
generator.py에서 볼 수 있다.

```python
import splunk.Intersplunk as si
from random import randint

keywords, options = si.getKeywordsAndOptions()

def getInt(options, field, default):
    try:
        return int(options.get(field, default))
    except Exception, e:
        #사용자에게 친숙한 문장으로 예외를 발생시킨다.
        raise Exception("%s must be an integer" % field)

    try:
        min = getInt(options, 'min', 0)
        max = getInt(options, 'max', 1000000)
        eventcount = getInt(options, 'eventcount', 100)

        results = []
        for r in range(0, eventcount):
            results.append({'r': randint(min, max)})

        si.outputResults(results)

    except Exception, e:
        import traceback
        stack = traceback.format_exc()
        si.generateErrorResults("Error '%s'. %s" % (e, stack))
```

commands.conf의 항목은 다음과 같다.

```
[randomgenerator]
filename = random_generator.py
generating = true
```

다음처럼 명령을 사용한다.

```
|randomgenerator
```

앞에 파이프 |(파이프) 기호가 온다는 것을 알 수 있다. 이는 검색을 실행하는 대신 명령을 실행한다는 것을 나타낸다. 파이썬의 난수를 테스트해보자.

```
|randomgenerator eventcount=100000 min=100 max=899
    | bucket r
    | chart count by r
```

이는 그래프를 생성하고 다음 그림처럼 보인다.

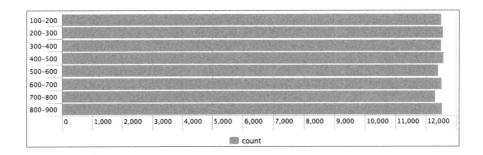

100,000개의 난수에 대해서 그리 나쁘지 않게 분산되었다고 생각된다. 다음처럼 스플렁크의 빌트인 명령을 사용해 같은 결과를 만들어 낼 수 있다.

```
index=_internal
    | head 100000
    | eval r=random()/2147483647*100000
    | bucket r
    | chart count by r
```

지금까지 작성한 코드를 실행하는 과정을 설명하기 위해 몇 가지 예로 들어 명령에 대한 매우 대략적인 설명을 하였다. 스플렁크에 내장된 몇 가지 예제들이 $SPLUNK_HOME/etc/apps/search/bin에 포함되어 있다.

데이터를 풍부하게 하기 위한 룩업 스크립트 작성

6장에서 CSV 룩업에 대해 자세히 설명했고 9장과 10장에서 이를 다시 다루었다. 스플렁크에 내장된 기능을 가지고도 일반적으로 충분하지만 때때로 외부 데이터 소스 또는 값을 계산하는 동적인 로직을 사용하기 위해 룩업 스크립트를 작성하는 것이 필요할 때가 있다. 룩업 스크립트는 명령 또는 CSV 룩업에 비해 다음 장점을 갖는다.

- 룩업 스크립트는 유일한 룩업 값에 대해 한 번만 실행된다. 반대로 명령에서는 모든 이벤트에 대해서 명령을 실행해야 한다.
- CSV 룩업의 메모리 요구 사항은 CSV 파일이 클수록 증가한다.
- 빠르게 변하는 값에 대해서 빈번하게 가져오는 것 대신에 외부 시스템에 남겨 두거나 스크립트 룩업을 사용해 질의될 수 있다.

9장의 '와일드카드를 가진 룩업' 섹션에서 기본적으로 설정을 통해 케이스 문을 생성했다. 파이썬에서 이를 어떻게 할 수 있는지 보기 위해 스크립트로 케이스를 사용할 수 있도록 구현해보자. 먼저 trasnforms.conf에 다음처럼 설정하는 것이 필요하다.

```
[urllookup]
external_cmd = url_lookup.py
fields_list = url section call_count
```

다음은 이 설정에 대한 설명이다.

- fields_list는 스크립트에 보내지는 필드의 목록과 결과로 기대하는 필드의 목록이다.
- field_list는 적어도 두 개의 필드를 포함해야 하고 그렇지 않으면 스크립트는 경고 없이 실패할 것이다.

스크립트는 다음과 같다.

```
import sys
import re
from csv import DictReader
from csv import DictWriter

patterns = []

def add_pattern(pattern, section):
    patterns.append((re.compile(pattern), section))

add_pattern('^/about/.*', 'about')
add_pattern('^/contact/.*', 'contact')
add_pattern('^/.*/.*', 'unknown_non_root')
add_pattern('^/.*', 'root')
add_pattern('.*', 'nomatch')

# url을 위한 섹션을 리턴한다.
def lookup(url):
    try:
        for (pattern, section) in patterns:
            if pattern.match(url):
                return section
        return ''
    except:
        return ''

#리더를 설정한다.
reader = DictReader(sys.stdin)
fields = reader.fieldnames

#라이터를 설정한다.
writer = DictWriter(sys.stdout, fields)
writer.writeheader()

#출력을 시작한다.
call_count = 0
for row in reader:
```

504

```
call_count = call_count + 1

if len(row['url']):
    row['section'] = lookup(row['url'])
    row['call_count'] = call_count
    writer.writerow(row)
```

넛셸nutshell에서 스크립트는 url의 값을 가지고, 순서대로 각 정규 표현식을 대입하고나서 그에 따른 section의 값을 설정한다. 앞의 스크립트에 대해서 몇 가지 점을 짚어보자.

- 스크립트는 transforms.conf에 있는 필드 목록을 가진 원본 CSV를 받는다. 그러나 룩업에 대해 필요한 필드에 대해서만 값을 가질 것이다. 이 경우에는 url이다.

- url 필드는 데이터로 표현되거나 as 옵션을 사용해 룩업lookup 명령에 맵핑되야 한다.

- call_count는 룩업이 오직 url의 유일한 값에 대해 단 한줄의 입력만 받음으로써 룩업 스크립트가 외부 명령보다 더 효율적으로 보이기 위해 포함되었다.

이를 실행해보자.

```
index=implsplunk sourcetype="impl_splunk_web"
    | rex "\s[A-Z]+\s(?<url>.*?)\?"
    | lookup urllookup url
    | stats count values(call_count) by url section
```

위 코드는 다음과 같은 결과를 보여준다.

	url ⬍	section ⬍	count ⬍	values(call_count) ⬍
1	/about/	about	1443	1
2	/bar	root	1383	2
3	/contact/	contact	1389	3
4	/foo	root	1446	4
5	/products/	unknown_non_root	1364	5
6	/products/index.html	unknown_non_root	1389	6
7	/products/x/	unknown_non_root	2899	7
8	/products/y/	unknown_non_root	1430	8

values(call_count) 컬럼은 룩업 스크립트가 입력으로 url의 유일한 값에 대해 한 번씩 총 8줄을 받는다는 것을 말하고 있다. 이는 동일한 명령을 받는 12,743열보다 훨씬 더 작다.

더 많은 스크립트 룩업에 대한 예제는 $SPLUNK_HOME/etc/system/bin/ external_lookup.py와 스플렁크베이스에서 사용 가능한 MAXMIND 앱을 보도록 하자.

이벤트 렌더러 작성

이벤트 렌더러는 특정 이벤트 타입에 대해서 특정 템플릿을 만들 수 있도록 한다. 이벤트 타입 생성에 대해 더 자세히 알고자 한다면 6장을 살펴보자.

이벤트 렌더러는 마코 템플릿(mako template: http://www.makotempates.org/)을 사용한다. 이벤트 렌더러는 다음처럼 구성된다.

● $SPLUNK_HOME/etc/apps/[yourapp]/appserver/event_renderers/ [template].html에 저장된 템플릿

● event_renders.conf에 설정 항목

● eventtypes.conf에 선택적인 이벤트 타입 정의

● application.css에 선택적인 CSS 클래스

몇 가지 작은 예제를 생성해보자. 참조되는 파일 모두는 $SPLUNK_HOME/etc/apps/ImplementingSplunkExtendingExamples에 포함되어 있다. 이러한 예제는 앱의 외부에서 공유되지 않는다. 그래서 액션에서 이들을 보기 위해서 앱의 내부에서 찾아보는 것이 필요하다. http://[yourserver]/app/ImplementingSplunkExtendingExamples/flashtimeline을 브라우저에서 실행해보자.

특정 필드 사용

결과에 표시하기를 원하는 필드의 이름을 알고있다면, 템플릿은 꽤 간단하게 될 수 있다. 이벤트 타입 template_example에 따라서 살펴보자. 템플릿은 appserver/event_renderers/template_example.html에 저장된다.

```
<%page args="job, event, request, options">
<ul class="template_example">
    <li>
        <b>time:</b>
        ${i18n.format_datetime_microseconds(event.get('_time', event.
            time))}
    </li>
    <li>
        <b>ip:</b>
        ${event.get('ip', '')}
    </li>
    <li>
        <b>logger:</b>
        ${event.get('logger', '')}
    </li>
    <li>
        <b>message:</b>
        ${event.get('message', '')}
    </li>
    <li>
        <b>req_time:</b>
        ${event.get('req_time', '')}
```

```
    </li>
    <li>
        <b>session_id:</b>
        ${event.get('session_id', '')}
    </li>
    <li>
        <b>user:</b>
        ${event.get('user', '')}
    </li>
    <li>
        <b>_raw:</b>
        ${event.get('_raw', '')}
    </li>
</ul>
</%page>
```

이 템플릿은 우리가 표시되기를 원하는 특정 필드를 가지는 각 이벤트에 대해 <ul> 블럭을 출력한다. 특정 이벤트 타입에 이 템플릿을 연결하기 위해 default/event_renders.conf에 다음 항목을 정의하는 것이 필요하다.

```
[template_example]
eventtype = template_example
template = template_example.html
```

마지막으로, 출력 포맷을 원한다면 appserver/static/application.css에 다음 CSS를 사용할 수 있다.

```
ul.template_example {
    list-style-type: none;
}
ul.template_example > li {
    background-color: #dddddd;
    padding: 4px;
    margin: 1px;
}
```

이벤트 타입 렌더러를 테스트하기 위해 이 설정이 로드되어야 한다. 이는 스플렁크를 재시작하거나 브라우저에서 http://[yourserver]/debug/refresh를 실행하는 것이 필요하다.

이제 우리는 질의를 실행하고 수동으로 이벤트 타입을 적용한다.

```
index="implsplunk" sourcetype="template_example"
  | eval eventtype="template_example"
```

이것은 이벤트 타입을 만들어서 다음 그림처럼 보여준다.

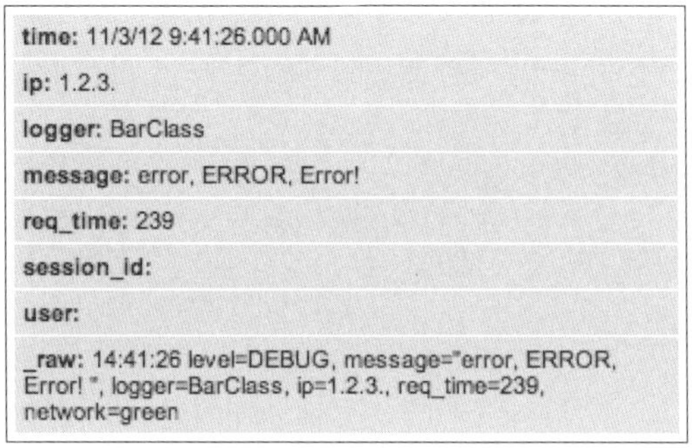

```
time: 11/3/12 9:41:26.000 AM
ip: 1.2.3.
logger: BarClass
message: error, ERROR, Error!
req_time: 239
session_id:
user:
_raw: 14:41:26 level=DEBUG, message="error, ERROR,
Error! ", logger=BarClass, ip=1.2.3., req_time=239,
network=green
```

이를 자동으로 만들기 위해, 다음처럼 eventtype.conf에 이벤트 타입 정의를 생성할 수 있다.

```
[template_example]
search = sourcetype=template_example
```

sourcetype=template_example의 이벤트를 찾는 질의는 이제 우리가 만든 템플릿을 사용하여 렌더링될 것이다.

필드 값에 기반한 필드 테이블

템플릿은 이벤트에서 모든 것에 접근되기 때문에 원하는 어떤 방법으로도 필드를 사용할 수 있다. 다음 예제는 필드의 수평적인 테이블을 생성한다. 그러나 사용자는 특정 필드를 표시하기 위해 특정 필드 집합을 정의하도록 한다.

appserver/event_renderers/tabular.html에 저장된 템플릿은 다음과 같다.

```
<%inherit file="//results/EventsViewer_default_renderer.html" />\
<%def name="event_raw(job, event, request, options, xslt)">\
<%
import sys
_fields = str(event.fields.get('tabular', 'host,source,sourcetype,line
count')).split(',')
head = ''
row = ''
for f in _fields:
    head += "<th>" + f + "</th>"
    row += "<td>" + str(event.fields.get(f, '-')) + "</td>"
%>
<table class="tabular_eventtype">
    <tr>
        ${head}
    </tr>
    <tr>
        ${row}
    </tr>
</table>
</%def>
```

이는 기본 이벤트 타입 렌더러 템플릿을 확장했다는 것을 알수 있다. 곧 _raw 필드의 렌더러를 오직 변경했다는 것을 의미한다.

event_renderers.conf의 항목은 다음과 같다.

```
[tabular]
eventtype = tabular
template = tabular.html
```

마지막으로 application.conf에서의 항목은 다음과 같다.

```
th.tabular_eventtype {
    background-color: #dddddd;
    border: 1px solid white;
```

```
    padding: 4px;
}

td.tabular_eventtype {
    background-color: #eeeeee;
    border: 1px solid white;
    padding: 4px;
}
```

우리는 이벤트 타입에 정의를 주는 귀찮은 일을 하지 않지만 질의에서
eventtype의 값을 설정함으로써 이것을 사용할 수 있다. 다음 질의를 실행함
으로써 알아보자.

```
index="implsplunk" | eval eventtype="tabular"
```

이 템플릿에 정의된 기본 필드에 기반해서 다음 결과를 보여준다.

이벤트 수와 워크플로우 액션 메뉴, 스플렁크에서 렌더링한 시간 그리고 템플
릿 결과에 기반한 선택된 필드를 여전히 볼 수 있다는 것을 알수 있다. 우리는
실제로 단지 _raw의 렌더링에 대해서만 재정의했다.

테이블에서 원하는 필드를 tabular 필드에서 정의한다면, 템플릿은 우리가 테
이블에서 정의한 것을 수행할 것이다.

```
index="implsplunk" sourcetype="template_example"
    | eval tabular="level,logger,message,foo,network"
    | eval eventtype="tabular"
```

이는 다음 화면과 같은 결과를 보여준다.

값을 가지고 있지 않는 필드는 다음 템플릿 코드를 통해 -로써 표현된다.

```
str(event.fields.get(f, '-'))
```

이벤트 렌더러를 작성하는 대신 `table` 명령을 사용하는 것이 훨씬 더 간단할 것이다. 이 방법은 매우 특별한 렌더링이 필요하거나 워크플로우 액션에 접근이 필요할 때만 적합하다. 또 다른 방법으로 사이드 뷰 유틸Sideview Utils에서 사용 가능한 `Table`과 `Multiplexer` 모듈을 살펴보자.

XML 소스 출력

이 예제에서 XML을 파싱하고 소스 출력을 위해 파이썬의 `minidom` 모듈을 사용한다. 템플릿은 _raw에 대한 대체로 xml이라 불리는 필드를 기대한다. `Impl ementingSplunkExtendingExamples`에 포함된 파일을 살펴보자.

이 템플릿 파일은 appserver/event_renderers/xml.html에 위치하고 있고 코드에 다음 라인을 포함한다.

```
<%inherit file="//results/EventsViewer_default_renderer.html" />\
<%def name="event_raw(job, event, request, options, xslt)">\
<%
from xml.dom import minidom
import sys

def escape(i):
    return i.replace("<", "&lt;").replace(">", "&gt;")

_xml = str( event.fields.get('xml', event.fields['_raw']) )
try:
    pretty = minidom.parseString(_xml).toprettyxml(indent=' '*4)
    pretty = escape( pretty )
except Exception as inst:
    pretty = escape(_xml)
    pretty += "\n(couldn't format: " + str( inst ) + ")"
%>
<pre class="xml_eventtype">${pretty}</pre>
</%def>
```

event_renderers.conf의 항목은 다음과 같다.

```
[xml]
eventtype = xml
template = xml.html
```

eventtypes.conf에서의 항목은 다음과 같다.

```
[xml]
search = sourcetype="xml_example"
```

우리는 간단히 다음과 같이 예제 소스 타입에 대해 검색한다.

```
index="implsplunk" sourcetype="xml_example"
```

이는 다음과 같은 결과를 만들어 준다.

```
1   11/2/12
    8:03:15.000 AM   <bad><time>13:03:15</time><cat>dog</cat><e>egg</e><f /></d>
                     (couldn't format: mismatched tag: line 1, column 57)

                     host=vlbmba.local  ▼  |  sourcetype=xml_example  ▼

2   11/1/12
    8:03:15.000 AM   <?xml version="1.0" ?>
                     <d>
                          <time>
                               13:03:15
                          </time>
                          <cat>
                               dog
                          </cat>
                          <e>
                               egg
                          </e>
                          <f/>
                     </d>

                     host=vlbmba.local  ▼  |  sourcetype=xml_example  ▼

3   11/1/12
    8:03:15.000 AM   <?xml version="1.0" ?>
                     <reg>
                          <time>
                               13:03:15
                          </time>
                          <b>
                               5
                          </b>
                          <c>
                               dog
                          </c>
                          <e>
                               egg
                          </e>
                          <f>
                               fly
                          </f>
                     </reg>

                     host=vlbmba.local  ▼  |  sourcetype=xml_example  ▼
```

처음 이벤트에서는 XML은 형식이 유효하지 않아서 에러 메시지가가 원본 값에 추가되었다.

처리 결과에 경고 액션 스크립트 작성

외부 시스템과 연동하는 또 다른 옵션은 저장된 검색의 결과를 사용해 사용자 정의의 경고 액션을 실행하는 것이다. 스플렁크는 $SPLUNK_HOME/bin/scripts/echo.sh에 간단한 예제를 제공한다. 다음 단계를 따라 예제를 실행해보고 우리가 얻을 수 있는 것을 살펴보자.

1.저장된 검색을 생성한다. 테스트를 위해 다음과 같이 간단한 것을 실행하자.

```
index=_internal | head 100 | stats count by sourcetype
```

2. 미래 어느 시점에 실행하기 위한 스케줄을 추가한다. 여기서는 테스트를 위해 5분마다 실행하도록 설정한다.

3. 스크립트 실행Run a script을 활성화하고 echo.sh를 넣는다.

Alert actions

Send email
☐ Enable

Add to RSS
☐ Enable
The RSS link is shown in Manager >> Searches and Reports.

Run a script
☑ Enable

File name of shell script to run

echo.sh

Splunk runs the script from $SPLUNK_HOME/bin/scripts/

스크립트는 `$SPLUNK_HOME/bin/scripts/echo_output.txt`에 결과를 저장한다. 결과는 다음과 같이 나타난다.

```
'/opt/splunk/bin/scripts/echo.sh' '4' 'index=_internal | head 100
| stats count by sourcetype' 'index=_internal | head 100 | stats
count by sourcetype' 'testingAction' 'Saved Search [testingAction]
always(4)' 'http://vlbmba.local:8000/app/search/@go?sid=scheduler__
admin__search__testingAction_at_1352667600_2efa1666cc496da4' '' '/
opt/splunk/var/run/splunk/dispatch/scheduler__admin__search__
testingAction_at_1352667600_2efa1666cc496da4/results.csv.gz' 'sessionK
ey=7701c0e6449bf5a5f271c0abdbae6f7c'
```

아규먼트를 항목별로 살펴보자.

- $0: 스크립트 경로

  `'/opt/splunk/bin/script/echo.sh'`

- $1: 리턴되는 이벤트의 수

  `'4'`

- $2: 검색 문장

```
'index=_internal | head 100 | stats count by sourcetype'
```

- $3: 전체 검색 문장

```
'index=_internal | head 100 | stats count by sourcetype'
```

- $4: 저장된 검색 이름

```
'testingAction'
```

- $5: 액션에 대한 원인

```
'Saved Search [testingAction] always(4)'
```

- $6: 검색 결과에 대한 링크. 호스트는 web.conf에서 설정된다.

```
'http://vlbmba.local:8000/app/search/@go?sid=scheduler__
admin__?search__testingAction_at_1352667600_2efa1666cc496da4'
```

- $7: 사용하지 않음

```
''
```

- $8 - 원시 결과에 대한 경로. 결과는 항상 gzip으로 압축된다.

```
'/opt/splunk/var/run/splunk/dispatch/scheduler__admin__
search__?testingAction_at_1352667600_2efa1666cc496da4/results.csv.gz'
```

- $9: 검색을 실행할 때 세션 키

```
'sessionKey=7701c0e6449bf5a5f271c0abdbae6f7c'
```

경고 스크립트에 대한 전형적으로 사용하는 경우는 모니터링 시스템에 이벤트를 보내기 위함이다. 또한 어떤 규정적인 이유로 이러한 결과를 보관해 다른 시스템으로 전달하는 것을 생각해볼 수 있다.

복사하고 cURL 문으로 보고하는 재미있는 예제를 만들어 보자. 이 스크립트는 다음과 같다.

```
#!/bin/sh
DIRPATH='dirname "$8"'
DIRNAME='basename "$DIRPATH"'
DESTFILE="$DIRNAME.csv.gz"

cp "$8" /mnt/archive/alert_action_example_output/$DESTFILE

URL="http://mymonitoringsystem.mygreatcompany/open_ticket.cgi"
URL="$URL?name=$4&count=$1&filename=$DESTFILE"

echo Calling $URL
curl $URL
```

스크립트는 실행할 서버의 $SPLUNK_HOME/bin/scripts에 놓고, **Alert actions**(경고 액션)에서 이름으로 스크립트를 참조한다. 분산된 스플렁크 환경을 가지고 있다면, 스크립트를 실행하는 서버는 검색 헤드가 될 것이다.

결과의 각 열에 대해 어떤 액션을 실행하는 것이 필요하다면, 스크립트가 이 결과를 열어보는 것이 필요하다. 다음은 gzip 파일의 내용을 살펴보고 이벤트를 JSON 표현해 그 결과를 POST 형태로 티켓팅 시스템에 전달하기 위한 파이썬 스크립트다.

```
#!/usr/bin/env python

import sys
from csv import DictReader
import gzip
import urllib
import urllib2
import json

#티켓 시스템의 URL
open_ticket_url = "http://ticketsystem.mygreatcompany/ticket"

#gzip 파일을 연다.
f = gzip.open(sys.argv[8], 'rb')
```

```
# csv 리더를 생성한다.
reader = DictReader(f)
for event in reader:
    fields = {'json': json.dumps(event),
              'name': sys.argv[4],
              'count': sys.argv[1]}

    # POST 데이터를 만든다.
    data = urllib.urlencode(fields)

    #요청은 post 형태가 된다.
    resp = urllib2.urlopen(open_ticket_url, data)
    print resp.read()

f.close()
```

이러한 예제가 본인이 원하는 사용 용도에 출발점이 될 수 있기를 바란다.

정리

이번 장에서 살펴본 것처럼 스플렁크는 이벤트에 대한 입력, 조정 그리고 출력을 확장할 수 있는 여러 가지 방법을 가지고 있다. 스플렁크의 핵심에 있는 검색 엔진은 실제로 단지 시작이다. 좀 더 창의력을 가지면 이미 존재하는 스플렁크 시스템을 데이터 소스로써 그리고 트리거 액션을 위한 수단으로 확장하여 사용할 수 있다.

찾아보기

에이콘출판의 기틀을 마련하신 故 정완재 선생님 (1935-2004)

acorn+PACKT Technical Book 시리즈

Splunk 구현 기술

보안, 관제, 모니터링을 위한 빅데이터 수집과 분석 솔루션

인 쇄 | 2014년 10월 21일
발 행 | 2014년 10월 29일

지은이 | 빈센트 범가너
옮긴이 | 최 창 배

펴낸이 | 권 성 준
엮은이 | 김 희 정
　　　　　안 윤 경
표지 디자인 | 한국어판_최광숙
본문 디자인 | 박 진 희

인 쇄 | 한일미디어
용 지 | 다올페이퍼

에이콘출판주식회사
경기도 의왕시 계원대학로 38 (내손동 757-3) (437-836)
전화 02-2653-7600, 팩스 02-2653-0433
www.acornpub.co.kr / editor@acornpub.co.kr

이 도서의 국립중앙도서관 출판시도서목록(CIP)은 서지정보유통지원시스템 홈페이지(http://seoji.nl.go.kr)와
국가자료공동목록시스템(http://www.nl.go.kr/kolisnet)에서 이용하실 수 있습니다.(CIP제어번호: CIP2014030080)

책값은 뒤표지에 있습니다.

WARM UP

필자가 AutoCAD를 만난 지 벌써 20년이 넘었습니다. 많은 교재들의 홍수 속에서도 계속 버전업을 하면서 교재를 만들어 낸 이유는 필드에서 AutoCAD를 계속 사용하고 있는 독자들에게 작은 도움이나마 되고 싶은 마음 때문이었습니다.

최근 들어 이슈가 되고 있는 3D 프린팅 관련 산업이 확산되면서 AutoCAD의 위상은 더욱 높아지고 있다고 생각합니다. 무엇을 만들더라도 만드는 물건에 대한 설계 도면을 제작하는데 있어 AutoCAD만큼 현장에서 많이 사용하는 프로그램이 없다고 생각합니다.

CAD하면 가장 대표적으로 많이 사용하고, 그렇기 때문에 CAD는 AutoCAD밖에 없는 줄 아는 일반 사용자들도 많지만 무엇보다 호환성과 지속적인 개발을 통한 트렌드에 알맞은 변화가 AutoCAD의 장점이 아닌가 합니다.

그동안 필자는 영문 버전으로만 교재를 집필했으나 이번에는 한글 버전으로 집필했습니다. 처음에는 어색하고 불편했는데 사용하다보니 오히려 편하더군요. 아마도 습관적으로 영문을 사용했던 모양인데 다른 프로그램에 비해 어색한 문구보다 직관적인 문구로 이루어진 AutoCAD의 한글판은 처음 캐드를 공부하는 학생들에게는 더없이 좋은 버전이라고 생각합니다.

이전 버전들에 비해 Class 모드가 없어져서 아쉽기는 하지만 앞으로의 발전 방향이 리본 스타일이라면 빨리 적응하는 것이 편리하다고 생각됩니다.

필자는 AutoCAD의 새로운 기능, 좋아진 기능, AutoCAD만의 장점 등을 나열하고 싶지 않습니다. 왜냐하면 AutoCAD를 찾는 사람들은 AutoCAD를 사용해야 하는 당연한 이유가 있을 테니까요. 이제 남은 것은 어떻게 공부하느냐입니다. 캐드는 명령어의 정의를 한 번씩 읽고 형식 없이 한 번 실행해보고 간단하게 적용할 수 있는 도면을 실제로 그려보면서 마무리하는 연습을 하시면 빠르게 접근할 수 있습니다.

도면을 그리는 데 필요한 명령어는 사실 일부입니다. 그중에서도 빈도수가 높은 명령어를 자주 사용해서 익숙하도록 하는 데에 중점을 두면 됩니다. 처음부터 복잡하고 멋진 도면을 그리려고 하지 말고 간단한 도형이라도 원리를 이해하고 스스로 그릴 수 있도록 하는 step by step 방식으로 학습하시기 바랍니다.

책에 있는 순서대로 정의를 5번씩 읽고 이해하고 명령어 실습하기를 통해 기본기를 닦고 현장 실습 문제를 통해 실제 적용할 때 사용하는 방식을 이해하도록 합니다. 그런 다음 실제 사용자들이 몸담고 있는 다양한 회사의 도면 중에 간단한 도면부터 연습해 나가도록 합니다.

언젠가 읽었던 정채봉님의 동화 속에 등장하는 "이루지 못하다"라는 마을의 "하려고 했었는데"와 "하지 않았음" 형제와 그 둘을 따르는 "할 수 있었는데"라는 손님 이야기가 생각이 납니다. 가끔 '공부를 해야지', '내일부터 해야지', '바쁜 거 끝나면 해야지' 하고 미루지는 않았지요? AutoCAD를 공부하기로 맘먹은 순간부터 하루에 명령어 하나씩이라도 시작해보는 것이 어떨까요? "이루지 못하다"라는 마을을 탈출하여 "이루다"라는 마을로 입성하시길 바랍니다.

늘 한결같이 필자의 원고에 힘을 실어준 가족과 이 책을 출간하는 데 많은 도움을 주신 성안당 관계자 여러분께 깊은 감사를 드립니다.

저자 고현정

이 책 의
구 성

AUTO
CAD
2015

이 책은 초보자를 위해 AutoCAD 2015의 화면 설정에서 다양한 명령어 입력 등 기본 작업 방법을 따라하기 쉽게 화면으로 구성하였고, 기본 명령어를 배우고 현장 감각을 익힐 수 있는 현장 실습을 구성하여 실무에서 작업하는 현장감을 느낄 수 있습니다. 그리고 예제 도면을 수록하여 공부한 내용을 복습할 수 있습니다.

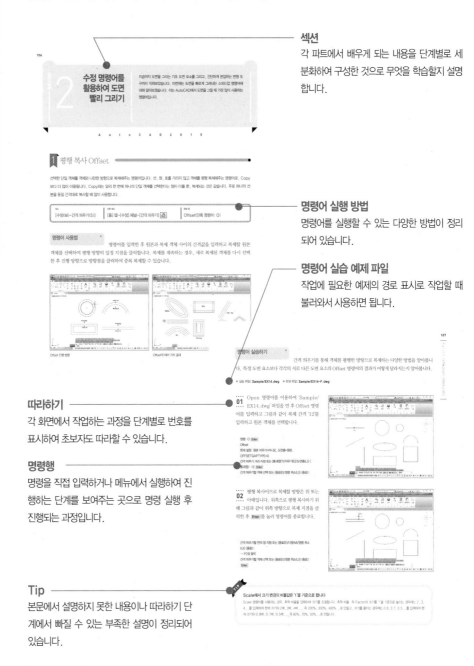

섹션
각 파트에서 배우게 되는 내용을 단계별로 세분화하여 구성한 것으로 무엇을 학습할지 설명합니다.

명령어 실행 방법
명령어를 실행할 수 있는 다양한 방법이 정리되어 있습니다.

명령어 실습 예제 파일
작업에 필요한 예제의 경로 표시로 작업할 때 불러와서 사용하면 됩니다.

따라하기
각 화면에서 작업하는 과정을 단계별로 번호를 표시하여 초보자도 따라할 수 있습니다.

명령행
명령을 직접 입력하거나 메뉴에서 실행하여 진행하는 단계를 보여주는 곳으로 명령 실행 후 진행되는 과정입니다.

Tip
본문에서 설명하지 못한 내용이나 따라하기 단계에서 빠질 수 있는 부족한 설명이 정리되어 있습니다.

현장 실습 예제 파일

실습하게 될 예제 파일과 완성된 파일의 경로입니다.
실습 전/후 완성파일로 작업을 비교해 볼 수 있습니다.

현장 실습

기본 내용을 배운 후 실력을 높일 수 있게 응용할 수 있는 내용으로 구성됩니다.

예제 도면

앞에서 배운 내용을 이용하여 혼자 실습하는 도면입니다.

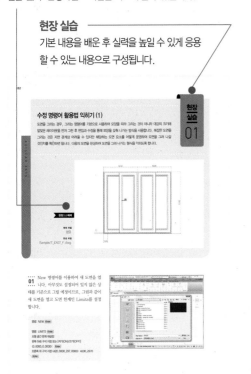

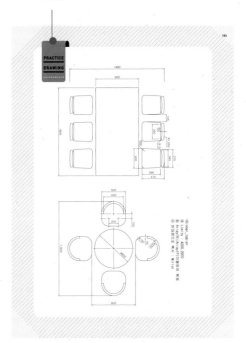

책을 읽기 전에 알아두세요!

이런 분들께 추천합니다!

- AutoCAD를 처음 배우는 사용자
- 설계회사에 입사한 신입사원
- 건축, 인테리어, 기계, 제품 디자인 전공자

● 도면 작성에 꼭 필요한 명령어 중심의 체계적인 구성으로 초보자도 혼자서 쉽게 학습할 수 있습니다. 또한 기본 명령어 학습 후 현장 실습 내용을 구성하여 초보자도 현장감을 느낄 수 있고, 실무에 바로 적용할 수 있습니다.

● 기본 명령어를 설명하고 충분히 이해할 수 있게 다양한 따라하기 실습이 적용되었으며, 설명한 명령의 옵션을 수록하여 다양한 작업이 가능하도록 구성되어 있습니다. 그리고 혼자서도 학습할 수 있도록 본문 중간중간에 도면을 수록하여 배운 내용을 테스트해볼 수 있습니다.

Q&A 학습하다가 궁금한 점이 있다면? E-mail : kohbaby@nate.com 사이트 : http://www.doctorkoh.com

예제파일 다운로드 방법

성안당 홈페이지(http://www.cyber.co.kr)에 접속한 후 오른쪽 윗부분의 '회원가입'을 클릭하여 회원 가입을 하고 로그인합니다. 그런 다음, 메인 화면의 왼쪽 위에 있는 〈자료실〉을 클릭하고, [자료실] 탭을 선택합니다. 검색 창에서 도서명을 입력하고 [검색] 버튼을 클릭하면 해당 자료가 검색됩니다.

검색된 목록을 클릭한 후 '파일 받기'를 클릭하여 파일을 다운로드하고, 찾기 쉬운 위치에 압축을 풀어 사용하세요.

AutoCAD Trial 버전(평가판)

AutoCAD 최신 시험 버전은 오토데스크코리아(http://www.autodesk.co.kr) 홈페이지에서 제공하고 있으며, 정식 프로그램이 없는 사용자는 Trial 버전을 다운 받아 사용할 수 있습니다. 이 프로그램은 30일 동안 정품처럼 사용할 수 있으며, 프로그램을 설치한 후 30일이 지나면 Trial 버전을 설치한 컴퓨터에서는 더 이상 사용할 수 없기 때문에 정품을 구매해서 사용해야 합니다.

* 최신 버전은 자주 바뀌기 때문에 책 버전보다 상위 버전이 등록되어 있을 수 있습니다.

AutoCAD 2015의 기초부터 활용 예제까지 초보자도 쉽게 볼 수 있게 구성

PART 01 AutoCAD 2015로 2D 설계 디자인 도전하기

AutoCAD 2015의 화면 구성에서 환경 설정, 명령어 입력방법, 새 도면을 열고 좌표값과 기본 명령을 이용해 작업하는 방법을 소개합니다.

PART 02 도면을 요리조리 수정하여 요리하기

도면 요소는 한 번에 하나씩 그리기만 해서는 도면을 완성할 수 없습니다. 선 하나, 원 하나 만으로 이루어지는 도면 요소는 없기 때문에 도면을 작성하는 경우, 같은 것은 빠르게 복제하고 다양한 도면 요소를 서로 자르거나 붙여 도면을 완성해야 합니다. 이와 아울러 기본 도형을 수정 편집하여 새로운 모양을 만드는 다양한 방법에 대해서도 알아봅니다.

PART 03 도면 요소 정보를 명확히 전달하기

선, 원, 호 하나하나, 그리고 수정하는 데에 집중했다면 여기서부터는 도면이 갖춰야 하는 도면 요소를 중심으로 학습합니다. 문자 입력 또는 단면이나 영역의 내용 표시를 해주는 해칭, 하나의 도면 요소를 여러 도면에서 사용할 수 있는 블록 등과 같이 도면이 갖는 정보를 명확히 전달할 수 있도록 학습합니다.

PART 04 설계 도면으로 승격하기

도면은 도면의 내용이 어떤 내용인지를 표시하는 표제란부터 각 선분의 색상과 선의 타입(종류)에 따라 구분할 수 있는 기준을 만들어줍니다. 선분의 용도와 쓰임에 따라 색과 사용을 제한하고 해당 객체의 속성을 재정의할 수도 있습니다. 즉, 도면을 그릴 때 가장 기본적으로 설정해주어야 하는 기본 사항에 대해 학습하고 만들어진 도면에 치수를 입력하여 누구나 도면을 해독할 수 있도록 설계 도면의 모습을 갖추도록 합니다.

PART 05 AutoCAD 2015로 3D 설계 디자인 도전하기

AutoCAD 2015 프로그램은 건축, 토목, 기계, 인테리어 등 설계 작업을 할 수 있는 2D, 3D 설계용 프로그램으로 좌표계를 이용하여 정확한 3차원 설계를 할 수 있는 장점이 있습니다. 3D 프린팅이 주를 이루는 설계의 장점을 충분히 살릴 수 있는 3차원 모델링의 세계를 AutoCAD 2015와 함께 시작해봅시다.

PART 06 AutoCAD 2015 3D 배치와 출력 제어

3D 모델링의 출력은 화면으로 출력하는 방법과 종이로 출력하는 방법이 있으며, 3D 모델링에 대한 배치 및 출력은 일반 모형 공간이 아닌 배치 공간을 사용해야 정상적으로 출력할 수 있습니다. 이 파트에서는 2D 도면과 3D 도면 출력의 차이점에 대해 알아보겠습니다.

목
차

12

AutoCAD 2015로 2D 설계 디자인 도전하기

PART 01

AutoCAD 2015 프로그램은 AutoDesk 사에서 만든 범용 캐드 프로그램으로, 개인용 컴퓨터를 이용하여 건축, 토목, 기계, 인테리어 등의 설계 작업을 할 수 있는 2D, 3D 설계용 프로그램입니다. AutoCAD 2015는 디자인하는 대로 거의 모든 형태를 만들 수 있도록 도와주며 Autodesk 360을 통해 모든 산업 분야의 기획 단계에서 시공까지의 업무를 시각화, 최적화, 시뮬레이션, 조정함으로써 결과를 미리 예측할 수 있도록 해주는 온라인 클라우드 서비스 솔루션을 지원하기도 합니다. 그럼 지금부터 AutoCAD 2015의 세련된 문서 및 설계도 작성 방법에 대해 알아보겠습니다.

AutoCAD 2015 Start!

AutoCAD는 설계 전문 프로그램으로 대부분의 건축, 기계, 토목, 인테리어, 제품, 기구 설계 등에 빠질수 없는 전 세계인이 애용하는 설계 전용 프로그램입니다.

A u t o C A D 2 0 1 5

1 AutoCAD 2015 설치 요구 사항

AutoCAD 2015를 설치하기 위해서는 다음과 같은 시스템 최소 사양을 갖추어야 합니다. AutoCAD 2015는 기존 버전과 달리 그래픽적인 요소가 많이 포함되어 있기 때문에 프로그램을 원활하게 사용하기 위해서는 다음과 같은 최소 사양을 갖추는 것이 좋습니다.

오토데스크 코리아 웹 사이트(http://www.autodesk.co.kr)

TIP

설치 이후 마우스를 움직이면 잔상이 나타나면서 마우스의 움직임이 부자연스러워져요

필자도 처음 AutoCAD 2015를 설치한 후 이러한 현상을 경험했는데, 다음과 같은 잔상 문제 해결 서비스 팩을 다운로드하여 설치하면 문제를 해결할 수 있습니다.

잔상 문제 해결 서비스 팩 웹 주소

http://knowledge.autodesk.com/support/autocad/downloads/caas/
downloads/content/autocad-2015-service-pack-1.html

AutoCAD 2015의 시스템 요구 사항

운영 체제	Microsoft® Windows® 8/8.1 Microsoft Windows 8/8.1 Pro Microsoft Windows 8/8.1 Enterprise Microsoft Windows 7 Enterprise Microsoft Windows 7 Ultimate Microsoft Windows 7 Professional Microsoft Windows 7 Home Premium
CPU 유형	**32비트 AutoCAD 2015:** 32비트 Intel Pentium® 4 또는 AMD Athlon™ 듀얼코어, 3.0GHz 이상 SSE2 기술 기반 **64비트 AutoCAD 2015:** AMD Athlon 64, SSE2 기술 기반 AMD Opteron™, SSE2 기술 기반 Intel® Xeon® Intel EM64T 지원 및 SSE2 기술 기반 Intel Pentium 4, Intel EM64T 지원 및 SSE2 기술 기반
네트워크	라이선스 서버와 네트워크 라이선스에 따라 응용 프로그램을 실행하는 모든 워크스테이션에 TCP/IP 프로토콜을 실행할 수 있어야 합니다. Microsoft® 또는 Novell TCP/IP 프로토콜 스택을 사용할 수 있어야 합니다. Netware 또는 Windows 워크스테이션에 1차 로그인될 수 있어야 합니다. 응용 프로그램에 지원되는 운영 체제의 경우 외에도 라이선스 서버는 Windows Server® 2012, Windows Server 2012 R2, Windows Server 2008, Windows 2008 R2 Server Editions에서 실행될 수 있어야 합니다. Citrix® XenDesktop™ 5.6, Citrix® XenApp™ 6.5 FP1
메모리	2GB(8GB 권장)
디스플레이 해상도	1024x768(1600x1050 이상 권장), 트루컬러
디스플레이 카드	Windows 지원 디스플레이 어댑터 1024x768 트루컬러 기능을 갖추고 있어야 합니다. DirectX® 9 또는 DirectX 11 호환 카드가 권장되지만 필수 사항은 아닙니다.
디스크 공간	설치 6.0GB
좌표 입력 장치	MS 마우스 호환 장치
디지타이저	Wintab 지원
플로터/프린터	AutoCAD 2013~2014와 동일 시스템 프린터와 HDI 지원
미디어(DVD)	DVD에서 다운로드 및 설치
브라우저	Windows Internet Explorer® 9.0
측면 나란히 설치	지원됨
툴 클립 미디어 플레이어	Adobe® Flash® Player v10 또는 그 상위 버전
.NET Framework	.NET Framework 버전 4.5
3D 모델링 추가 요구 사항	**CPU**: Intel Pentium 4 프로세서 또는 AMD Athlon, 3.0GHz 이상 SSE2 기술 기반 Intel 또는 AMD 듀얼 코어 프로세서, 2.0GHz 이상 **메모리**: RAM 8GB 이상 **디스크 공간**: 6GB 여유 하드 디스크 공간, 설치 요구 사항 제외 **디스플레이 카드**: 1280x1024 트루컬러 비디오 디스플레이 어댑터 128MB 이상, Pixel Shader 3.0 이상, Direct3D® 지원 워크스테이션급 그래픽 카드

2 │ AutoCAD 2015 화면 구성 알아보기

AutoCAD 2015를 처음 실행하면 인터페이스가 어두워 잘 보이지 않습니다. 하지만 오랫동안 작업하기 위해서는 약간 어두운 편이 좋습니다. 이 책에서는 독자들의 학습에 도움을 주기 위해 화면을 밝은 색으로 변경하여 설명하겠습니다. 전체 인터페이스는 다음과 같습니다. 구역별로 나누어 명칭을 확인해보겠습니다.

1 │ 화면 인터페이스 부위별 명칭

다음 열 군데의 명칭은 이 책을 학습하는 데 도움이 되므로 반드시 알아두는 것이 좋습니다. 이 명칭은 각각의 역할에 따라 사용하는 것이므로 반드시 해당 명칭에 익숙해져야 합니다.

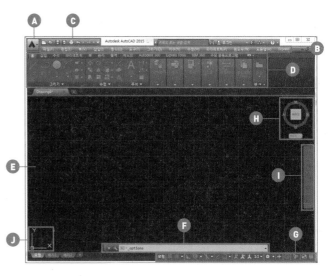

위치	명칭	위치	명칭
A	응용 프로그램 메뉴(Application Menu)	F	명령 윈도우 및 명령 행(Command Window 및 Command Line)
B	풀다운 메뉴(Pull Down Menu)	G	상태 막대(Status Bar)
C	신속 접근 도구 막대(Quick Access Toolbar)	H	뷰 큐브(ViewCube)
D	리본 메뉴(Ribbon Menu)	I	탐색 막대(Navigation Bar)
E	도면 창, 도면 영역, 그래픽 창(Drafting Window, Drawing Window)	J	좌표계 아이콘(UCS ICON, User Coordinate System)

2 │ 도면 영역 색상 변경 따라해보기

사용자의 화면 구성 환경을 자유롭게 변경할 수 있습니다. 배경색을 변경하거나, 도면을 그리는 십자선의 길이를 조정하거나, 자동으로 저장되는 파일의 위치를 바꿀 수 있습니다.

먼저 환경 구성 명령어를 실행해야 합니다. 실행하는 데에는 풀다운 메뉴를 이용하는 법과 응용 메뉴를 이용하는 방법이 있습니다.

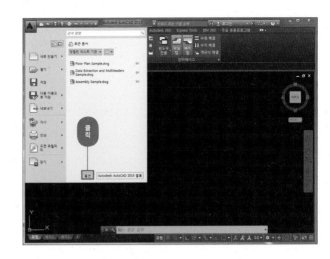

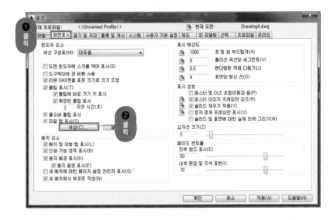

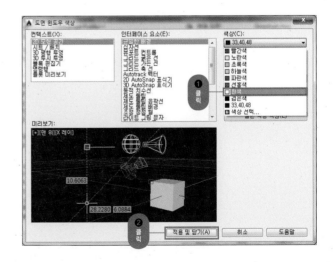

01 응용 메뉴를 이용하려면 응용 메뉴를 클릭한 후 하단의 [옵션] 버튼을 클릭합니다.

02 풀다운 메뉴를 이용하려면 [도구 메뉴-옵션]을 클릭합니다. 응용 메뉴를 선택했을 때와 같은 [옵션] 대화상자가 나타나는데, 그중 [화면 표시] 탭을 클릭한 후 [색상] 버튼을 클릭합니다.

03 색상 창에서 배경 색을 흰색으로 선택하거나 색상 선택을 클릭한 후 원하는 RGB 색상을 선택합니다. 선택한 후에 [적용 및 닫기] 버튼을 클릭하면 화면 창의 색상이 변경됩니다.

04 배경이 변경되어 바탕화면이 희게 보입니다.

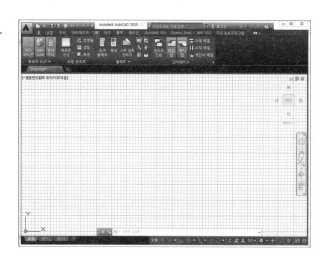

3 | 도면 자동 저장 파일 경로 설정하기

도면 작업 중에는 다양한 사고가 발생할 수 있습니다. 항상 저장을 습관화해야 하지만 예기치 않게 저장이 안된 상태로 AutoCAD를 빠져나가는 경우, 자동으로 저장된 파일을 이용할 수 있도록 자동 저장 경로와 자동저장 시간을 설정할 수 있습니다.

01 응용 메뉴의 [옵션] 버튼이나 풀다운 메뉴 [도구 메뉴-옵션]을 클릭하여 [옵션] 대화상자를 엽니다. [파일] 탭을 누른 후 [자동 저장 파일 위치]의 + 버튼을 클릭하여 설정된 위치의 디렉터리를 클릭하고 우측의 [찾아보기]를 클릭합니다.

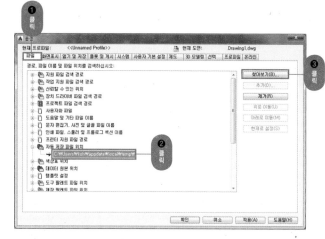

02 자동 저장 파일을 저장할 디렉터리를 클릭한 후 [확인] 버튼을 클릭합니다.

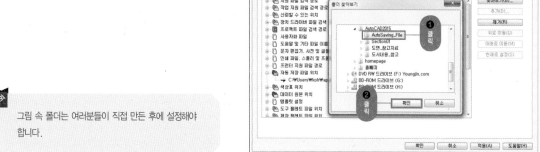

그림 속 폴더는 여러분들이 직접 만든 후에 설정해야 합니다.

03 앞으로 자동 파일은 새로 지정한 디렉터리 폴더로 자동 저장됩니다.

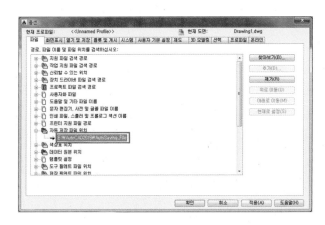

04 [열기 및 저장] 탭에서는 자동 파일로 저장되는 시각을 원하는 만큼 지정할 수 있습니다. 기본은 10분으로 되어 있지만, 너무 짧으면 자동으로 저장되는 시간이 소모되므로 10~15분 정도로 지정하면 사고를 예방할 수 있습니다.

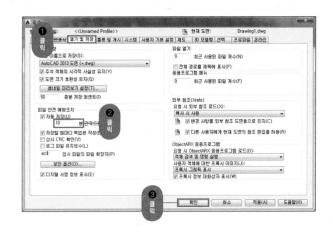

4 | 뷰 환경 설정하기

AutoCAD 이전 버전 사용자들이 많이 사용하던 풀다운 메뉴를 화면에 설정한 후 화면의 우측 상단과 중간 부분에 뷰큐브(ViewCube)와 탐색 막대(NavigationBar)를 해제하여 2D 작업 시에 편리하게 사용할 수 있도록 화면에서 OFF시키는 등 화면을 깔끔하게 설정하는 방법에 대해 알아보겠습니다.

01 먼저 신속 접근 도구 막대의 버튼을 클릭한 후 하단의 [메뉴 막대 표시]를 클릭하여 풀다운 메뉴가 나타나도록 합니다.

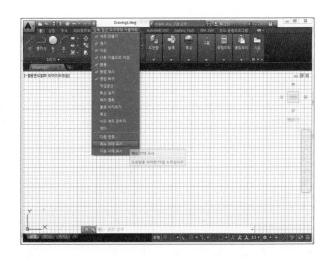

02 화면 우측 상단과 중간에 있는 [뷰 큐브 와 [탐색 막대]를 OFF시킵니다. 사용자의 환경에 따라 ON/OFF를 선택할 수 있습니다. 리본 메뉴의 [뷰] 탭에서 [뷰 큐브] 버튼을 클릭한 후 [탐색 막대] 버튼을 클릭하면 한 번 누를 때마다 ON/OFF를 반복합니다.

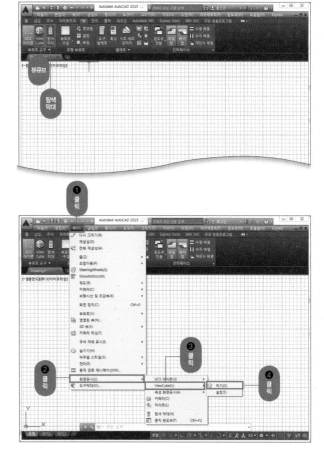

03 풀다운 메뉴의 [뷰 메뉴-화면 표시-ViewCube] 또는 [뷰 메뉴-화면 표시-탐색 막대]를 이용하여 뷰큐브와 탐색 막대를 화면에서 켜거나 끕니다.

04 리본 메뉴의 크기가 너무 크면 작업 영역이 너무 작아집니다. 아예 없애거나 리본 메뉴의 [목록] 버튼을 클릭한 후 [최소화] 버튼을 눌러 글자만 있는 [패널 제목으로 최소화]를 선택하거나 작은 아이콘 리본으로 변경하는 [패널 버튼으로 최소화]를 선택하여 화면 영역을 설정합니다.

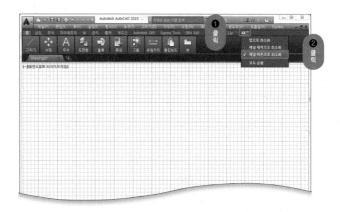

05 원하는 명령어는 명령 행이나 다음과 같이 리본 메뉴에서 클릭하여 사용합니다.

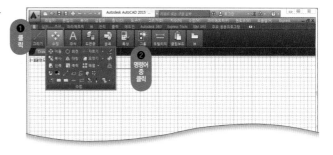

06 명령어를 입력하는 명령 행의 경우, 초기 상태의 화면은 명령어의 한 줄만 나타나는 구성입니다. 2줄 이상을 보고 싶은 경우, 명령 행의 상단 부분에 마우스 포인터를 올려놓으면 화살표가 나타납니다. 이때 화살표를 위쪽으로 드래그하면 명령 행의 높이가 원하는 만큼 늘어납니다.

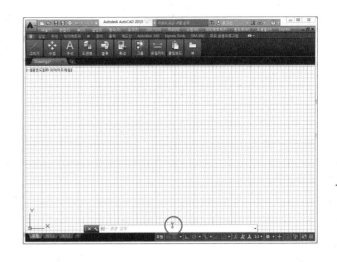

07 그림과 같이 명령 행의 높이가 높아졌습니다. 지나간 명령어와 명령 단계가 명령 행의 높이만큼 나타나므로 명령어를 학습할 때 편리하게 활용할 수 있습니다.

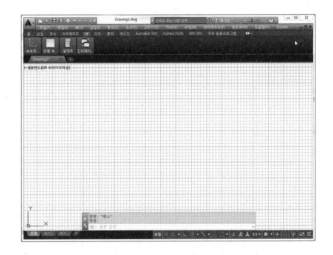

TIP

키보드의 기능키인 Function 키를 이용한 ON/OFF

기능키인 Function 키는 하나의 키로 On과 Off를 할 수 있는 키로, 한 번씩 누를 때마다 On과 Off가 교대로 실행됩니다. 각각의 기능키에 해당하는 기능을 끄거나 켤 수 있으므로 상태 라인의 아이콘을 클릭하거나 키보드의 기능키를 이용하여 ON/OFF할 수 있습니다. 암기해두었다가 하나하나 나올 때마다 기능키를 사용해보기 바랍니다.

기능키	설명
F1	도움말 기능을 엽니다.
F2	Text Window 창을 켜거나 끕니다. 이미 사용한 명령어의 상태를 살펴볼 수 있습니다.
F3	Osnap에 지정된 객체 스냅을 켜거나 끕니다.
F4	3D Osnap을 켜거나 끕니다.
F8	직교 모드인 Ortho 키를 켜거나 끕니다. 마우스 커서가 항상 수직, 수평 방향으로 움직이도록 합니다.
F10	Polar인 극좌표 경로를 표시하는 것을 켜거나 끕니다.
F11	객체 스냅인 Osnap을 이용하여 작업 시 보조선이 필요한 구간의 자동 보조선의 역할을 켜거나 끕니다.
F12	Dynamic Input 창을 켜거나 끕니다.

3 명령어는 이렇게 사용하세요

이번에는 AutoCAD 2015 명령어를 입력하는 다양한 방법에 대해 알아봅니다. 명령어를 명령 행에 직접 입력하거나 리본 메뉴, 풀다운 메뉴, 동적 프롬프트(Dynamic Prompt)를 이용하는 방법을 차례대로 알아보겠습니다.

1 | 리본 메뉴로 명령어 입력하기

작업 화면 상단 부분에 그림 아이콘화되어 있는 메뉴가 리본 메뉴이며, 해당 리본 메뉴는 그림과 명령어의 이름으로 화면에 표시됩니다. 그림과 내용을 보고 확인한 후 클릭하여 명령어를 실행합니다. 예를 들면 리본 메뉴의 [그리기] 메뉴를 클릭하면 하단에 나타나는 메뉴 중에서 [선] 메뉴를 클릭하면 명령어를 실행할 수 있습니다.

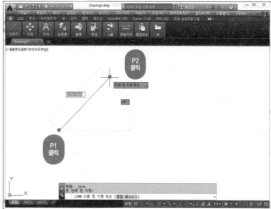

2 | 풀다운 메뉴로 명령어 입력하기

풀다운 메뉴에서 원하는 메뉴를 클릭하여 명령어를 실행합니다. 예를 들어 다음 그림과 같이 [그리기] 메뉴의 [선] 명령어를 클릭하면 선을 그릴 수 있습니다.

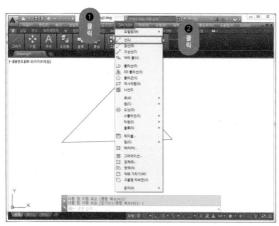
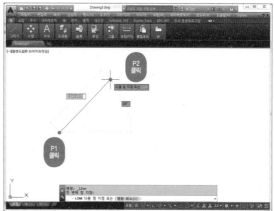

3 | 명령 행에 명령어 직접 입력하기

하단의 명령 행에 원하는 명령어를 직접 입력하여 실행합니다. 예를 들어 선을 그리는 경우 [Line] 명령어를 입력한 후 그림과 같이 실행합니다. 위의 명령 단계와 마찬가지로 시작점을 클릭한 후 다음 점을 클릭하면 선이 그려집니다.

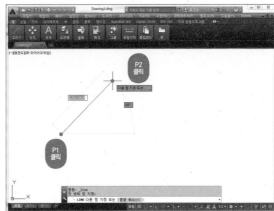

4 | 명령 행에 단축 명령어 직접 입력하기

하단의 명령 행에 원하는 명령어를 직접 입력하여 실행하는 방법은 위와 같지만, 명령 프롬프트에 명령어 전체를 입력하지 않고 단축 명령어만 입력하여 명령어를 실행합니다. AutoCAD를 사용하는 대부분의 사람들이 이 방법을 사용합니다. 즉, Line의 단축 명령어인 'L'을 입력하여 Line 명령을 실행합니다.

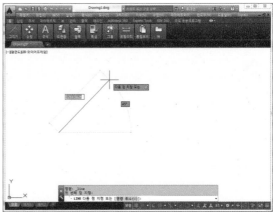

TIP

명령어 입력은 단축키를 이용하여 양손을 함께 쓰기를 권합니다

명령어를 입력할 때 어떤 방법을 사용하더라도 관계 없습니다. 하지만 도면 작업을 하는 경우 대부분 양손을 함께 사용하는 것이 빠르고 좋기 때문에 단축 명령어를 이용하여 왼손을 최대한 활용하는 것이 좋습니다. 리본 메뉴를 이용하여 화면을 이리저리 옮겨 다니기에도 좋지만, 왼손으로 단축키나 단어 명령어를 입력하고, 오른손으로 도면을 그려 나가면 더욱 빠르고 정확하게 작업할 수 있습니다.

4 새 도면 만들기 New

AutoCAD 2015를 시작하는 화면이 새 도면입니다. 아무것도 그려져 있지 않은 깨끗한 도면 용지라고 생각하면 됩니다. 하지만 도면을 작성한 후 새로운 도면이 다시 필요한 경우, 새 도면을 꺼내 다시 작업해야 합니다.

메뉴	신속 접근 도구 막대	명령 행
[파일(F)-새로 만들기]	🗋	**New**(단축 명령어: Ctrl + N)

명령어 사용법 ▼

새 도면을 여는 경우, 다양한 명령어 입력 방법 중에 본인이 편한 방법을 이용하여 명령어를 입력합니다. 보통 새 도면의 경우 리본이나 도구 막대를 이용하여 아이콘을 클릭하는 것이 단축 명령어를 이용하는 것보다 빠르고 간편합니다.

01 ···· 도구 막대의 🗋 아이콘을 누르거나 단축 명령어인 Ctrl + N 을 눌러 새로운 파일을 여는 대화상자를 엽니다. 그림과 같이 [템플릿 선택] 대화상자가 나타납니다.

02 ···· 원하는 템플릿을 선택한 후 [열기] 버튼을 클릭하면 새로운 도면이 나타납니다. 이때의 새 도면은 모든 변수가 초기화된 템플릿에 저장된 상태입니다.

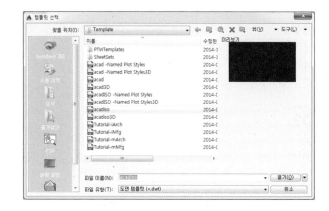

TIP

파일 유형 알아보기

파일 유형(확장자)	구분	설명
.DWG	AutoCAD 도면 파일	AutoCAD 기본 도면 파일 형식
.DWT	도면 템플릿 원형 파일	템플릿 파일 형식으로, AutoCAD 제공 파일 및 사용자 정의 파일도 가능
.DWS	도면 표준 파일	도면 표준 파일 형식
.DXF	교환 파일	데이터 교환을 위한 산업 표준 dxf 형식 파일
.DXB	이진 교환 파일	데이터 교환을 위한 산업 표준 dxb 형식 파일

5 도면 열기 Open

AutoCAD로 만든 DWG 파일을 열어주는 명령어입니다. Open 명령어로 열 수 있는 파일 형식에는 .DWG를 비롯하여 표준 형식인 .DWS 파일, 템플릿인 .DWT 파일, DXF 파일이 있습니다.

메뉴	신속 접근 도구 막대	명령 행
[파일(F)-열기]	📂	Open(단축 명령어: Ctrl + O)

명령어 사용법 ▼

저장된 파일을 열기 위해 메뉴나 도구 막대 또는 명령 행에 Open 명령어를 입력한 후 원하는 폴더의 원하는 파일을 선택하여 파일을 엽니다. 보통 도면 열기 명령어를 사용하는 경우, 리본이나 도구 막대를 이용하여 아이콘을 누르는 것이 단축 명령어를 이용하는 것보다 빠르고 간편합니다.

01 ···· 도구 막대의 📂 아이콘을 누르거나 단 축 명령어인 Ctrl + O 를 눌러 대화상자 를 엽니다.

02 ···· 파일 리스트에서 원하는 파일명을 클릭 하면 우측의 미리 보기 화면에 섬네일 이미지로 해당 도면의 이미지가 작게 표시됩 니다. 원하는 내용을 확인한 후 [열기] 버튼을 클릭하면 해당 파일이 열립니다.

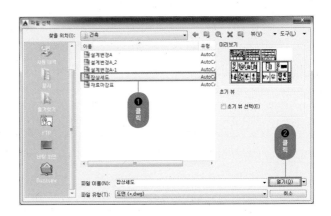

6 도면 저장하기 Save와 Save As

도면 작업을 한 후 해당 도면을 파일로 저장하는 명령어입니다. [Save]는 최초 처음에 저장할 때 사용하며 [Save As]는 현재의 도면을 다 른 이름으로 저장할 때 사용합니다.

메뉴	신속 접근 도구 막대	명령 행
[파일(F)-저장], [파일(F)-다른 이름으로 저장]	💾 / 💾	Save/Save As (단축 명령어: Ctrl + S / Ctrl + Shift + S)

명령어 사용법 ▼

화면의 도면 내용을 저장하기 위해서는 명령 행에 SAVE 명령어를 입력한 후 원하는 폴더를 선택하여 파일을 저장해야 합니다. 보통 도면의 저장 명령어를 사용하는 경우 리본이나 도구 막대를 이용하여 아이콘을 클릭하는 것이 단축 명령어를 이용하는 것보다 빠르고 간편합니다.

01 도구 막대의 🖫 아이콘을 누르거나 SAVE 명령어 또는 단축 명령어인 Ctrl + S 를 눌러 [다른 이름으로 도면 저장] 대화 상자를 엽니다.

02 대화상자가 나타나면 원하는 폴더를 지정한 후 원하는 파일 이름을 입력합니다. 이때 파일 이름은 256자까지 가능합니다.

7 도면 한계 다시 지정하기 Limits

New 명령어를 통해 새로운 도면을 꺼내면 템플릿은 acadiso.dwg를 주로 선택하며, adadiso.dwg는 A3 사이즈에 해당하는 가로× 세로가 420×297로 설정됩니다. 이 사이즈가 도면을 그리는 데 절대적인 값은 아니므로 연습을 하거나 새로운 크기를 지정하는 경우에는 사용자가 직접 도면 한계를 재지정할 수 있습니다. 이때 사용하는 명령어가 'Limits'입니다.

메뉴	명령 행
[형식(O)-도면 한계]	Limits

명령어 사용법 ▼

Limits는 사용자가 원하는 화면의 가로×세로 크기를 입력한 후 새로 입력된 화면의 사이즈를 세팅해주면 됩니다. 화면의 왼쪽 구석을 '0,0'으로 지정한 후 오른쪽 위 구석에 가로, 세로값 을 입력하고 화면에 직접 세팅하기 위해 Zoom 명령어 A 옵션을 지정하여 마무리합니다.

명령: LIMITS Enter
모형 공간 한계 재설정:
왼쪽 아래 구석 지정 또는 [켜기(ON)/끄기(OFF)] 〈0.0000,0.0000〉: Enter
오른쪽 위 구석 지정〈420.0000,297.0000〉: 40,30 Enter

명령: ZOOM Enter
윈도우 구석 지정, 축척 비율(nX 또는 nXP) 입력 또는
[전체(A)/중심(C)/동적(D)/범위(E)/이전(P)/축척(S)/윈도우(W)/객체(O)] 〈실시간〉: a Enter